宁波市社会科学研究基地课题成果(JD15MGA)

宁波总商会史料辑录

(1905—1929)

孙善根　宗发旺　周莉萍　编

浙江工商大學出版社
ZHEJIANG GONGSHANG UNIVERSITY PRESS
·杭州·

图书在版编目(CIP)数据

宁波总商会史料辑录：1905—1929 / 孙善根，宗发旺，周莉萍编. — 杭州：浙江工商大学出版社，2020.9
ISBN 978-7-5178-4005-3

Ⅰ. ①宁… Ⅱ. ①孙… ②宗… ③周… Ⅲ. ①宁波总商会—史料—1905—1929 Ⅳ. ①F729.5

中国版本图书馆 CIP 数据核字(2020)第 145527 号

宁波总商会史料辑录(1905—1929)
NINGBO ZONGSHANGHUI SHILIAO JILU(1905—1929)
孙善根　宗发旺　周莉萍 编

责任编辑　童江霞　周敏燕
封面设计　林朦朦
责任印制　包建辉
出版发行　浙江工商大学出版社
(杭州市教工路 198 号　邮政编码 310012)
(E-mail:zjgsupress@163.com)
(网址:http://www.zjgsupress.com)
电话:0571—88904980,88831806(传真)
排　　版　杭州朝曦图文设计有限公司
印　　刷　杭州高腾印务有限公司
开　　本　710mm×1000mm　1/16
印　　张　23.25
字　　数　357 千
版 印 次　2020 年 9 月第 1 版　2020 年 9 月第 1 次印刷
书　　号　ISBN 978-7-5178-4005-3
定　　价　68.00 元

编纂体例

一、成立于1905年的宁波总商会是清末民初宁波一地最重要的社会团体，该会以雄厚的经济实力为后盾，活跃于宁波地方社会经济领域并对地方政治有着重要的影响，且依托强大的宁波商帮参与全国性事务，但相关档案荡然无存[①]。鉴于此，本书主要辑录民国时期《四明日报》《申报》《时事公报》《宁波民国日报》等报刊有关宁波总商会以及期间宁波所属县镇商会团体的报道与记载，以便为研究这一重要团体进而研究这一时期宁波的相关历史提供原始的文献史料。

二、为便于检阅，本书将所辑内容分为言论篇（有关宁波总商会的社会舆论等）、经济篇（包括宁波总商会承担的经济职能及相关活动等）、政治篇（包括宁波总商会期间从事的政治、军事与民间外交活动等）、社会事业篇（包括宁波总商会从事的社会活动与慈善公益事业，与地方社会的关系等）、会务活动篇（有关宁波总商会的会务活动等）五大部分。

三、全书按内容分类后以时间（除1910年《四明日报》以农历纪年外，均以公元纪年）为序进行编排，以每一则史料编排顺序为标题（为便于理解，少数标题加了主语并用括号，以示有别）、正文、材料来源报刊的名称、报刊中出现的时间。

四、为保持历史文献的原始性、真实性，对原文中不符合现代汉语表达方式以及前后不一致之处（如“林琴香”有时为“林芹香”、“徐原详”有时为“徐源祥”）均不作更改，其中明显的错别字则加以改正。

五、对原文中的繁异字，一般以现行简化字处理，有些古体字，则保留原字。

六、对原文中因字迹模糊或印刷原因而辨别不清的字用“口”表示。

---

① 据时人记载，包括总商会在内的宁波商会档案毁于抗战初期日机对宁波城区的轰炸，见本书附录二：吕瑞棠《宁波商会五十年述略》，载于《宁波文史资料》第15辑。

目录

Contents

概述 …… 001

第一节　宁波总商会沿革 …… 001

第二节　参与反帝爱国活动 …… 002

第三节　经济与会务活动 …… 005

第四节　总商会与地方社会 …… 011

一、言论篇 …… 020

二、经济篇 …… 038

三、政治篇 …… 151

四、社会事业篇 …… 231

五、会务活动篇 …… 278

附录一　宁波商会碑记 …… 351

附录二　宁波商会五十年述略 …… 353

附录三　主要征引报刊资料目录 …… 361

附录四　未刊资料篇目索引 …… 362

后记 …… 366

概　　述

成立于1905年的宁波总商会一度是近代宁波最具实力的社会团体，对近代宁波社会变迁与发展曾有过重要的影响，特别是在反对帝国主义的经济侵略与军阀政府的苛捐杂税、维护市场秩序、推动工商业发展以及保障工商业者权益等方面都发挥过重要作用。同时，宁波总商会还积极参与地方社会各项事业，努力维护地方社会秩序与安宁，成为地方社会发展与进步的重要推动力量。

第一节　宁波总商会沿革

光绪三十一年(1905)，抵制美货运动在宁波如火如荼，使宁波商人的群体意识大为增强。以此为基础，绅商王月亭、吴葭窗(传基)、汤仲盘等发起成立宁波商务总会，其会所在鄞城东后市茶场庙侧(今宁波海曙区苍水街)。商务总会实行业董制，设总理、协理、议董、业董。初始议董以上都是由有官衔的绅商充任，业董由各业领袖担任。总理、协理、议董、业董需经地方官府委任，经费由各业捐助。宁波商务总会首任总理吴葭窗系干丰钱庄经理，常参与地方事务，人称"仁厚长者"，上通官府，下达群商，连任两届。董事者以钱业、典当业为主，因为钱业在当时宁波商界实力雄厚，号称百业之首，故钱业一直在商务总会以及后来的总商会中占据举足轻重的地位，其次典当业代表也有一定地位。

宁波商务总会成立后，宁波府属的奉化、慈溪、镇海、象山、定海各县以及柴桥、石浦等镇，依宁波例，先后组织商务会。为此，各商务会虽与宁波商务总会没有隶属关系，但在实际工作中，都唯宁波商务总会马首是瞻。成立之初，比邻宁波的绍兴各县商会一度也“归入”宁波商务总会，“以便容易联络”。[①]

1916年，奉工商部令改“宁波商务总会”为“宁波总商会”，“总理”亦改称“会长”。各县、各镇商会，也相继改正名称。宁波总商会第一任会长费绍冠，初任源丰顺银号经理，后任四明银行经理。他热心社会公益事业，辛亥革命时，曾参加保安会，宁波光复后，曾以商务总会总董身份担任宁波军政分府财政部部长，1916年成为改名后的宁波总商会首任会长。

1927年初，北伐军占领宁波。同年5月，宁波市市政府成立。不久，主持商会工作的陈南琴发起筹建商会新会所，经赴省陈情，得省政府拨还前军需借款银圆3万元，又筹集银圆3万元购得今中山公园东侧地5亩建造新会所。新会所12月开工，至次年6月竣工，设议事厅、休憩室、会客厅、膳室等，为全省商会会所之冠。

1928年12月，宁波总商会根据国民政府工商部商会改组大纲，改为委员制。1930年初，改名为宁波商会。

第二节　参与反帝爱国活动

因抵制美货运动而成立于1905年的宁波商务总会，积极参加宁波历次反帝爱国活动，并在其中发挥了举足轻重的作用，有力地推动了反帝爱国活动在宁波的开展。

一、清末

宁波总商会积极参加反帝爱国活动，早在筹备与成立之初，宁波商务总会就积极参与抵制美货与争取路权等反帝爱国活动。

① 《商会归入宁波》,《绍兴白话报》第121期，1905年12月。

美国长期歧视、排斥在美华工、华侨，激起国人义愤。1905 年 5 月，上海商务总会召开会议，抗议美国迫害华工的条约，以两个月为期限，如果到时美国不肯删改苛例，仍强迫续订华工条约，则“合全国暂不运销美货以为抵制”，并呼吁全国商界一致行动。宁波商务总会纷起响应。商学两界迅速成立抵制美约社。在该社的推动下，不仅召开动员大会，而且积极开展宣传抵制美货活动。同年 8 月 1 日，商学两界联合在城内孝廉堂召开抵制美货特别大会，著名小说家吴研人和李毅轩也远道而来，大大推动了宁波一地反美爱国运动。宁波商务总会发起人王月亭、汤仲盘尽管都从事洋货业，也都表示不买卖美货。宁波抵制美约社还派人到上海活动，表示对这场爱国运动的支持态度。

1907 年 10 月，清政府决定以路权作押，向英国借款修筑苏杭甬铁路。对此宁波人民坚决反对。10 月 7 日，宁波学界在师范学堂召开第一次拒款会。10 月 9 日，又在商务总会召开第二次拒款大会。此次会议由商务总会总理吴葭窗主持，主要讨论拒款和筹款的具体办法。最后决定，筹款归商界，拒款归学界，“凡事有专属，责无旁贷”。在反对借款的同时，宁波各界出于炽热的爱国热情，出现了一系列认股保路的运动。特别是商界人士，踊跃认股，用集股、抽股、认股等办法进行保路斗争。运动还得到旅外宁波商人的大力支持，最后在江浙人民的抵制下，清政府被迫做出让步，同意苏杭甬铁路收回商办。

二、民国初期

1919 年五四运动爆发后，宁波工商业者纷纷起来反对帝国主义与北洋军阀，支持学生爱国行动。宁波总商会积极行动起来，邀集各界代表召开紧急会议，反对北洋政府逮捕学生的举动。6 月 8 日宁波罢市后，宁波总商会致电北京政府：“午后 2 时，宁波全埠竟一律罢市，人心浮动，祸在眉睫。商会极力劝谕无效，迫恳俯念地方治安，将被捕北京学生迅予释放，以维危局，不胜迫切待命之至”[①]。而此前宁波各商号已行动起来。宁波总商会于 5 月 17 日开会讨论提倡国货、抵制日货问题。各业商人共 200 多人到会，认为当时“外交失败，祸患日

---

① 《宁波罢市志》，《申报》上海版 1919 年 6 月 9 日。

迫,亟宜提倡国货,藉谋抵制”。许多行业团体纷纷表示要坚决抵制日货,提倡国货。糖业代表明确表示愿意抵制日货,“糖业中向某洋行预定之货,尚未运到者,约计十余万元,正拟设法解约。嗣后不再订货,以示决心”。洋布行业也谈到该业已经同业决议,“准明日到洋货公所集商妥善办法,再行报告。嗣经到会同人议决,此事既由本会提倡,更应由各业自行设法劝勉,期达实行抵制之目的”。①

1922年初,上海各界为赎回被日本占据的山东胶济铁路而发起筹赎胶济路活动。宁波一地迅速响应,各界发起成立“赎路筹备会”。4月15日,筹备会致函各界“赎路事急,凡我国民,皆当同舟共济,共赴救亡之则”。4月17日,宁波总商会召集职员常会,商讨上海赎路委员会主任余日章来函,决议致函教育会和各银行经理,联合组织“赎路机关”。5月7日,浙江筹赎胶济铁路会宁波事务所正式成立,公推总商会会长屠鸿规为主席,决议致函各团体、军警、行政各长官及商会会董、教育会之评议员、各学校校长、各绅富、报界等共同筹款赎路。5月31日,召开各界联合大会,将筹款赎路活动推向高潮。在全国各界共同努力下,1923年1月1日,根据上年12月5日签订的《山东悬案铁路细目协定》,在交付4000万日元赎金后,中国收回胶济铁路及支线并一切附属财产。

1925年上海五卅惨案发生后,各地迅速掀起反帝斗争高潮,宁波总商会积极响应。6月3日,宁波总商会召开职员临时会,做出如下决议:(一)电请执政外交、农商部,提出严重交涉;(二)电请旅沪同乡会就近设法援助;(三)通告各工厂、商店于5日一致休业,加入宁波学生会组织的示威游行。同时,宁波成立“各界五卅惨案后援会”“各公团联合会”,总商会均派员参加,并负责其中总务、宣传、调查三项工作,发动商界抵制英、日货。6月6日,宁波总商会响应杭州总商会,电呈政府,要求与英、日两国经济绝交,严厉交涉惩凶,以维护国家主权。6月8日、9日,宁波总商会两次召开各会董、业董会议,商讨对上海罢工工人经济援助方法,决议各业通过募捐、节筵等方式募集款项援助上海“五卅”罢工工人。据后来统计,在宁波总商会的积极组织下,宁波一地是各地援助上海“五卅”罢工工人募集款项最多的城市。

6月15日,宁波总商会接杭州总商会有关对英日经济绝交办法6条:“①不

① 《总商会开会结果》,《申报》上海版1919年5月21日。

进仇货(英、日两国货);②不与仇人交易;③不用仇人纸币;④推举调查员检查各店仇货;⑤各店门首贴不进仇货、不与仇人交易字样以表决心;⑥各业董事在会馆或其他地点邀集同业,明白宣布,五日内将仇货种类报告商会。"同一日,宁波总商会即召开职员常会,讨论6条办法,决议除第5条外坚决执行。[①] 6月16日,宁波总商会向各业发函:"上海'五卅'惨案发生,全国激愤,一致主张经济绝交""各业速组织同业协助会,制订简章,推定职员,于5日内将各号,所有仇货存数及未到订货数目分别详细开单报告本会"。6月19日,宁波总商会再次致函各业,劝导各商号"放大眼光,各本爱国天良"。6月22日,总商会又致函本埠各业领袖,要求在阴历五月初五前将英、日存货及订货分别详细造册报告商会。[②] 6月29日,总商会职员临时会决议:30日各界之游行商界自由加入,各商号下半旗,以表同情。[③] 9月16日,为防止私运外货,宁波总商会通告各商号,各业运货进口须各公团联合会给予通行证,加盖关防。

在抵制英、日货的同时,宁波总商会大力提倡国货,于1925年9月开办宁波第一国货商场,本埠各国货厂号纷纷报名入册,同时还吸引了其他地方各国货厂号加入。

第三节　经济与会务活动

宁波总商会成立后,积极履行商会职能,开展各项会务活动,特别是在抵制军阀政府的苛捐杂税、维护市场秩序与经营环境、推动工商业发展以及保障工商业者权益等方面发挥了重要作用。

一、抵制政府苛捐杂税

北洋军阀时期的宁波与其他地方一样,捐税名目繁多,关税、厘金、营业税、

---

① 《总商会职员常会纪事》,《时事公报》1925年6月16日。
② 《催报各业英日存货》,《时事公报》1925年6月22日。
③ 《总商会职员临时会纪》,《时事公报》1925年6月30日。

印花税、所得税、渔税、花纱捐、棉花捐、糖捐、土布捐、各类附加捐、码头捐……税捐征收极端苛刻。北洋政府采取的办法主要是加征旧税、实行新税、滥征杂税等3种,这严重阻碍了宁波工商业的发展。在协助地方政府征收赋税的同时,宁波商务总会对于政府随心所欲地征税持坚决反对态度,尽量防止政府随意征收营业税、奢侈品税,对已开征的税收,则竭力反对提高税率、滥设关卡,要求放宽交税期限,居间调节商人和官府的冲突。

1.反对设立统捐局

1911年宁波光复后宣布废除厘卡,但是因浙江省经济萧条,当局又决议征收统捐,为此,宁波在北门卡旧址开办统捐局。由于统捐细则繁苛,以致过往船只和航班均拟停业(其中主要是慈城之船),对此慈城人民"大起恶感",于1912年3月19日午后3时,全城一律罢市,抵制征收统捐,并派代表赴宁波请求撤销统捐局。但统捐局局长郑衡避而不见,还派兵恐吓。在此情况下,宁波商务总会一方面派代表与郑衡商讨办法,一方面派代表劝导商民船户,还急电杭州督军、财政司长云:"统捐细则繁苛,稽征多处,将来留难需索更甚,旧清厘金,商民惶惧,东日慈城罢市,今日北局聚集商船百余号,汹汹滋扰,已肇祸萌,万一激成巨变,何堪设想,请将统捐暂行停止。召集各商汇议,另订妥章,以恤商艰而弥后患"[①]。3月24日,北门统捐局被迫先行停止征捐,随后濠河、倪家堰、大西坝、新坝、蟹浦等分所亦一律暂行停办。此后商务总会继续开会集议办法,决议晋省交涉。3月27日,在宁波商务总会的强烈要求下,浙江省当局决定变通统捐征收办法。

2.反对滥征印花税和所得税

1913年,印花税由北京至各省次第开征。1914年当局又公布参议院修正的《印花税法》(13条)。1916年中央和各省设立印花税处及分处,开展征收工作。浙江省印花税处规定各商号簿据、三节账单、婚书、横单等一律依照印花税法,贴用印花,不得遗漏,印花税处每年定期派印花税督察员对之进行大范围检查,若有遗漏者,依法严惩。对此,宁波总商会一方面劝导各商号依法贴用印花,及时上缴印花税,一方面代收各县印花税。如1925年8月25日,宁波总商

① 《宁波罢市续纪》,《申报》上海版1912年3月23日。

会致函省印花税处:“兹查七月份计销票面额1836.55元,扣征费减计银367.31元外,应解实银1469.24元”[①]。同时,宁波总商会也致力维护商人的正当权益,特别是在政府无理要求加贴印花时,总商会总是站在各商号一边,反对政府随意加征。如1920年宁波总商会与各县商会接省令,“于民国十年一月一日起,凡向贴印花2分之簿据等件改为贴1角”。各商会哗然,商民情绪高涨。鉴于此,宁波总商会致电北京国务院及财政、农商两部,要求收回成命。省议会收到宁波总商会函后,专门召开讨论会,于1920年12月20日致电全省各商会,认为“是以不合法命令,变更法律,人民断难承认,应由部取消该议,以符约法”。但对此要求,北洋政府加以婉拒。在此情况下,宁波总商会继续进行斗争,一方面致电省印花处,要求暂缓实行;另一方面,与全国商会联合会等组织取得联系,争取他们的支持,寻求有效解决方法。

1920年9月,北洋政府总统徐世昌命令于次年1月1日实行所得税,遭到全国各商会反对。宁波总商会也立即致电国务院及财政、农商两部,要求暂缓实行,但是未得到回音。[②] 于是,宁波总商会即致电杭州总商会,请求援助。1920年12月24日,杭州总商会联络嘉湖绍各处商会在杭州召开有关所得税问题会议。当时,宁波总商会因改选问题来不及派代表参加。这次会议决定由杭州总商会与上海总商会联系,争取后者支持;同时,再次致电国务院及财政、农商两部,称“实行所得税暨印花税簿据加贴四倍,旧税未除,新税重叠,前因电明各商力已竭,无力负担……对于所得税,商力已竭,万难负担……中央顾念商艰,必蒙逾体恤,否则亦惟有待罪候命”。对此,北京政府在致浙江省省长电文中明确:“所得税实行日期万难改变”[③]。但商会抵制所得税的斗争也没有停止。

3.抵制苛细杂捐

在征税之外,北洋政府还临时设立各种杂捐。多如牛毛的苛细杂捐,使得广大商民怨声载道。在商民与政府的斗争中,宁波总商会尽力维护商人的权益,努力争取撤销或减免杂捐。

(1)花纱捐。江浙为棉花、纱布产地,棉纺业发达,花纱捐自然成为历届政

---

① 《函解印花税银》,《时事公报》1925年8月26日。

② 《所得税难缓实行》,《时事公报》1920年11月20日。

③ 《所得税难缓实行》,《时事公报》1920年11月20日。

府都不会放过的捐收项目。1920 年,浙江省花纱捐率高于江苏省达三分之二多,商民反响强烈。为此宁波总商会致电省议会,要求减轻花纱捐,并在 6 月经宁属议员张原炜等提出减轻理由,请求议会公决。但时过数月仍无下文。8 月下旬,宁波总商会会长费绍冠再次致电询问省当局,但到 11 月份仍无音讯,宁波总商会通过宁属议员再次向省当局提交质问书。在宁波总商会和宁属议员坚持不懈的努力下,11 月 21 日,“据财政厅遵令议复,拟将净棉花原定捐率八角减去一角,为每百斤七角,黄棉、花带子棉捐率依此逐减,定为花棉花每百斤三角五”①。至此,反对花纱捐斗争以胜利告一段落。

(2)各类赈捐。赈捐是指国内出现自然灾害时,由政府规定从正税项下附加的临时税捐,如关税、厘金附加捐等。一般以半年或一年为期,期满结束。但常常是期满后迟迟不得结束,如百货厘金赈捐,正式宣布期满后延长了一年。另外还有由各省分别举办赈捐,救济本省灾荒。但赈捐实际上是军阀恶吏发难民财的良机,真正用于赈灾者无几,因此每当举办一项赈灾的消息传出,商民惶恐,纷纷禀请商会力争减免。1922 年 3 月底,宁波总商会据宁波猪业静澜公所董事反映,江苏省吴淞沙钓稽查局所收船、货两捐都是特别性质的,与普通货税情形不同,特于 3 月 30 日致电江苏财政厅询问,力争免去沙钓船附征赈捐。此外,如 1922 年 1 月宁波总商会为酒业请命,免加附加捐;1922 年 12 月,宁波总商会发起反对政府举办邮电加费活动等。

二、大力提倡国货,组织厂商参加各种展销活动

1.大力提倡国货

宁波商务总会成立之时正值上海总商会发起抵制美约运动之际,筹备中的宁波商务总会组织各商号一致抵制美货,并利用这个机会推广国货。五四运动期间,宁波总商会积极宣传抵制日货,致使日本商品在甬销售锐减。1921 年 7 月中旬,宁波总商会为提倡国货香烟特致函各商店,介绍南洋兄弟公司出品的香烟,认为“溯自舶来卷烟输入吾国,囊吾金钱而去者,奚恒河沙数”,要求“以内国有用

① 《花纱捐率已准核减》,《时事公报》1920 年 11 月 22 日。

之金钱购买国产良好之卷烟，庶几力挽狂澜……”①。1925年，五卅惨案发生后，6月3日，宁波总商会召开职员临时会，发动商界抵制英货、日货。9月，在总商会的支持下，宁波第一国货商场成立，本埠各国货厂号纷纷报名加入。1929年3月31日，宁波总商会召集各业代表开会，决议组织市县提倡国货委员会。

2.组织厂商参加各种展销活动

第一次世界大战期间，宁波工商业有较大的发展，但好景不长，战争结束后，西方列强卷土重来，市场竞争日趋激烈。产品质量是市场竞争的利器，为提高产品质量，历届商会领导人在大力提倡国货的同时，组织厂商参加各种国内外的商品展销活动。期间，宁波总商会积极发动各厂商，制作精良商品，并由商会进行初评后，送到主办单位参展。如表1所示：

表1　1920—1922年间宁波总商会组织各厂商参加的展览活动一览表(不完全统计)

参展时间	展览会类型	举办地点	获奖情况
1920年3月9日	法国里昂陈列会	里昂	未详
1920年8—9月	中华国货维持会组织的国货展	北京	未详
1920年9月	国际联合会国际博物赛会	北京	未详
1920年10月	杭州商品陈列馆组织的国货展	杭州	商品特等奖4张，一等奖11张，二等奖10张
1920年10月	西班牙展览会	巴塞罗那	未详
1921年	万国工商品标本陈列展览会	米朗巴图	未详
1922年2月	日本东京博览会	东京	未详
1922年4月	爪哇各国商品展	爪哇	未详
1922年9—11月	巴西百年独立纪念赛会	巴西	未详
1923年2月	万国丝绸博览会	纽约	未详

1921年，宁波如生罐头厂生产“宝鼎”牌油焖笋，该商品获上海总商会商品陈列所首次展览会金质奖凭、1926年美国费城博览会特等奖证、1927年莱比锡博览会金质奖章。

①　《商会提倡国货香烟》，《时事公报》1920年7月18日。

三、推行规章制度，维护市场公平竞争

清末，商部在《商会简明章程》第十五款明确规定商会具有商事仲裁权："凡华商遇有纠葛，可赴商会告知，总理定期邀集各董秉公理论，从众公断。如两造尚不折服，准其具禀地方官核办。"期间，宁波总商会积极主持调解各类商务纠纷，使商业活动中的各种矛盾与问题得到了较好的解决，从而使宁波一地的经营秩序与环境得到维护。与此同时，宁波总商会在规范、约束各同业公会、商号商业行为与竞争方面，致力于推行各业规章制度，确保各业公平竞争。

1922年2月，宁波总商会接中华全国商会联合事务所通知，要求遵行农商部公布的《商标备案条例》，严格商标注册。总商会立即通知各商号，要求规范商标的使用。同年7月，交通部颁布商船公会设立的有关规定——《航业公会章程》。对此，宁波总商会遵照执行，要求按照其规定设立航业公会，督促公会以《航业公会章程》为其运作的基础。除此之外，宁波总商会还参与一些行业规章制度的制订、修改，如1920年参与制订《码头捐条例》。

四、维护工人正当权益

作为一个商人团体，宁波总商会对工人的正当权益也予以关注。1920年11月、1922年9月宁波总商会两次过问木匠加薪问题，要求各会员厂商为木匠增加工资："查迩来米珠薪桂，百物维艰，该工匠等以工资菲薄，不能维持生活，确系实在情形，工人要求加工资事属可行，惟于社会经济方面，亦应兼筹并顾。兹原定工资二角五分外酌加大洋三分，合计木匠工资，每工定大洋二角八分"①。

1925年9月，总商会接镇海县公署函，据公输殿船作工人反映，该作久未增加工资，工人实难糊口，请求将工资酌量增加，以维持生计。总商会接函后认为工人要求合理，即要求该业雇主速予办理。

此外，宁波总商会还劝告工厂毋苛待工人，饬令各工厂对工人应有公允切

---

① 《商会对于木工加资之意见》，《时事公报》1920年11月2日。

当之办法。1923 年农商部颁布《暂行工厂通则》,规定工人因工作致伤病者,雇主应负担其医药费,并不得扣除其伤病期间应得的工资。对此,宁波总商会要求各厂通行遵照。商会还对各工厂是否遵守该通则进行检查劝导,“各工厂资本家,亦应体念物价工资,及早觉悟,万不可有苛刻工人情事”。若有工厂违反这一通则,致有工潮发生,厂主负全责。

1927 年 5 月,宁波总商会积极筹备设立劳资仲裁会,以调解劳资问题。5 月 26 日,总商会致函甬上各业,提出劳资仲裁委员的推选办法:“定委员总额 9 人,国家代表机关得 3 人,劳工方面得 3 人,资本方面得 3 人,并议定资本方面之委员 3 人,各商号经理推选 1 人,各厂家经理推出 1 人,各殷商方面推出 1 人。”5 月 28 日,各业商董及各厂经理开会,推选委员,其中殷商方面委员由总商会会长任之。劳资仲裁会组建后,定期召开例会,商讨仲裁会规章,商议调解劳资纠纷。劳资仲裁会仲裁功能的发挥,弥补了商法的不足,是对商法的补充和完善。由于中国几千年封建专制制度的影响,人民普遍法制观念淡薄,尤其是对被列为“士农工商”之末的商人的利益更无健全的商法予以保护。长期以来,劳资与商人间的纠纷无商法可依,多照惯例调解。劳资仲裁会的设立,起到了调息纷争、保护工商的作用。而仲裁的公正,有助于化解劳资之间的隔阂与矛盾,维护商人的正当权益,为工商业发展创造有利环境。

第四节 总商会与地方社会

作为地方社会的领袖与代言人,宁波总商会积极参与地方社会各项事业,努力维护地方社会秩序与安宁,成为地方社会发展与进步的重要推动力量。

一、解决民食问题

长期以来,宁波人多地少,粮食问题一直困扰宁波社会。谚语“宁波熟,一餐粥”,形象地说明宁波本地出产的粮食远远不能满足需求。近代以来,宁波每年都需要进口大量粮食,但从外地运粮受到各种因素的影响与制约,从而易造成宁波粮食市场的动荡。民以食为天,民食问题经常成为影响社会稳定的瓶颈。对此,当时财政拮据的地方政府难有作为。在此情况下,以宁波总商会为代表的民间社会积极行动起来,协助政府解决民食问题。

当时宁波总商会经常协助政府开展大规模粮食调查、预测粮价波动、通报粮情、平抑粮价、组织粮源、限制囤积等各项活动,尽力避免宁波粮食市场动荡,努力解决民食困难。

宁波地处海滨地区,属水灾、风灾多发地带。严重的水灾、风灾常常使宁波粮食问题雪上加霜。平粜粮食、解决粮荒是受灾期间总商会最重视、花功夫最多的救济行为。宁波粮食一向从湖南、镇江、芜湖、无锡等处采办。1920 年,江苏省全境禁止米粮出口,致使宁波米源锐减,又逢上年粮谷歉收,入夏后,宁波米价飞涨,民心一片恐慌。为稳定粮价,接济民食,宁波总商会与宁波旅沪同乡会于当年 6 月邀集官绅组建接济公所,开展粮食平粜工作。7 月 1 日,各区平粜局纷纷开办,宁波除南区由甬上大族秦氏承担外,江东、江北、西门外、天宁寺、万寿寺、贵神庙 6 区各开 1 局,规定"每局日粜 50 石,减价拟 1 元以上 2 元以下"。平粜工作一直延续到当年 8 月底。据总商会统计,平粜局共购米 6356 石,总计支出 53 514 元,共粜出米 6356 石,总计收入 41 566.153 元,实亏耗 11 947.357 元,加上各项杂费,实际亏损不下两万元,所有亏耗都由宁波总商会负责筹募。经过总商会与社会各界人士的努力,平粜工作结束时,共募集款项 20 366 元,收息 1346.556 元,与亏耗相抵还净余 5090 元,平粜工作有效地控制了宁波米价的飞涨。①

为有效解决粮源问题,宁波总商会还设法了解省内其他地区、邻省各地区本年粮食收获情况,然后筹集款项,组织本埠米商前往省内外粮食充盈地区采购。在平粜粮食过程中,不少商家企图以囤积粮食牟利。为此,每逢新谷登场,总商会就制订压平米价计划,禁止私自囤积粮食。如 1920 年 9 月秋收后,宁波粮价仍高居不下,宁波总商会与宁波旅沪同乡会派员赴湘采米,同时在宁波设立食米半价局,压平高涨不落的米价。1925 年 12 月,由于军阀混战,湘皖两地

① 《请拨还接济食米垫款》,《时事公报》1920 年 8 月 20 日。

米源告绝，加之宁波秋收歉收，存米缺乏，而当年台属温岭等地收成较好，户有余粮。于是宁波总商会召集本埠各米商开会，商讨采米办法，并致函鄞县公署并转呈会稽道尹核查，为米商申请购米护照。

粮食运输事关平粜工作能否成功开展，对此，宁波总商会十分重视。对参与平粜的商人，总商会为他们向政府申请专门护照，沿途捐税杂费以及商人购粮运输过程中遇到的各种问题与困难，总商会也都出面与有关方面协商解决。如1921—1922年，宁属各县连遭两次大水灾，粮食歉收，而本省温台地区没有粮食接济，各米商只得远赴安徽芜湖采购，但是“沿途税厘复杂，深虑价格昂贵，贫民不堪负担”。1922年3月24日，总商会召开临时职员会议，提议设法免去运米捐税。为此，总商会致电会稽道尹黄涵之，“请道尹转呈省长咨商安徽省长暨税务处财政部，对于甬商领照赴芜运米，准予豁免一切捐税以示体恤”。1925年，宁波水灾奇重，总商会发起募捐，购买赈粮。为减少赈粮的运费，宁波总商会与农商部、交通部多次进行交涉，“所有运送赈品粜粮减费办法……赈品五折收费，粜粮七五折收费”，以尽可能降低运输成本。此外，粮食运输过程中，还会遇到米源地实行粮食禁运等事，如1920年江苏省全省米粮禁止出口，为此宁波总商会致函浙江省省长公署、农商部、江苏省省长公署等机构，力图全部或部分解除禁运。由于手续不全、运经地政策变化等原因，时有运粮船被扣事件发生。对此，总商会通过电函或派专员调节或通过宁波旅沪同乡会等方式尽力平息事端，保证赈米能足量、及时地运到宁波。

二、慈善赈济活动

近代以来，随着宁波城市化进程的加快以及自然灾害的频发，如何救助弱势群体，成为事关地方社会稳定与发展的重要问题。对此，宁波总商会及其成员给予高度关注，大力参与或发起主持各类慈善赈济活动。

1. 节筵助赈

20世纪20年代，宁波水灾、风灾频频发生，宁波总商会慈善赈济的方式多种多样，有抚恤贫民、慈善教育、救济灾民、预防疾病等方面，其中宁波商界特色的赈济方式是“节筵资赈”。在宁波总商会会员带动下，各行各业自觉进行节筵助赈。

1922年8月后,前所未有的飓风屡屡侵袭宁波,各地水灾成患,饥民嗷嗷待哺。按照旧制,旧历中秋,宁波各店铺“皆须置备酒筵,今遭此浩劫,何如省却此举,俾得将此款项补助灾区”。为此总商会负责人屠鸿规、严康懋特印传单,分发各店铺。[①]传单一出,各商号众起响应,将中秋、重阳两节筵资缴到宁波总商会。此后一直到11月初,每天都有商号陆续将赈款缴到总商会,总额达数千元之多。

2. 劝募灾款、举办赈品售卖会

1922年水灾的赈济过程中,宁波总商会分发道尹公署捐启,函请各业董遍向各商铺广为劝募。到11月24日募集洋1500元,解缴四明银行。[②] 此外,总商会还同工商友谊会、基督教青年会等一起组织赈品售卖会,所得款项如数为赈济水灾所用。

3. 积极援助宁波以外受灾地区

当时宁波总商会不仅参与宁波赈灾活动,而且积极帮助其他地方募集赈款。1920年,省内温台地区频遭水灾,房田淹没将尽,灾民无衣无食。同一时期,国内顺、宜、晋、豫、鲁五省也遭遇百年未有之奇灾,灾民颠沛流离,甚至易子而食。时届寒冬,灾区人民处境十分悲惨。期间,宁波总商会先后接到华北救灾协会、华洋义赈会、上海总商会求援电函,总商会闻讯后即积极响应。1920年9月,借华洋义赈会定期开会之际,宁波总商会与鄞县教育会、青年会等发函宁波各界人士,说明各地灾情,发动社会各界人士捐资赈济灾区饥民。费绍冠等总商会负责人都亲自劝募。最后在各界人士努力下,共募得一万七千余元,并将其中四分之三拨助温台赈灾,其余用于救助北方旱区灾民。

三、参与市政建设与公共卫生事业

1. 市政建设

城市市政建设不仅事关一地公共事业,而且也关乎一地经营环境,为此,宁波总商会主动介入,积极参与各项市政建设事业。

---

① 《劝节筵资救济灾民》,《时事公报》1922年9月28日。

② 《总商会解缴大批赈款》,《时事公报》1922年11月25日。

1922年9月和10月间，宁波三次遭飓风袭击，特别是第二次风灾后，建于奉化江上的老浮桥失锚断链，巨石撼动，多人溺毙。由于修复无望又遭非议，浮桥厂董事在11月4日提出辞职。面对如此僵局，总商会当仁不让，一方面，肯定浮桥厂董事提出的“拟以水门汀为桥基，以铁为桥梁”的改造方案，并极力挽留两位董事；另一方面，致函上海宁波同乡会，要求予以支持；同时集合宁波各界，分函各省同乡会，设法募款，改建老浮桥。在宁波总商会的带动下，各界出钱出力，纷纷参与到老浮桥的改建工程中来。总商会俨然成为改建老浮桥工程的中心。但此次修复限于经费，加之时局动荡，只得加固了事。1931年，宁波市商会与宁波旅沪同乡会又发起重建，最后在两地募集经费70余万元，于1936年建成“三联钢骨独孔下承式公路桥”，名曰灵桥，大大方便了宁波城内交通，成为宁波城市的标志性建筑。

1922年，宁波屡遭飓风袭击，宁波警察厅各属所房屋受损严重，用于消防的瞭望台也被吹倒，共计需要修理费大洋3500多元，其中瞭望台重修、消防水龙头及皮带等件购置费，需大洋1200多元。为此，宁波警察厅致函总商会，请求帮助筹集经费。总商会认为消防事关公益，立即行动，动员商界筹款。[①] 结果很快筹集所需款项，瞭望塔等消防设施得到修复。

2.筹办公共卫生事业

1922年2月，宁波总商会接到中国卫生会筹备处筹备委员电函，要求举办公共卫生事业。对此，宁波总商会积极响应，按照卫生筹备处的要求与规定，分步实施，从而使宁波公共卫生事业迈出第一步。此外，如各公立医院的筹建以及时常举办的时疫医院等，宁波总商会作为社会主要团体，无不参与其中。镇海商会会员林凤来等人于1920年7月在城厢成立水道会，清洁水道，并在各处设垃圾桶1只、清道夫数名，费用则由各会员暂垫。为清洁道路，改善城厢卫生，1926年6月，由多名商会成员发起在鄞县第一公立医院筹设公共卫生处，所列事业为清道、防疫、清洁饮料、处置粪厕以及其他公共卫生事宜。

此外，在筹建四明孤儿院、四明贫儿院、华洋义赈会等当时甬城重要慈善机构的过程中，宁波总商会及其成员都发挥了重要作用。

---

① 《总商会劝募消防费》，《时事公报》1922年11月21日

四、公共安全与战争状态下的社会救助

1.维护公共安全

对于地方公共安全问题,宁波总商会很早就予以关注。早在1905年宁波商务总会成立后不久,即发起在城区成立巡防局,随后,宁波城乡各地的治安事务,以商人及其团体商会为代表的宁波民间社会无不参与其中。由于官方在经费与人员方面的严重短缺,民间力量成为各地公共安全的重要支撑乃至主导力量。其形式一般分为官民合办和民间自办警力两种。一般而言,前者规模较大,而后者则较小,形式也比较多样化。官民合办形式往往由官方出面组织,由绅商出资。如1920年12月,奉化西坞地方警察分所警佐李汝生、商会分所所长郭佩锵及张芝亭、邹蓉江、邹雅仙等人"因近来抢案甚多,乡民受害不浅,特邀集绅商开会,议决加添警士10名,每夜分班梭巡,以为预防。若有警时,以鸣锣为号,使居民闻声齐集,所有经费由李警佐与郭会长向地方筹划"①。

至于民间参与或自办警力,名称各地并不统一,在宁波城区,一般以商团的形式出现,早在宁波辛亥光复时,即组织有商团,其成为光复宁波的重要力量,也是当时维持社会秩序的主要依靠。进入20世纪20年代后,宁波城镇各地也有商团组织,但时办时停,并没有成为常备性的治安力量。1924年4月底,城区江北"众商57家,因近日江北地方匪警频闻,特发起组织商团,以资自卫"。商会等社会团体也经常出面协商公共安全问题。如1928年11月23日,宁波总商会召集业董开会,讨论冬防办法,"议决:(一)冬防期内置办手枪、木壳枪一百支,约价洋一万元,分配一区各警署应用;(二)经费由商号各殷实富户担任,商号方面由总商会接洽,殷户方面由署员分头接洽;(三)未入商会各户,亦由各署员自行接洽;(四)各大商号、各大户,均分装警铃,以期灵通消息"②。

2.战时状态下的社会救助

进入民国以来,各地战乱不已,兵戈四起,但宁波一地的和平局面却基本上

① 《闾阎防卫声》,《时事公报》1920年12月23日。

② 《总商会冬防会议纪》,《申报》上海版1928年11月24日。

得以保持。其中固然得益于宁波偏于一隅的地理位置,更与以总商会为代表的地方社会的和平努力密不可分。

1917年11月,为响应在南方进行护法运动的孙中山,前浙江都督蒋尊簋、前督军参谋长周凤岐及第3旅旅长叶焕华等人以"浙人自治,浙人治浙"为号召,反对浙江都督杨善德,在宁波举兵独立。但是战役先后仅5日,即事败。期间,宁波总商会会长费绍冠奔走于各方之间,竭力避免战事的扩大。先是因警察厅厅长周琮、外海水上警察厅厅长王萼中途变卦,刘炳枢"隐令其属,进薄湖西警察厅"。费绍冠闻讯,"长跽哀求,乃止",继而蒋尊簋等退守江北岸,"欲凭城拒守,商民大恐,绍冠涕泣奔走,历昼夜赂凤岐、炳枢等,使之先循",远走上海。最后,"溃兵入城者劫掠商肆,人心惶惶"。绍冠立即设法集资8万元,"在团部招溃兵,令缴军器衣,给资遣散"。"论者谓宁波商市不被兵灾者,实绍冠一人之力也。"[①]

1924年的江浙战争亦称齐卢之战,是直系军阀各派系为争夺地盘而爆发的,战火累及两省大部分地区,损失惨重。偏处一隅的宁波也被波及。其中10月宁波宣布自治的独立事件及11月14日小规模兵事变更是使甬城百姓饱受风鹤之惊。以宁波总商会为代表的民间社会对这场战争高度关注并为维持社会秩序、减少战乱造成的破坏做出了巨大努力。

当时宁波总商会利用自己的地位与影响力,运用各种手段或方法,包括派代表请愿、函电呼吁、提供军饷以及犒劳驻军等,频频活动于各方之间,努力减少战乱对宁波的损害。进入1924年8月,江浙战争已是箭在弦上。8月29日晚,"突由厦门开来军舰四艘,停泊镇海关外三十英里的沥港海面",引起甬城居民莫大恐慌。宁波总商会、鄞县议会闻讯后立即致电浙省当局,"请为厉行防守"。同时镇海商会召开各业董事会议"劝告商店,照常营业,力持镇静,切勿稍事张皇"。8月31日,总商会为筹备民团召开紧急会议,"结果议定经费、枪械筹备办法,不日即可实行矣"。同一天,宁波总商会、鄞县议会、镇海商会等团体又将此事电告宁波旅沪同乡会,"乞速辗转设法,俾速靖甬海,以安人心"。接电后,宁波旅沪同乡会立即召开紧急会议,决定一面致电海军总司令杜锡珪,恳切

① 冯昭适:《民国六年宁波兵变记》,《宁波旅沪同乡会月刊》第12期。

“调回闽舰,以安人心”;一面致函福建旅沪同乡会,请其设法相助,并要求甬地倡办民团以图自卫。[①]

9月24日,浙军第一师潘国纲部移师绍兴、宁波一带,宁绍各界人士在宁波公推陈南琴、田时霖2人赴省接洽,以求免除战祸。9月25日,潘军抵甬。为安抚驻军,宁波总商会迅速为潘军司令部筹措军饷14万元,并承诺“日后每月由商会供给6万元”。镇海县商会也邀集各董事及各商铺经理开会,摊派军饷35 000元。与此同时,为求“军民相安无事”,宁属各地商界纷纷集资进行犒军活动。

地方社会安宁是当时的头等大事,对此总商会和其他社会团体十分关注。1924年9月13日,宁波总商会会董陈如馨等人在城区发起组织民团,招收团丁500名。宁波总商会对当时各种谣言保持高度警觉,并及时出面予以澄清。1924年9月20日晚,宁波城区谣言四起,“谓二十一日晨甬兴轮到埠,装有败兵三千来甬,于是商铺居民,辗转相传,莫不惊慌失措,所有银行、银楼、钱庄、绸庄一切店铺,咸将贵重对象于黑夜搬运藏匿,一般居民亦将家内所有细软珍品,或托寄外人处,或雇船运至乡间……自战事发生以来,甬埠商民之恐慌,以此次为最甚。”为安定人心,总商会即通告各商铺云:“今晨不知何人造谣,有溃兵入甬之说,顿时人心恐慌,各商铺遂纷纷关闭。查战事远在苏省,杭州秩序井然,各军政长官,保护地方,断无溃兵入境之理,即或有少数兵队来甬,亦均有各级军官督率,纪律严明,万无其他举动,凡我商人,务各照常营业,幸勿无事自扰”[②]。9月25日,浙军潘国纲部进驻宁波,引起甬地居民恐慌。宁波总商会立即致电军方,要求其严行约束兵士,以维治安。

1924年10月初,宁波发生自治军独立事件,不久事败,甬人大起恐慌,宁波总商会即要求“第一旅前团长姚琮,一师刘参谋长,镇海炮台司令张伯岐、庄警厅长、江知事等共同维持秩序”,并要求各业恢复原状,照常开市。而总商会各会董更是不辞辛劳,奔走于各方之间,全力维护地方社会秩序,“敝会会长及各会董力竭声嘶,焦头烂额,虽饱受虚惊,尚不至为湖州菱湖之续”[③]。

---

① 《致宁波总商会县议会函》,《宁波旅沪同乡会月刊》第15期。

② 《甬埠讹传之虚惊》,《申报》上海版1924年9月24日。

③ 《宁波总商会复函》,《宁波旅沪同乡会月刊》第16期。

战事结束,如何消除战争影响,恢复正常的社会生活秩序急不可缓。为此,宁波总商会、宁波旅沪同乡会又行动起来,参与善后工作,使战后宁波很快恢复往日生机和秩序。10月中旬,自治军失败,各地游兵散勇成为社会治安与善后工作的大敌。宁波总商会予以高度重视,立即出面与各有关方面接洽并备资遣散非正式军队。据该会调查,自治军已招未编之兵约有千余名,总商会"均与各该领袖妥商办理,分别缴械,遣散给资回籍,不得逗留"。后总商会又推代表与浙军第一师师长周凤岐接洽种种善后事宜,"蒙允照办"。[①]

10月21日,为襄办善后事宜,宁波总商会与宁波旅沪同乡会代表、县议会及各界士绅共同讨论甬地善后办法。"佥以地方善后,应分二步办理:(一)已招未编之兵,虽已遣散,恐尚有逗留在城者,应查验驱逐出境;(二)各乡治安问题,佥以冬令已届,难保无匪徒蠢动,应将出入要道,派兵驻防,各紧要处,并请警厅派保安队驻扎,以资保护"[②]。

综上所述,清末民初,宁波总商会作为宁波最具实力的社会团体,活跃于宁波地方的诸多领域,影响甚至超出宁波一地。但由于档案史料的缺失,对于其活动及相关情况,我们难觅其详。本书辑录的报刊史料在一定程度上弥补了这一缺憾,从而大体上拼凑起一个曾经的宁波总商会的历史原图。不过限于我们的能力与水平,加之现存报刊的严重残缺,这一目标的真正实现还有待于继续努力。

---

① 《宁波总商会复函》,《宁波旅沪同乡会月刊》第16期。

② 《宁波善后之种种》,《申报》上海版1924年10月24日。

一、言论篇

论商业联合之利告农工商部及商会

尝读《斯密亚丹原富》书，极论业联之害，吾因此而知英国在昔业联之盛，因此而知英国业联势力之雄，且叹其所以致今日之富强者，皆由经历业联之阶级而来。积渐既久，弊害乃生，而要其创始之功不可没也。业联者，合同利共害之人，以自巩其权利，以防他部之侵入。故其团体甚固，且分其利益，以报效国家，所立联规得国家之允许保护，而其力愈厚，其志愈坚。迨其后也，国家恃为筹饷之源，而彼亦独擅扶助政府之力。美国之独立，英国之宪法，皆由此发生，诚不可漠视也。

吾国商民散漫无纪，无论提议何事，毫无实力，徒以空言相号召，其启人玩视，着着失败，宜也。夫惟不知业联之术，故自相排挤，自相倾轧，而外人得藉以为利也。例如往岁茶叶获利，今年添设茶肆二三家，而茶业败矣。往岁布业获利，今年添设布肆三四家，而布业又败矣。供求相剂，例本如斯，而昧者坐叹商业日落之无从挽回，则何不返求其本也。

方今国帑空虚，筹饷维艰，诚能集合同业，立为联规，自相限制，以谋公利，而复输其余货，以作报效，当无不邀政府核准者，诚国民两利之法也。查日本同业组合会之法，农商务大臣可查特别情形，分为可加入不可加入之别。其可加入者，营业至无限制者也；其不可加入者，有限制者也，是即业联之遗意也。今中国之富商莫如盐业，以票额有所限制，不得加入，而利不可争也。度支巨款，岁取给焉。出商人之所有余，而商无损也。下至都会埠头之箩担力夫，至微贱也。窃见彼等顶替名额，动至钱数十缗，则其名有定额，故糊其口而有余。虽并应诸色徭役而不困，是亦业联之雏形也。水必障之也，而后灌溉而有余。木必翦之也，而后正干无不旺。故业联者，商人之自为节制，因得厚收其利，亦国家之所以限制商人而因以厚收其利也。

法宜联合，各埠商会各就现今所有之行店门牌号区别同业，着为定额，组合设会，禀官立案，由商会审度情形，嗣后不准他家添设同业牌号。窃以为今之商业无不嫌拥挤，但知分利不知生利。除薪米农器字号不宜立为限制外，其余十分之九无一不可着为定额者也。有定额而不准增设者，获利必厚，固商民之所愿也。获利既厚而输资报效，亦政府所愿也。上下同欲，其事必成，是在理财巨公之提倡耳。

且其利益之大，尚不在此。一可使资本家不能投资于旧界，而迫之使留心于新事业，如制造开凿之类，以开利源。二可区别土货洋货，使洋货字号不致日新月异，充溢廛市，以挽回利权。三可使商家皆视牌号为子孙基业，不生意外危险。四可联合商民成一确然有实力之团体，而商会之势力可操控全市。五可使商民负担租税之力量，因时势缓急而制为轻重，非如取税于地者一成不变，亦非如取税于关者之受外人挟制，且可为国家筹集巨款，而包办厘金、包办印花税之事俱可担承。至其弊之可虑者，则物价将益加腾贵，商人将愈形奢侈，然而防之亦自有其道矣。且夫英国今日之托拉斯尚未脱业联旧习，吾国商务幼稚，岂可惩斯密亚丹之言而遂因噎废食哉。

（《四明日报》1910 年 6 月 23 日）

将有商业会议所出现

宁波商会自改组以来，会务颇有革新气象，惟因新旧潮流冲突之故，不免引起一部分人之反对。闻不日将有商业会议所出现，名为商会监督机关，而实则专与商会取反对态度。考此事之近因，虽为商业一部分人不满意于新商会之故，并谓新当选之会董有种种资格上之不合，而其远因则实因自交易所风潮发生以来，宁波绅商已划分为二大党派。此二派者势力相均，凡事皆互相反对，至其事之曲直是非，则俱置诸不问。而一般中流商人则不能谓地方上所不应有然，若纯由于感情之作用而以破坏为目的，则殊非地方之福也。且就今日商业组织而论，有商会，有商业联合会，有商业会议所，重楼叠屋，骈枝赘疣，令一般商人将何所适从乎？以此而言，改革商业难矣，难矣。

(《时事公报》1921 年 4 月 13 日)

好多的会所

商会是什么机关？商业联合会又是什么机关？一处地方，有了这两个机关，已经重楼叠屋了，假使再有商业会议所出来，不是重之又重、叠之又叠了吗？

宁波人顶欢喜凑热闹，看榜样，从前戏馆子是一所没有的，后来有人创办了一所出来，便都争先恐后，继续上来，没有几多时，宁波居然有了四五家戏馆了。结果怎么样，他们事前却没有一些儿顾到，只不过是趁着一时高兴，大家凑一凑热闹罢了。但是游戏的事情，于社会上没有什么关系，也不必说他了。现在所发起的，什么会什么所，不是正式的一个集合一个机关吗？而推其发起的意思，也不过同开戏馆子的一样，这也太无价值了，或者说，他们都是有一种作用的。什么作用呢？就是你商会所说"两大势力划分对峙"的表示。啊呀！若果是这样说，那可越发地不成事体了。

(《时事公报》1921 年 4 月 13 日)

商会会董问题影响之预测

商会或将改组　愿其不成事实

宁波商会改组以来，因会董资格问题颇引起少数人之怀疑，此少数人之怀疑其出自自动者，故而为人利用或受人煽动者亦复不少。昨日本报商业会议所新闻中所说谓，实由于交易所风潮以后，绅商势力划分之故。此实系观察而得，并非臆想武断之谈。而宁波商人对于商业智识素称薄弱，且富于服从性质，既有一二大力者从中驱使指挥，则商界将来风潮决有暴发之一日。此暴发之现状为何？曰商会重行改组，会长会董重行选举而已。会长何以须更选？则因凡无被选资格者，即无选举权，会董既无被选之资格，则其选举之权亦自然消灭。而会长则固由会董选出者，亦自然同归无效。惟查商会前任会董亦多有以公行先生与公所议董而充任者，何以迄未闻反对之声，殊为令人不解。总之，吾人并非极端赞成新商会，亦非谓不合法之会董不应更选。惟商会基础本属不固，一再更张似有害而无利，且后来者果能胜于现任与否，亦正为一问题也。如果不幸则此言竟成事实，吾人惟望商人俱以人格为前提，良心为主动，而以个人自动之观察力标准，再造一簇新之商会耳。

（《时事公报》1921 年 4 月 14 日）

对于商会议决案之异议

宁波总商会于四日开职员会，为讨论商号注册草案容否经会员会通过问题，议决会董由会员所产生，是会董即会员之代表，可经由会董会议决，不必再开会员会，惟刊送草案，函征会员同意等议。兹有商会会员陈荇荪，以商号注册案，关系商业全体，应由会员会议决，以照慎重，特著《告商会会董诸公》一文（原文录今日代论栏）。其言颇为详尽，未知该会会董见之，将若何办理也。

（《时事公报》1922 年 9 月 9 日）

告商会会董诸公

陈荇荪

日前商会开职员会，讨论商号实行注册以防止流弊一案，各会董佥以此项注册草案，可不须经会员会通过而即实行，其所持理由，谓会董由会员而产生，会董为会员之代表，则会董应有议决之权，且又恐召集会员会未能足法定人数，及一部分会员之反对，反对阻碍进行。会议结果，以刊送草章征求会员同意。此种有关商业全体，且系变更商会法之议案，而乃如是议决，荇荪不敏，窃谓不可，谨将管见，缕陈于左。

夫商号实行将股东姓名及资本额向商会注册，诚为现今社会人心不古，此举所以防止商号亏本后将股东私相顶替侵吞债务之流弊，法美意良，无逾于斯。

稍有商业智识者，尚何敢置一词于其间。即荇荪亦极盼望此法之早日实行，俾商业得以增一部分之安全也。惟商号注册，在现时商业，既不能一日或缓，则其事之重要可知。既为极重要之案，其议决之手续，自宜审慎周详，俾行之于后世而无碍。所谓审慎周详者，申言之，即须博采众意是也。不但对于本案之成立，固宜审慎周详，即其章程中之一句一字，亦当如是，以免后日贻无穷之害也。

乃不谓商会诸公，竟对于此应如何审慎周详之重大议案，谓可以会董会决之，而会员则惟以函征其同意，此诚荇荪所大惑者。姑不举现今全民政治之说以相质难，即以商会法而言，恐诸公亦不能自圆其说也。商会法第二十八条，明明规定云：左列各款事件，须有会员三分二以上到会，得到会者三分二以上同意，方得决议。而商号注册，非该条第一款变更会章之案乎。查商会会章，并无商号应向商会注册之明文，是为变更会章，固明明已，则依照商会法，固非得三分二以上到会之会员会，到会者三分二以上之同意，不得决议，而谓可决之于少数之会董，有是理乎？更有进者，是日到会之会董，报载仅十六人，该会之议事规则之如何，荇荪固未见及，然四十七会董，而以十六人出席，即可决议，斯诚从前所罕闻，抑亦绝后之奇谈也。

就法理言，此种商号注册之案，应召集会员会，并须经三分二以上到会，三分二以上同意之决议，已如上述。现在再从事实上立论，与商会会董诸公一商榷之。

商会之开会，常不足法定人数，此事实上之困难，固荇荪所深知者也，是亦不但宁波商会为然，各处商会及各团体，亦何独不然。不过事有大小，案有巨细，果属无关紧要之事，不但少数会董，可以议决，即会长个人亦何独不可主张。是日某会董，有谓会董会本有议决之权，诚哉是言，但不知事有大小之别耳。时又有某君者，谓本案议决实行，如有不愿来会注册者，则将如何。观于此言，又可知此案之必应开会员会决议矣。何则？使此案既已议决，必须实行，而使实行者寥寥无几，则是案虽决，而等于不决。故少而言之，须有半数商号实行；少而言之，须有入会者半数实行，否则尚为成何事体，而欲冀其入会者半数实行，则必由会员会之决议，方足以收效。若仅由少数会董开会议决，则彼不愿注册者，以不合法——未经会员会通过及会董会未足法定人数——三字为词，诸公又将何词以诘之乎？诸公若曰：本会已函征会员同意，不答复即作为默认，是则更为昧于事理及法理矣。盖不合法之函件,当事人固无答复之必要也。

商会诸公,不将观吾上说而又欲质问苻荪曰,事实上之困难,不惟欲召集三分二以上人数之会员会,经出席会员三分二以上之同意,固不能办到,即仅求会董会之足法定人数,亦难乎其难,必欲按照法定手续而行,恐商号注册之事终无实行之一日。曰,是又不然,请更以事实之说明之,诸公果将商号注册一案,说明其理由,详陈其利害,提出于会员大会,一次不足法定人数,则再,再不足则始出之以函征同意之一法。如是而犹有会员执法反对,即可有词以钳其口矣。今诸公计不出此,而仅以会董会决议之。根本反对此案者,固难闭其口,即极端赞成此案者,而以诸公措置之不当,而不敢径予赞成。果是案而不能实行,则固诸公自致之耳。

至诸公先以召集会员会,未能以法定人数为虑,是为杞人之见;而召集时,恐一部分会员提出反对,则更无一听之价值,苻荪诚不欲多言矣。

苻荪忝为商会之会员,是极端赞成此案者也。查宁波商会法,会员无质问之权,然为宁波商会计,为商会会董诸公计,为商会全体会员计,为此案之进行计,不得不言,故借报端一吐为快。愚者之言,还望商会会董诸公思之,重思之。

(《时事公报》1922年9月9日)

为商会改选告商会会员并述今后商会应办之事业

光阴迅速,又是阳历元旦,又适商会改选之时。吾在二年前之今日,曾有《我所希望于新商会》一文在本报披露,所论为建筑会所、商事公断处、商号登录处等问题,更有最重要之一条,乃为予所认为极端违法之会董人数问题——四十七人和四十五人。这篇文经发表后,(会董会)果于上届改选时纠正为四十五人。此固该会之善于改过,亦为"宁波总商会"五字去一大污点。

商会自从上届改选后二年中,初时颇有精神,如订定议事细则、职员分科办事,而对于整顿巡防,则组织董事会,筹募款项,新制服装,去老弱而留强健,于是巡防二字,始为地方所注意。但时未几何,即渐渐无生气。此其最大之原因,实由于会董中热心会务者少,徒拥虚名者多。有当选二年之会董,而无一次到会者;有事关于己受人嘱使而始出席者,会务之不能发展,即在于此。

吾宁之商会,不特在浙省占重要之地位,即在全国亦占重要地位。盖宁波为五口通商之一,此次军事变化后,更为他邦人士所注目。而吾宁商会所办之事业较之沪杭各埠不如远甚。今吾人对于本届改选之事略提一二,希望商会会员注意及此,以免吾人之期望等于泡影也。

(一)商品陈列所:今日何日,非商战剧烈之时乎!提倡国货,振兴实业,已成为老生常谈,但国货如何提倡?实业如何振兴?无他,除广告宣传外,则为物品展览会以及商品陈列所耳。物品展览会范围较大,暂且弗论。而商品陈列所,创设尚易,况吾甬各种工厂亦属不少,出品繁多,如鄞西之草席草帽尤为国内外所闻名。年来外人亦多来此游历,参观工厂,调查商品,则商品陈列所之组织,又岂可缓。而其责则属诸商会,此今后商会应办之事业一。

(二)商业夜校:处今之世,欲图商业之改良,必先培植商业之人才。故商业学校为现世所重。惟是商业学校,只能培植未入商界之青年,且商校注重学术,不谙商惯,以致毕业学生一入商界,每有学非所用之叹。如已入商界之伙友,有相当之商业夜校,令其入校读书,学识经验,交互增进,革新商业,方始有望。是商业夜校之设,裨益商业,实非浅鲜,此今后商会应办之事业二。

(三)商业图书馆:商业图书馆,为增进商人知识唯一机关,现今商业日新月异,一般商人若无新知识以补助之,必在被挤之列,则商业图书馆之设,亦为急切之图,此今后商会应办之事业三。

上列三项,为吾人对于商会最低限度之希望,亦为沪杭两商会所已创办者,且经费方面,亦殊有限。固本届商会当选会董之责任,而亦为商会会员所应注意者也。

此外尚有建筑会所问题,吾在二年前曾已言之,而商会诸公亦筹议及此。经费一层,已有民六遣散溃兵费二万余元准由省债划拨充数,虽相差尚巨,然此乃全宁波商界观瞻所系,体面所系。一般商民,当无不踊跃乐输以成此举,斯又吾人所望于本届会董诸公,而勿使民国十六年改选时,仍令吾哓哓于此问题也。

(《时事公报》1925 年 1 月 1 日)

告商会新会董及未来之会长

一　蝶

今日乃商会新会董互选会长之日，会长得人与否，关系于商会及商界之前途，至为重要，逆料一般商界中人，对于是举，必然引起相当之注意，而选举者，亦必能因责任心之监督而郑重将事。鄙人更谨以局外人之地位，向选举人诸君致其一得之愚。

凡事首贵正名，名不正则实不举。商会既为商人所组织之机关，则其中分子，无论会董、业董、会员以及会长，俱应由商界选出。从前商会历届改选之时，每闻有人主张，举某某为会长，而所谓某某者，并非真正之商人，其地位乃在官绅之间。举者之心，不过欲借重其名字以为招牌，而不知实已轶出范围之外，其结果必将使商会丧失其固有之主旨，与本身之地位，而成为一种非驴非马之机关。幸而此种主张，率皆不成事实，然而会董之中，则已微有"非种国入"之嫌，非绅非官之人，常常得厕名其间，商会之会务，暗中受其积极之牵制与消极之颓弛之影响者，实不少也。

何谓商会，顾名思义而言，一商人之团体耳。论其实在之性质，无异于昔日之公行公会，公行公会，如泥水，如木匠，如裁缝，一向有之。公行公会之董事——俗呼公行先生，其身价并不十分尊尚，与普通商人并无少异。商会之会长，其地位亦不过等于一泥水木匠之公行先生，而因其为国家法律所规定之故，遂由普通之商人一跃而为机关之人员，借此可以应酬官场，可以交接政客，真所谓一登龙门，升价十倍。人之所羡于商会会长者在此，商人之所以谋为商会会长者亦在此。当其未为会长也，不过一寻常商人而已，一旦鸿运亨通，居然得此头衔，则即高视阔步，顾盼自雄，不屑复与寻常商人为伍。今日迎某官，明日送某官，今日赴某公署吃酒，明日赴某公署打牌，日日出入，疲精劳神于应酬二字之中，而于会务，则毫不过问，抑亦更无过问之余暇。曰某商会会长贤，则其人必熟于世故而工于应酬者也。某商会会长不贤，则其人必口钝词拙不善逢迎者也。是则名为商会会长，实则官僚之走狗耳，衙门之清客耳。以上云云，信笔所之，似觉有过甚之处，然试追溯以前之事实，则吾言或亦有几份之幸中。逝者无论矣,吾惟望此届选出之新会长,能勿以官僚走狗、衙门清客自视,而仍夷其身为一普通商人,如是则可节其许多应酬官场、交接政客、迎送嫖赌之精力,以从事于整顿会务,与改良商会,则此届之改选,或即为吾甬商会之新纪元。

(《时事公报》1925 年 1 月 18 日)

商会会员提出改选疑点之诘问

宁波总商会,昨接会员黄光普函云,径启者,阅报载知贵会本届办理改选,事事力求公开,手续务臻完备,足征选政进步,无任铭仰,且贵会办事人员通晓法律,于选举事宜,悉以商会法为准绳,剔除历届积弊,不便形诸于书面,抑当表示于口头。愚以本届改选会董业已揭晓,会长互选,亦已定期,报载皇皇,谅非虚构。光普不谙法律,对于本届改选事宜,颇滋疑窦,适法违法应请研究:(一)本届改选会董,系本月十四日开票,各当选人何日受当选之通知,固不得而知,乃贵会选定本月十八日为互选会长之期,未免太促。试问此三数日内,并未逾十五日之法定期间,贵会能预知各当选人,一有就任之声明耶?假使本届互选会长之日,各当选人中间无就任之声明,又无辞职之表示,贵会将何以处此?岂以商会法施行细则第五条第二项之规定,为无足轻重耶?又查商会法施行细则第五条第一项规定,无论会董之选举,会长之互选,应先期十五日以前通知各选举人,则此次改选会董,互选会长,贵会是否先十五日而通知?设或不然,殊于前列法条大相违背,若以误就误,将视此次改选为有效乎?为无效乎?应请研究者一。(二)毛君汉章、陈君孟璇,均为本届当选会董之一,但毛君汉章为小学教员,陈君孟璇为律师,尽人皆知。此二君是否适合商会法第六条之资格,当日资格之审查,究以何者为依据,疏忽耶?通融耶?此应请研究者二。为此函达贵会查照,迅予见复,俾开茅塞。倘舍法律而言成例,则又大背贵会本届改良选政之初意。光普不敏,不敢奉教,亦当别寻法律救济之途,伏希鉴宥。

(《时事公报》1925 年 1 月 18 日)

总商会果因此而解散耶

宁波总商会第五届新会董早已改选。阴历年内，曾开会互选会长，卒以意见分歧，不足法定人数而流产。现闻觊觎斯席者甚多，然大都不满人望之辈，未必能达到目的。而真正公意所组织之某君等，则反不愿出山，以避免逐鹿之嫌疑，纷纷扰扰，暗潮甚烈。各业已续有烦言，若不知难而退，恐甬商会将为此一二人之故而解体云。

（《时事公报》1925 年 2 月 3 日）

总商会新会长未产出前尚有问题

宁波总商会改选会长因内部争执迄未产出一节，已志昨报。兹闻孔会长馥初，以去年改选新会董，照章应准十五日前发信通知，乃该会系阴历十二月十九日选举，所发之信则系初九日，甚有迟到至十一二日者，迭经会员致函诘问。闻已据情于日前快邮代电，向农商部请示是否有效。据孔君对人言，本届本人绝无恋栈之意云。又闻该会前任会董，多有非正式商店经理者，按章不符，此次改选之前，也有人提议改选，故当选者俱较前届稍为正式，惟间有一二人，仍不免有假借顶替情事，故仍不满人望云。

（《时事公报》1925 年 2 月 4 日）

告竞争商会会长者

一　蝶

本埠总商会选举会长，因内幕之竞争过烈，遂至一时无有产生。此少数之竞争者，果不自觉悟而让步，商会之重要事务，必将因会长不能举出而延搁，甚可虑也。

因选举而竞争，本为极其平常之事，因竞争之激烈，而至选体不成，亦又为极其平常之事。然如大总统、副总统、市长以及国会、省会议员之选举，相与竞争之可也。若商会、工会、农会之会长,则殊无竞争之必要及理由也。盖选举之竞争,其精神在于预备当选者,自信其政策之可以救国家或社会。故而欲以其所怀抱者,征得国民之同情,而投彼之票。此种举动,在吾国行之,或有幸进之嫌,而在外邦,则视为光明正大之举动,无人加以非笑。彼又自知,彼若不得当举者,则其所抱之政策,绝无机会得以实现。是其所以竞争的,完全为公的而非私的,为国家的地方的,而非个人的,为义务的而非权利的。至如商会会长,乃由会董互选。会长与会董,并无显明之阶级,其所得为之事,亦并无职权上之限制,而有所不同。会长之在会中,不过一名目上之领袖,实权并不能过于寻常之会董。会长所可为者,会董亦得以会董之资格而发表之,不必一定做到会长,才始有发表之权及机会也。然则一般竞争会长者,其用意必别有所在,而并非欲为商界做一些事业,端可知矣。

(《时事公报》1925年2月4日)

总商会岂放弃善后会议出席权耶

全国善后会议,已于前日召集开会,对于职业团体如农工教育会等,均以省区为限,而商会则省区外,再加北京、天津、汉口、上海及特别区,此外均遭向隅,本埠总商会亦在屏弃之列。查甬地为五口通商之一,商业繁盛,实为本国重要商埠之一,不闻有人出面抗议,殊为放弃权利。所望商会诸公,应先联络各大埠总商会之被弃者,会衔向政府建议力争也。

(《时事公报》1925年2月4日)

告竞争商会会长者(二)

一　蝶

故或有谓竞争不竞争,应当视其竞争之人,在平日有否声望,将来当选以后,是否能为商界谋发展或改良,果其能之,则彼之竞争,乃亦如竞争总统、竞争议员、竞争市长者之完全为公的而非私的,为社会的而非个人的,为义务的而非权利的,如其不能,则一旦当选以后,必将予商界及商会不利。吾人对于前者之竞争,应容认之,不特容认之,而且奖励之;对于后者,则宜排斥之,反对之,此论岂不冠冕堂皇,然吾人则谓其已落其第二条。盖吾人之所以欲问者,乃商会会长之一缺,为公的社会的义务之方面而言,是否应有竞争之必要,而且其选举方法为会董之互选,是否更应有竞争之必要。苟其答案为非必要,则无论竞争之人,平日声望若何,将来办事能力若何,吾人亦必不能予以容认或赞助也。

大凡所以竞争之故,不外二途,一为公的,一为私的。竞争商会会长者之非为公的,既如上述,则必为私的。为私不外名利二者,言其利,商会会长,并非有给职,完全无权利之可言,而且普通商人,一旦做到商会会长,交际之范围,骤然扩大,应酬之费,自然增加,此种倒贴生意,尚有何利之可言。言其名,则一商会会长,其地位不过等于同业之公行先生。公行先生,一地之中,比比皆是,有何阔绰,既不为名,又不为利,既不为私,又不为公,然则彼之出九牛二虎之力以竞争之者,究为何故,一言以蔽之曰,官吏热衷而已矣。商会会长虽非官吏,而因有此一头衔,即可以交接官场,大大小小之衙门,可以跑进跑出,相公厚我之言,可以时时用以夸于亲戚朋友之前。故求官而不得,则求一商会会长而为之,亦足凭情胜无。此竞争商会会长者之所以多,而商会之所以常介在衙门与机关之间,不得作为真正商人之团体也。

(《时事公报》1925 年 2 月 5 日)

警告竞争商会会长者

今日之竞争商会会长者为何人,吾俱不知,然吾敢言其所抱之心理则一,即如上言欲借此以交接官厅是也。中国人大多为官迷,官迷之人,大率富于虚荣心,惟求得一头衔,即便心满意足。实际上权利如何,不问也。得到以后,能名符其实与否,亦不问也。故竞争商会会长者,只要得到商会会长二字之头衔。只要得以此头衔,暂时夸张其友朋,只要得以此头衔,列诸生前开客之名片,死后出丧之铭旌,则竞争之目的即便已达。至于得到而后,究竟能为商界作多少之事业,谋多少之幸福,事前固并无一毫把握,且并将来所受之毁誉褒贬,亦俱在不计之列焉。

吾并非敢谓从前历任之商会会长,皆抱如是之目的而来,然而历任会长之举动,则似乎俱不免使人引起此种之猜测。至于此次之竞争者,则吾敢断言,吾言乃无丝毫之或爽,何也?使彼等而果欲尽力于会务也,则业为会董,尽可自由发展其意见与抱负,而何必必欲求得一虚名之会长,是彼等而欲得权利乎?则彼等不如去谋一公行先生之为合算。故使彼等竞争而果得胜者,则商会之必仍成为介乎于衙门与机关间之非驴非马的一种东西,可断言也。

商会为会议制,会长之地位,在平时与会董无异,在会场上,则不过一临时之主席,较之别人,多一表决权耳。故得人与不得人,本无十分重大之影响。惟若得一熟于世故工于奔走之人,宁得一如痴如呆麻木不仁之人。盖如后者,则但须其余之会董,俱为商界有魄力之人,会务之发展,断不会因会长一人之无能而受阻碍;使如前者,则此一人者则假此以行其私,结果便使商会“商场化”。

吾言似觉太多,今请简简单单作结束之语曰,一般竞争者,须知商会会长乃一毫无权利之职,乃一与泥水木匠之公行先生资格相同之人,急宜翻然觉悟,取消前志,使资格相当者,得以速速当选,会务不致因会长难产之故而延搁。其余不愿竞争之诸会董,一面宜对于竞争者,取严厉光明之态度,表示决无合作之可能;而一面则须以自由之意志,公正之眼光,选举相当之人。又有一般资格相当众望所归之人,万不宜因不愿同流合污之故,而遂抱消极之心理,使大多数之会董,亦因而灰心。

(《时事公报》1925 年 2 月 6 日)

总商会之怪现象

宁波总商会自改选新会董后,旋因会长问题,引起法律争执。孔会长及新会董,均致电农商部,请求解释此次改选是否合法,无如旬日以来,迄未得覆,致新会董至今尚未就职。虽间经召集旧会董会,亦多不愿出席与会,会务停顿,开从前未有之怪现象。据熟悉内幕者言,孔会长前次之电部引咎,实因京中善后会议,恐因会长资格消灭,而不能出席,故拍此电以稽延时日,则新会长既未产出,会议代表,当然舍彼莫属。现在既如愿以偿,则会长问题,双方当可来商云,然不知新会长究至何时始能落地也。

(《时事公报》1925 年 2 月 29 日)

商会会长问题

总商会此次改选会长，因各方竞争之故而牵涉法律问题，遂致枝节发生，迁延至今，尚未解决，一切会务，因以停顿，可笑亦可叹也。

吾人未曾研究商会条例，此次改选手续，是否合法，无从而知。但以为此为另一问题，可置不问。吾人之所欲问者，彼斤斤以法律为词而诋此次改选为不合法者，是否真有尊重法律之诚，抑或别有用意。如真为尊重法律起见，不欲人云亦云，随声附和，则吾人虽不满意于此种现象，而究不能谓其主张为不当。如其别有用意，固显然而可见。夫一商会会长，自其在会中之权限言，固并无若何特别之权限超乎会董以上。自其对外之地位言，亦不过与一公行先生相等，且又非有给职。居是任者，不特无几微之收入，而且反须赔出无数之应酬费。此种赔钱干事名利两无之差使，有何好处，而必出死力以争之，人之心理之不可测，固有出于常识以外者耶！

为少数人竞争当选之故，而使会长难产，会务停顿。此少数人者，其肉尚足食乎！然而新商会之将来，则固可据此而预卜之矣！

（《时事公报》1925年3月1日）

总商会选举无效之感言

宁波总商会此次改选新会董，因发信不按商会法，致会员质问，会长电部引咎，新会董亦电请解释。据今日本报所得消息，农商部已有另行改选之批示，则前次选举为不合法而无效矣。

商会选举而果违法，会员之质问，应有之举也。会长为经办选举之人，发信手续，商会法明明规定，须在选举十五日以前，为会长者岂有不谙之理。则引咎之电，不由于自动而由于被动。不发于未改选之前，而发于新会董已产出之后，是何用意？诚不得不令人引起疑窦矣。

且夫商会，商人公共之机关也，非一二人所能私，更非一二人所能据为己有。若因执一己之成见，因个人之私益，而故使违法，以冀达到目的，则其心尚可问耶!

虽然,据余所知,会员质问者,仅黄君一人,代电中所谓纷纷者何指,而黄君更系与会投票者之一,亦非如部批"系通知延缓不及到会加入票选之人",则孔会长以失当而引咎,谓非另有作用,将谁欺乎?

(《时事公报》1925年3月4日)

对于商会新会董之希望

商会之一机关,在商界中实占并非常重要之地位,而在职业团体不甚发达之地,则所谓商会者,不特为商界之领袖,乃为百商业之领袖。即如以宁波之情形而言,无正式之公会,无正式之农会,号称正式之职业团体,惟是硕果晨星之商会。故名曰商会,其权力实不仅及于商界,地方有事,无论其事之属于商界与否,要皆视商会之态度为转移,其所处之地位,甚较普通之商界,尤为重要哉。

然而,依就历来商会之情形与商会对于地方之关系而言,则商会者,不过地方上一种应有尽有之点缀品,并非以为必要而设立之而保存之。社会之心理,其视商会,几若完全无关痛痒之赘疣,存也听之,亡也亦听之,名存而实若亡也亦听之。故对于商会之选举,往往不甚注意,选举合法与否,选出之得人与否,皆漠视而不过问,而会员中之职员,上自会长,下逮会董董事,亦视此种机关为可有可无,而不知自重其地位,与职务之所在。故有当选而永不到会者,有仅为自身之事而到会者,有到会而不准时或中途无故离席者,如此而欲求商会之能名副其实,为商人谋福利,岂非梦呓中之梦呓哉。

此次商会经二度之选举而始选出会董,其手续之究竟合法与否姑不论,然因此一周折,似颇引起外界之一时的注意,则其属望于此届会董,自亦比较从前既深且切。吾人一方愿邦人引申其一时的注意而为永久的,一方又愿诸新会董鉴于社会心理之变更而引起自重之心。

(《时事公报》1925年4月4日)

商会长俞佐庭君之被控

商会会长俞佐庭君以拍卖四次公债，为江东公民孔馥初君控告。原呈未见，措辞若何，不得而知。吾人所已知者，则此次之拍卖，实系根据会董及债权人之议决案，且拍卖终了之后，关于账目等项，亦曾有详细之公开的报告。就此二点而言，俞君故并无不合之处，而孔君之所控告者，或在此二点以外也。

微闻孔君所控告之要点，为侵占公款，亦谓俞君执行此事，有一种舞弊之行为。此之所谓舞弊，自指账目不清而言，然俞君固并未曾将其账目秘而不宣，以掩瞒众人之耳目。既已向会董及债权人报告矣，则果其账目而有不实不符之处，如许之会董及债权人，岂皆目不识丁之徒，何以竟无一人觉察；或虽觉察矣，而以有所妨碍与顾忌，不敢出头举发耶？果尔，则以众人所不能觉察不敢举发之事，而孔君独能觉察之，觉察矣，又能不顾一切而举发之。此种“不徇情面”之举动，实属不可多得。惟是吾人窃有遗憾者，孔君此举，无论如何理直气壮，手续上总未免太觉草率。盖此次拍卖公债，乃系出于会董及债权人之公意，俞君不过此项公意之执行者。假令其间果有舞弊情事，为孔君者尽可以会员及债权人之资格，要求开会，审查账目。审查之结果而果发现舞弊之点，则俞君自不能不负一种相当之责任。今孔君并不出此，而径以法律解决。此例一开，则凡为地方公共团体之领袖者，其举措岂能使一团体中之全体会员俱觉满意。苟不满意，为会员者，即可百计觅得其公务上之过失而提起诉讼。结果如何且不论，而为被告之领袖人物，势必将奔命于法庭之不暇，尚有何暇之功夫与有余之精神以为团体及地方办事乎。夫俞君与孔君同为地方绅士，孔君且亦曾任商会之会长，与俞君同为商界之中坚人物，有何不能谅解之处，而必以相见于法庭为快，使一般人士一面对于将来商会之办事颇抱一种忧虑，而一面对于孔君又不免起一种无聊之猜测，实不禁使吾人深致其惋惜焉。

以上云云，俱系退一步而言，即假定孔君之所控告者为确实而言，苟不然者，则其结果将如何乎？当孔君“愤而出此”之时，或未尝一计及之也。

（《时事公报》1926 年 3 月 18 日）

论商会长被控事

商会俞会长为拍卖公债事,被孔馥初控诉刑罪,一蝶君尝著评论其事,大意以俞孔二君同为地方士绅,何事不可谅解。一方即有过失,纠正之途正多,何必相见于法庭以为快云云。记者于此事真相,在未经明了以前,不敢妄参一词,特以今日之新闻观之,孔君所控之主要点,在俞君"假借议决案及登报限期拍卖",窃不禁有疑焉。

夫团体会议之通则,议决案件,由会长代表执行之,其所议事件,合法与否,责在与议之人,与执行者无关。若会长以未经议决之案,擅自执行,是谓违法。故使孔君之所控,而果非诬,吾诚不得不讶俞会长之胆大,而其结果将必不免受一种相当之处分也。

虽然,本案曾否经过议决,当然有该会议事录可查,若谓议事录可假借可捏造,则当日与议之人俱在,何难一一质证,且拍卖公债,其未曾经过议决,曾登报公布,而特假借其名以欺人,则何以竟无一人起而否认,且闻当日孔君亦曾列席与议,则控词云云,诚百思而不得其解矣。今日商会对于此事有紧急会议之召集,真伪曲直自必有水落石出之一日,记者不敏,请拭目俟之。

(《时事公报》1926 年 3 月 19 日)

为总商会改组告商人

小商人

各位商友,我们要认清楚商民协会和总商会利害的不同之点,及本党对于商民协会和总商会理论的几点。商民协会的组织份子,是中小商人,即是以中小商人为重心;总商会的组织,以大商人为重心,他们的会,是排除小商人的,不许中小商人参加,只有银行等的大商家,才可以进去做董事委员。我们小商人,是资格上不许忝列末座的。你看现在的杭州总商会的一切一切,操持在银钱业手里,这不是一个铁证么。他们只晓得把持会务,奔走官厅,谋个人的利益,这且不用说他。现在中央颁布人民团体组织方案,"凡是民众团体的组织,须经当地党部的许可和立案”。商会法的实施，仍须由党部去领导组织。鉴于现在商民协会，正在取消的时候，旧商会正在改组的时候，我想在党部方面，果然要慎重考虑商民协会取消以后的会员，应当如何处置，应当如何才可以冶合大中小商人于一体。即在商民协会方面，主持的人，亦正要筹思如何集中商人力量去革命，去替他们谋利益，乃不期总商会，竟异想天开，手忙脚乱地要谋捷足先登，不去看一看中央颁布的人民团体组织方案，好像新娘子坐花轿，忍着一肚皮尿，下了轿便扯开裤子乱撒，不管来宾不来宾，真正可笑。试问现在浙江全省的商会组织成员是什么东西，买办阶级，土豪劣绅，无不兼而有之。我们革命的中小商人，要不要这些怪东西存在，他们想捷足先登，成立了商会，我们中小商人及店员，是不是都像私生子一样，变成了没有人要咧，或是做一份礼物，将来双手奉呈孝敬给这非法的商会呢？这是我们所应当考虑的一点。如果总商会方面，孤行其是，那么我们也可以依照人民团体组织方案，把各分会向党部门方面申请许可成立各业公会，再成立一个完完全全的总商会，这也没有什么多大的难度。我们的会员，有一万左右，而他们的只有四百多哩。亲爱的商人们，应当认清楚我们的立场，是为革命的，是要保障自己利益的，我们仍可以组织合法的商会，是不要做非法商会的附属品的。

（《四明日报》1930年2月16日）

二、经济篇

小轮局分班轇轕

甬江北往来甬余地方之小轮向有永安、美益二局小轮四艘分班行走，颇获厚利。兹有商人冯世馥纠集股本，购置小轮三艘，禀准当道设立通裕局，往来甬余，以与二局竞争权利，因此互相龃龉。如何分班迄未议妥。昨经彼此具禀道署，已蒙高与卿观察，批饬鄞县会同商会绅董秉公妥断。

（《申报》上海版 1905 年 10 月 18 日）

甬 江 罢 市

甬江鲜咸货蔬菜等行向来各行贩向行中贩货均以制钱结算，洋价照市中略增若干。现因铜元广行，各行贩于卖买出入均系铜元解付，各行亦皆以铜元搀和，各行受亏不少，日前鲜咸货等行禀请县署改收洋元，每元作制钱一千零四十文，而各行贩以出入铜元，每元作一千零八十文，今欲减少，未免受亏。因于本月二十八日城厢内外各行贩会齐一律不贩行货，集众有数千人之多，且逼令各咸货铺及各水果店一律不准贸易。各铺因恐人众滋事，只得闭门罢市，各行遂赴商会，邀集商董会议，讵各行贩遂将宏源、恒顺行伙二人曳至湖西财神殿行凶殴辱。当由行董禀知鄞邑尊，高子勋大令立即带差亲往弹压，当将二伙带回，一面向众好言抚慰，许以设法出示晓谕，众始散去。然二十九日各行仍未开市，各行贩亦不向各行贩货，不知如何了结也。

（《申报》上海版 1905 年 12 月 27 日）

甬江罢市续志

甬江各鲜咸货行改用洋元，各行贩聚众不贩行货，逼令各咸货铺罢市，各情已志前报。兹悉各鲜咸货行前将钱数议定，改用洋元后曾禀请鄞县先行出示，定于十二月初一日一律改章。各行贩闻之以改钱为洋，进出受耗不浅，遂于上月二十八日议定一律不贩行货，并逼令各咸货铺及水果铺一律闭门罢市。鄞县高子勋大令当赴商会筹议，当晚出有简明告示一道，略谓鲜货一行向用钱数，仍照旧章，且不更易，任意滋事定行严惩，明日开市不得有违。大令复饬差将告示用灯牌鸣锣掮示各处。至二十九日四更时，大令亲至半边街押令开市。讵至初一日早晨各行贩仍聚众在半边街拥挤，坚不令各铺开市，当道诚恐人众肇事。由提宪饬令常备营王管带、副中营常管带各率勇弹压，及至午前众行贩仍未散归，纷纷扰扰，嘈杂不堪，而各行及各铺仍未开市，不知此事作何究竟也。

(《申报》上海版 1905 年 12 月 28 日)

甬 江 开 市

甬江各行贩与各咸货铺、水果铺罢市一事已两登报端。兹悉其事实系各鲜咸货行不善办理所致。近来甬江铜元充斥，行贩卖买往来均系铜元，而各鲜咸货行初时不准行贩解付铜元，继复禀请当道改用洋元，逐日行中洋价挂牌，每元作钱一千零四十文。各行贩以铜元局洋市价每元须一百零八枚辗转兑洋付行，每千亏折四十文，因之聚众抵制不贩各行之货。宏源行伙孙锡琪平时本与众行贩有隙，故于商会集议时众行贩一拥入内，将孙曳至湖西关帝殿毒殴，颇负伤夷，幸经高大令亲赴弹压，将孙带回。迨至二十九日夜四更时，大令亲至半边街押令开市，而众行贩见告示并未有铜元通用之谕，是以仍不允从。大令虽一再开导，各铺仍未开市。初一日下午三句钟，众行贩又各持香向城厢各铺恳请一律停止贸易。顷刻间甬江一带及灵桥门内并东门直至西门大小各铺一律闭门罢市。鄞县高大令急出劝导，至晚仍未开门。当晚由吕军门派练军在各处弹压，高大令亦即出示晓谕，略谓鲜行交易互与肩贩争执，连日聚众罢市，实属不成事体。现今会集绅商,为尔等妥筹办法,通行铜元制钱各照甬江大价,如有随时涨跌进出皆归一律。自今示谕之后,尔等各安生业,倘敢把持滋事定行严究不贷。此示出后,众行贩始见平静,至初一日夜四更时,大令复亲至半边街押令开市,初二日早晨复亲赴城厢内外剀切劝导,各行贩始照常贩货,各铺亦一律开市贸易,大令恐行贩又复变更,至下午仍在半边街亲自弹压。

(《申报》上海版1905年12月29日)

宁波

鄞邑上忙钱粮业已开征,而甬市铜元近仍充溢,每洋一元兑换一百十余枚。各典当洋价挂牌每洋作制钱九百三十文,较之铜元相去有二百余文之多,各业户输纳钱粮往往多搭铜元。邑尊高子勋大令已谕饬库书通融办理,奈库书不允,特禀请邑尊会同商会董事会议如何搭缴,再行传谕各业户,准照厘定之数搭缴。

(《申报》上海版1906年2月19日)

纠众索追保险费

甬江开设王文正之王梅城前曾经理同益保险公司,因洋人亏负远避,各保险家均向王诘责,以致王将店业闭歇。事后经商务局调处明白,王遂复将该店开设。讵各保险家心仍不甘,纠集多人拥至王文正大肆吵闹,并将王扭送保甲局。当由傅二尹移送鄞县邑尊高子勋大令,以事已由商会理明,何以复有纠葛,斥不准理。闻日前各保险家在协忠庙会议,不知作何办理也。

(《申报》上海版1906年3月15日)

商会议定石匠工价

甬郡各石匠日前会议增加工价,郡绅等特齐赴商会会议,各石匠每人每日定以工价二角三分,嗣后不得增减。各柱首业已允定。日昨当由商会会董禀请鄞县出示晓谕。

(《申报》上海版 1906 年 6 月 17 日)

提审图吞赔款案

甬江谦太闽号前次失慎,被焚货物为数殊巨,内有香港同丰星寄售代为保险之货,约值一万余元。事后谦太号向太古洋行取到保险赔款,同丰星闻之,遣伙李星泉来宁向谦太算账,划取保险银两。该前经理陈芳芝、股东余子贞藉称同丰星被焚之货仅值千余元,因之两相纠葛。李星泉当投报商会,由商董一再会议,迄无成说。李遂投府县署禀控。府尊札饬鄞县提集两造质讯。高子勋大令遵即传集谦太主并李星泉当堂讯诘,李供本号有货,寄交谦太储栈代售并代为保险,计一万余元,失慎后谦太号伙陈芳芝不肯将所得赔款划出,意图吞没,叩请追还。谦太号主供称同丰星被焚之货仅值千余元,并无一万余元之多。大令以两造各执一词,谕以和平了事,断令谦太划归赔款,以一成付还同丰星,二成归谦太自收。李星泉谓大令袒护同乡,抑勒商人,坚不肯具结,因之案未断定。次日大令复传两造在花厅一再劝说,李非惟不遵,且逼请大令提集陈、余二人到堂面质。大令以是案不结,有碍商务,遂饬差勒拿陈芳芝、余子贞到案诘讯。奈陈、余二人以场面攸关,不肯到案。大令于此案颇属为难,不知作何了结也。

(《申报》上海版 1906 年 8 月 21 日)

禀追赔款

甬江谦泰建号前因吞没香港同丰星保险赔款,经同丰星遣伙李星泉来甬索取无着,致被控诸鄞县。县尊高子勋大令传集两造质讯,因情词各执,一时不克定断。嗣大令会同商会董迭次传集两造,将彼此往来各账揭算清楚,而谦泰号仍将赔款延宕不缴,昨又由李具禀鄞县,呈请严追,并请高大令饬提陈芳芝、余子贞到案面质,未识能否持平断结也。

(《申报》上海版 1906 年 9 月 4 日)

严禁贩米出口

宁绍台道世观察近据商会函称，迩来有奸商私装米石出口，或运至定海转运出洋，或每日于轮船开行时零星分运，于民食大有妨碍，请饬严禁等语。因即照会税务司，并饬鄞、镇二邑各谕严密查禁。

(《申报》上海版 1906 年 10 月 21 日)

严禁高抬洋拆

甬城洋拆涨跌向由元升庄专主，各商受累而非一日。前经老北号乾康等以该庄经伙垄断把持，联名禀控，由宁府饬鄞县提案申斥。当时洋拆确已减轻，现为时已久，该庄复试故技，连日洋拆又涨至三角五分之谱，迭经商会商劝，未有效果，业又由当道查明严禁。

(《申报》上海版 1906 年 11 月 3 日)

饬议接顶小轮

甬江北行驶象山、宁海小轮，向只有职商吴馨和所办宁海小轮一艘，间日往来。现有周孝廉振翰纠集股本，购置惠济小轮一艘，亦拟行驶象山、宁海二处。日前具禀道署，当蒙宁道喻庶三观察核与定章相符，批准照办。吴以该处地瘠民贫，往来货物无多，若再添行小轮，未免两败俱伤，日昨又具禀道署，请周绅将该轮接顶，或合股开办。喻观察谓吴所禀语颇近情，已批饬宁府照会商会妥议，禀复核夺。

(《申报》上海版 1906 年 12 月 30 日)

札饬催缴茶捐

甬属茶捐，向由职商钱主裕承收，现因各茶肆应缴捐款类多观望，宁厘局请速追缴。会办宁府夏太守当即札饬商会,务令各茶肆将应缴之捐赶紧缴楚,以便汇解。

(《申报》上海版 1907 年 11 月 4 日)

制造石板之专利

前宁波商会曾以职商胡国珍炼造石版,禀请农工商部立案专利等情。兹奉部批,谓石版一项为学堂应用之品,向系购自外洋,该职商自创新法,采泥炼造,以期保固利权,殊堪嘉尚。惟本部专利章程,尚未奏准施行。应援案酌予专办五年,暂禁他人仿造,并咨行浙抚转饬宁波地方官保护,仰即传知遵照。

(《申报》上海版 1907 年 11 月 8 日)

请设烛皂公司

绍兴职商姚士芳拟筹集资本银二万两,于鄞县江北岸地方设立光明烛皂股份有限公司,制造各种洋烛洋皂,运往本地平价销售,以期抵制洋货。现已拟定章程,禀请商务局立案给示保护,一面由宁波商会禀部遵章注册云。

(《申报》上海版 1907 年 11 月 11 日)

小轮议定排班开行

甬江北行走余姚小轮美益、水安、利运三局,因攘夺利益,致有撞没美益局小轮拖船一案,后彼此涉讼。经甬道张子遇观察札委鄞、姚两邑尊,会同理船厅会看,一面照会商会,邀集同人,议定排班,以免纠葛。现经商会董和衷商榷,利运局赔偿美益局银洋七百余元,存交商务局转给,并将各小轮往来行走议定排班:每月三十日,美益、永安小轮分走二十一日;利运局小轮分走九日。至搭客价值,亦由公司议定,每客搭价二角。昨三局已群赴商会订定草约矣。

(《申报》上海版 1907 年 11 月 23 日)

镇丰钱庄倒闭之纠葛

甬江镇丰钱庄倒闭后，约欠源丰顺元吉十余万。当经林绅松唐邀集各东垫付，并令该庄股东李某出立五万元之凭单，随后措缴。现李邀请甬郡绅商，于上月二十八日在商务总会开会。因合股甚微，请将所立凭单收还。众绅皆默不作言，嗣言镇丰亏欠款应由各东摊派，如各东均允划垫，自当如数划交商会转缴。辩论多时亦未决议，旋即散会。

（《申报》上海版1907年12月7日）

查复乍浦开办商埠

浙省商务总会前据宁波商会移称，以乍浦为浙省海口门户，屡有西人私行窥测，意图开辟商埠。兹拟自行集资创办，转呈抚院核示。当经冯中丞札饬乍浦同知查复。复据禀复，谓水道民情均无妨碍，应请转饬绅商详订章程，妥为兴办。

（《申报》上海版1908年6月10日）

县令凌践商人

甬郡冲虚观前德大旧货店柜上摆铜宝，日前鄞县洪云孙大令经过，以该店售卖赌具，即传出店主，在道旁笞责一千板，谕令不准售卖。当时该店主以地方官威势赫然，不敢抗违，只得忍辱。迨大令回衙，该店即闭门停止贸易，一面向各提庄评论，谓此铜宝系各庄与各货一并发出，县主不问根底，将店主在道旁笞责，大碍商人体面，如各庄不设法转圜，所欠各款一律不偿。昨日各庄因邀集同行及阖郡各典当暨各商董等在商会开会集议，尚不知作何办理也。

（《申报》上海版1908年6月13日）

德大旧货店案已结

甬郡冲虚观前德大旧货店一案，迭纪本报。兹悉是案，当洪令提店主管责时，该店旋即闭门停止贸易，次日遍向各提庄理论，以铜宝确以庄家发售，并非私收赌具，欲将各货归还各庄。各提庄因转向各典当理论。日前各典当提庄均传集同行，并邀请业董在商会开议，公请业董谒见鄞尊，设法调停，否则各典拟以一律罢市。此议一出，民间谣惑纷起。嗣经两业董会商妥协，令各庄赴德大店焚烛燃炮赔礼，劝令照常开市，此案始结。

(《申报》上海版 1908 年 6 月 18 日)

宁郡贩户罢市风潮三志

甬郡各小贩，因各行铜元作九，受耗实深，一律停止贩卖。经鄞县洪大令传集各行谕令铜元不准作九，各行以赔累非浅，不愿具给等情，已二志前报。旋大令与商会议定，以各贩户向行贩货，一律均作洋块，业已出示晓谕，奈各贩户以寻常贸易具系铜元，若换洋付还，行款更属受亏，亦不肯遵谕。故各贩户仍未贸易，不知作何办法。

(《申报》上海版 1908 年 7 月 4 日)

饬查鄞奉小轮有无窒碍

日前有宁属奉化绅士内阁中书戴乾等具禀藩辕，续请开驶鄞、奉两邑往来小轮，俾便行旅，并声明与前禀各轮船公司别无窒碍。奉颜方伯批云，此案现准宁巡道准宁波商务总会查复，职商王礼镛等禀设鄞江小轮改行西邬，停泊坝桥地方，距西邬十余里。按之成例，各走各埠，既无违碍，而于商客亦获便利，并据鄞县详同前由经前道批准请填给仁安小轮船照等因到司。核与来禀所称商会牒县有两轮并驶，难免终蹈永川公司覆辙，经县转详并以坝桥距西邬五六里云云，语出两歧，殊不足信。惟事关航业，考查不厌详尽，以免后日争端，候移会宁巡道分饬鄞县及商务总会,再行确切详查禀办。

(《申报》上海版 1908 年 9 月 11 日)

商会议救铜元充斥之害

定海近因铜元充斥,商民交受其困。兹由商务分会邀集同人商议变通办法,凡市上贸易满千文者概用银元,满百文者概用角子,至百钱以下始用铜元,并谓铸用铜元本为救济钱荒起见,应仍作为零星找补之用,惟市上各货亦须酌平价目,不得任意加增云云,此议未知能实行否也。

(《申报》上海版 1908 年 9 月 13 日)

商标敬避御名

甬道李观察日前面谕甬府,近来商店招牌犯今皇上御名下一字者甚多,宜亟改避,以示尊重。昨夏太守已饬鄞县,照会商务总会传知遵改。

(《申报》1908 年 12 月 7 日)

钱业请免加倍收捐

甬江钱业司年甡琛庄等禀呈商会,略谓近来宁波百业萧条,洋货尤滞,行号铺店亏闭频闻,钱庄因此被累,为数甚巨,约略核计已有数十万之多,各钱庄有力不能支者接踵收歇,市面震动。际此上下交困之时,惟有随时设法,极力筹措,每年勉缴原认捐数,以尽报效,至加倍捐银实有为难等语。昨商会已据情移请府尊转详藩司,准予宽免,以恤商艰。

(《申报》上海版 1908 年 12 月 22 日)

茶税改归商办

奉化茶商同昌等号,日前具禀道辕求请惩革蠹胥,改归商办。当经桑观察批示：查奉化等处茶税自钱商包认以后，丛生枝节，屡肇讼端，不洽商情，大可概见。去年由关自办，亦未见起色，徒滋怨言，亟宜改弦。该商等以茶叶请循章随厘认缴茶税，本属正办。周知商隐，亦易稽查，复由商会转陈，愿岁缴税洋六千元，较之往年认额亦属有盈无绌，自可酌量准予试办，候即照会税务司，妥商办理。该商等并觅的实妥保，另具认状保结，先缴押款，听候核夺。

（《申报》上海版 1909 年 4 月 18 日）

宁波商务总会移请火柴公司之免厘

宁波商会日昨移请厘饷局，谓据正大火柴有限公司孙德厚等略称，职商等在宁波江北草马路地方，设立正大火柴有限公司，业经呈由商会转呈农商部，及抚宪核准在案。职商等遵即出洋购办机器等项，于五月间，陆续购运到沪转宁，照章纳税，现经试造土货，尚属合法，足以抵制洋货。今先拟定钟鼎鼓三种商牌，以示区别。惟公司创办伊始，配设机器，选购各项材料，工本浩大，在在非易。兹试造出货，合计成本不轻，亦不可得不平价减售，以遏漏卮而免滞销，如经过各关卡再加捐税等耗，势必亏蚀。于是前经呈请运往出口销售，完一正税，沿途子口落地等捐，概免重征，以保商业。当蒙咨请税务大臣核办，迄今未奉饬遵。伏念职商等试办之初，出货在即，此项火柴原为抵制洋货起见，所以装饰与盒数亦照洋货无异，每铅听一百六十封，每木箱装六听，计七百二十四对为一箱，即经成货出厂，自应分设各府属商埠销售。请援照机器制造如洋布、洋纱、玻璃、火柴、洋纸、洋粉等项成案，经各局卡一律准免捐厘，以畅行销而保商本。将来办有成效，应照章缴捐以重厘务，恳呈乞抚宪察核，俯恤商情，准予免捐而维补助，并准刊用浙宁正大火柴有限公司图记，加盖运单，得便行销，庶杜影射等语。除呈请抚宪外，移请该局核办。

或问记者曰：宁波通商较别埠先，设立商会亦较别埠先，何以除纱厂、油厂外，并无别项实业闻耶？记者曰：子宁人，亦知宁波商会之性质乎？总协理则徒有虚名，坐办则只知利己，洋拆之日大，现申之日涨，米价之腾贵，铜元之减折，置于不闻不见之地，求所谓保护商家、提倡实业者，彼固不知为何事也。何幸忽有正大火柴公司豁免重征之移请乎，此后实业界中放一线之光明，俾商得以扩充,利权得以挽回,吾不禁为宁波前途贺,吾尤不禁为商会诸君勖焉。

(《华商联合报》第19期,1909年)

禀请查办钱侩垄断病商

宁波绅士前云南禄劝县知县郑崇敬等日前联名具禀抚辕,大略以现届冬令,银根日紧,加以商情困难,周转不敷,市面本已岌岌。不料钱侩范子盛垄断现款,高抬洋拆,每百元贴水自七八角至二三元不等,重利盘剥,全市恐慌,商会漠不过问,事关大局,还请查办严禁等情。增帅即札行该府,谓该郡为商务荟萃之区,夙称发达,钱业系汇通各省枢纽,关系尤为重要。据称钱商范子盛重利盘剥,高抬洋拆等语。禀果非虚殊,于市面大受影响。该商会自应竭力整顿,顾念商艰,岂容袖视。惟原禀仅指范某一人贪得无厌,此外并不提及,且各商号如果均受其害,何无一人出面禀控,甘安缄默,殊为不解。本难准理,姑念事关大局,仰宁波府查照禀叙各节,会同商会调查明确,详候核夺。

(《申报》上海版1909年11月23日)

严饬限制钱侩垄断

宁波钱侩升丰庄范子盛垄断现洋,高抬洋拆,酿成市面恐慌,经绅学界联名上控,严饬查办在案。日前又有该郡众商公推泰丰号领衔联名,二次具控府院,吁请维持。增中丞阅牍大为震怒,本日已严札宁波府查办限制,略称前据宁郡绅士郑崇敬、职商吴纯甫等先后禀诉升丰庄范子盛等,重加洋拆,均经批府确查详夺。现据众商禀称,范某被控,自知干犯众怒,已于九月底停止。不料近日元升万春等钱庄相率效尤,逐日拆息,任意飞涨,转瞬年关,商情惶急,甬市又大恐慌,环请查办维持,以保商业等情。若长此增加,恐银根日紧,殊非振兴市面之道。仰宁波府速即会同商会妥定限制之加,毋任奸商垄断渔利为要。

(《申报》上海版1909年12月17日)

禀请改派驻甬协会经理

南洋劝业会将次开幕，所有杭甬两协会搜集全省出品业经派员审查，酌分等级，现已一律告竣，惟起运赴宁头绪纷繁，正资需才襄理。昨特具详抚院以驻甬出品协会总理郑绅贤滋因病逝世，会务重要，拟请即将续经公举之宁波商会总理费绅绍冠札委兼驻甬出品协会总理，以专责成，庶于赴赛进行不致或虞衍误等情。闻本日已经中丞批准，并饬即日行知接办矣。

（《申报》上海版1910年4月28日）

鄞县照会商会文

为开采石宕事

为照会事，本年六月初二日奉府宪邓札开，本年五月初七日奉劝业道宪董批举人郭谦益等禀开采宁郡岳官漕石宕，请饬县保护由。奉卷批，查此案于光绪三十三年，该举人禀奉前议院信批由，前农工商矿局会同提学司，转饬宁波府查办在案。兹又据禀称，拟集股本，订立章程，创设华兴公司，开采该处石宕等情到道，仰宁波府将该石宕从前因何封禁，现在开采，与地方居民田庐坟墓究竟有无关碍，舆情是否允洽，该处石宕究属民地抑系官荒，一并查照。先令札批事理，克日确切查明详候核夺，并转饬该举人等知照，毋违切切，计黏抄等因。奉此，查前据该举人等并举人冯丙然禀开梅园山石宕各等情到县，节经分别照会集议在案。兹奉前因，除照会贵所烦请查照，希即邀同绅商学界订期集议，迅速复县，以便具报，望速施行，须至照会者。

（《四明日报》1910年6月19日）

定期公举清理公款公产董事

清理公款公产规则，去年经咨议局议决，当由抚宪批准，通饬各属一体施行。鄞县邹大令奉文之下，照会乡约、商会等处，请定期开会，公举董事。闻近日乡约覆函，谓定期开会，公举董事，照章由地方官召集城镇乡士民公举公正绅董五人以上，九人以下，详请本府核发照会，会同办理。大令接函后，拟于日内即行举办矣。

(《申报》上海版 1910 年 7 月 18 日)

宁郡钱市之恐慌

甬埠各钱庄前因武汉告警大受影响，规元计价现升至二三十元不等，商情惶遽，谦和、太和各庄于二十八日被沪上庄号及中国银行停止汇兑以致搁浅，由钱业董事恳请商会总协理在商会筹议维持市面，拟集合各大钱庄设法补助，俾谦和等庄泉布流通，毋失信用，以保钱业。郡城内外当铺不下十余家，近因民间典衣质物逐次加多，而铺中存钱既少，各庄现银不多，大有应给不暇之势。闻拟限制每人典物取钱不得过若干以上。至本郡商铺林立，百货存储，颇称繁足，近日因钱市影响有碍流通，昨前二日大小各商铺营业情形骤形冷淡云。

(《申报》上海版 1911 年 10 月 22 日)

余姚商市之危急

初九日傍晚劝业道辕接准余姚商会电禀，略称鄂乱影响，汇兑不通，钱业向恃甬埠接济，特解洋二千元、龙角一千八百元，适在禁现出口期内，被县截阻，致甬庄将汇兑票款悉数退回，全市人欠、欠人百余万均被阻遏，群情惶骇，商民震恐。流民、痞棍蠢蠢思动，地方危急，势将糜烂，环请电县验放外，并请设法救济云云。

(《申报》上海版 1911 年 11 月 1 日)

师船护送商船出洋

宁波商务总会昨准浙江水师王统领照会，略谓奉都督朱令开，准江苏都督程咨开，前准贵都督咨以洋面不靖，请转饬巡洋水师，遇有商船往浙，随派师船护送一案。当经训令江防营章统制遵照办理在案。兹据该统制复称，据外海水师第一标统带官呈，据五营管带会衔呈称，外海艇船十一号除一号艇船应归督阵督巡外，计十艇分派轮巡南北中三起洋面，尚有在厂修理、进港揩油（之艇船）未能如数出巡。三起洋面，山岛丛杂，港汊分歧，素为盗匪出没之所，巡缉均关紧要。按月轮巡南洋只有数船，而东有马迹、四礁、嵊山，南有小洋山等处，数百里之汛境，全赖三、四号艇船往来梭巡，以资防范。而商船络绎往来，既无定时，亦无定数，惟有就应巡各地，随时保护，以安商旅。若专派艇师护送，匪特有应接不暇之势，且恐于应巡地点之内盗贼乘间窃发，反有顾此失彼之虞。兹拟于万难之中暂求万全之策，只有每月护送一次，以利商行。应请转饬该商回宁之前须集淞口报告标部，听候届时护送至洋山为止等情，呈复前来。所陈各节，系属实情。其每月护送一次办法，确有兼筹并顾之益，也属可行。呈请核转前来，除指令已据情咨明外，相应咨复到府，合亟令仰转饬合行照会，查照施行云。

（《申报》上海版 1912 年 11 月 10 日）

席捐照旧

宁波商务总会顷准鄞县统捐局咨云，本月二十二日奉财政司长屈令开，案据鄞县知事、宁波商会、鄞县统捐局会呈席商具全退捐征收情形一案。当以据呈，是项宁席向有五十条至二百条之不同，无二十五条一筒之习惯。自应以五十条一筒为标准，每筒捐洋一角六分五厘，逾数照加。按之从前一起一验，每条捐钱六文六厘六毫，以八成缴捐者已减去十之四八。来呈拟以每条捐洋二厘，照前已减三分之二，于席捐一方面虽为允洽，而于公家一方面似欠划筹等语。批令再行会同妥议具复。去后，迄未复到。兹据义桥统捐局呈称，据义桥义大商号持鄞县丈亭统捐分局九月十六日第一百八十三号朱阿瑞捐票一纸，呈请换给分运单。查票面填注草席三十四件，每件六十二条，计捐洋四元二角一分六厘。局长查修正捐率杂货项内载宁席每筒一角六分五厘，按筒起捐，并注明每筒二十五条等。因照修正捐率核算，其每件六十二条草席，三十四件计得总数二千一百零八条，即除去另数，尚当作草席八十四筒，应例捐洋十三元八角六分。今查该分局所填捐洋与修正捐所定捐率数相去二倍有奇。局长身膺榷政，不敢隐讳,究竟如何办理,呈请察核示遵等情前来。除批令按照每筒五十条计算,照不足之数责令赔补,并将是案提请修正,俟临时省议会议决再行公布外,合行令饬该局长即便遵照。是项草席未经定案以前,暂照每筒五十条计算收捐,俾免补捐而滋纷异,并咨会鄞县知事暨宁波商会知照转饬等因。奉此,敝局窃查席捐一项,未经定案以前,按率每筒五十条捐洋一角六分五厘计算,俾免补捐而滋纷异。除咨开鄞县知事外,咨请贵总商会,希即转知众遵席商照理办饬。

(《申报》上海版 1912 年 11 月 30 日)

文电中之新税与旧税

附加税系统一办法

浙省宁波官商以货物附加税事电省请免各节已志昨报,兹得复电二则为录如下:

鄞县夏局长、洋广赵局长:货物附加税系统一办法,全省一律,该县未便独异,仰即切实进行并仰随时会县办理。至船货闽货本系地方税性质,无庸再加。即转顾林两局长知照。民政长东印。

宁波商会:电悉,货物附加税系统一办法,全省一律,该县未便独异。宁商素能急公,贵会为众商领袖,希竭力劝勉为要,并转林君钟来等知照。民政长东印。

(《申报》上海版 1914 年 4 月 4 日)

宁绍商会会议现水问题

浙江财政厅前曾分函杭绍甬各商会召集该地钱商革除现水,杭州钱业公所昨已函复总商会述明杭市现水不能革除原因。兹闻宁波商务总会总理费冕卿商同钱业董事于前月三十一日在江北岸本公所会议。绍兴商务分会总理高云卿亦商同钱业董事定于本月二日在笔飞弄本公所会议,均为现水问题,其如何革除,方法尚俟续闻。

(《申报》上海版 1916 年 1 月 4 日)

维持金融之会议

鄞县总商会为现升奇涨，市面恐慌，五月二十九日，召集各业讨论，到者百余人。午后三时，摇铃开会，由总理报告开会宗旨，略谓现升关系市面，昨准警察厅暨县知事来函，请本会召集各业讨论，纯然为顾全市面起见。今日厅长暨知事到会，亦有意见发表，请诸君从详讨论，须筹一妥美方法，务使规元逐渐减少，现升亦因之骤落，市面得以平静云云。次由厅长暨知事演说，现因规元骤涨，现升增高，影响市面，关系甚巨，而人心即因之恐慌，当此时局不靖，本厅长暨知事应负维持责任，然欲图人心之安谧，必以压平规元，减少现升，为釜底抽薪办法。惟营业之道，不无困难，于钱业一方面亦不能不兼筹并顾。鄙意拟将钱业议定呆板洋拆取消，改为活动，逐日应开洋拆仍须视市面为标准，请诸君互相讨论等语。嗣经议决，呆板洋拆准行取消，其善后计划，由钱业自行集议，对于每日规元市价，用逐渐限少法，限至一百五十元为止。遂振铃散会。

（《申报》上海版 1916 年 6 月 1 日）

分认借款

浙省短期借款前由虞君洽卿到省代表甬郡允担十五万元，除宁绍公司愿认垫借五万元由虞君个人自行负责外，余十万元议归甬江各商行分认摊借。查照辛亥年光复时办法，仍即以本届下忙地丁作抵，迭经甬埠商会总协理费冕卿、余民进二君邀集各业董开会集议，业已通过，钱业认借四万元，当业认借一万元，南北号、油、米、药材、海味、洋广货、绸缎各业合认五万元。闻已凑集十万成数，预备省中提用矣。

（《申报》上海版 1916 年 7 月 7 日）

订期会议禁革现水案

宁波总商会接杭州总商会来函，以财政厅呈奉省长，禁革现水，整顿金融，甬商会应先邀本埠钱业会议妥善方法,公推代表赴杭与议。甬总商会订旧历五月初六日午后二时开会讨论,并公推赴杭代表,通知各钱业务请必到云。

(《申报》上海版 1918 年 6 月 15 日)

杭州快信

甬总商会昨函杭总商会,划平现水案,经该处钱业开会集议,但求财厅多装现洋到郡,则现水不平自平。惟划单一层,系为商业金融救济,万难废除,十八日会议决计不派代表晋省。

(《申报》上海版 1918 年 6 月 18 日)

革除现水之省复

宁波总商会函复杭商会,略谓准函后,当经通告各钱商,订于十四日开会集议一切,由钱业司年庄永源暨众钱庄,拟具节略一扣,应即拟以函复贵会查照,转请官厅核夺。此即钱业之公议,可无庸另举代表晋省。其节略云:(上略)查现在甬市,因现金短少,致有升水。如财政厅为救济市面起见,能多装现洋来甬,予取予求,源源不断,庶几现升不平自平。至划洋名目,在甬即系过账,泉货贵乎流通,既不能废止汇划,若停止划洋,钱业势必向各业索取现金,深恐市面恐慌,翘足可待云。

(《申报》上海版 1918 年 6 月 19 日)

商会革除现水之会议

宁波总商会对于革除现水案,曾于十四日召集钱业全体会议,结果以财政厅如能多装现洋来甬,救济市面,源源不绝,则现升不平自平,不生问题。至于划洋,因其收付利便之故,即上海钱庄逐日收付,多系划账。宁波久乏现洋,岂能独异,但使现洋充足,钱业与各业往来,现洋亦可,划洋亦可,此时断不能停止划洋,自寻绝路,予人不便,不必另推代表晋省会议,以省周折。现该会已将会议情形函告杭总商会查照矣。

(《申报》上海版 1918 年 6 月 22 日)

宁波同乡紧急会议

为甬江钱业暂停收付事

宁波旅沪同乡会昨接甬江钱业公电,因平现风潮停止收付殊与市面大局有关,即于当下午日三时别特紧急会议,筹议维持办法,并邀请本埠同乡金融界领袖到会,公同讨论……兹将钱业来电及致中国银行电、复甬江钱业电照录如下:

宁波旅沪同乡会鉴:吾业自奉令平现之后,正在筹议办法。讵料同业恒孚搪集洋单,逼还现款,市面金融因此阻塞,近日存者纷纷提取,欠者一时难收,若不妥筹善策,势必全市激成恐慌。为此,同业集议自阴历八月初四日为始,暂停收付,整顿庄规,恐未周知,谨此奉闻。甬江钱业支叩。

杭州中国银行蔡行长鉴:甬江钱业来电停止收付,敝会派代表前往调停,乞贵行派员赴甬互商。

宁波总商会转金业诸公鉴:刻开会,议决明日派代表来甬共商办法。宁波同乡会。

(《申报》上海版 1918 年 9 月 9 日)

维持甬市金融之迫切

宁波旅沪同乡会为甬江钱业停市,于前日开紧急会议,公推代表赴甬,会同官商妥筹维持之策,已志昨报。兹悉该会代表虞洽卿、张让三、陈蓉馆、秦润卿、傅洪水诸君昨搭新宁绍轮船赴甬,并电致浙江省长、财政厅请为维持。昨晚又接甬江渔业急电请求设法,当即电复。兹将往来电文照录如下:

(一)甬江渔业来电:(略)。

(二)致浙江省长、财政厅电:杭州齐省长、张财政厅长鉴,宁波钱业倾轧停市,顷接甬电,牵动渔业,人心惶惑。敝会代表赴甬,乞速设法维持。宁波旅沪同乡会张美翊、钱廷爵、方舜年叩。微。

(三)致甬商会转道尹厅县各业电:宁波总商会转道尹厅县公署暨各业公鉴,刻接鲜咸渔业公所来电,市情惶急。除电省外,今日虞、张、秦、傅、陈诸君代表来甬,乞维持现状并告该同行示慰。宁波同乡会。微。

昨有某君来自宁波,述及此次浙江齐省长拟革除贴现恶习,某某等三十余钱庄均不应允,一律停止收付,惟恒孚、巨康、元益等十余庄自愿革除,致起风潮。商会总理闻之,因恐牵动金融大局,当即竭力维持,向双方疏通意见,并由沪中国银行汇去现洋一百万圆,俾资周转。

又述宁波一埠,商业颇为发达,卖买均以银圆计算,并无庄票、支票等名目。如甲向乙购货,即将该款划与乙之往来钱庄收账,乙欲取现洋须照市贴水,每百元五角至三元不等,全视市面宽紧,为贴现之多寡。此种习惯,由来已久,因宁埠现洋存底素不丰厚之故,近由恒孚等钱庄条陈齐省长,以此项贴现恶习,病商不浅,各商每年受耗甚巨,故请革除云。

昨日本埠钱业接到宁波来电,谓现水风潮业已平息,一切汇兑照常通行云云,所以沪市洋厘银拆并无牵动。

(《申报》上海版 1918 年 9 月 10 日)

甬江钱业恢复原状

甬埠钱业停止付现一事,曾经旅沪甬商及诸同乡相继电询止付原因,并协商调和方法。数日之间,即行和解。昨日沪上总商会已接甬埠钱业公所代表来电,请即转致宁波同乡会朱葆三、傅筱庵、谢蘅窗等。大旨谓甬埠停止付现事,承诸公竭力调和,刻已平息,照常交易,以维市面云云。故沪埠银行、钱庄业已与该埠照常流通矣。

又一函云:宁波旅沪同乡会为甬江钱业停止收付,日前派代表虞洽卿、张让三诸君回甬,会同官商和平调处,妥商办法,劝告钱业以市面大局为重,迅速解决,现已双方允洽,照常开市。昨接甬江来电,照录如下:上海宁波同乡会,总商会朱葆三君、傅筱庵君、谢蘅窗君暨敝总会鉴,甬埠钱业经洽老诸公和平调处,双方允洽,业于今日照常开市。知念特闻。宁波总商会。真。

(《申报》上海版 1918 年 9 月 13 日)

钱业风潮之平息

宁波钱业停市风潮，现经商会会长费冕卿君暨绅商虞洽卿、张让三、盛星璇诸君调停妥洽，业于十二日照常开市。当时所议调停办法，汇水至多以三元为限，规元增高至多以四率为限。而所欠中国银行及同益、恒孚洋单二百余万元，内一百四十万以规元计价，作一百四十元算，以九月底、十二月底两次偿清，息照申市银拆，其余认作各庄短期拆单。但计价一节，多单家只肯以照近日申厘一百三十七元五角计价，后经虞君洽卿、张君兰坪各垫洋一万二千五百元，双方始允。遂面禀道尹出示布告，停市各庄即夜赶印传单，通告开市。总商会即致公函于会稽道尹，并电杭、沪、绍、温各处，道尹布告亦已发出矣。

（《申报》上海版 1918 年 9 月 14 日）

浙省平现后金融近讯

宁波总商会于霰日（十七）电省公署云，甬市自革除现水后，现洋枯乏，达于极点。全市停滞，惶迫万状。钧长艳电已饬中行运现赴甬，迄未运到，盼望接济，如大旱之望云霓，应请迅饬中行先装现洋百万，克日运甬，以资援济。除函会稽道尹转呈外，谨电候复。

（《银行周报》第 73 号，1918 年 10 月 29 日）

现洋接济甬市

宁波总商会日前电请省长转令中国银行解现百万元接济市面，此案业经财政张厅长与中行蔡行长商定，就杭行拨发现洋一百万元，维持甬市，由杭装往，源源接济，不日即可起运。想甬市有此大宗挹注，金融前途可释恐慌矣。

（《申报》上海版 1918 年 10 月 30 日）

函禁现洋运沪

鄞县公署致商会函云,道尹奉省长寒电内开,革现以后,中行已运现款百万赴甬接济。兹据该行函称,甬埠钱庄收到现款后,有运沪牟利情事,如果属实,是与救济市面、体恤商艰之宗旨大相违背,仰即督县严查示禁,并传谕商会遵照等因。奉此查中行运现来甬,原为维持市面起见,如果钱庄收到现款有运沪牟利情事,非但与官厅恤商本旨隐相背戾,一旦现金枯竭,必仍引起市面之恐慌,殊于地方治安大有关碍。奉电前因,饬县查禁具报等因到县查甬埠现水飞升,皆因钱业吸收现款运沪牟利,以致洋底空虚,演成恐慌之象,现如再有前项情事,则此往彼来现洋永无充足之日。与钱业历次请求汇款维持之宗旨,大相剌谬。除遵饬严查布告外,相应函致贵会,希即传知钱业,不准再以现款运沪,致干查究。

(《申报》上海版 1918 年 11 月 22 日)

商会水警争扣船

宁波江东德懋木行(即晋源号)亏款十七万余元,经理潜逃无踪。上月闻该行会嘱金泰亨船在闽装运木材,慎康等五十三庄因亟具略总商会,恳即函请镇海商会将该船扣留。镇商会接函后,当经函致该船出海唐宝林,令即驶进镇关。唐君遵即照行。讵驶至横水洋面,忽有水警厅第三队第六分队长孙国珍亦奉令来扣该船,饬即驶傍舟山,唐只得唯唯答应。乃该处洋面潮急,泰亨装货又多,虽尽力行驶,终不能如愿,只得仍进镇海。时巡船已进舟山,见泰亨未到,急出口迹追至镇关内,始行追及,怒其指令不遵,即派警四名将该船看守。唐赴商会谒会长李西峰,恳与孙交涉,俾得早日卸货。又一函云,总商会据慎康庄略开,德懋树行倒闭亏累至十七万余,该行有建木八千余件,雇金泰亨帆船由闽装运来甬,恐其闻该行倒闭之信,驶往别处卸售,故请转函水警厅,饬属兜查获解来甬。当经该会函请水警厅转令第二队长,特派第六分队长孙国珍驶赴峙头洋面守候,果见金泰亨木船驶到,当即上船查询后,因即押令驶赴镇海,由厅转送宁波,归案办理。

(《申报》上海版 1918 年 12 月 29 日)

函请缓加日拆

宁波总商会昨为省令议加重日拆特致鄞县知事公函，云奉财政厅训令，以革现以后，甬市拆息须与杭、绍相等，尤须使各埠咸以上海为标准。绍兴实行加拆，办理已有成效，甬市应即一律仿行。甬市拆息与上海、杭、绍相去悬殊，当兹实行革现之时，非增加拆息招徕现款不足以资救济。贵会为众商领袖，有维持金融之责务，希剀切劝导，即日实行等因。查甬市拆息，应以上海为标准，实为探原之论。就本年沪甬两埠拆息平均计算，沪埠银两每千听息金六十五两零，甬埠每千元应听息金九十二元零，两相比较，实觉甬重于沪。本年甬埠钱业被外行各业倒欠总计达二百数十万元，其已理结者仅十分之三。现届阴历年关将届，全恃各业源源归款，藉资挹注，如果骤加重拆于招徕现款，能否见效，尚无十分把握。深虑各业受重拆影响，纷纷搁浅，全市震动，两害相形，取其轻者。际此年关结束，对于重加拆息问题，似应从缓实行，以纾商困。俟明年旧历一二月间，将杭甬拆息应如何平均之处再行核议，即希核转。

（《申报》上海版 1919 年 1 月 5 日）

苛捐病民之呼吁

宁波总商会函省财政厅云，蚶子、水果、柴纸等类产于奉化各乡，均为贫寒小民一手一足劳苦之所得，零星售与甬埠各行。是项货物间有列入捐章。当民国初年规定捐率，迄今已久。其所以迟迟未经实行者，盖亦鉴于蚶子、水果等类产于奉邑各乡，为数甚微，非大宗出口之货，故历任局长不忍因区区捐款之收入病及贫民，概从豁免。今陈局长自奉贵厅长面谕，于本年一月一日起，将由奉运甬暨本邑南乡所产各货，经道濠河分局，不问其曾否列入捐章，亦不查验其货物多寡，一律征收。即如蛎房一种，为水产品食物之一，市上售价极贱，乡民向海滨采来零星投行，少则一二十斤，至多亦不过五十斤，估计价格以每十斤计算，仅值银元七八角左右。此等货物为细已甚，考诸捐章曾未列入，其余等诸蛎房者不一而足。乡僻穷民力田无资，全恃入山入水之所获，逐日售与各行，为一家数日衣食之资。一旦骤加正附两捐,成本既高,销路塞滞,各行家因无利可图从而拒绝。吾恐啼饥号寒之民遍于四乡,虽国家收入亦应兼顾,然充其量之所极,于逐年比较增加几何。彼颠连无告之穷民,转而至于沟渎者比比皆是,岂为民上者忍心而出此无穷之朘削耶。甬市商例,各种捐款均由山客负担。此次征收细碎杂捐,于资本雄厚之行商大号曾不加捐,而独此零星贩户。乡僻穷民一线生计,竟成绝地,瞻望前途,悲观曷已。敝会为体恤贫民起见,勇敢将其中困苦情形函请贵厅长查照,饬令陈局长准将细碎杂捐从缓征收,仍照向例办理,以纾民困云。

(《申报》上海版 1919 年 1 月 12 日)

函请传谕取消按划

鄞县公署昨函总商会云,阴历年关为商业结束之期,绍兴钱市现已无息,甬埠习惯十二月初即无日拆现,自初九日起停开拆息,事为便商起见,尚无不可。惟每日行情单内尚有按划一项,乃停开拆息甫经两日,而按划即由三角升至八角,责以推翻加拆,为抬做按划之计,该钱业恐亦无词自解,相应函致贵会,请烦查照。即便转知钱业将按划一项,即行设法取消。该钱业等须知平均拆息与革平现水同为省会之议案,行政官厅负有执行之责,自应遵令切实办理。故不惮繁数,预为告诫,该钱业务须仰体斯意,实力奉行,勿待干涉以后,谓官厅不恤商情,妄肆猜议云。

(《申报》上海版 1919 年 1 月 16 日)

金融评议会开会

本埠金融评议会于一月二十五日成立,业经钱知事聘任商会正副会长费冕卿、余芷津,暨中国银行行长陈南琴,四明银行行长沈崇如,华孚银行经理陈纶甫,通惠银行经理余顺泉,泰巽、敦裕、元亨、恒孚四庄经理陆炳章、董维扬、陈兰孙、刘文昭等为会员,二月九日在县署开第一次常会。

(《申报》上海版 1919 年 2 月 12 日)

甬总商会会议公单收现纪

宁波总商会为钱业函请讨论江厦公单收现事，于五日午后一时召集会董暨各业等开会。计出席者八百余人，先由会长费冕卿报告开会宗旨，并宣布钱业原函，请各业讨论。糖业王介卿请钱业报告江处办理情形。钱业俞佐庭略谓江处加入同行系受官厅训令，钱业有不能拒绝之苦衷，应请各业原谅。但公单收现之后，各业似非缩小范围不可，还希各业预筹办法，借免临渴掘井，在钱业希望总以兼筹并顾，使市面不起恐慌为主旨。各业以过账为良好习惯，如果实行收现，于商业上殊有窒碍。钱业严康懋云，钱业之所以拟改现者，因与中行再四磋商，顷已力竭声嘶，迄无效果，故不得已拟于明年为最后期限，改革过账。若各业议有妥善方针，使钱业可以仍旧过账，则钱业亦无弗依从。各业代表佥云，钱业之拟废除过账，由于公单收现，而公单之收现由于江处加入钱庄，致令钱业金融窒碍，各业受其影响。今各业为自愿起见，惟有拒绝江处加入同行，并妥求主席邀请官长莅会共同吁恳。嗣经知事出席，先嘱各业报告讨论情形。洋布业朱莲生云，本埠向系过账，且中行并无设立分店之规定，务请取消江处，仍照旧日庄规办理，以维市面。鲜咸业冯子枚云，中行设置江处公单收现，影响全市，群情愤激，恐激他变，惟有要求知事据情电省取消江处，一面并请商会电呈要求。知事答谓上级官厅命令在于革除现水，今实行一载有余，现水革而未净，江处之设置亦由是而生。知事对于上级长官命令，初无抗违之力，惟各业果有磋商办法，知事或可稍为转圜。盛省传云钱业最后之通告无非为江处公单收现力难应付，今观察知事意旨亦深寓保全市面之至意，惟碍于长官命令力与愿违，各业似宜稍事变通，或拟仍按旧日庄规办法，公单有现解现，无现听拆云云。各业以钱业果能照常过账，使各业安居乐业，则无不依从。嗣经各业议决：(一)暂行散会；(二)以本会名义邀请中行长陈南琴磋商办法；(三)各业公推代表二十人与议：盛省传、冯子枚、孙轩蕉、朱莲生、徐镛笙、梁藜青、乐秀全、翁仰青、翁济初、俞佐庭、李毓卿、蒋蘅卿、徐源祥、周莲青、王介卿、郁稚庵、江安澜、徐祖彭、张云春、朱莘甫；(四)七日后再行召集报告各业。

(《申报》上海版 1919 年 12 月 24 日)

杭州快信

甬商会函杭总商会，该邑东门源新皮货庄，阴历年终倒闭，亏欠恒孚等二十二钱庄洋四万六千余元，各户存款二万一千余元，查该庄东颜三近，各埠均有营业，杭州清和坊源大亦有巨股，请转致指拨。

（《申报》上海版 1920 年 2 月 24 日）

宁波源新皮货店倒闭后之查款

上海县商会接宁波总商会函云，径启者，本年二月二十四日，据甬庄恒孚等二十二家略称，窃本埠东门源新皮货号股东颜三近，独资开设，与庄等银洋往来，历有年所。本届年底，忽然倒闭，该庄等二十二家，往来洋四万六千余元。又该各户存款洋二万一千余元，共计亏欠洋六万七千余元，检查该号内部之存货账底，仅只值洋八千元之谱，不敷甚巨。所欠各债务，应由股东颜三近负完全责任，查得颜三近在沪、杭、京、苏各埠，搠设店铺甚多，所投股本，多半由源新划出，为数颇巨。此项资本，自应悉数扣押，作为抵债源新欠款之用，除本埠业已向各该号声明扣押外，兹将外埠颜三近所搠设各店之地名、牌号，及投资数目，开具清单，略请贵商会，迅予分别函咨各该管商会，通知各该号，将颜三近名下所有股本，悉数扣押，不准颜三近自由提取，以及拆股顶替等情，并希各该管商会将扣押情形，函复备查。至纫公谊等情，据此，查源新皮货店倒闭，亏欠甬庄，为数甚巨。据称颜三近搠设各埠商号，其资本多半由该号划出，自应暂缓处分，以杜移转，而资抵偿。相应函请贵会查照后开商业牌号、地址，及其资本数目，分别函知该号经理，将颜三近所有资本，暂缓处分，以杜移转，而资抵偿。

（《申报》上海版 1920 年 2 月 26 日）

商会提倡国货香烟

宁波总商会为提倡国货香烟事，昨特致函各商店介绍南洋兄弟公司出品。兹探录原函如下：溯自舶来卷烟输入吾国，囊吾金钱而去者，奚啻恒河沙数，虽其间仿造不乏其人，然非质量不良，即制造不精，靡不前颠后仆，而舶来烟之风行迄未少杀。于是南洋兄弟烟草公司怒焉心忧，勃然兴起，厚集资金，力图补救，十余年来营销已遍全国，出品脍炙人口。其惨淡经营，洵足与舶来卷烟相颉。抑本会更有进者，该公司之卷烟既尽善尽美矣，而综稽销额舶品尚占多数，良深惋惜，尤仗爱国诸君热忱提倡，广为劝告，务期移其习尚，养成惯性，悉知以内国有用之金钱购吸国产良好之卷烟，庶几力挽狂澜，利权不溢，岂惟该公司营业之幸也欤？

（《时事公报》1920 年 7 月 18 日）

米厂注册之查复

县署函请商会调查实情　商会函复未有争执

鄞县商人叶松谦、忻元槐、傅洪涛、秦镛卿等因开设通人和、永泰、傅泰记、裕大等机器轧米工厂，函请商会转函县署注册。姜知事准函后，当以傅泰记、通人和二厂开办之初，与米业工人颇有剧烈争执之事。今又添设永泰、裕大两厂，是否于工人方面生计已无妨碍，特复函请商会查复，当由该会函复如下：径复者，本年六月十九日准贵公署函开云云等因。准此，查机器轧米一案，当傅泰记、通人和两厂开设之时，因风气未开，不免惹起工人疑惧，现今历年已久，且绍属销路日增，外来糙米愈伙，人工日不暇给。是以永泰、裕大两厂继续添设，俱能各安生，业未闻有争执情事，准函前因，相应调查奉复，敬希贵知事迅准注册给示保护云。

（《时事公报》1920 年 7 月 29 日）

商号经协理权限

鄞县地方审判厅长昨致总商会函云，径启者，查鄞地商务较大之店铺内均设有经理、协理、账房等名目，但其经理与协理对于营业权限有何分别，又协理是否有权限能令账房放出货款及借款等情，抑须先告知经理得其允诺，方可照办，设于事前未告知经理，则账房禀承协理所放行之货款及借款，应否与协理负连带责任。本厅现受理案件内有类似上开情节，是非先调查习惯，无凭参考，相应函请贵会查照，希于上开各点详细函复云。

(《时事公报》1920 年 9 月 2 日)

查复减轻花纱捐

宁波商会前以花纱捐一项捐率较重，于上届开省议会时电请提议，咨由省长请咨部核减，嗣省议会闭会，齐省长北上，延至沈省长履新，即致函请迅核准呈部立案。旋由沈省长函复商会正、副会长费、陈二君，以尚未据财政厅查复前来遵即催复核办各节，已四志于九月五日本报。兹闻财政厅长陈君以新花转瞬上市，纱绢亟应核定，昨特具复省长，略称查浙省厂花纱绢率每百斤一元，嗣因于四年修正捐率案内减为每百斤九角，每包重三百斤，应捐二元七角，向系照此征收，但产销情形各省不同，捐率因之各异，本难与苏省相提并论，厂纱系属改良土货，与普通商货不同。既据沥陈困难，拟请量予核减，准照修正捐率，每百斤九角再减一角，定为每百斤捐八角，是否有当，理合呈请鉴核咨部施行云云，未知沈省长如何咨部核示也。

(《时事公报》1920 年 10 月 2 日)

公　电

杭州卢督军钧鉴：本埠同兴北号金元源北船于上月祃日由闽省宁德县装运纸磁等件，驶赴东省，在南关洋面遇盗，全船被曳。虽禀蒙闽督派遣公平轮巡缉，迄未得手，并风闻该盗曳船已过北关，若复任其远扬，船货生命重要危险。为此据情迫叩钧督，仰祈救护商业生命，迅准调遣兵舰分路兜捕，以解危急，迫切上陈，宁波总商会叩支。

(《时事公报》1920 年 10 月 7 日)

派舰巡洋之函复

宁波商会前以商船在洋时被盗劫，电陈层宪，请派巡舰常川梭巡，以资保护。兹闻该会已得宁台镇守使王如见君复函云，径启者，前由贵会电呈督军，以瓯洋海盗猖獗，请派兵舰巡弋一节，当经准派超武舰出洋巡护一月，令由本署转饬超武李舰长遵照办理在案。兹奉督军寒电开，现因超武另有调用，未便派往，嗣后倘有必须巡护之处，应即随时禀请再行核办，仰即分知遵照等因。奉此，除分令李舰长遵照外，用特函达查照为荷云。

(《时事公报》1920 年 10 月 19 日)

棉花捐率准酌减

宁波商会正、副会长费、陈二君，前自沈省长莅任后，即续函请量予减轻花纱捐，旋经沈省长函复，财政厅核议具复，各节已志八月卅一及九月五日本报。兹闻浙省本年各县棉花均属歉收，各商民又纷纷呈请酌减捐率，以恤商艰。经财政厅核议之后，已准将捐率量予酌减，呈复省宪察核示遵，俾得转令遵照云。

(《时事公报》1920 年 10 月 26 日)

国货出品纷纷获奖

系前次运杭陈列物品

宁波总商会前因杭州商品陈列馆附设劝业工场物产审查会，由该会函知本地各工场商号将出品径送陈列者颇多。经该会审查合格，报由实业厅发予奖证，以昭激励。昨日总商会已接到前项奖证，共计廿五张。兹觅得各得奖厂号名称如下。特等四张:宁波工厂(煤油原动机)、甲工学校(蒸汽汲水机)、翔熊席厂(床席、枕套、拖鞋、各种绸布伞)、大有恒号(竹村柄洋伞)。一等十一张:正大公司(各种火柴)、华泰厂(各色花素柳条绸)、宁波工厂(车床)、民醒砂皮厂(铜铁木、各种砂皮)、美球袜厂(毛袜)、水协兴(五彩地席)、林梦飞(草结花垫)、四明泰红木厂(花梨木钱箱、茶盘)、第一贫民习艺所(写字台、软席)、粹成伞厂(国货阳伞)、老福成铜店(白锅火锅万和合台)。二等十张:华泰厂(绸纱)、民醒砂皮厂(砂带)、警察教养所(篾提篮)、大纶袜厂(线机手套)、美球袜厂(手套)、全茂厂(肥皂)、光明公司(洋烛)、天生公司(生、熟床线)、第一贫民习艺所(毛巾、胶布)、渭丰厂(各种斜纹哔叽)。

(《时事公报》1920 年 10 月 29 日)

商会对于木工加资之意见

宁波总商会前准姜知事函请查复木工加资一事,该会昨复知事函云,查迩来米珠薪桂,百物维艰。该工匠等以工资菲薄,不能维持生活,确系实在情形,要求增加工资,事属可行,惟与社会经济方面亦应兼筹并顾。兹拟于原定工价二角五分外,酌加大洋三分,合计木匠工资每工定大洋二角八分,于增加之中仍寓限制之意,是否有当,相应函复,仍祈贵知事酌核办理云。

(《时事公报》1920 年 11 月 2 日)

所得税难缓实行

宁波商会前电国务院及财政、农商两部,请将所得税暂缓实行,已志九日本报。兹闻政府日前致省长电云,所得税系查照元年旧案,为已定未征之税,并非新增之税,因教育各费无着,提出国务会议,议决改轻条例颁布施行,案经公布,万难更变,仍希劝告各商,以利进行云。

(《时事公报》1920 年 11 月 20 日)

花纱捐率已准核减

宁波商会前以花纱捐重电请省议会讨论，当经议员张原炜等提出议案，咨询前齐省长查核，嗣齐去职，该商会致函沈省长，请速核办，经沈饬厅查覆，未准照减，由张议员再提质问，各节已迭志六月十二、十八，八月卅一，九月五日，十月二日、廿六，十一月十六等日本报。兹闻此案经省长饬厅复议后，当即咨复议会云，本年上一月十二日准贵议会咨送张议员原炜等提出减轻花纱捐率一案（中略），兹续据财政厅遵令议复，拟将净棉花原定捐率八角减去一角，定为每百斤七角，黄棉花、带子棉花捐率依此递减，定为黄棉花每百斤三角五分，带子棉花每百斤二角六分三厘，所有附加税及浙西水利经费仍依减定捐率照案附收。至厂纱一项先经一再核减，每百斤已自一元而减为八角，自应毋庸再议。并据呈明此次减定捐率，拟于民国十年一月份开始实行各等情。据此，查核所拟办法尚属妥洽，除令各局遵办并咨达财政部查照外，相应咨复贵会查照云。

（《时事公报》1920 年 11 月 22 日）

甬商会电询对付附加赈捐法

上海总商会、县商会接宁波总商会来电，云（衔略）北方赈款增加捐税一成，甬商均不承认。沪埠曾否实行，各业抱何宗旨，乞速电复，盼切。宁波总商会。东。

（《申报》上海版 1921 年 1 月 3 日）

甬商会又电询对付附加捐法

上海总商会暨县商会昨日又接宁波总商会来电云，东电计达，加征捐税一成，沪埠究竟如何办理，乞速电复，宁波总商会，冬。云云。闻该两会接悉后，拟即电复，略谓赈捐附税，各省反对，沪商尤烈，护军使电达中央，已交财政部核议，结果如何，尚不可必云。

（《申报》上海版 1921 年 1 月 4 日）

公　电

各县商会鉴:北地赈款,加征捐税。经督军省长电部请免举办,未蒙核准,赈款系慈善性质,断难强人民增重负担,况天灾流行,何时蔑有,将来著为成例,受累无穷。全国商民一致反对,甬地各商誓不承认,除电部请求收回成命并电浙省长暨财政厅迅饬各局从缓实行外,务希贵会协电力争一致进行,盼切。宁波总商会叩。

(《时事公报》1921 年 1 月 5 日)

加征助赈之反响(二)

宁波总商会于三日为政府加征助赈事召集各业代表开会集议各节,已志昨报。兹闻自散会后,各业均于昨日(四日)召集各商铺开会筹备对付方法,特汇志如下:(一)当业为贫民生计极有关系,而该业对于此案极不满意,闻各业定于五日下午一时在县学明伦堂开全体商人大会,特于四日下午召集同业各商在当业公会开会,均谓此项赈款据报载,颇多黑幕,准会同各业一律拒绝,否则停业。(二)拆兑业,余子权君于四日下午,亦为加征事召集该业各号经理,在永安公所开会。由余君主席,略谓,政府颁布加征助赈案昨已在商会开会集议,均非常反对,本业诸君如何主张?全体均一致否认,且谓如不达到目的,决以罢市为抵抗。(三)猪行亦于四日召集各号开会,均表示万不承认。(四)面粉、海味二业亦于四日下午在粉业公会开会,到者三十余人。由周廉清君报告昨在商会开会情形,全体主张与各业一致进行,且此事未经国会及省令通过,实为非法,遂由周君发言,拟即组织商界联合会以固团结力云。(五)米业、木业亦于四日开会,一致反对。(六)帽业及各药房亦于四日由毛稼生君召集开会,均主张以罢市为最后对付云。其余如钱业、咸货业、蔬菜业等均一致主张罢市云。又闻今日下午一时在县学明伦堂开会,已由各业预备传单分散各商铺,并赶造旗帜以备出发游行之用云。

(《时事公报》1921 年 1 月 5 日)

甬商会函告反对附加赈捐

上海南北市两商会接宁波商会公函云，径启者，赈款加征捐税一案，前准贵会电复，得悉中央已交部核议，甬商对于此事非常激烈，五日由各业联合在县学明伦堂开会，到会者一千六百余人，决议以罢市抵制，一面群赴会稽道公署请求，电省免办。当由黄道尹电请在旧历年关内从缓实行，已蒙浙省长暨财政厅允准，并得杭商会来电，以浙督军省长对于此案，有所商榷，定一月二十日以前，由全浙各商会公推代表赴省会议。结果如何，尚难预料，沪埠谅未实行，中央有否办法，前阅报载加税一节，准二月十六日实行，沪关究定何日，均乞详细示知，无任企祷。

（《申报》上海版 1921 年 1 月 10 日）

函请理追货款

宁波总商会，昨日因糖行晋大等请理偿玉山汪万丰登货款事，特发有玉山县商会函云，径启者，据本埠糖行晋大、同泰、益和、正源等具略到会，以贵商号汪万丰、志成、德昌等负欠订期货款等情。据此，查商货交易按照现行法律，自应以商号为主体，负完全责任。今经代人冯逸藩已经逃逸，失其经代业务之资格，则商号汪万丰、志成、德昌等对于所负甬埠晋大等糖行之货款自应如期履行，责无旁贷，况已复函承认在先，更不应无端翻悔，诿诸在逃之冯逸藩也。兹据前情，除径函汪万丰、志成、德昌等三号外，为此奉达贵会，敬希秉公维持，迅邀汪万丰等到会，切实开导，迅嘱如数径解，以完信用，而免事端，至纫公谊云。

（《时事公报》1921 年 4 月 3 日）

商会职员会议案

李廷泉柴珩玉欠款纠葛　徐子敬沈善元账目纠葛
函复高审厅询问棉花习惯　函复地审厅询问租屋被焚习惯

宁波总商会定十五日开职员会，讨论重要案件，已志十三日本报。兹闻是日下午三时开会，到会者有屠鸿规、袁端甫、朱旭昌、陈如馨(左竹士代表)、蔡西生、邬锡光、徐原详、余东泉、李松侯、林琴香、李华五、王大黼、毛安卿、丁忠茂(叶德政代表)、吴庆瑞等。首议李廷泉等诉柴珩玉欠款纠葛，请清算聚康庄簿据案。由左竹士君报告审厅请查核聚康庄簿据来函(录后)毕，聚康股东屠冕珊发言，此事何必算账。余子权云，聚康庄自民国元年开设以来，据经理报告每年可丈四五千，无丈者一二年，至前年底闭歇时，柴氏确有亏欠，然其所丈之钱，柴氏应得若干，曾由柴氏委子权去查，经理钟某谓，须至法院方可解决，故并未查。今日既已由审厅批准，自应清算。股东蔡同镐起谓，余君之言固是，但今日并非算账，不过为讨柴氏欠款。余子权言，如是则与今日原案不合。屠谓，算账一层，柴氏可和该经理另向法院起诉。忻汰憎谓，今日审厅来函是嘱算账，二造当事可令暂时退席，以免争执。余子权谓，算账贵会以何者为根据，非当事人亲自揭算不可。余东泉谓，算毕之后有不明之处再由当事人报告，本会重行讨论。王大黼、毛稼生谓，当事人应宜暂令退席，以候本会讨论办法。于是当事人遂退，众人开始讨论。佥谓，须将自民国元年起至闭歇止，究竟盈余若干、有否分过红利查算清楚。忻谓，请会长推定清算员。毛稼生谓，须将十年簿据交出。会长谓，不必十年。忻谓，至算账如何算法，可由清算员另行设法。众通过，遂推定四人为清算员：屠鸿规、李义本、林琴香、王信懋。议定十一日下午一点令两造各派代表一人并令聚康经理同到，以便揭对账目，十三日由会中清算员重算。

兹录审厅来函如下：径启者，案据李廷泉等诉柴珩玉欠款纠葛一案，迭经本审开庭审理，讯据两造对于聚康庄盈亏及有无分派红利与闭歇后收来人欠各款多少均有争执，自非清算不足以明真相，相应检同簿据函请贵会查照，希即会同两造当事人依照后开三件详为核算，开具清折，于十日内函复过厅，以凭核办，至纫公谊云:(一)聚康庄自民国元年起闭歇止,究竟盈余若干,抑亏本若干。(二)聚康庄自民国元年开设以后,对于各股东有否分过红利。(三)聚康庄自闭歇后人欠各款有否收足,现已收来者究有多少。

次议高等厅函请清算徐子敬、沈善元账目簿据一案,由徐子敬代表董良史声请展限十日,沈善元代表为水沛显。

三议高审厅函询棉花习惯案,由左竹士报告高厅及花业公会来函,经众决议,据花业来函呈覆,不加按语。兹录花业公会函如下:谨复者,接读贵会本月十四日公函内开,案准浙江高等审判厅民事第五号公函内开,本厅受理郑启尧与陈小圃为货款涉讼,由大理院发还更审一案,业经定期于一月三十一日下午一时审理。除另文票传外,所有鄞地卖买棉花习惯,其定期(定货)实盘卖买与现货(当时取货)卖买,其货票究有何区别,定期实盘卖买则用成票,现货卖买则用发票。又定期实盘卖买之成票是否必须商号盖印,设成票无印是否即是空盘?又无论系定期实盘卖买或现货卖买是否只有发票而无成票。又定期实盘卖买其定货之商号是否须预付定钱,或向例均不预付定钱。上列各项与本案争点极有关系,相应函托逐一查明,于此次审期前函复过厅,以凭核办,实纫公谊等因。准此,即于旧历三月初四日开会讨论,对于是案如何答复,佥谓审厅咨询向例即作判决,依据关系两造利害以为巨大,若不审慎将事,奚足以照公允,议决函询棉业公会,一俟复到再付四月一日常会审查,方可具复等因云云。准此,查审厅委查之第一点(即定期实盘卖买与现货卖买之货票究有何区别一层),按定期实盘卖买之票,其票上须写成交日期与交割日期,名曰成票;现货卖买之票,其票上只写成交日期,而无交割日期,名曰发票。委查之第二点(即定期实盘卖买之成票是否必须商号盖印,设成票无印是否系空盘一层),按宁波花业定期卖买概用成票,成票上有盖印者、有不盖印者,同等效力。惟成票成立之后双方又须记之于簿,卖者持此簿亲至买者处盖印,买者亦持此簿,亲至卖者处盖印,名曰双方互换盖印,盖为交易上便利起见。委查之第三点(即无论系定期实盘或现货卖买是否只有发票而无成票一层),按定期卖买有成票而无发票,现货卖买则有发票而无成票(成票与发票之区别已解释于前)。委查之第四点(即定期实盘卖买其定货之商号是否须预付定钱若干一层),按宁波花业定期卖买,双方向例均不预付定钱。以上皆宁波花业中卖买之办法也,相应函复。

四议地方审厅询租屋被焚习惯案，众讨论毕，当场拟函缮复。兹录审厅及商会往来函如下：审厅来函，径启者，今有某甲与某乙为租屋纠葛一案，业经本厅审理在案。查两造各有争执，非调查明确不足以资判断。(一)租赁商店房屋如被火焚，其新造之屋是否仍旧前租客租赁。(二)房屋被焚后租客年付之探租，如未住满，是否应由房主返还租客。以上两点相应函请贵会烦查照，于审期前明白函复过厅，以资参证，实纫公谊云。商会复函，及商店被焚改造，如租金价格仍旧则旧租户有继优先权，但房主欲加租金时，须首先通知前租户，倘前租户不愿加租，则另归后租户租赁。至被焚前未住满探租，被焚后例不返还，但订有特别契约者不在此限。

议毕，会长报告唐沛然等三人提议改革会费，函请开会，因来函并无盖有行号及个人图章，照法应认为无效，众通过，遂散会云。

(《时事公报》1921 年 4 月 16 日)

(农商部)批宁波总商会(第一二五七号　八月十五日)

准税务处咨复该厂所制各种洋式丝光扎带应准援案完税批示遵照由。

呈悉，当经本部检同原送货样商标分咨财政部及税务处，复称案查民国九年六月间，曾经本处根据呈咨各案，编订机制洋式货物税现行办法，分行知照在案。兹查有宁波振华工厂所制之洋式丝光扎带，经本处审核，应视为机制洋式货物，准照前项办法办理。除分行外，相应开列该厂设立地点及货物种类商标等项咨行查照，饬属遵照，等因前来。除关于内地税厘应俟财政部咨复再行批示外，合行抄录咨列原表批示转知遵照，所呈商号注册执照一纸，随批发还。此批，附抄件。

(《农商公报》第 8 卷第 2 册，1921 年)

农商部批第一二五七号

原具呈人宁波总商会

呈一件为振华工厂仿造洋式丝光带呈请转咨准予免征捐税由。

呈悉，当经本部检同原送货样商标，分咨财政部暨税务处核办去后，兹准税务处复称，案查民国九年六月间，曾经本处根据呈咨各案，编订机制洋式货物税现行办法，分行知照在案。兹查有宁波振华工厂所制之洋式丝光扎带，经本处审核，应视为机制洋式货物，准照前项办法办理。除分行外，相应开列该厂设立地点及货物种类商标等项，咨行查照，饬属遵照，等因前来。除关于内地税厘，应俟财政部咨复再行批示外，合行抄录咨列原表批示转知遵照，所呈商号注册一纸，随批发还。此批。

（《财政公报》第一千九百七十二号批示，1921 年）

按照定章验米之函复

宁波总商会，昨接浙海关公署函云，径复者，本年一月十一日，准贵商会函开。本埠米行同源等十六户，暨米栈老协兴等十一户略称，商等向外埠采办食米，装轮来甬，用驳船起运上栈，向例仅须一二船暂泊关前，以备查验。乃近来新例，各米船均须一齐顶关，待验讫方可开行，此种办法，于商等营业，大有妨碍，函请转详，免令全数顶关等情。据此，查该米业行栈等因宁波食米踊贵，集资向外埠购米装轮运甬，由小船驳运上岸，据请按船顶关查验，潮汛损失，在在堪虞，仍照向章，量予变通，乞咨商税务司变通体恤等由，准经函商税务司核复。查本关验米，向有定章，该米由外洋进口，均系免税，于一百包中提验两包，如由通商口岸进口，应在出口之关，照纳正税，若有不符，须多提数包查验，惟至多之数，每字号一百包中，亦只提验五包，于业行栈，似不至有若何窒碍等因。准此相应函请查照云。

（《时事公报》1922 年 2 月 9 日）

略请理偿延宕欠款案

宁波总商会，昨致玉环县商会函云，据本埠恒记号略讲，敝庄恒记自民国九年间与坎门陈顺和南货号往来交易，尚称信用，是以去年仍与之继续往来，迨十一月终，该号伙友陈焕文在甬面揭往来账项，除收过净丈洋二百零五元，而限十二月初四日由沈家门寄缴,同时并嘱发灯期货约洋六七百元之谱。讵届期该执事来函展限一班,嗣后查无着落,故敝庄对于所定灯货,碍难照发,今陈焕文来甬,非惟不自任咎,且欲借口灯货止发,意图拖宕,揆厥情形,未免包藏恶意,伏声敝庄代客买卖,所获微细,行款按期清讫,难以通融,客款安能久垫,为此迫不得已,谨具节略,伏请贵会秉公衡评,速予解决,以维商业等情。据此查商店交易,以信用为重,讵容任意延宕,据称坎门陈顺和南货号,负欠本埠恒记货款二百零五元,始则爽约,继则迁延,殊有不合。兹据前情,相应函请贵会查照,敬希体恤商困,秉公理偿,至纫公谊,并祈见复。

(《时事公报》1922 年 2 月 16 日)

商会今日开临时会

为调处寄洋移抵欠款案

宁波总商会,昨致各职员函云,径启者,准玉环县商会公函,以朱之华有现洋二百元,交由陈哲臣、张焕文转记本埠恒托、本埠恒记号丹书寄与上海公升号,因此发生纠葛,函托秉公理息等由(原函见十八日本报)。兹订旧历正月二十四日下午二句钟,召集临时会议,邀同调处,务祈驾会公断,勿迟为荷。

(《时事公报》1922 年 2 月 20 日)

征集裁厘加税之意见

由各商会随时条举

宁波商会暨各县商会,昨闻奉有农商部训令云,准国务院抄交致各省总商会等敬电,内称关税问题,为我国今日最应注意之事。华府大会开议,政府商民,均注重于裁厘加税,并进求关税自由。现拟修改税则,筹备附加关税裁厘等事宜,必先博征本国商民之意见,以为采择之资料等因,相应转抄原电,函达贵商会。如有关于修改税则,及裁厘等意见,务望随时条举,以便采择云。

(《时事公报》1922 年 2 月 22 日)

函请扣留船户捐款

宁波总商会，昨致本埠板业司年宝顺行等函云，径启者，准象山县商会公函，以据象邑石板商同业会王坤等，禀该会屠裕通霸产舞弊。除禀控象山县公署查追外，恳转知鄞县板行司年宝顺，通告源泰、源大、老万顺、宏大、万顺、永裕隆等，将该会本年正月起，各船户捐款，暂为扣存，勿为屠裕通领去等由。为此函达宝行，即希转知源泰等各行接洽办理为荷。

（《时事公报》1922 年 3 月 28 日）

请查收买钢铁商店

宁波总商会，昨准浙江实业厅函开，案奉农商部训令内开，案准经济讨论处函称，现因编辑报告，搜集资料，拟请贵部将本国内地收买零碎铅、铜、铁、锡等料大商店店名、地址及营业状况，详予示复等因。查此项商店之店名、地址及营业状况，本部无案可稽，合行令仰该厅，查明呈复此令等因。奉此，除分行外，相应函达贵总商会查照，希即详查填表送厅，以便汇转云。

（《时事公报》1922 年 3 月 28 日）

专函覆民信局挂号之问题

信函明片应由邮局投递　包裹银物可听民局带寄

宁波总商会前为民信局限期挂号一案致函协商办法，昨得商会复函云，接准台函承询邮务条例，强制民局挂号一案，敝会呈奉交通部批内开呈悉，当饬邮政总局查复去后。兹据复称查邮政条例第一条内载，邮政事业专由国家经营，又第二条内载信函明片之收取寄发投递，为邮政事业各等语。故民局向邮局挂号，并将信件一项交由邮局寄送，乃使势所必需之事。至于包裹及银物可听民局自行带寄，所请准予暂免挂号之处应毋庸议等情前来，本部复核无异，合将批示仰即转知各局遵照办理等因。相应录批函复，请烦贵商查照。

（《时事公报》1922 年 4 月 2 日）

函请嵊山半洋设立灯塔

宁波总商会,昨接定海商会暨渔业公会来函云,敬启者,查浙洋春冬两渔汛,概以嵊山(即陈钱山)为聚集地点,渔船往来数以万计。而嵊山半洋有礁,广仅亩许,素为船患,一遇暴风苦雨,渔轮触礁毙命者年以百计,沧海渺茫无一幸免,亦渔业前途之阻点。查海关规则,凡商船航路中有暗礁、明礁者,皆以灯塔以表明之。渔船亦商船一分子,纳税输捐皆与商船同等,而航路暗礁独不为留意,殊非政府振兴渔业之至意。为此函请贵会长查核转函宁波洋关核准,就嵊山半洋暗礁或建灯塔,或为警钟,以为渔船标帜,实为公便云云。闻商会接知后,已函请海关袁监督转商税务司酌情设置,俾免危险云。

(《时事公报》1922 年 4 月 28 日)

宁波去电一

北京农商部钧鉴,伏查江海关码头捐,向系每关税五两,抽捐一钱,拨充英、法两工部局市政经费。本年英工部局开纳税人年会,议将此项捐率,改为照关税所征数,抽收百分之三,依次计算。是嗣后每关税五两,当抽捐一钱五分,较现行捐率,已加五成,转瞬裁厘加税,以后进口税值百抽十二有半,依照百分之三比例,是一钱之码头捐,届时当增至二钱七分五厘。苛捐病商,舆论沸腾,上海总商会以有拂商情,曾一再呈部力争在案。宁波为通商口岸,沪甬商货辐辏,纳税独多,若上海英工部局改征之议,果成事实,甬商首当其冲,曷堪负担。为此迫不得已,理合电叩钧部,仰祈俯准,转知外交部税务处电沪力争,仍旧办理,毋事更张,俾苏商困,实深公感。浙江宁波总商会叩。咸。

(《时事公报》1922 年 5 月 15 日)

宁波去电二

北京农商部钧鉴,皖省铜元局违反大总统停铸电令,滥铸铜元,私运各省,一年以来，圜法益坏，兑价愈低，食力居民、零售商店，所蒙惨痛，殆难言喻。窃以皖厂只图一己余利，抗违中央命令，甘为全国公敌，置小民生计于不顾。商会贵在保商，商民疾苦，碍难壅有上闻，拟惟电叩钧部，尊重中央命令，维持全国金融，迅准转咨税务处通饬各海关，遇有是项皖厂私铸铜元进口，及订购铜斤出口者，一律扣留充公，庶绝根株，而清流毒，不胜迫切待命之至。浙江宁波总商会叩。咸。（又致税务处电相同从略）

（《时事公报》1922 年 5 月 15 日）

函送长面同业协议书

宁波总商会，昨致鄞县姜知事函云，据鄞县长面作坊业周鹤寿到会声称，以伊等组织义会，呈县立案，奉贵署批令赴会查核妥洽，函县查夺等由。查该业旧有入行费，据称已无余存。现时组织之聚义会，其宗旨系为互助同业丧费而设，其基本金一百五十八元四角，完全由同业经理十二人分别储蓄，且对于将来新设作坊者，加入会与否，悉听自由，核与现行法例尚无何等窒碍。惟简章字句间，稍欠明了，爰为逐条修正，转知该同业缮具协议书一式二份，加盖全体书简去后。兹据奉送前来，除留一份备查外，相应检同简章，函达贵知事查核办理，至纫公谊。

（《时事公报》1922 年 5 月 16 日）

北京来电

宁波总商会鉴：据咸代电称，皖省滥铸铜元进口及订购铜斤出口者一律扣留充公等情，查此案前接上海总商会代电，当经本处咨准币制局复称。查长江流域铜元充斥，业于上年六月间电饬宁皖各厂停铸在案，嗣因皖省军民两长一再函电商请暂缓停铸，一时尚未实行。兹该总商会请饬关扣留该厂所购铜斤，似应暂缓办理，除严饬该厂减铸当二十铜元，详查市面需要情形，量予鼓铸，不得充溢，致蹈前辙外，希照办等因，合即电复查照。北京税务处。智。

（《时事公报》1922 年 5 月 25 日）

毛巾免税尚须详报情形

宁波总商会昨接浙江实业厅公函云,径启者,准贵商会函送鄞县大成机制华吉毛巾厂货样二种,商标一百张,请转咨免捐等因。准此,查仿造洋货,例得免捐,但该厂每年出品约有若干,行销何处?应请转饬造具简明表,送候转咨,至货样亦应再补二份,以便分别存送陈列。除将送到货样商标暂存外,相应函复贵商会请烦查照,希即转饬遵办云。

(《时事公报》1922 年 6 月 22 日)

推股习惯之各业意见

审厅定十三日审理是案

宁波总商会为调查各业推股习惯致函各会董、业董,请为查复,业得钱业复函(见六日本报),各节已迭志本报。兹闻该会昨又接糖业安澜公所、明华银行、巨康庄、泰源庄、泰和米栈、亚细亚经理朱旭昌、糕饼业业董陈荇荪来函如下:巨康庄函云(上略),查商业通例,凡遇推顶营业,有对内、对外两种区别。对内则设立推召据,转清账簿为标准,对外前则必须通知有关系等家(即如钱业之银洋往来,上行之货款往来等家)。三面分界清楚,近则均是登报声明(俾有债权关系者有所舍从也),否则私相授受,对外不生效力(若果以私相授受之推召,并无对外之表示,可生对外实效,则凡商业之亏本者,其殷实刁滑股东,则中途可推卸与无力偿还者,抑或有经理顶召者,害及债权商业,危险万分),一经事出,仍由前股东负责(因其对外未曾明白表示)。此外习惯,有新划资本,另立簿据,或添设记号者,总总有对外表示手续,方生效力,否则作为秘密行为,不生实效。陈荇荪函云(上略),查甬地习惯,合伙商店之股东,负对外信用责任,是以商店有亏欠债务等情,债权人得有向股东清偿之权,为此凡推召股份,如对外尚有关系者,须经公告之手续。所谓公告者,即登报声明,以及其他之公告方法,俾对外关系人(即债权人等)之知晓,而卸其推股以后之责任也。如仅立有退股召据,而于招牌上既不加特别记号,又未登报声明,此种退股行为,对外似不能认为完全有效。不然者则私自推召，弊端百出，影响于商业殊大，行见信用放款四字，从此扫地矣。敝业董之查复如此，还祈贵会诸公从详审查，俾商业习惯两有禅益，不胜公感之至。又闻总商会昨又接鄞地审厅函云(上略)，前向贵会调查推股习惯案，本厅已续定于七月十三日上午八时审理，除饬吏送达传票外，相应再函贵会查照，希将前项习惯，迅于此次庭期前查明函复过厅，以凭核办，悬案以待，盼速实行。

(《时事公报》1922年7月8日)

商会会议推股习惯案

议决将各业复信抄送审厅　将设立商号登记办法

宁波总商会，昨日下午为讨论商店推股习惯案，召集临时职员会，到者屠、袁两会长，暨会董朱旭昌、陈才宝、余东泉、忻汰僧、洪兆燕、周巽斋、邬锡光、赵宇椿、周廉清、黄光普、毛安卿诸君。三时半振铃开会，由屠会长主席，报告开会宗旨，略谓今日开会，为讨论查复审厅调查商店推股习惯案，本会自致函各业董、会董去后，现已先后复到者，计廿四函，内十七函计一百六十余家，以推股未曾登报或加记认为无效，五函计五家作为有效，二函计五家，认为两可者。次书记宣读来函，读毕，黄光普请本会前次议决，征求各业意见，现各业多已复到，应以各业之意见函复审厅，无须再议。周巽斋附议。朱旭昌谓：今日既为开会，是否应付表决？余东泉谓，可不必表决。因今日开会，不足法定人数，仅将各业来函复厅可也。忻汰僧谓，各业复信，多为理论，而非事实，应由各业据例查复，以重事实。赵宇椿谓，推股须登报，恐甬商无此程度。屠会长谓，自今春以来，甬地两报，几乎每日有登报推股之事，是可为例。余东泉谓，此事应慎重处之，以免将来之危险。今日复到之信，是否有过半数，否则为小结束，再函催各业董查复。周巽斋附议。黄光普谓，如俟各业复到，恐有需时。余东泉、朱旭昌谓，则是将各业复信抄送审厅，任凭审厅核办可也。全体赞成通过。次主席谓，据会董周巽斋提议，商号登记之事应须速办，免得再有纠葛发生。忻汰僧附议。朱旭昌谓，先由钱业银行。忻君谓，此事人人所赞成。但此事之实行，须有计划或规矩。余、朱二君主张公推起草员。忻君谓，不必推起草员，由会长及书记草就规则，再行会议。朱谓，此可由钱业主张，如各业不来注册，或以拒绝放款为对付。议毕遂由主席宣告散会，已四时余矣。

（《时事公报》1922 年 7 月 12 日）

总商会定期开会

为讨论商号退股习惯事

宁波总商会昨致各职员函云，径启者，鄞审厅请查商号退股习惯一案，前期开会佥以是案关系商业，非常重要，俟调查习惯后，再行集议核转。兹据各业陆续函复前来，并准鄞审厅函催答复，以凭核办。为此定期旧历五月十七日下午二时，召集职员临时会议，务希准时莅会，幸勿缺席为荷。

（《时事公报》1922 年 7 月 10 日）

商会汇解印花票价

总额一千三百八十八元九角四分
实洋一千一百十一元一角五分二厘

宁波总商会，为解十二年六、七两月份印花税款事，昨致函浙江印花税处云，敝会承销印花税款，前经报解至本年五月份止在案。兹查六、七两月份销旧票价洋一千三百八十八元九角四分，除应提公费二成洋二百七十七元七角八分八厘，计实洋一千一百十一元五角二厘，现经如数解交中国银行金库汇转，相应造具报告表连同金库收据，函达贵处，敬希查收入册，掣据见复，至纫公谊。又复宁波中国银行函云，敝会顷有印花税银一千一百十一元一角五分二厘，解缴杭州浙江印花税处，敬希代为汇杭，并请掣给金库收据二纸，以便分别存转为荷。

（《时事公报》1922 年 8 月 1 日）

函催越商会评判提庄纠葛案

宁波总商会，昨致绍兴商会函云，径启者，本年五月二十八日，函请贵会评判甬埠提庄业伟昌、同丰、长顺、协和、宝和等五户，与绍兴德源提庄货款纠葛一案，阅时已久，未准函复。兹据伟昌等代表面称，以是案虽蒙贵会召集评议，嗣因德源经理人不顾信用习惯，致贵会评而未判。窃维甬绍提庄来往，历年最久，向重信用习惯，此次若经德源一家破坏，于甬绍放账，殊有莫大影响等语前来。查是案货款纠葛，其原因在于绍庄赴甬购运货物，向凭客伙一人，已成多年习惯。若事后绍庄因客伙发□弊混，遂图卸责于甬庄，其弊害孰甚。为此函达贵会，务希将是案开会纪录，暨会董评议情形，迅赐抄掷一件，俾资研究，至纫公谊。

(《时事公报》1922年8月1日)

正大公司请领盐酸钾护照

由总商会续呈督办转部填发

宁波总商会，昨呈督办处文云，本年六月十一日，奉钧处训令，敝会为正大火柴公司代领购运原料。东泉声称，现因制造安全黑头火柴，拟采办盐酸钾一百四十桶，重量二万斤，自上海运往宁波，请领护照四张，以资执运，附具该公司呈请书、运输说明书、立昌经理人姚子藏保证书各一件，暨照费约二十元，声请呈饬核转等情前来。经商会复查，与现今规则尚属符合，理合具文呈送钧处察核，仰祈俯准，转咨督军部核填护照四张，令呈商会转给具领，俾资执运，而维工业，实深公感云。

(《时事公报》1922年8月1日)

征求茧绸品之又一函

宁波总商会，昨接中华商会联合会总事务所来函云，径启者，上海总商会商品陈列所函开，拟定于阳历十月六日，开全国蚕茧丝绸展览会，兼为明年美国纽约丝业博览会之准备。业于上月间函请各省商会，代征物品，迄今匝月，应征无多。嘱为函催赶送出品，统限于阳历九月十七日以前，汇交到所，以资展览等由前来。查蚕茧丝绸，为吾国出品之大宗，此次上海总商会商品陈列所，举行展览会，一以资本国之观摩，一以作美国赛会之预备。于振兴国货、推广贸易两事，具有裨益，询属切要之图，准函前由，相应函达贵会查照，务祈迅向蚕茧丝绸各业，广征出品，于阳历九月十七日以前，汇送该陈列所，以资展览，至纫公谊。

（《时事公报》1922 年 8 月 10 日）

发明凉菜制造之注册

宁波总商会，昨致鄞县公署函云，径启者，据鄞邑商人朱章甫声称，窃商鉴于日本输入凉菜一物，专供素肴之用，脍炙人口，每岁金钱外溢，实占多数，而国人先后仿造者，类皆色黯味涩，废然中止。商爰悉心研究，几阅寒暑，乃得独出心裁，特制各种机械，选购高等原料，着手试造，果见色味俱全，远胜东产。出品以来，其销路之发达，除浙江区域外，他如长江四川一带，通函预订者，亦络绎不绝，因是集合资本，特于鄞县鄞江乡鲍家磡等地方创设工厂，雇工仿造，定名曰宁波保华仿造凉菜厂，以鸡群鹤立为商标。兹当设厂伊始，理合遵照商人通例第八条规定，附缴费银三元，声叩转请鄞县公署注册，给照布告周知等情到会。据此，敝会复查无异，于应检同注册事项一纸，暨注册费三元，耑函送达贵知事查照，敬希核办施行，至纫公谊。

（《时事公报》1922 年 8 月 19 日）

公　电

北京国务院转呈大总统钧鉴：厘金误国病商，秕政相沿，历百数十年，国人渴盼裁撤，如望云霓，只以国税未加，抵补无自，因循坐误，贻害至今。伏查现方依据华府会议修正税则，切实抽五，并将加征二五，增高奢侈品税率三项，并计抵补厘金绰有余裕。吾国现时实行裁厘，询属千载一时之良好机会，用敢为商请命，电达钧院，仰祈转呈大总统鉴核，呼恳俯顺商情，讯准明令指定，将此项关税增加收入作为裁厘抵补的款，克日预备裁厘。并通令周知，不得移作新债抵押品，及拨充其他用途，谨贡刍荛，伏维采择施行。浙江宁波总商会叩。皓。

（《时事公报》1922 年 8 月 20 日）

请推关税研究会会员

商会今日开临时职员会

宁波总商会昨接杭州总商会公函云，径启者，案奉财政农商部鱼电（已登前报），以定期召集关税研究会，为特别会议提案之准备一案，各总商会应每省公推会员一名，定于八月十五以前，齐集北京，并先将员名报部等因。奉此，相应抄电函请查照。倘贵会有关税厘务相当人才，即公推一名函知敝会，以便开会征求同意。或由敝会公推一人，函请贵会开会，征求同意，时间迫促，务乞从速酌复，是所盼切。闻该会特定旧历六月廿八日（即今日）下午三句钟召集职员临时会，昨已分函各职员照知矣。

（《时事公报》1922 年 8 月 20 日）

推广国货销路之要图

本埠各工厂向改订商约会提出意见……援洋货进口例规定红箱办法。

本埠美球袜厂经理赵宇椿君对于工业上应兴应革事宜无不悉心研究。兹以北京修订商约开会在即，而宁波总商会推定胡叔田君为代表，不日北上，赵君特将本厂仿造各种洋式货物，除完正税外，转口零星货物拆包改装杂货箱，免予征税，以免重征之苦。特具意见书，向各工厂加盖图章，托由胡君提出该会，昨已得本埠各大工厂之赞同，盖章者已有五十余家，诚恐尚有遗漏，特定本月廿二（即阴历六月卅日）下午二时至三时半，在商会请各工厂随带图章加盖，业已登报通告。兹录其意见书如下：

华厂货物另件转口请援例准装货物箱意见书：窃查吾国海关向章，对于洋货纳税进口后，如零星运送至他之通商口岸者，例得将各货拆包，任意择取，贮入杂货箱，一律免税转口，即俗呼红箱，以故洋货零星转口，无重征之苦，而价格不致增高，销路日行发达。今商厂等仿造各种洋式货物，虽呈奉税务处核准完一正税出口，幸免重征。然零星转运华厂，向无杂货箱之规定。凡厂货一经拆包，扯除派司后，即须估价纳税。故多一转口，即多一重征，转口越多,货价越昂,共结果卒至无人问津,欲与洋货竞争销路难矣。兹当修订商约开始讨论,为此联合商厂,缮具意见书,敬祈提出建议,于修订商约中,特列专条,俾华厂货物,嗣后零星转口,得与洋货一律待遇,为中国实业放一线光明,具书环请,无任翘企。

(《时事公报》1922 年 8 月 21 日)

实业观摩会征集商品

会期双十节　开会三星期

本埠总商会,昨闻接有实业厅公函,云准直隶省实业观摩会函称,敝会第三次常会订于本年十月十日起开会三星期,并改名为实业观摩会,仍以比成绩督促进步为宗旨。现在征集物品,以备陈列。素仰贵省实业繁多,成绩优美,特此检同会章,请贵君转知各实业机关,选征出品,送会陈列。既增敝会以光荣,兼作全国之模范,即希查照办理,是为至荷等因,为此合亟函仰贵会转饬遵照云。

(《时事公报》1922 年 8 月 26 日)

陈列商品得领奖凭

宁波总商会,昨接上海总商会商品陈列所函云,径启者,本会所于上年十一月开幕,即举行第一次展览会,所有各部物品,经由总商会延请审查专员评定等第,分别给奖。兹因各项凭证及奖章均经办理完备,用特将贵处各出品家,应得奖证、奖凭、奖章,附单寄上,务希查收后即将该项奖品分致各家,嘱将领状依式填明,并加盖印章,从速寄回,以备查考,至纫公谊。附录各商铺应得奖品之家列后:最优等奖凭贫民习艺所、通利工厂、正大新公司,均各一纸。优等奖证及奖章正大新公司、粹成伞厂、全茂烛皂厂、美球毛线织品厂,均各一纸。一等奖证及奖章大成毛巾厂、华盛袜厂、好华氏工艺厂均各一纸。二等奖证及奖章贫民习艺所、振华工厂均各一纸。

(《时事公报》1922 年 8 月 26 日)

上海来电

宁波总商会鉴，敝会于本月廿二日为海关嗣后增收税款，请改存于本国银行事，致北京院部一电文曰：北京国务院、外交部、财政部税务处钧鉴，清季关税向系存储海关官银号，听候政府随时指拨。道库即以此项税款随时在市周转，裨益商场，实非浅鲜。自辛亥政变，各省洋赔各款一概停解。政府为保全债信计，始议定以海关全部税收提存外国银行，为履行担保，荏苒至今，相沿未改。国内金融，顿少数千万现款流通，影响实巨。查此项税款，除业已指抵之债额以外，在政府原有自行支配之余地，拟请通盘筹计，截清界限。除现时税收业已照约抵还历次外债者仍予照旧办理外，凡嗣后切实抽五增收之款，以及特别会议附加增收之款，悉数提存于国人自办殷实可靠之银行，以保存我国固有之主权。此举于原有各项债约，并无何等妨碍，应请提出国务会议议决施行，经饬总税务司照办，国内商业胥受其赐。上海总商会叩养等语。此事于商业金融，均有密切关系，现在修改税则会议告竣在即，特别会议不久亦将在京举行。应请贵会迅向政府一致主张，庶借舆论之力，保一线未失之权，迫切陈词，伫候明教。上海总商会叩。

（《时事公报》1922 年 8 月 27 日）

宁波去电

各省总商会鉴：据本埠美球丰记厂、大昌厂、天纶厂、华泰厂、鸿信棉织股份有限公司、翔熊公记有限公司、丰泰厂、纶华厂、瑞和袜厂、余纶厂、立兴织造工厂、如生罐头鲜笋厂、振新袜厂、炽成厂、粹成阳伞制造厂、好华工艺厂、顺记厂、华兴厂、正大新公司、汇丰厂、宏记汇昌机器厂、华盛厂、永明厂、丰裕布厂、通洲厂、永记新大织袜厂、和丰厂、复成布厂、光明烛皂公司、渭丰厂、协兴厂、彭记公大厂、光华通厂、大茂昌记制造烛皂工厂、业成毛巾厂、华兴厂、永昌厂、云龙工厂、大纶源记厂等略称（原文见廿一日本报）等情。据此，查华厂仿造洋式货物零星拆包转口须重复纳税，于运销殊有窒碍。今该厂商等拟请援照舶来品杂货箱办法,列入改订税法专条,俾受同等待遇,尚属言之成理。除缮成意见书,交由敝会赴京代表建议外,事关裨益厂货运销,各埠具有同等状况,用亟电达贵总商会,敬希一致主张,俾维国货,而利畅销,无任祈祷。浙江宁波总商会。艳。

(《时事公报》1922 年 8 月 30 日)

北京来电

宁波总商会鉴:查召集关税临时研究会一事,现各省所推代表,已逾半数,兹定于本月九日在财政部会议厅开会,各该总商会所推代表,其已推定者,应即于会期前首途来京与议。如倘未推定,应即克日推举,赶途来京。其有特别情形推派不及者,在本会期内,如有意见,可随时条陈,以备采择,是为至要。财政部、农商部。支。

(《时事公报》1922 年 9 月 6 日)

请放商款铜元

宁波总商会昨致海关监督袁君公函云,敬启者,准镇海县柴桥镇商会函称,敝镇商铺世益、裕昌、世义、锦云等号,与六横各商向有交往。上月十六日,该乡李仁成商店经理李宏安,携带铜元一万一千四百枚,解付货款,因不识领护手续,致由穿山常关扣留,敝会备函证明,未允核放。该商小本经营,情形殊属迫切,为此函述颠末,迅祈贵总商会维护商艰,俯允转达海关监督公署,准予发还给领等语到会。准此,查六横与柴桥地属毗连,各商交往素多,据称该项携带铜元,确系在六横收入,备解柴桥商款之用,尚无私贩渔利情弊。今因无照被扣,经柴桥镇商会具函证明,尚属实在情形,相应函恳贵监督俯鉴商艰,通融核办,发还给领,至纫公谊。至六横柴桥各商,平日既有商款常川往还,应如何变通办理,以便稽查,而示体恤之处,并祈酌夺见复,俾凭转知遵照为荷。

(《时事公报》1922 年 9 月 9 日)

商会职员会纪事

钱业经理恩股习惯案　商业登记案

宁波总商会，昨日下午召集本月份下半期职员常会，到者屠、袁两会长，暨会董余东泉、叶德政、周莲青、周巽斋、赵占绶、毛稼生诸君。四时开会，由屠会长主席。一、审查地检厅来函，调查钱庄经理恩股习惯案。经众审查结果：(一)本埠大钱庄廿八家，除内有三家因股东未准经理摒股，均无恩股外，其余各庄经理，均摒有恩股一股。盖恩股之有无，属于内部关系，其主权均操自股东也，但恩股只限定一股。(二)经理之恩股，如遇钱庄亏折，对外债务，有时由各股东分任偿还之义务，惟事后各股东得向经理酌量取偿。二、讨论商业注册案，议决改名称为商业登记，根据商会法第六条二项，陈述意见于行政长官，因本日出席人数不多，俟下届常会再议。迨散会已五时余矣。

（《时事公报》1922 年 9 月 17 日）

劝导采用新式簿记

宁波总商会昨闻接有农商部卢总长训令云，查公司账簿组织及其记载之方法，与公司业务之成绩关系至巨。新式簿记，记载精密明了，计算确切迅捷，既便登记，复易检查，用于大规模之营业，最为合宜。现在国内各银行，虽渐已采用，而各项公司仍多沿用旧式，长此以往，不但于表彰信用发展事业上，多所窒碍，即于编制表册报告与一切会计整理各手续，亦多有不便之处。本总长莅任以来，凡认为有利于商民者，莫不力为提倡，以期改良。合行令仰该商会，劝导各公司，速行采用新式簿记，俾昭确实，而利进行，本部有厚望焉。

（《时事公报》1922 年 9 月 20 日）

总商会临时职员会纪事

宁波总商会，昨日下午二时为讨论本埠永源、元大两钱庄，与椿和嫁妆店账款纠葛事,召集临时职员会议。出席者屠、袁两会长暨会董周莲青、毛稼生、黄光普、李义本、赵占绶、李松侯、周巽斋、洪兆燕、柯珩如、毛安卿等。当事人永源戴菊舲、元大史久耕、椿和经理陆有才(股东王耕善避匿未到)均出席。由屠会长主席,报告开会宗旨。次由左君宣读永源、元大两庄来函。次永源戴君陈述各节,与函同从略,并请求将王耕善所转之账,作为无效。次椿和经理陆有才谓,股东王耕善个人私转滚存簿之账,店中并未用过,且我亦不知情,故清簿未曾转入,至本店收付出抵,亦未亏空等语。各会董查阅簿据,载旧历七月二十日收入聚康等九户,共洋九千零廿元,又廿八日收懋泰隆等十一户,共洋八百四十一元八钱二分九厘。此款系付□□□记去。众谓陆有才系椿和经理,此次王耕善私转之账,经理既不知情,当经议决,此项转账,按照商业惯例,应视为无效云。议毕遂散会。

(《时事公报》1922 年 9 月 23 日)

鱼鲞税准照向章征收

宁波总商会,昨接浙海关公署复函云,径复者,本月二日案准贵总商会函,据本埠闽商成昌号缮具说帖,请将运自石浦之黄鱼,准仍按向章每百斤征银一钱二分五厘,函请转商税务司体恤等由,同日又准税务司甘函开,查浙海常关税则内有两种名称,一曰干白鲞,每百斤税银二钱五分;一曰杂鱼鲞,每百斤税银一钱二分五厘。除松门、爵溪二处出鱼鲞,一律改照杂鱼鲞征税,曾于民国五年六月十七日,准贵前监督孙咨行在案。本税务司现查验货员于查验该鲞之时,颇难辨别,究不知该鲞是否松门、爵溪二处出产,抑系由各处而来。因松门、爵溪二处出产之鲞,征税较重,各商人不免有避重就轻之弊,本税务司拟按照该鲞之价值贵贱计算,值百抽二五。如该鲞每百斤估价在十两以上,即作干白鲞征税银二钱五分,若在十两以下,即作杂鱼鲞征税银一钱二分五厘,似乎较为确实,而免隐戤,相应函商。如贵监督亦以为然,即于本年九月十六日实行等因过署。此准,当查松、爵之鲞,与石浦之鲞,税则悬殊,如果以松、爵来货,由石浦转口希图少完税银,殊背向章。今以辨别颇难,拟计值课税,每百斤值十两以上者,征银二钱五分,十两以下者,征银一钱二分五厘,自可减免避重就轻之弊。

惟查宁波商会所送之说帖，爵溪之鲞盖有该公所之印，别人不得冒充，爵货由石转运，税银之减少，不敌运货之增加，而石浦鲞价，惟遇渔汛最歉之年，每百斤始值十八九元，似其价恒在十两之下，言之亦颇成理，其要求率由旧章，仍照一钱二分五厘征税，情尚不无可原。既准总商会函请拟仍照向章征税，以示体恤等因，函商税务司去后，兹于本月十一日准函复前次本税务司函商，拟将黄鱼鲞计价课税，无非实事求是之至意。今准大函，以据宁波总商会所陈说帖，情尚不无可原，姑暂仍照向章办理可也，等因前来，相应函复，即希查照转知是荷。

（《时事公报》1922 年 9 月 24 日）

农商部批复裁厘案

俟特别会议解决

宁波总商会，前为裁厘加税一案，曾经协同津沪等处各商会电部请求实行，以纾商困。兹录农商部批复如下，呈悉，当经据情咨请财政部核办。兹准复称，查此案前据该商会电请到部，业经核以厘金病商，政府方面，早具裁撤之决心，按照华府会议关税条约第二条，立即组织特别会议，以便从速筹备，废除厘金，并履行一九零二年九月五日中英商约第八款，一九零三年十月八日中美条约第四、第五款，及一九零三年十月八日中日附加条约第一款所开之条件，以期征收各该条款内所规定之附加税等语。是免厘加税之原则，已经各国承认，将来应如何实行，俟特别会议时，自应妥为协商，以副众望等语电复在案。准咨前因，咨请查照饬遵等因前来，令即批示遵照云。

（《时事公报》1922 年 10 月 25 日）

香港来电

宁波总商会鉴：敝业承办粮米运甬，为接济民生起见，急不待援，事关重大，是以船到甬埠各商号直接上船提货，向有成例。乃此次招商局广利轮由港运米抵甬，不料甬局李庆林刚愎自用，罔恤商艰，擅将所到之米，概行上栈。经此转折，偷漏损失，为数甚巨，致各商号受累匪浅。为特历陈电达台端，伏乞贵会秉公判决，责令李庆林照数赔偿，以息公愤，而苏商困，实为德便。阖港廿四行商浙江帮同叩。

（《时事公报》1922年11月3日）

组织花边线网业联合会之手续

总商会复县公署函……应由自治委员查明核办

宁波总商会，前准鄞县公署函开，为陈哲善等组织花边线网业联合会一案，已志前报。兹录该会昨复县署函云，径启者，案准贵公署公函内开等因。准此，查线网业陈才兴等，组织线网公会，于上年五月间，检同简章，转函贵公署核准给示在案。嗣闻窒碍难行，旋即解散。兹查陈哲善等禀请设置联合会，虽名称互异，事同一例，且阅联合会简章第七条至第九条，关于抽费惩罚等规定，暨妇女结网简章第七条、第八条减价抽费等规定，尤易滋生事端，惹起冲突，应请贵公署转行姜山镇乡自治委员，详具查明该会组织，是否线网业全体赞同，究竟有无流弊，具复贵公署核审办理，俾昭慎重，而免流弊，至纫公谊。（下略）

（《时事公报》1922年11月17日）

整顿雇用纸司之行规

县公署函请商会议复

宁波总商会昨准鄞县公署函开，径启者，本年九月十二日，据纸业总柱李顺才，分柱邬如卿、陈利顺、俞安水、丁定生等禀称，窃本业自前清同治年创立同行，名其会曰同义。时因杭绍各处取缔宁帮纸司甚严，如在该处工作，必要入行钱二十千文，而杭绍各司在宁波作工，任其自如，殊欠公平。于是邀集同人，仿照杭绍办法，客帮在宁作工，亦须要入行钱十五钱。嗣后百物昂贵，工钱逐渐加涨，入行钱随加至英洋三十二元，内中提出十二元，充作义材会经费，以供各司身后之用，改会名曰聚兴会，照章履行。本可相安，乃日久玩多，参差丛生。本年闰五月间顾协茂纸坊，私留绍司一名在内工作，被众察出议司，再三恳商，愿出入行洋二十元，尚少十二元，愿取消义材会利益，以相抵过，通融了结。乃该纸坊不改前非，又欲雇用外帮司务，故意破坏行规。将来各纸坊效尤，则于本帮工艺前途大有妨碍。查宁波纸坊，只有顾协茂、升恒泰、正兴、全兴、源兴等五家，纸司有百余名之多，已有无地安插之苦，况更兼洋纸充塞，本纸滞销，以致各司均往邻县作工，或改就别业，衰败之象，已可概见。然顾协茂所以乐雇本帮者，因解付工钱时，可以随意减落，不必定照行规，每工须解大洋一角八分。而外帮司来宁者，大抵本地失业，苟得雇用，亦不与较长论短，是主客各有贪图之原因在。若不奋起整顿，本帮纸司将无啖饭之处。为此迫不得已，沥情叩求知事，恩赐察核，俯恤工艰，准予立案给示。着各纸坊遵守行规，不得擅自变更，私雇外帮司务作工，以昭慎重，而期划一，实为公便等情，并抄送新订行规一纸（从略）到署。据经批饬向贵会声请邀同各纸坊核明行规，函县核办在案。兹据该总柱等以纸业同行未入商会注册，碍难声请，请予转函议复等情，续禀并送行簿一本及旧行规一份前来。据此除批示外，相应抄录行规，检同原送行簿行规，备函送请贵会查照。希即召集各纸坊核明行规，议复函县，以凭核办。幸勿有稽，至纫公谊。

（《时事公报》1922 年 11 月 12 日）

查询雇佣纸司之习惯

总商会致绍县商会函

宁波总商会昨致绍兴县商会函云，案准鄞县公署函称，据鄞县纸业总董李顺才等禀请整顿行规（见十一日本报）等由到会。准此，查纸业工人，以劳动为生活，且宁绍密迩，如果营业范围订有限制，自应互守习惯，毋相侵夺。兹准前由，相应函达贵会，敬恳转向绍邑纸业各铺询查是项取缔习惯，近时是否存在，他县各纸司赴绍工作者，并应否一律强制入行，早日详晰见复，俾凭复县，而资参考，至纫公谊。

（《时事公报》1922 年 11 月 18 日）

金融评议开会纪

议决提高洋拆以压现申

鄞县姜知事，以本埠现申，又复涨至三元有奇，爰定期召集金融评议会一节，已志十九日本报。兹悉该会于昨(二十一日)下午三时开会，出席者有会长姜知事、商会会长屠鸿规、钱业司年陈楚洲(屠代表)、中国银行陈南琴、通商银行张性初诸君。由姜会长主席，首由主席报告开会宗旨，略谓今日为本会开第十一次常会，因本公署奉省长令，以近来甬埠，又复发生现申，饬令取缔等语。又接各界来函，对于现申如是之大，小民生计攸关，请为取缔云云，如何取缔请讨论。次陈南琴君报告四明银行费君物故，姜知事函请该行沈崇如君为本会会员，乃沈君以未能常驻甬行，来函辞职。鄙意以沈君到会可派代表，应再行函请，众赞成。次即讨论压平申水事，经会议结果，以现申根据于规元，规元市价近闻又有任意抬撳情弊，难保无意图垄断之人，播弄其间。否则上月洋拆，本已开五角，何以近日来骤又减至三角，应由会令知司年钱庄，迅将洋拆设法提高，以资救济，如再任意违反庄规，定即照章处罚云。议毕，遂散会。

(《时事公报》1922 年 11 月 22 日)

鸿信毛巾援案纳税之手续

宁波鸿信机器棉织厂之毛巾坚固耐用，货价合宜，推销日广，信誉卓著。惟其商标，本以红星为主体，金钟副之，前以略请总商会转呈农商部请予援案纳税案内，奉批金钟商标，因属类似，由总商会转饬知照去后，复经该厂声明取消到会，兹已据情呈复农商部矣。原文略谓，窃商会呈送鸿信机器棉织厂所制毛巾商标货样，请援案纳税，奉钧部批开等因。奉此，遵经转知去后，兹据该厂声称，该厂所制毛巾，原以红星商标为主体，今金钟商标，既核与大兴棉织厂相类似，谨愿遵照取消，声叩转呈核办等情前来，理合据情呈复钧部察核，仰祈俯准分别转咨，俾遵照援案纳税，实深公感云。

(《时事公报》1922 年 11 月 25 日)

烛皂厂货样商标之往返

宁波总商会，前准江东大茂烛皂工厂，略请转呈农商部货样商标去后，昨日接农商部工商司函云，径启者，昨据转呈大茂工厂遵批分别更改，所呈烛皂货样商标一件，因原寄之木箱在途破裂，致将四羊牌洋烛遗失一包，胰皂则全行压烂，不能辨认，并遗失三块，合行函达，即希转知该工厂，务将上开遗失损坏之货样，从速用坚固之木箱补寄来部。又所有胰皂商标，务须用纸各□模型样本四张，以便存转等因。业由总商会转函该工厂知照矣。

（《时事公报》1922 年 11 月 29 日）

协争所得税动机

宁波总商会对于征收所得税事曾电呈政府，要求展缓，未奉核准。该会昨接杭州总商会来函，亦以此事宜联络各处商会会衔电呈力争，声音较为雄厚。一面函请上海总商会主稿，嘱为接洽。闻本地总商会极表同情，已于昨日端函沪商会表示赞成。兹请应入会衔云，敬启者，所得税一案前经敝会电呈部院要求展缓，未奉核准。顷准杭总商会函已转请贵会核夺主稿会衔，呈请协同力争等由。查此案关系全国商业情形颇巨，贵会握全国商业枢纽，挚衔协争，极表同情。愿附骥尾，为此专函奉恳，敬希贵会允予加入，俾期一致进行，无任公感云。

（《时事公报》1922 年 12 月 11 日）

宁波去电

镇海来水署厅长鉴：本埠北号业鼎兴同兴，有金永顺、金通源、金同利、金源盛、金元宝等货船，前往北省。因冬防吃紧，海氛不清，未敢前进，敢恳维持商业，迅准遣派师舰，护送前往，无任迫祷。宁波总商会。哿。

（《时事公报》1922 年 12 月 21 日）

江浙渔业公司两渔轮已释放

……又浙省长批旅沪浙江渔商公会之呈文云，呈一件，据代电江浙渔业公司黑幕恳彻底查究由，代电悉，江浙渔业公司有关两省公款及渔业前途，自当彻查，所扣两渔轮，以现值春汛，需轮保护，暂由宁波总商会承领经管，并负保护渔业责任，以待解决，仰即知照，此批。

(《申报》上海版 1923 年 3 月 23 日)

东庄公所请总商会助追欠款

本埠东庄洋货公所，因宁波协记结欠昶记等号货款迄未偿还，昨特函请上海总商会转函浙江宁波总商会协助严追，以清债务。

(《申报》上海版 1923 年 5 月 18 日)

函解十月份定期借款

鄞县统捐局，昨致甬总商会函云，财政厅令开，案查宁波商会经募第二次定期借款，应还本息各款，业经饬令划付，至本年九月底止在案。兹查本年十月份应还本银五千元，息银二千三百二十元。自应照案就近于本月底照数拨交等因。奉此，相应遵照，提拨本息现洋七万二千二百二十元，备文咨送贵商会核收，并希见复备查，以便转报，实为公便。闻总商会接收后，即致中国银行函云：径启者，兹因送十月份浙省二次定期借款，摊还本息洋七千二百二十元，敬祈贵行查收，分别给领截票惠掷，俾便转局解省，至纫公谊。

(《申报》上海版 1923 年 11 月 2 日)

宁波商会函询禁绝粤币办法

总商会亦无办法可想

粤省轻质双毫银币，成色恶劣，流行市面，为害颇巨，商界久已厌恶，惟迄未得有善后办法。昨本埠总商会又接宁波总商会一函，其文如下：径启者，粤铸双毫辅币，银质较劣，殊碍圜法。前经贵总商会决议取缔，呈部禁运，洵属法良意美，敝会曾亦协力分呈在案。惟自实行取缔以来，沪甬商市及各内地，因曩时积存已多，不得不仍旧通用。而各海关格于定章，除查获烧毁外，亦碍难破例变通，因是禁者自禁，用者自用，转觉背道而驰。其流弊在于清源而未正本，诚非初意所及料。且银币为流通性质，是项粤铸双毫，既属市间通用之一种，即不能禁阻随身携带，或商款夹杂寄运。况曩时无形输入，政府绝未干涉，一旦骤行取缔，政府又不备价限期收毁。若通告众商忍受损失，抛弃勿用，固属不成事实，而小本经商，血本攸关，一经销毁，势将垂毙，亦属未忍坐视。敝会近因旧宁属各县夹解是项辅币，经海关融化者，日有所闻，且有因经济竭蹶，势难生存者。昨经职员会讨论弛禁，固虞不可，通告尤碍流通，殊乏善后之策。公决函达贵总商会，拟请妥筹补救办法，俾期国法商艰，双方兼顾。鹄候示教，毋任企祷。

总商会于昨日作复函如下：径启者，接展本月五日贵会来函，祗悉一是。查粤毫运禁，尊论谓为清源而未正本，斯言良是。但敝会以为，欲筹正本之策，不外两端：一限令即日停铸；一由政府备价将粤毫收回改铸。在未收以前，仍照市价自由通用，此法最为平稳无惊。由前之说，则粤省政令别树一帜久矣，令其停铸，讵非滑稽。由后之说，收回改铸，需费不资，亦岂贫无立锥之政府所能胜任。是治本之策，稍有常识，皆知其万难实施，宁待敝会之喋喋，然使其蔓延而不为之计，则粤省新毫，现已充斥市廛。而旧时江、鄂等省，成色较高之二毫银币，已不复见其只影。该省币厂现方招致中外商人，出资承包，而责以巨额之余利，此后大事鼓铸，势必以各省为尾闾。如果盈千累万，源源输入，讵非又蹈今日轻质铜元之覆辙？其时商家以及居民所受痛苦，恐较诸今日之关津盘诘尤有甚焉。天下事本无绝对之利弊，而当此政纲颓废，各省枝枝节节，以谋补救之时，尤苦无完善办法。即如本省限制铜元入境，每一客商，携带以合制钱五千为限，此项禁令,亦讵能谓之适当。然舍此禁运之一法,恐各省铜元,大批进口,沪上今日之兑价,尚不止一千八百文也。故粤毫禁运之要义,在防止以后之输入,免劣币之日益充斥,并非谓现有者不许行用。此中界限,似宜分析。贵会关怀商艰,极所心折,如果别有良议赐教,亦甚愿共相讨论也。

(《申报》上海版1923年11月6日)

电请派超武舰救护商船

宁波总商会为广润木行金裕隆帆船被盗(一事),特于五日致杭州卢督办电云:宁波木业广润行金裕隆帆船,由闽满载木料,陷日驶经台洋鹅冠山,被盗截刦占有,损失逾四万金。同时遇险者,尚有一他省金永茂木船。伏查本案盗伙声势较大,恐非水警普遍巡轮所能慑服,用亟电叩钧座,逾恩鉴恤,迅准专派超武军舰,跟踪缉追,救护出险,庶多数生命财产,赖以保全,无任迫祷,并候电示。

(《申报》上海版1923年11月8日)

总商会之二警告

甬总商会分函甬属各商会云:径启者,粤省鼓铸低劣双毫辅币,滥运各省,破坏圜法,贻害商民,前经币制局核定禁运融毁办法,奉税务处通令各海关遵办在案。兹因是项双毫辅币,历年输入,存积已多,按照各处现时办法,限于境内通用,不得彼此越境携带或解付。敝会因去今两年沪甬海关扣留融化,时有所闻,迭经商监督税务司从宽体恤,佴以格于定例,碍难变通,并转函上海总商会妥办善后。亦以迫于环境,无从措置。兹恐内地各商,对于是项禁令仍未喻晓,致有越境解兑情事,一经扣毁,亏损何极。为此函达贵会,即希警告各商,特别注意,免蹈危机,至纫公谊。

又一函云:径启者,本年十一月九日,准浙江征收卷烟特税第四分局函开,请为协助取缔担售无印花卷烟等因到会。准此,查卷烟特税,为浙省捐税之一,既经核准实行,自应一律遵守。况是项税银,加诸吃户,商铺售价,仍无窒碍。乃近有无知商店,担售无印花卷烟,或系不明特税性质,以致贪利受愚。今第四区特税分局,既已照章取缔,罚则綦严,敝会责任在商,讵任坐视内地各商店因博绳头微利而受重大损失。为此函达贵会查照,敬希通告各商铺,将所售各种卷烟,一律加贴特税印花,幸勿意图贪廉致干罚办,至纫公谊。

(《申报》上海版 1923 年 11 月 19 日)

甬商会请追恒丰花纱号欠款

本埠三洋泾桥吉庆里恒丰花纱号范云夔君去世后,一切人欠、欠人债款,由范君之妻范俞氏委托哈华托律师代为清理。昨日宁波总商会致函上海总商会,谓恒丰花纱号结欠宁波星号货款洋二千九百三十三元九角,请转函哈华托律师备案加入债权团云云。该会已据情转请该律师查照办理矣。

(《申报》上海版 1923 年 11 月 22 日)

总商会为各糖号诉苦

吕宋糖进口绝迹　无溯查账目之必要
零星杂糖迅照向例收捐

宁波总商会,昨为捷美等三糖号,拒绝糖捐局溯查旧账事,致函鄞县公署云:径启者,本年十月十六日,准贵公署第二三七号公函内开,案照前准宁属糖捐局函开整顿糖捐一案,经函敝会转据捷美等三糖号陈述八大理由,函复过县,即经转函查照在案。兹复准宁属糖捐局函请到县,查此项糖捐。华商征于进口之时,名进口捐。洋商取于出栈之后(名出栈捐),既属向办如是,事关条约,势难骤议变更。现在所应行解决者,即糖之本销一项,在捐局以为不止三成,在糖号以为不及三成,因之互相诘难,各执其词。迄今事逾半载,如糖号一方能照捐局所提规复旧章,或增加折扣两种办法,择一实行,自是息事之道,否则即请贵会转知糖号,检出近年正式售货簿据,邀集双方核算本销实在成数,为之持平解决,相应函达贵会,请烦查照,酌核办理,并希见复等由,准经查照函开解决方法,转知糖号捷美、鼎崇与启兴去后。兹据具函复称,细绎该认商、糖捐局所陈种种,无非为本年认捐亏蚀,不得不强词夺理,朦耸官厅,竟图弥补损失,似此异想天开，无殊捉生替死，其背情蔑理孰甚！在贤长官明镜高悬，似应秉公纠正，俾知翻然改悟，庶免哓哓不已，兹试就函述各节，为简单之说明。该认商既知华商为进口捐，征于进口之时，又明知本年吕宋青糖绝迹无来，足征上年敝号等所存青糖，该认商于进口时早经照例捐讫，绝无查账之可言。至本年青糖进口无货，即认商捐款无着，查账一语，更无置喙余地。乃该认商则利令智昏，妄指中饱，拟查历年账目为借端，需索张本，抑知中饱二字之意义，必例如局员关吏侵吞公款，其上级长官有委查历年档册之举。敝号等一商人耳，货到照例纳捐，责任已完。包捐者一认商耳，按货征捐，能事已尽，俱无所谓侵占，无所谓中饱。故即使认商亏损，在认商亦无清杳号等历年账据之权，而在号等亦无承诺借端查账之理，况认商以年度为终了。该认商上年认额若干，除收解外，盈余若干，上年度固已早经分配，于公于私俱成逝水。兹因本年青糖绝迹，而欲溯查近年捐讫之糖，处心积虑，意欲何为，司马昭之心，得谓一手能掩尽耳目耶。更查宁属认捐各洋布、广货、点铜、药材等项，俱属大宗，初不仅糖捐一种，从未闻因认捐亏蚀，遂得借口查账，意图需索。该认商试一反省，当亦知其主张之谬。至敝号等前函，或照洋商出栈捐一语，乃因该认商纠缠不休，两无损碍起见，冀迎合其整顿之心理，初系敝号等自动的要求。今该认商既因于己不利，弗愿改革，尤不得引为口实，谓敝号等不明糖捐性质。窃详知事以恤商为怀，而贵总商会尤以保商为主，尚祈主持公道，复请鄞县公署转知该认商并糖捐局，本年吕宋青糖进口绝迹，捐款无收，碍难假溯查账目，无端骚扰，至零星进口杂糖，迅嘱按照向例，派员收款，毋再搁置。岁云暮矣，业务频烦，无谓纠缠，尚乞防止为荷等情前来。查该糖号所陈理由，略谓捐局所征为进口捐，上年存栈吕宋青糖，业于上年进口时，早经照例捐讫。至本年吕宋青糖，则进口无货，未曾欠有捐款，以为无溯查历年账据之必要，核诸糖捐局前后两函，亦有今年吕宋青糖一案，绝迹无来。本局收数奇绌，及华商糖捐征于进口之时二语，事实亦相吻合。准情度理，所拟增加折扣，或检查近年簿据，俱系溯及既往，拟为进加负担。今该商等尚属言之成理，准函前由，相应转达贵知事查照，敬希转函宁属糖捐局，关怀商艰，免溯既往，俾示体恤，至纫公谊。

（《时事公报》1923年12月12日）

宁波商号函催清理恒丰欠款

本埠三洋泾桥吉庆里恒丰花纱号主范云夔作古后，所有往来账目由其妻范俞氏托人清理。该号积欠宁波星号花庄洋二千九百三十三元九角，曾由宁波总商会函致上海总商会请转告公廨理账员薛迈罗君，将星号款项加入债权团，由薛君函复照登入册在案。现又数月，仍未清理，昨宁波总商会又致函沪总商会，谓顷据星号函称，年关将近，商家往来账目均在此时期结束。恒丰所欠款项既由薛君允许并案清理，望转达薛君从速办理，以期早日结束为荷。兹悉该会会长已根据来函，照转薛君查照办理矣。

（《申报》上海版 1924 年 1 月 25 日）

恒丰纱庄债案之薛迈罗复函

宁波星号花庄请当地总商会转函沪总商会，函请公廨理账员薛迈罗君从速清理恒丰花纱号欠款二千九百三十三元九角，已志本报。兹悉薛迈罗君以前次曾接来函，要求清理，当复以照登入册，俟奉谕办理此案时，并案清理。查恒丰主人范云夔故世后，所存遗产，由死者之妻范俞氏委托哈华托律师经理。现此案尚未奉到公廨堂谕为死者遗产清理员，故星号要求清偿一节，仍与哈华托律师接洽为宜。总商会接到薛迈罗君复函后，已据情函请宁波总商会转致该号查照办理矣。

（《申报》上海版 1924 年 1 月 27 日）

定期禁止建铸双毫进口

浙海关公署，前（十八）致总商会，略云建铸双毫银币，与粤币成色，同一低劣。浙海关税务司定本年四月十一日起，实行禁止进口，相应函达贵会，即希通告各商一体知照，至纫公谊。

（《申报》上海版 1924 年 3 月 21 日）

总商会要求保障省债

甬总商会为筹募省债事,昨致浙江财政厅函,略谓本年三月二十二日,准贵厅公函内开,令敝会劝募省债等情。准此,当经敝会会同鄞县知事广为设法劝募,并宣告贵厅保障办法,仍照第二次办理。今已由鄞县钱庄银行当业及各业户募足债额洋十万元,迭据各债主要求依照保障前来,用亟录呈第二次定期借款保障办法四条,函达贵厅查照,敬希函报督办省长公署备案,一面令行鄞县统捐局,按月照数摊还,送交敝会,知照各借户具领云云。

(《申报》上海版 1924 年 5 月 26 日)

甬商反对议征营业牌照税

甬总商会为力争财政厅拟办牌照税事,昨特电呈督办省长文云,窃总商会据本埠众商环称,(上略)丁此时艰,商业日疲,则银根愈紧,尤属十室九空,一落千丈,岌岌更有朝不保暮之势,万难再增特别负担,致蹙一般生计,环恳转呈撤回举行营业牌照税议案,一面函恳议会弗予通过,借纾民困而恤商艰等情前来。经总商会提付职员会集议,佥已年来商业凋敝,金融枯竭,确系实情,理合据情呈叩钧座,俯恤商艰,转咨省议会,撤回议案,借维各业生计,实为公便。(又电省议会词略同从略)

(《申报》上海版 1924 年 6 月 5 日)

总商会反对取消卷烟特税

甬总商会,昨致北京政府电云,北京国务院全国烟酒事务署外交部农商部财政部钧鉴:报载政府徇英美烟公司之请,以增加卷烟地方营业税,取消各省所办卷烟特税为交换条件。窃以内地税课,有完全自主之权,协议加增,恐启外人干预之渐。前虽允加百五,骤视之似觉加增,然以各省现行特税统计,其减少奚啻倍蓰。我浙举行特税,成效颇著,各省亦相继进行,大势所趋,国家正宜因利势导，开极大之利源，似未可狃于目前，使内地税课，无发展希望，务乞俯顺舆情，拒绝协议，以保主权，无任叩祷。

（《申报》上海版 1924 年 8 月 29 日）

甬商会函请设法免增水力

函请总商会各三公司设法

上海总商会，接宁波总商会来函云，据本埠洋布公所略称，敝公所各商号赴沪采运各种东西洋布疋，向由招商、太古、宁绍三公司轮船装运来沪，分销浙东内地，岁占多数。自去年七月三公司增加水力一成，内地各商，以物价递增，相率却步，别筹运途。甬埠洋货进口，今昔比较，几已一落千丈。近闻阅时未久，上海三公司议决又增水力二成。此间因时局关系，商业顿挫，已达极点。现存各布，将贬价出售之不遑，若骤增水力二成，各商号于批运时，价格递涨，事属难能，缄默坐耗，力有未逮，因环境逼迫，有别具困难情形，请转函贵会，向三公司设法转圜，务期免予增加为荷。

（《申报》上海版 1924 年 9 月 12 日）

杭州快信

宁波总商会昨函杭会，甬埠人力车渐形发展，各该公司拟设公会，闻省中车业公会，早已组织完全，请调取会章一份，俾资依据。

（《申报》上海版 1924 年 11 月 2 日）

甬商会请函劝三公司免加水脚

宁波总商会昨函上海总商会云：据本埠米业敦业会所甬宁会函称，顷由上海余顺、公祥、裕丰等报关行通知招商、太古、宁绍三公司，议决将沪甬装货水脚，于十一月十五日加二成计算。查去年三月一日，曾加一成，甫经一载，又欲增加。当此商业凋敝，何堪担负。请转商贵会，函劝三公司俯察商情，顾念民食，免予增加为荷。兹悉该会已允照转矣。

(《申报》上海版 1924 年 11 月 18 日)

各业反对增加运费

甬总商会为招商、宁绍、太古三公司，增加水力二成事，于二十日下午二时，邀集各业董开会讨论。其议决如下：(一)分函上海总商会及旅沪同乡会，向三公司转圜，请予免加，以恤商艰；(二)函致上海报关公会石子泉、周静斋、范庆三君，请为代表，先与上海总商会及旅沪同乡会接洽，再向三公司面商。议毕散会，已四时余矣。

(《申报》上海版 1924 年 11 月 23 日)

三公司取消增加水脚讯

本埠宁绍、太古、招商等三公司，因战后航轮开支较大，故有增加水脚二成之举。自实行以来，大为甬埠各业商所反对，迭次交涉，迄未达取消目的。近经上海总商会、宁波总商会向三公司陈情，声明商艰状况，请予免加。兹三公司已在协议中，大约已有容纳之意，惟磋商如何取消及是否根本不加之办法，一俟决定，即行作复云。

(《申报》上海版 1924 年 12 月 9 日)

通令收用打戳银币

甬总商会昨(九日)接鄞县公署函云，奉财政厅第一七九号训令内开，本年十一月二十五日，奉督理浙江军务善后事宜公署指令，据龙游县商会呈请，闽赣输解打戳银币，请通令一体收用由。奉令内开，据情已悉，此项钞票银元，既系客军饷款，携入该县行使，自应准予全省流用，以免偏于一隅，仰财政厅查照办理，原呈抄发，此令等因。奉此，除分行外，合行照录原呈，令仰该知事即便转行就地商会一体知照等因。奉此，相应照录原呈，函请贵会查照云。

(《申报》上海版 1924 年 12 月 12 日)

猪行无帖营业之违章

甬商会函请传案惩罚

宁波总商会昨致镇海县商会函云，据本埠猪业静澜公所略称，窃据猪业永丰、升丰、源丰、兆丰、裕丰、新合丰等行面称，行等领帖开张，纳钞完税，遵照部章规定细则办理，猪船进镇海口到甬，必先投行取佣，代客买卖，历有年所。兹有黄源利猪船，于旧历十一月二十九日，由益泰税行报关进口，本月初一到甬投行过称，共售四十五口。因猪身不好，市面不灵，该客周爱春忽生异心，妄称运往上海销售，行等任从客便，仍由益泰税行报关出口。讵知该客周爱春，已与镇海南门无帖为牙之新得利肉铺，转销汇丰老得利松茂各肉铺，共售毛猪一百另五口，又次猪一口，计价洋二千三百八十五元七角六分，有新得利交该客周爱春抄账一纸为凭。如此无帖为牙之新得利，破坏行规，扰乱市面。若不设法严禁，效尤必起，于吾业前途行将一蹶不振，嘱为据情转告贵商会，准予转知镇海县商会，传集无帖为牙之新得利肉铺到会，秉公罚办，以儆效尤，而维营业，实为公便。据此，查镇海新得利肉铺，未经领帖开行，串同江北猪客周爱春，收买本埠永丰等猪行退回之猪只，非特违反牙帖章程，且于猪行等营业范围，有重大影响。兹据前情，用亟黏单函送贵会，敬希维护行商，邀集新得利肉铺评议公断，以杜私牙，而免效尤，至纫公谊。

（《时事公报》1925 年 1 月 1 日）

猪行无帖营业之悔过

镇商会已代为说项

宁波总商会，昨接镇海商会复函云，径启者，案准贵会函开，以猪客周爱春私将猪售与镇海新得利肉铺，违反牙帖章程，影响猪行营业，敬希维护行商，邀集新得利肉铺，评议公断等由过会。准此，即经敝会召集董事，并邀集肉业代表刘连水、李启源到会，以便详询情形，公议处断。据该代表等称，此次敝业直接、间接向猪客购买毛猪，手续上殊有不合，嗣后敝业等准向牙行购买，以符定章等语。查该代表等自称此次直接向猪客购买毛猪，于手续上仍有不合，尚知悔过，且嗣后愿遵章办理，亦属情有可原，故已公议免予处罚。除命该代表书立笔据存卷，以免食言外，相应将办理情形函复贵总商会，即希查照转达为荷。

(《时事公报》1925 年 1 月 6 日)

函请派舰护送帆船

因装有南北货二百余件

宁波总商会为请派舰保护运货事，昨致外海水警厅函云，敬启者，据本埠正源糖行声称，今雇金顺兴帆船装有南北货二百数十件，运赴象山交卸。兹因时值冬防，海氛不靖，转乞派舰护送，俾免危险等情前来，用亟函达贵厅长，敬希俯予维护，迅准派舰护送赴象，俾资保障，至纫公谊。

(《时事公报》1925 年 1 月 9 日)

筹办中俄商品展览会

哈尔滨总商会之来函

宁波总商会，昨准哈尔滨总商会代电云，物质文明之进步，恒收助于互相观摩，是以东西各国，每有大规模万国博览会之进行，而我国各大埠踵而举行国内博览会者，年来亦时有所闻。哈埠当中俄孔道，两国间输入之货品，当以此为总汇。敝会欲研求两国间工商业之进行，发达两国间国民之经济能力，特联合各界人士，拟筹办中俄商品展览会，以为将来中俄两国恢复通商之新纪元。惟兹事体大，率尔操觚，恐多陨越。贵会诸公，为商界泰斗，对于此项事业，或曾躬亲办理，或曾有所闻见，敢请即以经验之所得，予以相当之指导。如或有关于此项事业之章程文件，亦希分别检寄，借资参考，便着手以进行，伫候明教，无任钦感云。

(《时事公报》1925 年 1 月 9 日)

解缴土产岁捐银

水果纸栈两业尚未缴讫

宁波总商会昨致鄞县公署函云，径启者，卷查十三年十月二十八日案准贵公署函开，奉财政厅令开，案查甬地各行，认缴应征奉化所产纸、笋、木柴、水果等货运甬报行岁捐银四百元，仅据缴解至十一年份止，所有十二年份，应征是项捐款，未据报解，前经令催，由县照案收齐，克日交局缴解在案。迄今时逾数月，仍未据报解前来，殊属玩延，合再令催，令仰该知事立即遵照前令，迅速收齐交局汇解，毋再延迟等因。奉此，查此案前奉令催，当经姜知事函达贵会在案。兹奉前因，相应函请贵会查照，希即迅催各行商，克日将前项十二年年岁捐银元照数缴清。倘有疲玩之户，即请开单见复，以凭饬役严追等因。准此，即经敝会分别转催去后，兹据纸行缴洋一百五十元，柴行缴洋九十元，鲜咸货行缴洋四十元，水果铺缴洋三十元，纸店缴洋二十六元，共计缴洋三百三十六元，用亟函送贵公署查收，即祈分别掣送收据五纸，俾凭给执，其余尚有未缴水果行四十元，即祈贵公署就近向业董蔡芳卿催收。又纸栈二十四元，向由和记栈、余记栈、顺记栈、陈源顺手店四户认缴，兹因内有一户停业，不允摊认，应请贵公署饬役如数催缴，俾资完案，至纫公谊。

（《时事公报》1925 年 1 月 8 日）

商会请缉被劫豆船

并掳去船伙一名

宁波总商会，昨致外海水警厅函云，径启者，据本埠泰和新北号略称，商号向江苏仙女镇采办青黄豆六百余石，于阴历十一月中旬，雇金得兴船装运来甬，至十二月十三日始见该船出海夏品莲来号声称，前月十九日在西后门地方被盗，将船货掳去，二十二日驶至西山，将船中青黄豆卖去七十余石，二十九日驶至南田顺岙相近，由盗船搬去青黄豆四百余石，至初十夜间在爵溪洋释放，十三日驶抵舟山，共计掳去青黄豆五百余石，掳去船伙夏阿仁一名。查近来江浙交界洋面,海盗横行,时有掳船劫货情事。此次金得兴船被盗二十余日,掳去豆子五百余石,为害尤巨。惟所掳豆子多至五百余石,势必上岸售卖,若蒙迅速探查,尚可追获。为此略叩转请水警厅长,迅派长警至西山及顺岙一带地方追查金得兴船赃物,归还原主,并请严缉海盗,救护船伙夏阿仁出险,至深感祷。

(《时事公报》1925 年 1 月 9 日)

宁 波 去 电

杭州浙江印花税处处长钧鉴:上年派员请领印花税五千元,由沪回甬,十二月敬日被沪关扣留,当经电请江海关监督,转请发还在案。兹奉沪关税司面谕,须俟财政部令文到后,方可照给,应请贵处与沪关严重交涉,准予给还,俾资分售,宁波总商会叩。青。

(《时事公报》1925 年 1 月 10 日)

俟过年关检查印花之函商

宁波总商会昨致鄞县公署函云,径启者,本月调查印花税施委员来会,奉浙江印花税处长委任,会同贵知事检查甬埠各商铺,有无遵贴印花,并嘱敝会派员随同前往。查甬埠商业繁盛,而又时届年关,各商铺营业,较之平时,倍形忙碌,且敝会改选在即,逐日派员随同检查,颇有未便,应请贵知事查照,商恳施委员俟过旧历年关,再行检查,以示体恤,至纫公谊。

(《时事公报》1925 年 1 月 10 日)

总商会对于沪关扣留印花之呼吁

宁波总商会昨致浙江印花税处函云,敬启者,上年十二月间由敝会派员赴省,向贵处请领印花税,合计票面银元五千元,携带印簿,经过上海,于是月二十四日趁轮回甬,被沪关扣留。当经该员声明,并将印簿呈验无效,由敝会于十二月有日，电请江海关监督，转咨江海关税务司发还，一面函请上海总商会并宁波旅沪同乡会设法请求，均无效果。兹奉江海关税司面谕，是项被扣印花，须俟财政部令文到后，方可给还，印簿一本，亦经关员遗失，业于本月九日电请（另录公电栏）严重交涉，准予发还在案。现因存储印花，早已售罄，而被扣税票，一时又未能发还。年关将届，各商民售买印花，较平日为多，合再派员请领一分印花二十万枚，二分印花四万枚，一角印花二千元，合计票面三千元。应请如数给发，俾资分售，并请补给印簿，应即取消作废，免滋流弊。其被扣印花五千元，务请与江海关交涉，如何发还，并希示知。俾可派员领回。除将十三年十二月份已售印花税款，另文解缴外，相应函请贵处长查照办理，至纫公谊。（致江海关监督署并上海总商会词同从略）

（《时事公报》1925 年 1 月 10 日）

年关解运

现洋暂准一律弛禁

宁波总商会昨接鄞县公署函云，径启者，案准贵会函开，查禁运现洋办法，凡有正当商款须由敝会函请海关监督公署给护执运在案。兹因阴历年关逼近，本县各业与外埠结束账务，均须解运现洋，且零整不一，时间迫促，若仍旧领护执运，于各业殊有窒碍。为此函请俯鉴商困，准予布告弛禁，并转函浙海关监督公署，暨宁波警察厅咨照税务司各警所，一律弛禁，俾资周转等由过县。查甬埠系商业繁盛之区，因阴历年关在迩，本埠各业与他埠生意往来，瞬将结束，解运现洋，较平时为多，若仍领照，手续繁琐，稽延时日，妨碍商务，事属实情。为便利起见，变通办理，暂予弛禁，除会同宁波警察厅呈请会稽道尹，函达浙海关监督转咨税务司查照，暂予弛禁并会衔布告外，相应函达贵会，烦即查照。

（《时事公报》1925 年 1 月 11 日）

五千元印花税票竟被沪关充公

以无财政部特别凭照为借口

宁波总商会日前派员赴杭携带印簿，向印花税处请领印花税票五千元，经过上海乘轮回甬，被沪关悉数扣留。当经电知江海关监督转咨江海关税司发还，一面函请上海总商会等设法请求给领各节，已迭志本报。兹闻该会昨接上海总商会复函云，径启者，贵会派员王家祥赴杭请领印花过沪，经关扣留一案，承嘱当即致函监督，请其转商验放去后，兹于本月十日接准陈兼监督复称，此事经行关查询，准税务司复称，本关曾奉总税务司通令，转行税务处第二百七十三号来文，财政部规定嗣后凡运印花税票，必须凭有财政部特别凭照，方可放行，否则概行充公，此次所扣之印花，即无凭照呈验，自行照案办理等因，函复前来。相应函请查照，转知等语到会，用特据情奉复，即请查照是荷。

(《时事公报》1925 年 1 月 12 日)

未贴印花期票应请一律照理

由总商会负责办理　所领印花不日可到

宁波总商会昨致本埠钱业大小同行司年保慎、惠余两庄函云，径启者，本会及各机关发行印花，现已售罄，业经赴省请领，日内即可领到。查本埠商业习惯，自旧历十二月二十日起，为往来款项结束之期，其期票较平日为多，如有未贴印花之票，应请一律照理，望勿拒绝。倘因印花未贴，发生法律问题，由本会负责办理，相应函请贵庄查照，并祈迅行转知同业，一体知照，至纫公谊。

(《时事公报》1925 年 1 月 15 日)

各钱庄函请看管沈泰记存货

总商会已据情转请沈家门商会照办

宁波总商会昨致定海沈家门商会函云，径启者，据本埠提庄业乾兴、靖记、同顺、恒泰、天森等声称，窃定海沈家门沈泰记衣庄与庄等交往，计被欠货款干兴六百七十元、靖记六百四十元、同顺六百五十元、恒泰二百六十元、天森八十元。讵本年阴历十二月初九日，该衣庄经理店东，挟款携簿，潜逃无踪，情同诈财，不胜骇异。商等债权攸关，当派伙友童织乔、范庚寅前往清查。据报尚余存货约值六百元，拟请转函沈家门商会暂予公存。一俟寻觅该债务人后，以便平均摊派等情。据此，查沈泰记衣庄负欠债款，携簿潜逃。据称请将余存货物保留，以便将来摊派，尚属言之成理。兹据前情，用亟函达贵会，敬希维护商业，俯予公存，俾免散佚，至纫公谊。

（《时事公报》1925年1月15日）

更定锡箔税率

宁波总商会昨接浙海关监督公署函云，准税务司函开，查锡箔纸一项，向照上等纸税率，每百计征税关平银七钱，现奉总税务司令开，凡纸上全系锡箔者，每百斤按照估价值百抽五征税；若系纸上非全有锡箔者，其估值每百斤在七两或七两以上者，则按照上等纸税率每百斤征收七钱；如其估值每百斤在七两以下者，即按照估价值百抽五征税，以示区别等因。奉此，本税务司定于本年四月一日，实行以上办法，相应函致云云。（下略）

（《申报》上海版1925年1月16日）

巡船无从跟护之函告

宁波总商会昨接浙江外海水警厅函云，径启者，日前接奉大函，嘱派船护送正源糖行金顺兴货船往象山一节，业经函复派护在案。讵该船金顺兴到镇停泊一夜后，不待护送，即自开驶出口，致敝厅巡船无从跟护，相应据情函达贵会，请烦查照为荷。

(《时事公报》1925 年 1 月 17 日)

抵解库款请还收据

宁波总商会昨致鄞县统捐局函云，案准宁波中国银行函开，前准贵会函送鄞县统捐局开向敝行兑付支票一纸，计洋六千三百八十元，嘱代付浙省二次定期借款十三年十二月份本息款等云。即经照为代付，现款已如数付齐。除将截留付讫本息票暂为摆存，以免辗转外，相应函达，即希台洽。即日函知鄞县统捐局，请其备文送交敝行抵解库款等因。准此，查浙省二次定期借款十三年十二月分摊还本息洋六千三百八十元，前准贵局函送过会，即经转请宁波中国银行代为给付在案。兹准前因，用亟函达贵局查照，即希抵解局款，检还收据为荷。

(《时事公报》1925 年 1 月 17 日)

续领印花税票已到甬

宁波总商会日前派员赴省请领印花税票五千元，被沪关扣留，致甬埠各商铺无从购买一节，已志前报。兹闻该会陆续派员赴省再领，业于昨日领到，以应各商铺购贴云。

(《时事公报》1925 年 1 月 19 日)

财厅函请商会认购善后公债

浙江财政厅因财政困难拟发行善后公债二百万元，业经督理省长核准备案，开始筹募。昨特函请宁波总商会赞助认购，至该项公债办法，指定浙省固有盐斤加价收入，作为还本基金，并以全省屠宰税的款，作为保息，实收仅止九折，周息定为一分，自十四年八月份起，即开始还本，六年期满，全数清偿云。

(《申报》上海版 1925 年 1 月 31 日)

请注意金库兑换伪券

宁波总商会昨闻接有浙江地方银行公函云，敝行代理浙江财政厅所发行之浙江金库兑换券，前曾发现十元伪票，正在审查，除已函达在案外，乃人心不古，愈施伎俩，忽又发生五元伪券，颜色糊涂，花纹粗糙，图章各异，其券面右边之骑缝图章，尤较真券为大，入手便可识别。用特函达贵会接洽，务希咨照各业格外注意，庶使公家少蒙损失，同深感荷等因。准此，除分函知照外，相应备函转达，请烦执事查照，希即转告各同业注意为荷。

（《时事公报》1925 年 2 月 6 日）

函请给领印花税票

宁波总商会昨致浙江印花税处函云，径启者，敝会经销印花现值阴历新正，销数较旺，兹恐所存无多，不敷销售，用亟检同印领簿，函请贵处核发二分票十万枚，计票面二千元，一分票二十万枚，计票面二千元，连同印领簿付邮寄下，以济要需，至纫公谊。至邮装费计垫银数若干，并请开示，容即汇缴，合并声明。

（《时事公报》1925 年 2 月 6 日）

总商会印花已领到

甬总商会昨接浙江印花税处函云，径启者，案准贵会函颁一分税票二十万枚，二分税票十万枚等由。准此，应即照发，惟敝处二分印花所存无多，兹特改发一分票三十万枚，二分票五万枚，共合票面银四千元，连同印薄一本，一并交邮寄递，即希查收见复为荷云云。

（《申报》上海版 1925 年 2 月 20 日）

宁波去电

杭州省长夏钧鉴:据本埠船商北号公所、久安公所、安澜会馆、静安公所、永安公所,暨鱼商永丰公所略称,浙江水警厅因添办临时水警加征船舶牌照,超过原征数五倍以上,并征枪械每支二元,商力凋敝,不堪负担,且商渔各船编查给照,前经省议会修正有案,尤未便以命令变更法律,环请转电鉴恤,仍旧办理等情,准令行外海水警厅免予加征,俾抒商困,无任迫祷,并候电示。宁波总商会叩。冬。

(《时事公报》1925 年 3 月 3 日)

函请给领长期牙帖

宁波总商会昨致鄞县公署函云,径启者,据鄞县商人李令藻声称,窃商今在鄞县江厦地方开设乾泰粮食油豆行,遵章请领繁盛下则长期牙帖,理合备具申请书、切结保状各二纸,并附缴帖捐银二百五十元、税银十五元、公费银十三元二角五分,声称转领牙帖门牌,俾资遵守等情。据此,经敝会复查无异,相应检同书结、银币,耑函奉达贵公署查收,敬祈核转财政厅颁发牙帖门牌,俾资给执,至纫公谊。

(《时事公报》1925 年 3 月 4 日)

同泰箔庄请理汉口欠款

由总商会函请汉口总商会调处

宁波总商会为本埠方同泰箔庄请理偿汉口永兴和号负欠货款事,昨致汉口总商会函云,径启者,据本埠方同泰箔庄声称,上年二月间,有原籍河南怀鹿府温县人张锡田来甬。据云在汉口北海里来记栈内,开设永兴和号,专办销售河南锡箔。向敝庄定制杭箔,并刊印周德聚、周万堂牌号招纸,订明运汉提货,应付价银,计被欠货及代付水脚关税等项共洋九百八十元零。嗣因该商借口汇水增高，一再爽约不偿，迨至上年阴历十二月间，仍置不理，无任骇异。乃托日清公司鲍耕唐前往探询，始悉该号已迁寓沈家庙下河仁春里豫义公栈。敝庄血本攸关，惟有前往汉口索偿。因恐人地生疏，诸多阻滞，声叩转请汉口总商会，饬赐维持，邀集理处，无任公感等情。据此，查该商定制杭箔，拖欠货款，延不清偿，殊有不合。兹据前情，用亟函达贵总商会查照，敬希俯予维护，邀集两造，秉公理偿，至纫公谊。

（《时事公报》1925 年 3 月 5 日）

火柴原料被扣之函请发还

宁波总商会为本埠正大火柴新公司购运原料盐酸钾被扣事，昨至宁台镇守使署函云，径启者，本埠正大火柴新公司制造黑头安全火柴，所需原料盐酸钾、硫磺粉，向由敝会呈请浙江督军公署，转咨陆军部给护执运，准十三年六月份奉前浙江军务善后督办处，咨由前淞沪护军使何，咨准陆军部填发护照在案。兹据该公司经理余东泉声称，商厂上年向上海德商罗臣洋行定购原料盐酸钾二十桶，业已抵沪，爰于本月十六日由沪装新北京轮船运甬应用，兹因十七日奉镇守使公署扣留。除呈护照候验外，现因制造火柴，需用孔亟，停工堪虞，声请查案证照，准予给领。再本月间尚有续运原料盐酸钾六十桶，容再呈护候验，合并声明等情。据此，查该公司十四年份所需原料盐酸钾，业于本月十四日呈请浙江督理公署，咨转陆军部核给在案。今是项十三年原料盐酸钾部照，系限三月末日为缴销期间，该公司依限购运，尚无逾越期日。兹据前情，用亟查案耑函证明，敬祈贵镇守使维护工业，俯准给领应用，至纫公谊。

（《时事公报》1925 年 3 月 21 日）

摊还本月二三两次省债之函牍

总商会致鄞县统捐局函云，径启者，案准宁波中国银行函开，前准贵会函送支票洋三千五百八十元，嘱代付三月份摊还三次省债，盖有本息甬付戳计之本息票款，截票发还等云。业经照为付齐，计截留付讫本息票九百九十一张，共计得洋三千五百八十元。兹悉数随函交奉，至希检收是荷等因。准此，查第三次省债本年三月份摊还三千五百八十元，前准贵局函送过会，即经宁波中国银行代为给付在案。兹准前因，相应检同截券，函达贵局查收，并希检还前掣收据是荷。又致该局一函云，径启者，案准宁波中国银行函开，前准贵会函送鄞县统捐局内开，向敝处兑付支票一纸，计洋六千二百元，嘱代付三月份摊还二次省债，即有本息甬付截记之本息票款，截票见复等云，业经照为付齐。除将截留本息票暂为摆存，免得辗转检送外，相应函达，即希查照。即函知统捐局嘱其备文抵解库款等因。准此，查第二次省债本年三月份摊还本息银六千二百元，前准贵局函送到会，即经函请宁波中国银行代为给付截券在案。兹准前因，相应函复贵局查照，抵解库款，并祈检还前掣收据。

(《时事公报》1925 年 4 月 6 日)

甬商船遇盗被掳函请设法救觅

宁波总商会昨致烟台总商会函云，据本埠宁泰北号声称，该号林润夫帆船，东日(四月一日)在大山口装运货物被盗掳去，船伙贺阿成一名杳无下落，禀请转恳设法救觅等情，用亟电达贵总商会，径希维护商业，迅咨水警厅严密查觅，救护出险，盼切候复。

(《时事公报》1925 年 4 月 11 日)

(上海)总商会对辅币问题之主张

复宁波总商会函

上海总商会昨接宁波总商会函云，敬启者，据本埠钱业泰源、永源、衍源、瑞康、余丰等庄略称，兹启者，二月二十八日由瓯庄寄甬八、九年二号角子三万七千角，当被关扣留，拟照章镕化。惟现在市上单毫绝迹，所通用者均系二毫，七、八、九、十年四种角子，由申均系一律通用。而海关照旧严禁，于事实上甚为困难。照敝庄等鄙见，应专禁新十一年及三旗双角，银色较次，似应在禁例，其余市上通用之双角，应开禁准行进口，务请贵会提议，函知浙海关监督，呈请改正，以符事实而便商用，实为公便等情。据此，查粤铸双毫银角，前奉通令禁运在案，惟今昔情形互异，旧铸湖北、江南等双单银角，俱已无形消灭，市间通用者全系粤闽双毫及旗式双毫。查商业零数卖买，辅币用途较繁，现时良好辅币，政府既未划一颁行，而旧有良好辅币，又均私毁殆尽。前项禁令，若不筹急则治标，暂予判别变通，是无异因噎废食，事实上固嫌窒碍难行，商业上尤受无谓痛苦。经敝会从长集议，佥以是项双毫辅币惟八、九、十年三种成色稍优，为维持金融现状起见，拟请暂予通融，俾资救济。除函请浙海关监督公署暂缓镕毁外，用亟函达贵总商会，敬祈俯鉴商困，协议维持，准予转呈税务处币制局核夺办理，并希见复，至纫公谊云云。

该会当即函复云，径启者，接展大函，祗悉一是。查沪市自民国十年以来，旧时鄂、苏两省所铸双单毫洋，即已逐渐减少，几致消灭。而粤毫禁运命令，于十一年一月间，即已正式颁布，然近年以来，市上粤毫，非惟未见减少，且反增多，每银元一元可易换至十四角有零。则尊函所谓粤毫不解禁，市上辅币将缺乏，不敷流通，按之现情，恐未必然。至谓八、九、十年三种，明文解禁，准其报运，非特海关检查必须每枚启视年份，益感困难，无法办理，且铸息利厚，若辈见有此项弛禁明文，又何难改铸八、九、十年之三种粤毫，大批输入，诪张为幻，日出不穷，何以应付，此尤不能不长虑却顾者也。盖八、九、十年之三种粤毫，比较鄂、苏旧铸，成色实已低次。徒以流行有年，且无成色良好之国币，足资替代，是以不得不勉为行用。然使来源不断，则粤毫充斥，价格愈形低落。凡百市价，向以小洋为单位，必致群以大洋为单位，而物价益趋于腾贵。此种现象至今日固已到处皆是，又况辅币利厚，尽人所知。如不能实行国币条例，无限制以十进兑换，则即使粤毫成色能保持其八、九、十等三年之旧规，仍不失为一种筹款快捷方式，必将继续滥铸，继续输入，酿成如铜元同一之程度。故敝会之所以请禁粤毫者，其着眼之点，在彼不在此。辅币名价，高于实价，自系币制通例，非斤斤于粤毫之银七铜三，与鄂、苏旧铸之银八铜二比较，谓如此则为良，如彼则为劣也。发行纸币，只须准备充足，尚能信用昭著，况自身有实价之硬币乎。审乎此，则粤毫至今日，断无可以解禁之理由，无待词费矣。至于今日而言整顿圜法，虽似无从着手，然头痛救头，迎此拒彼，亦诚恐治丝而益棼，必不得已。则时人所倡由中交行发行辅币券，而以大洋为准备，似不失为摧陷扩清之一策。此举行之于青岛,已有成效,最近清江中国银行,闻亦正在仿行,只须地方各法团、各银钱公会等能随时加以严密之监视,当尚无甚流弊。贵会似可联合各商会共同研究,如以为有利无弊,群起施行,似亦解决纠纷之一策也云云。

(《申报》上海版 1925 年 4 月 10 日)

北船被劫后之烟台商会复电

本埠总商会前为宁泰北号船伙被劫一案致电烟台总商会,请即转水警厅查缉,业志昨报。兹该会接复电云,蒸电悉,已转请水警厅派船查缉,惟大山口虽属山东,距烟太远,能否破案,殊难逆断云。

(《时事公报》1925 年 4 月 12 日)

立兴织造厂出品呈请免税

宁波总商会昨致实业厅函云,径启者,据本埠立兴机器织造工厂经理人王棣辉声称,窃商人前于民国十年,独资创设立兴织造工厂,在鄞县君子营地方设厂,招工开办,仿造纱毛丝各种男女洋式袜、帽、履、衫、裤、领等类,以"立心"为商标,业于同年十二月遵照商人通例,禀奉鄞县公署注册,并于去年七月呈请商标局注册各在案。兹因出品运销浙省内地,日臻繁多,惟困于纳捐复杂,货价不免损丧,良足阻碍进步。窃查机制洋式货物,例得豁免捐税,以资提倡,吾浙各工厂,先后呈准有案。为此检呈商标一百份,声叩援例转陈俯准,一例待遇,通令免捐放行,实深公感等情。据此,经商会覆查该商王棣辉热心实业,独资倡办立兴机器织造工厂,仿照各种洋式服御品,时阅数年,成效卓著,运销发达,所请援例呈请免捐之处,拟合检同商标,专函奉达贵厅查照,敬希维护实业,俯赐转咨财政厅查案核准,令行各捐局知照,俾资畅销,而免阻滞,至纫公谊。

(《时事公报》1925 年 4 月 17 日)

如生分厂援案包捐之函请

宁波总商会昨咨实业厅文云，径启者，据本埠如生罐头鲜笋厂略称（中略）等情，据此查该厂仿造洋式罐头笋类物品，十一年二月呈奉贵厅转咨财政厅核准包捐在案。兹据称在余姚县属开设制造分厂，所请援案包捐之处，拟合据情检附商标，函奉贵厅查照，敬希维护实业，俯准转咨财政厅查案，通令各捐局包捐放行，至纫公谊。

（《时事公报》1925 年 4 月 19 日）

总商会为商号追款之公牍

一为元成油行等货款……致函石浦商会

一为同源米行货款……致函定海商会

宁波总商会，昨致石浦商会函云，径启者，据本埠油行元成等略称（中略）等情，据此，查丁宏记杂货店，系丁云从独资开设，负欠本埠元成等油行货款，至二千九百余元之巨，竟敢包藏恶意，携款潜逃，且将存货簿据移卷无踪，殊于商业交易，横受影响。兹据前情，用亟函达贵会，敬希维护商业，迅予设法追查，俾冀将原货扣留，庶期元成等稍弥损失，诸祈核办见复。又该会昨致定海县商会函云，径启者，据本埠同源米行略称（中略）等情，据此，查该益生德记号与本埠同源米行米款交易，信用素著。据称余欠米款六百八十七元四角二分六厘，张锡庆因父子间家庭交涉，任意拖宕，殊为不合。兹据前情，用亟函达贵会，敬希维护商业，迅赐邀同切实开导，使如数清偿。

（《时事公报》1925 年 4 月 19 日）

收存俄钞须分别详报

宁波总商会曾于本年四月十日间，准交涉署函，调查各商民收存英钞数目，业经列表填报在案。兹奉财政部佳电，须分别种类名称，或系旧俄帝制时代卢布，或系临时政府时代卢布，或系革命时代苏俄，及地方政府发行之各种卢布，由原报机关查明，每种附一样本，并调查俄国公债票及国库券，证明发行时期等语。该会接电后，业已通告各商民，自本月二十七日起一星期内，将收存俄钞种类名目，每种绘成样本，详细说明，并将俄国公债票及国库券证明发行时期，从速报告该会，俾便转报云。

(《时事公报》1925 年 4 月 27 日)

缴销公债票据之手续

宁波总商会，昨致鄞县公署函云，径启者，敝会经募浙省四次定期借款，业将领到债票分别给领，并将实缴收据暨存根先后函送在案。兹据各募户陆续缴到第二批续募二万二千五百元收据五纸，暨空白未开收据连存根十七纸，相应函送请贵知事察收，转呈缴销，以资结束，至纫公谊。

(《时事公报》1925 年 5 月 4 日)

被扣大批双毫函请变通发还

宁波总商会为被扣双毫银角事昨致浙海关监督公署函云，敬启者，据本埠钱业同和、余丰、涌丰等庄略称，窃庄等开设本埠江厦地方，以贷放银款为营业。温州鸣盛、泰源、厚裕、美源、润源五钱铺，因负欠庄等款项，内地零星收入角洋居多，拟按市价折算，抵偿庄款。遂于本年三月十六日派伙汇携双毫银角一万八千五百枚(即三万七千角)，附搭永川轮船来甬，当被浙海关扣留。非特该伙等复留异乡，呼吁无门，情殊可悯。即温州鸣盛等五钱铺，俱系小本经营，仅恃零星兑换为业，巨数角洋，经此扣留，损失不赀，形同亏闭，以致庄等被欠款项无力归偿，尤属横受影响。伏查福建癸亥甲子旗角及广东新十一年双毫两种，现奉浙江督办公署、浙江省长公署通令严禁私运有案。至八、九、十年之双毫则固为现时市间所流通，自应区别办理，以昭公允。盖银币为流动性质，而辅币尤与吾国社会有密切关系，势难偏废。且甬为商埠，宁、台、杭、绍、温各县，平时金融周转，较称繁盛。若是项旧铸双毫，在本省人民固已一律通用，在本省高级官厅，亦未明令禁运，而海关不加分别，悉行扣留融熠。推其结果，不仅将通用、通运划为两途，且不啻将浙省城乡市镇，划为无数区域，只能各自通用，不准汇划交兑。窃以银币、辅币，同属流动性质，在事实上当然窒碍难行，在社会间尤受意外痛苦。为此迫不得已，拟请贵总商会维护商业，主持公道，函达海关监督公署，转商税务司，将是项温州鸣盛等被扣银角，剔除闽铸旗角与铸十一年新角二种，照章融熠外，其他双毫，俯准发还，俾期稍弥损失，而示体恤，实深公感等情。据此，查辅币一项，于商市贸易，决难偏废，乃比年以来，旧遗江南、湖北等省辅币，消灭殆尽。本埠及各内地所恃流通者，俱系旧铸双毫。甬属商埠，各内地金融恃为关键，银币、辅币，同属流动性质，旧铸双毫，市间即公认通用，钱庄即碍难拒绝汇兑，实具有相互关系。今据称温州鸣盛等五钱铺，因对于本埠同和庄等负欠款项，将零星兑收新旧双毫辅币，携甬偿款，被关扣留。经敝会复查情形属实，尚无私贩图利情弊，所请变通体恤剔除新铸劣币，从宽发还之处。复查本年四月二十一日贵公署大函，转奉督办浙江军务善后事宜，浙江省长第一五二、第九一三号训令，禁运福建中华癸亥民国甲子暨广东省新十一年双毫辅币成案，尚属言之成理。兹据前情，用亟函达贵公署查照，敬希俯予维护，函商税务司变通核办，以示体恤，至纫公谊。

（《时事公报》1925 年 5 月 5 日）

电请发给火柴原料临时护照

宁波总商会为正大火柴公司原料告罄，转请发给临时护照事，昨特电杭州孙督办文云，奉微代电，遵已转知。兹续据宁波正大火柴公司声称，该厂原料盐酸钾告罄，势将停工，危迫曷已。前领陆军部护照，倘一时不能领到，可否仰祈贵厅维持实业，迅准转令江海关监督，仿照荧昌火柴厂成案，暂给临时护照，先准分批报运一万斤，俾济急需，迫候电复。

（《时事公报》1925 年 5 月 17 日）

电请速颁锡箔税明令

宁波总商会昨致电北京税务处文云，本年四月谏日，呈乞另订锡箔纸税则一案。兹据宁波箔业公所声称，以现时箔纸销路畅旺，待运孔亟，未奉明令，惶迫万分，拟合据情电叩钧处俯准，令催总税务司迅即检拟具报，并候批示饬遵，实深公感。

(《时事公报》1925 年 5 月 19 日)

总商会会议筹募善后公债

甬总商会，前准鄞县江知事函请召集各业筹募浙江省善后公债十五万元，故该会特于二十二日下午，召集各业董，讨论筹募办法，到者有江知事、俞佐庭、陈南琴、梁廉夫、林琴香等。讨论结果，除银行、钱庄及和丰纱厂已认有成数外，其余由各业自行分别认定额数，旋即散会。

(《申报》上海版 1925 年 5 月 25 日)

总商会定期发给省债

宁波总商会为发给省债事，通告各业债户云，第四次省债券阴历五月份应还本息，准旧历五月十四日持券来至敝会领取可也。

(《时事公报》1925 年 6 月 22 日)

工厂必需原料函请变通办法

宁波总商会昨致各公团调查委员函云，据本埠美球、立兴两工厂略称，窃美球厂开设石柱桥地方，立兴厂开设君子营地方，购置机器，仿造洋式冠、服、履、袜、领、袖、巾、帽及其他服御品，并仿织各种洋式布匹，运销中国各省及南洋群岛等处，历年销路扩充，洵足塞漏卮而挽溢利。其男女工人赖以生活者，亦实繁有徒。乃至上海五卅惨案发生，全国愤激，一致抵制仇货，一面提倡国货，佥认为救国上策。兹因工厂所需各种原料，属于英、日两仇者甚多，我国尚无替代品，势难因噎废食，致绝多数男女工人生计，自宜分别办理，暂维现状。惟厂等鳃鳃过虑者，在于注意是项原料进口之手续，倘万一检查勿慎，转恐奸商假名利用，暗中私贩，是不独妨害抵制进行，且于敝厂等名誉，亦横受影响。为此迫不得已，摘抄必需原料种类，并拟具办法数条，声请贵总商会转送各工团调查委员会核议见复，俾资遵守等情。据此，查该厂所开种种原料，为仿造洋式出品所必需，国货无替代品，尚属实情。至所拟检查办法数条，亦无非为防弊起见。兹据前情，为此检同抄单暨检查规则各一份，函达贵会，敬希集议见复，俾凭转知接洽为荷。

又宁波各公团联合会昨接正大火柴新公司函云(下略)。

(《时事公报》1925 年 6 月 25 日)

解缴双喜印花税款

宁波总商会昨致县公署函云，敝会经销双喜印花，税银业经解至本年五月份止在案。兹查六月份计销票面二百零三元二角，除扣九三公费外，应缴实银一百八十八元九角七分六厘，相应函解贵公署查收见复，至纫公谊。

(《时事公报》1925 年 7 月 9 日)

劝导商民制造渔轮之商榷

各县情形不同　希望商会悉心赞助

宁波总商会昨接鄞县公署公函云，案奉实业厅训令函开，奉农商部令开，准江苏省长咨送海州渔业试验场场长王文泰，拟具日船侵渔善后意见书一件，请予查照等因。正核复间，又据上海总商会代电称，钧部前提议沿海七省自办渔业试验场，制一新式渔轮，出海自捕之案。当此军事忧攘，恐难见诸实行，兹见王场长条议，调查详尽，不如采用其议，由公家筹措，劝导商民组织公司办理，较之公家造轮须筹六万元开办费，及每年经常费二万余元者，似属轻而易举，较有把握，等语到部。查该场长所陈善后办法五项，均属切要，其第二、第四、第五等项，关系地方行政，各省情形不同，应由沿海地方官民斟酌办理。第三项修改鱼盐税率，另由本埠咨行税务处核复。至第一项仿照日本新式渔轮，尤为当务之急。惟所拟由官仿照试验及保息一节，就现时财政状况，部省均属困难，未易办到，本埠详加审核，以为改用奖励办法，似觉妥善。拟由沿海各省于每年度预算内列入此项奖励金，布告全省商民，有能仿照新式渔轮者，经官厅派员检查后，按吨给奖十元，以资鼓励。似此办理，官家所费不多，商民必竞起仿效，渔业既赖以振兴，海权亦日增巩固，一举数善，谅为各省所赞同。除批示外并分咨外，合行令仰该厅长查照办理具报，并奉省长公署令同前因到厅。奉此，查日船侵入我国领海捕鱼一案，叠奉部令，以有妨我国渔业权，令饬筹议具复，当经通令遵办在案，迄今未据呈后。兹奉前因，除奉发抄件内第一项已咨商财政厅核议外，其第二、第三、第四、第五等项，有关地方渔业行政，各县情形不同，应仰该知事并案斟酌各地情形，迅即妥议办法具复到厅，以为核转勿延等因。奉此查本邑亦系滨海产鱼之区，渔业之兴衰，关系地方人民之生计，扩充抵制及范围在在均不容或缓。奉令前因，相应函请贵会查照，希即将奉发原呈二、四、五各条，悉心筹议办法，函复过县，以凭审核转呈，至纫公谊。

(《时事公报》1925 年 7 月 25 日)

纷纷拨还省债本息

洋广捐征收局、宁镇船货捐局咸向商会拨还省债

宁波总商会，昨接宁波洋广货捐征收局公函云，径启者，案奉浙江财政厅令饬，本年七月份，应还第七期宁波商会经募债款共本息银四千七百七十六元六角四分，自应照案，仍由该局等分任拨付等因。遵经会商船货捐局，将七月份应还息银一千三百八十四元一角四分，划归敝局拨付。兹已如数备齐，相应函送贵会查收转付，并希将截下本息各票分别交由敝局抵解，是为至荷。又该会接宁镇船货捐局函云，径启者，本年七月一十七日，奉浙江财政厅令开，查宁波商会经募第四次定期借款，前经由厅核准每月应还本息各款，指定宁波洋广及宁镇船货捐款内，按日留拨，业已检发。原订章程及摊还本息表，令行遵照，并将

商会及鄞县新监工程处已募票额十三万五千七百元项下，应还本息各款，饬令会同划付，至本年六月底止在案。兹查本年七月份应付第七期本银三千三百九十二元五角，息银一千三百八十四元一角四分，应即照案会同拨付。除分令外，合令仰该局长遵照，会同宁波洋广货捐局就征起捐款内，提出应还本息银四千七百七十六元六角四分，于本月底照数拨交宁波总商会转付其何局拨付若干，应由局专文具报。一面俟商会截下本息各票交到，即由各该局向地方银行兑现，抵解捐款，勿稍延误，切切此令等因。奉此，当经转知宁波洋广局商明分别认拨。除本年七月份第七期息银一千三百八十四元一角四分，由宁波洋广局如数照拨外，所有应还前项本银三千三百九十二元五角，兹特照数拨付，相应将款银函送贵会，请烦查收掣发收据，并希见复办理，至纫公谊。

（《时事公报》1925 年 8 月 7 日）

函解印花税银

宁波总商会，昨函浙江印花税处，解至本年六月份止在案，兹查七月份计销票面额一千八百三十六元五角五分，除内扣公费两成，计银三百六十七元三角一分外，应解实银一千四百六十九元二角四分，相应造具报告表一份、金库正水一纸，函达贵处，敬希查收见复。又附奉印领簿一本，敬请贵处招领一分票十四万枚，二分票七万枚，合计票面二千八百元附邮寄下，至纫公谊。

（《时事公报》1925 年 8 月 26 日）

定期协议关税会议办法

全国商联会函请甬商会推派代表出席

宁波总商会昨接中华全国商联会函云，兹因关税会议，政府业定于本年十月二十六日开会，江苏省事务所提案，请开临时大会，郑重讨论，以便协商。查关税会议，事关重大，我商界应于期前协议至当办法，以为政府后盾。当于八月二十九日本会评议会议决，定于本年阳历十月十日在北京本会开全国商会联合会临时大会，专为讨论关税全权一切事件，并规定各省区暨华侨总商会联合会或事务所，按照大会办法，推举代表一人至三人，于十月十日以前来京与会，特此奉达，即希查照办理为荷。

（《时事公报》1925 年 9 月 13 日）

查报俄钞损失之方法

宁波总商会奉财部电令，以中俄会议业已开幕，所有商民积存俄钞数目，除前已报部外，如有续经查出未报者，务于电到一月内赶速造报，并将所存总数先行电复等语。嗣后远近各商民来会报告，积有卢布者，日必数起，现拟定报告书式，令报告人填写：(1)积存卢布若干元，内票几张；(2)收入时价值若干元；(3)现在价值若干元；(4)合计损失若干元；(5)誓言。并须加盖商号书简，开具住址等项，以照慎重云。

（《时事公报》1925 年 9 月 17 日）

解送印花税款之函知

宁波总商会昨函印花税处云，径启者，敝会经销印花税款，业经解至本年七月份止在案。兹查八月份计销票面七百九十元另七角八分，九月份计销票面一百一十二元九角二分，除内扣公费二成三百二十元另七角四分外，共计应销实银一千二百八十二元九角六分，相应造具报告表二纸，并附金库正收一纸，耑函奉达贵处查收，敬祈见复，至纫公谊。

（《时事公报》1925 年 9 月 30 日）

印花委员莅甬检查之通告

宁波总商会昨日通告各商号云，省委莅甬检查印花，如有漏贴，罚期甚严，合亟通告各宝行号，预先检点，幸勿自误。

（《时事公报》1925 年 10 月 15 日）

北京轮装货问题定期召集会议

宁波总商会昨分函各轮船经理及各报关行云，顷接宁波各公团联合会函称，北京轮装货一案，经敝会于第二十五次常会议决，请贵会邀集各轮船公司经理及大写，与各报关行及出口帮经理，会商办法等语，为此专函奉邀，务请于旧历九月初一日下午一时，驾临敝会，共同讨论，勿迟为荷。

（《时事公报》1925 年 10 月 17 日）

商伙携带标记请备案

宁波总商会昨致函宁台守备司令部云，径启者，案查督办公署饬属招募民夫，以游勇、流氓、地痞为限，具征体恤商民之至意，惟一般工伙愚昧无知，仍复心怀惴惴，迭据各商号、商厂，声请前来。嗣后凡有工伙在途来往执业，拟嘱各佩白布标记，书明商号及工伙姓名，加盖图章，俾资辨别，用亟函请贵司令部鉴恤商愚无知，俯如所请，分令接洽，并祈示复，至纫公谊。

（《时事公报》1925 年 10 月 24 日）

认定木业公会之为难

地点不在鄞邑……情形诸多隔膜

宁波总商会，昨致定海县公函云，径启者，本年十月十九日，准贵公署函开，案奉实业厅训令内开，案据温州航商叶祥百等呈，查温州木业代表金锡焕等，组织旅石温州木业公会等由。准此，查修正工商同业公会规则第二条规定，是项同业公会之设立，其种类范围，由该处总商会、商会认定之等语。今该会设置之地点，在于定属，而同业之组合，又属温州木业，均不在敝总商会设置处所。对于该业情形，诸多隔膜，实在无从认定。惟就修正规则第二条所载，该处总商会、商会为研究其认定责任，似属于该处之商会，准函前由，相应依法函复。至是否有当，仍祈贵公署核夺办理，至纫公谊。

（《时事公报》1925 年 10 月 29 日）

国货商场免贴印花之函请

宁波总商会昨致鄞县公署函云，据本埠第一国货商场函称，敝商场为推广国货销路起见，搜集商品，在鄞城东门大街地方开设商场，命名曰宁波第一国货商场。筹备以来，规模粗具，业定阴历十月初一日正式开幕。惟敝商场经售国货，数达百种。为杜绝弊端，计凡顾客成交，不论货款多寡，均须掣给发票。若每票贴用印花，手续既繁，负担尤巨。敝商场拟仿照戏园成例，每月认缴印花费十五元，按月解由贵会转缴，为此备函恳请贵会，迅予据情转咨鄞县公署，顾念敝商场提倡国货，准予援例认缴，以轻负担而恤商艰，实为公便等情。据此，查该商场以提倡国货、振兴实业为目的，与普通营业性质，迥不相侔。兹因征集国货，种类浩繁，为邀免发票贴用印花，借省手续而利进行起见，拟请援照剧场戏券成例，每月缴印花税银十五元，以示优待之处。兹据前情，用亟函送贵公署查照，敬希核办见复，俾凭转知遵照，至纫公谊。

(《时事公报》1925 年 11 月 14 日)

函解十一月份省债本息

宁波总商会昨致鄞县统捐局函云，案准宁波中国银行函复第二次省债十一月份摊还本息银六千六百二十四元，已解讫请转函抵解库款等由，并准宁波中国银行函送第三次省债本息十月份解讫截留票九百九十一张，计银三千三百四十元等由。准此，相应检同第三次省债十一月份截留票，并案函达贵局查照，敬希分别办理，并将前掣收据二纸检还注销为荷。

(《时事公报》1925 年 12 月 17 日)

正大公司请照购运盐酸钾之照准

宁波总商会，昨接杭州督办公署函云，案查该商会前以宁波正大火柴新公司，购运盐酸钾五万斤、硫磺化五千斤，备具书类暨照费，呈请咨部发给护照等情，业经准予转咨，并指令知照在案。兹准陆军部咨复，以该公司所运盐酸钾及硫磺化，应准发照，除咨放外，相应检同填就护照十一张，照贴印花，咨达查收转发可也等因。准此，合将部颁护照十一张，随令发仰该商会，即便查收转给，并饬于运竣后，即将护照缴由本署转咨核销为妥。

（《时事公报》1925 年 12 月 21 日）

源大丰当闭歇

总商会代为缴销当帖

宁波总商会，昨致鄞县公署函云，径启者，据鄞县典商陈继香声称，窃商前于七年七月间，在鄞县甬东五图河桥铸坊巷弄开设源大丰当铺，捐领繁盛当帖，按年纳税在案。兹因营业不甚发达，于本年十一月末日停业。除已缴本年当税外，理合检同当字第一七二号当帖一纸，声叩转请缴销等情前来。奉经敝会查明属实，相应检同该商当帖，专函奉达贵公署查明，敬祈核转财政厅注销，至纫公谊。

（《时事公报》1925 年 12 月 25 日）

函请检送四次公债本息票

宁波洋广货捐征收局，昨致宁波总商会云，径启者，奉财政厅训令内开，案查宁波方面募集第四次定期借款，按月应还本息，历经令饬会同分次拨付，俟宁波商会本息票交到，即由局向地方银行兑现捐款在案。兹查该局自饬拨此项债款本息之日起，至今并未兑现抵解，究竟逐日所付之款，应取本息票，有无收齐，应由局即日查明数目，一律兑现抵解捐款，以免悬宕，合函令仰该局长迅即遵照办理，具复勿延，此令等因。奉此，查四次借款应还本息，经敝局奉遵厅令，按月拨付至第十一期止在案。所有本期各票，未准截送过局，以致无从抵解，奉令前因，相应函达贵会查问，即将逐月应交本息各票，检送过局，以便兑现抵解，以后仍请随时办理，以免悬宕。

（《时事公报》1925 年 12 月 25 日）

送缴印花票款之函复

宁波总商会,昨接鄞县公署函云,径启者,案准贵会函送十四年十二月份,各作坊销售双喜印花票额银二百五十元,除扣七笔经手费外,计实解银二百零九元二角五分,嘱即查收见复等因。准此,除将前项税银登簿列收外,相应函复贵会查照。

(《时事公报》1925 年 12 月 28 日)

船货局解送债款六千元

宁波总商会,昨接宁镇船货捐局函云,案奉浙江财政厅训令,饬本年三月份应还第十五期宁波总商会经募债款本银六千三百八十元五角,息银一千九百九十二元九角,应即照案仍由该局等会同拨付等因。遵经会商宁洋货局所有三月份应还之款,除由洋广局划拨银二千三百八十元四角外,共余六千元,应由敝局如数照拨,兹特函送,希即查收。当付收据并希将截下本息各票连同上年十二月份起至二月份止,一并检交敝局抵解,是为至要。

(《时事公报》1926 年 4 月 4 日)

总商会为火柴公司请领护照

购运盐酸钾十二万六千斤……硫磺一万斤

宁波总商会昨呈浙江总司令部文云,窃总商会前为正大火柴公司呈请增加制造需用盐酸钾、硫磺化,请咨部俾便领照由,本年三月三十一日奉钧部指令内开,呈及附件均悉,该公司十五年度需用火柴原料,请予备案等情,仰候转呈南京联军总司令部察核备案可也等因,奉经转知遵照在案。兹据该公司缮具呈请书、保证书、运输说明书各二件,暨照费一百四十元、印花费四十二元,拟赴上海购运盐酸钾一千五百桶,计重量十二万六千斤,请转领护照二十六纸,又购运硫磺一百担,计重量一万斤,请转领护照二张,以资证凭,而利遄行等情前来。总商会查与现行章程尚称符合，理合检同书类银币，具文呈送贵部查核，仰祈俯准转呈南京联军总司令，分别核发护照，俾资给领执运，实纫公谊。

（《时事公报》1926 年 4 月 13 日）

函请劝禁私挽假茶

宁波总商会昨准实业厅函开，案奉省长公署指令内开，据赵鼎华等呈，牙户私挽假茶草木，乞饬严禁由（中略）。兹奉前因，除令行各该县查禁外，相应照录原呈，函请贵商会查照，希即分函各县镇商会，随时切实劝导，俾维茶业，是为至要。

（《时事公报》1926 年 4 月 15 日）

核议减轻洋拆之复函

宁波总商会，以现时甬埠钱业，重开洋拆，利率增高，各业负担不支，函请金融评议会设法维护核议见复，业志本报。昨总商会接准评议会复函云，查敝会举行第十七次常会时，各会员对于洋拆利率增高，各业负担过重，曾经详细讨论。议决应由钱业因时制宜，准函前由，除函钱业司年转知各庄，嗣后于洋拆利率务须酌划其平外，相应函复，即希查照。

（《时事公报》1926 年 4 月 18 日）

两团体之金融会议

宁波总商会，于昨日下午开董事会，讨论洋拆问题，众以洋拆过重，各业颇受影响，议决函请钱业公会，设法维持。又同日下午三时，鄞县公署，亦开会讨论是项问题，到者有张知事及陈南琴、俞佐庭等多人，议决：（一）钱庄庄规补送县署一份，以作参考；（二）洋拆因事制宜。

（《申报》上海版 1926 年 4 月 18 日）

商会痛驳整理债票抵换省债

应照成案由统捐船货捐摊还　函请免予掉换以维官厅信用

宁波总商会前准财政厅函饬筹募整理旧欠公债银十万元，限六月半前募足解省济用等因(已见昨报)，但总商会以第三、第四次定期借款，其募集二十余万元，当时均因由姜、江两前知事，呈准财政厅截留就地统捐，偿还本息，信用甚固，是以均能超过派额，商民乐于应募。今奉令将三、四次借款掉换，整理旧欠公债，更难向商民启齿，必难筹募。昨日总商会特函致县公署，请予转呈财政厅省长、总司令，准将三、四次借款债票，免予掉换，以符呈准原案，而免有失官厅信用。

附录总商会原函如次，径启者，本年五月二十二日准财政厅公函内开，案奉总司令省长核准，另筹新增盐觔加价，作为基金，发行整理旧欠公债，照票面九折发行，每半年抽签偿还一次，年息一分，六年还清，一切手续，照善后公债成案办理。兹定十五年五月底止，收第三次借款裁至第十九期，第四次借券裁至第十七期为止，一律仍付本息，即以是日开始掉换整理债票，以十五年十一月，应为掉换债票前后截止之期，相应检同布告简章，函送贵会查照，希即广为宣布，俾众周知。同日又准函开，此项公债除抵换第三、四次定期债权外，所余债额，应尽数作为归偿各项所欠债款之用。惟经另行募集现金，以便分别搭还。兹酌定鄞县应募债额银十万元，除另行该县知事设法筹募外，函请贵会竭诚赞助各等因到会。准此，核查浙省第三、四次定期借款，当未经开幕之时，均由贵前知事呈奉省令核准。第三次以鄞县统捐收入，第四次以宁波洋广及宁镇船货两捐收入，按月由各该局解交敝会发还本息在案。各募户因奉有捐款抵还明文，认为基金巩固，故购募极称踊跃，计三次债券共募十万元，四次券共募二十五万五千余元。就浙省各县比较，以鄞县购募之数，实堪首屈一指，盖以案经核定，商民仰官厅信用，故有恃而无恐。探原立论，是鄞县所募三、四两项省债，具有特别性质，与普通购买者情形不同。若掉换整理债票，不啻将前案完全取消，以按月摊还，改为半年抽签，以每月一分二厘之息改为周年一分，孰赢孰绌，无俟明言。此案因捐款抵还核准在前，而后商民始愿意购券，论其性质，实一种债务契约行为，如未得债权人同意，遂行取消煌煌省令，失其尊严，不特此后一切筹募公款，阻商民急公趋义之忱，即此次整理公债另筹之万元，恐亦无从入手，况今日可取消捐款抵还之成案，他日不难取消盐觔加价之基金，瞻望前途，不寒而栗。当三、四次省债筹募之时，敝会舌敝唇焦，向各募户再三声明，以此案毫无窒碍，今若自食其言，实觉无辞可以对付。转瞬五月将届，期限已迫，合亟备函恳请贵知事，转呈浙江财政厅查明前案，呈请总司令省长察核，将三、四次省债本息，免予停止，仍旧以统捐筹款按月抵还，以维信用，至纫公谊。

(《时事公报》1926 年 4 月 20 日)

贳器号违章营业之纠葛

函请劝导遵照入行

宁波总商会昨接鄞县公署函云，案据贳器同业公会呈称，窃奉钧署训令(中略)等因，具见仁惠审慎周详至意。伏查王恒丰号函复各节，情词支离，事实失真，用敢不揣赘渎，详陈电察。按查阳桥即系江东大和桥地方，在敝业东至下茅塘地方，呈准范围以内，距城不过里许附近，本有同业吉祥等号，而恒丰远在梅墟，路隔二十余里，来此营业，实属扰乱行规。据称敝号本属不可，已明明自知其非，又称敝与箕宅谊属亲戚，为难推辞，为亲戚而任义务，并非营业性质。然何种亲戚，既不确指，事后捏称尽可调查，而其确为营利，并非义务，则又有该号伙友厚发去年阴历十一月二十日在二区警署供明。箕宅出赁价洋八十元，并听水脚洋十四元，旁听具在，尽可查询。今乃露形藏尾，胆敢强词谎说，谁欺仁惠，侵害敝业，长此相习成风，凡属同行，均可破坏，恐与公秩良俗，有所违反。至各乡贳铺，大多均未来城区营业。若来城营业则均已遵规入行，如西乡十字港之同春号，东乡潘火桥之蔡新吉，先例如是，何容狡辩。为此再行呈请，仰祈知事察核，准予谕令王恒丰号遵规入行，以维同业，而杜侩诈等情。据查此案即准贵会函复，王恒丰借词并非营业，不认扰乱行规等由过县，准经转令在案。据呈前情，如果属实，王恒丰显有不合，应即令其遵规入行，以免纠纷。除批斥外，相应函请贵会查照，劝导王恒丰迅即照章入行，俾维同业。

(《时事公报》1926 年 5 月 1 日)

鱼行帆船失踪之追究

函请水警厅协助侦查

宁波总商会日前致海外水警厅函云，本年五月五日准上海总商会函开，据本埠渔业敦和公所函称，据敝同业源利鱼行经理方国梁声称，有许美岳客人，曾于民国十四年夏历九月二十九日，将自置金永裕帆船一艘，载重约九百担左右，烙印系五千二百零四号，立契绝卖与源利行管业，计价洋三千五百元。交割之后，双方并登过报纸，该船则仍租与该客人使用，该客向行借欠各款，计尚有七千元之巨。乃该船久未驶行来申，风闻该客在温州竟有盗卖消息，倘成事实，攸关营业大局非浅，势必效尤者纷起，至于不堪收拾地位。思念及此，实为寒心。除由该行派人至温实地侦查外，特再函请贵会分发函电，至温州商会及水警厅协助查缉。又恐该船或驶至别处，故并恳分投致函至宁波总商会暨定海、沈家门、福州等处商会协查云云。为此敝公所据情代达，务希鼎力援手，以救危难，而维血本，不胜感激之至等情到会。除分别电达暨分函外，相应备函奉恳贵会查照协助，并就近商请水警署协助调查，是为至祷等因到会。准此，查上海源利鱼行，前置金永裕帆船一艘，据称今被许美岳在温州盗卖，所请协助侦查之处，准函前因，相应函达贵厅查照，敬希协助办理，以维航商。闻来厅长接知后，已转令所属具报矣。

(《时事公报》1926年5月14日)

提庄业组织公会

总商会已为转请县署备案

宁波总商会昨致鄞县公署函云，径启者，据本埠提庄业恒长、瑞泰、恒康、信昌、同丰、同顺、恒昌、鸿太、恒丰、协和、恒大、润长、干兴、鼎裕、宝和、靖记、晋记等略称(中略)等情。据此，查各该提庄均系鄞县殷商，合资开设，亦属大宗营业之一，向在敝会注册入会。今拟设立同业公会，无非为矫正营业弊害，固结团体起见。至规章所订各条，经同业公会允洽，加盖图章，亦系实事求是，共期遵守之意。兹据前情，拟合检同禀件，耑函奉达贵公署查照，敬希俯予备案，呈转布告保护，至纫公谊。

（《时事公报》1926 年 5 月 16 日）

土布减税仍准展限两年

本年五月一日起…十七年四月底止

宁波总商会前因人工手织土布免税期限已满，曾协同全国商联会呈部，再请展限，以恤民艰在案，旋经商联会据情转呈到部，经财部核准，改为豁免五成，征收五成。其核定减税期限，至本年四月底届满。而各省区商会，复以连年水旱频仍，民生困苦，请求该会转呈财部，不但要求展限，并请其核准将是项土布，永远取消厘税，以裕民生，而纾商困。近部于征日电复该会略称，据呈请全免人工手织土布税厘，并通行各省区一律施行等情，已悉。查人工手织土布，及棉织品之税厘，除直、豫、鄂、热河各省区另案办理外，自民国七年起，先后豁免六年，至十三年一月间改为豁免五成，征收五成，以一年为限。是年十二月限期届满，当由本部另行各厅官局，自十四年一月一日起，照案开征去后，旋据各处商会电请展限免征，复经本部核准，自十四年五月一日起，截至十五年四月底为止，再行减征半税一年在案。至鄂省土布等税厘，于十四年八月间，经本部核准，自是年九月一日起，展限减征半税，亦于十五年四月底止，与各区同时截止各在案。兹据该联合会，呈转前情，各区水旱频仍，民生困苦，自系实情，土布与贫民关系至切，应准将减收半税原案，一律再行展限二年，即自本年五月一日起，截至十七年四月底为止，以纾民困。除分行外，合即电仰该联合会转行知照。

（《时事公报》1926 年 5 月 19 日）

宁波去电

奉天张雨帅、莫省长、总商会，营口佟道尹、总商会钧鉴：据宁波钱业公所、北业庆安会馆、新北帮久安公所、山北号静安公所、药业连山会馆、糖行安澜公所、米业敦业公所、箔业公所、绸业公所、席业公所、酿商公所声称，甬埠各货运往营口,数达千万以上。查该埠向以炉银为本位,比年军事迭兴,货物滞销,银价低落,已有江河日下之势。自奉票停兑,市面恐慌愈甚,银价狂跌,至炉银三千六百两,仅换规元千两,致商等存货价格、放账货款,暴落千丈,切肤之痛,莫甚于斯。公恳电请奉省当局,迅予设法救济,以维危局等语。查自奉票停兑,炉银成为虚码,营口银价暴跌,影响及于甬商,损失甚巨,危险万分。务乞毅力主持,设法救济,以维商业命脉,不胜迫切叩祷之至。宁波总商会叩。勘。

(《时事公报》1926 年 5 月 29 日)

总商会续发贝母货款

拟定办法五条……县署布告通知……

限期为阴历本月廿七、廿八两日

宁波总商会受鄞县公署函托,代发普源公贝母货款,其经过情形,迭志本报。兹闻商会因代表佃户票据不齐,由该会给予证书,暂缓发款,并续拟办法五条,函请鄞县公署出示布告。张知事准函后,即出有布告云,查普源公四月底期水子价款,前经本署谕令将款解交宁波总商会委托给付,出示布告在案。现准商会先后函称,因代表佃户票据不齐,由会给予证书,暂缓发款。兹将已领商会证书小票未齐各代表及佃户,当未领款各代表及佃户姓名,分别查明,造具清册三份,续拟办法五条,定旧历四月二十七、二十八两日续行发款,请先期布告,并附送清册办法等由。准此,合行开载办法、姓名,布告各佃户各代表人等一体知悉,仰依照后开办法,佃户代表从速互相接洽,届期检齐票据证书,前往领款,毋再舛错延误。附续发办法:(一)普源公未发票,拟限阴历二十七、二十八两日续发完全,以资归束,幸勿放弃自误;(二)领款人须携带普源公期票,并将组合所小票呈验,方准领款;(三)仅有小票而无期票者不给;(四)有期票而无小票者,领款人须声明所以不能合并事由,将小票未全,一部分领去之款,邀同正当商铺出具保结,以昭慎重;(五)领有商会证书之各代取原限十日以内检齐小票,连同证书,到商会领取,今已逾限,尚未领去,亦限该两日内一律发给,倘有证书而无小票,照第四条办理。又闻未发者代表四十余户、佃户四百二十四户云。

(《时事公报》1926 年 6 月 3 日)

总商会呈请归还省债本息之无效

财政厅指令之自圆其说……抵换办法无可变更……仍请绅商设法

宁波总商会，前以财厅发行整理旧欠公债，作为抵还三、四两次定期借券一案，视为不合，曾撰具理由，函请鄞县公署转请依照旧案，免予停止三、四次省债本息，即经鄞县知事张兰据情转呈财政厅请核示遵行在案。昨奉蔡厅长指令云，查本厅呈准发行整理旧欠公债，作为抵还三、四次定期借券及偿还各项短期借款，因浙省财政厅亏负甚巨，故另筹的款，整理旧债，原为调济财力、顾全信用起见。其基金新增盐斤加价，业已定期实行，对于收支保管，由省城绅商领袖组织监视会，随时监察。基金既极牢固，办法又属公开，与善后公债情形相同。虽所定利率及偿还办法，比较定期借券表面似觉稍逊。而定期借券当时系九八缴款，现在余剩本款，换领债票，仍照章以九折计算，加长票额，在借款人享有巨大折扣，利益亦无所谓拆耗。来呈谓三、四次借款该县绅商购募独多，所言诚是。惟其中四次借款，多半系抵还就地商垫借饷及军事用款，即三次募款，亦有偿还资遣溃兵借款在内。当时本厅内念商款悬垫，恐日久多所亏耗，故准以抵还，作为应募之款。在官厅体恤商艰，可谓至尽且□，在绅商顾念时艰，亦当竭诚维护。现在此项转换办法，各县均系一律，无可变更，应即由县会同该商会，查照前颁办法，即日分别缴换，并将饬募债额，赶紧分头设法募足报解，是为至要，仰即遵照。

（《时事公报》1926年6月4日）

药伙罢工圆满解决

每月每人加薪二元　各药号一律照常开市

本埠药业伙友罢工，经总商会调解，渐趋融洽，至昨日下午始行完全解决，兹将当时情形，分志如左：

昨在商会接洽之情形：伙友方面，以商会副会长袁端甫提出之每年二十四元之条件，认为满意，特推出王德明、王荣夫二人为代表，于上午至总商会声明承认。袁副会长即通知店东方面,于下午三时,由钟哲人、王立卿、严锦芳等三代表至商会重行谈判,并邀同药联会会长龚菱洲、记录许锦耀,到会参加,即将前日业经谈判两次之五条约,逐条加以讨论,经数小时之久,始完全通过。解决之条件:(一)关于药业伙友同人会,双方不得强制或阻止;(二)每人每月加薪二元,定五月初一日起,民八条件前有履行各号,仍需照给,未履行者不在此例;(三)各号不得借端开除加薪运动之发起人员,但违犯店规情事,不在此列;(四)各店伙友薪水照原有给发;(五)每月发薪,虽照原规,惟所加二元,必须另立账目,亦不能扣除归工。

全体伙友之通告:略谓同人等要求加薪,已经解决,望各友安居乐业,尽心服务如昔,然店主有不履行条件者,得诉于本会,由本会理楚。

对于未到会各药号之通告:此次风潮发生,以迄解决,计未到会一次者,有明德、林延春、存心、天生、允和、仁记等六家中药铺,药业联合以事关一律,应行致函通知,即由龚会长嘱记录许君,缮拟信稿,于今日分致明德等六家。函云,执事先生鉴:兹为职员加薪一节,业经双方圆满解决,商定每月增加二元,缘尊号开会未到,为特书此关照,务希照加为盼。

(《时事公报》1926 年 6 月 6 日)

立兴厂纳税案之令查

宁波总商会昨接浙海关公署函云,径启者,案奉税务处令内开,案准农商部函开,据宁波立兴织造厂王棣辉呈称,商人于民国十年在浙江鄞县君子营地方,创设立兴织造厂,用立心商标,出品计有纱毛合织类暖衫等五种、线织类汗衫等四种、毛织类小儿背心等二种、人造丝类裤等三种、丝织类领巾一种、丝纱合织类手携袋二种,共八类三十七种,请转咨核准,援照机制洋式货物例纳税等情,应检同货样商标,函请核准见复等因前来。查该厂出品,是否自行设厂制造,所用机器是何种类,每年出品若干,比较洋货制法优劣如何,应由浙海关监督就近切实查明具复,以凭核办,相应令行该关监督遵照办理可也,此令等因。奉此,查该厂在鄞创设制造各品,未据呈报有案,本署无从核办,奉令前因,相应函请贵总商会查照,即希转致该立兴厂,遵照令查各节,逐一声叙,呈由贵会函复到署，以凭核转，实纫公谊。

（《时事公报》1926年6月4日）

续发贝母货款已结束

宁波总商会代发普源公贝母货款，前因尚未发给完竣，定于夏正本月廿七、廿八二日续发一节，已志前报。兹悉廿七、廿八两日，均有人前往领取，县署并派巡防勇七八人，按日前往保护，昨日已告期满结束，惟闻仍有数人，因小票或大票未齐，未曾领取云。

（《时事公报》1926年6月9日）

贝母货款限期结束

函催少数佃户限期领取

宁波总商会代普源公续发贝母货款后，尚有少数未曾领去一节，已志昨报。兹悉未领者仅郑家代表郑华春、密岙代表应毛毛等十三户，昨特分函催促，俾便完全结束。原函略谓续发普源公货款，前经鄞县知事布告，定四月二十七、二十八两日给发，大多数均已领去，仅有十三户尚未给柬。兹查有贵代表名下应领款洋若干，急待结束，未能久延，限阴历五月初七日以前，携带普源公期票及组合所小票，来会领取，如再超限，作为自行放弃，幸毋再误，合亟通告。

（《时事公报》1926年6月10日）

请领税票之照发

宁波总商会准浙江印花税处复函云，案准贵会函解十五年三月至五月份印花税银二千五百六十五元六角八厘，并请领一分税票二十万枚，二分税票十万枚，一角税票三千枚，共合票面银四千三百元等由到处，除前项税款已由库税收外，相应将各种税票，连同印簿一本，一并交邮寄送递，希即查收见复为荷。（下略）

（《时事公报》1926年6月23日）

关于解送公债之函牍

鄞县总商会昨接鄞县统捐局函云,昨准贵会函开,准宁波中国银行函,以代付浙江第二次定期借款本年五月份摊还本息银六千一百四十四元,又第三次定期借款本年五月份摊还本息银三千一百六十元,均已如数代为开付,并截留本息债票存行,以免辗转检送,函请转知备文抵解库款等因,转函过局。准此,除备文抵解外,相应将原收据二纸,备文咨送贵会核销。又接宁镇船货局函云,案奉浙江财政厅令饬,本年五月份应还十七期宁波总商会经募债款本银六千三百八十七元五角,息银一千八百三十九元六角,应即照案会同拨付等因,遵经会商宁洋广局,所有五月份应还之款除由洋广局拨银四千七百二十七元一角外,其余积款本息银三千五百元,应由敝局如数照拨。兹特函送贵会查收,希即照付收据,并将截下本息各票,连同上年十二月份起至本年四月份止,一并克日照数检交敝局抵解,毋再缓延,是所切祷。

(《时事公报》1926 年 6 月 23 日)

均丰厂请予免捐之饬查

是否确系机器仿制

宁波总商会前据江东张斌桥均丰针织厂函称,敝厂购置新式机器,仿造洋式冠、服、领、袖、钮、袜及其他服御,请转呈实业厅按照机器仿造洋式货物例,准予免捐等情。当由总商会转呈实业厅,请转咨财政厅援例免捐,业志本报。兹悉鄞县知事昨已接奉财政厅训令云(上略),查该均丰厂所制冠、服、领、袖、钮、袜及其他服御品,据称系属机器仿制,是否属实,其他服御品有若干种,合行令仰该知事切实查明,饬令列表呈候核夺云云。闻知事已令派吴委员前往查明核办矣。

(《时事公报》1926 年 6 月 29 日)

总商会之两件复函

查封张玉成财产案　查报立兴厂纳税案

宁波总商会昨复汉口总商会函云，本年六月十三日准贵总商会公函内开，准汉口贫民大工厂函开，宁波人张玉成在汉开设之振丰号，负欠货款。查张玉成在甬西门外郎官第，设有张增记酱园、张信茂酒坊，家道殷实，函嘱传知如数清偿等由。准此，比经转知去后，兹据具函复称，（上略）查敝号等为张氏日、月、星三房所开设，星房名下兄弟五人，分为公、侯、伯、子、男五房，从中公房有振（即玉成）及子房有基两人，已将其个人所有之股份，先后归并与张星祀为业。当时曾登报声明。目下张玉成等在汉亏款，事属个人，实与敝号等毫无关系（下略）等情到会。准函前由，相应据情函复贵总商会查照转致，至纫公谊。又复海关监督公署函云，本年六月三日准贵公署函开，案奉税务处令开，案准农商部函，据宁波立兴织造厂王棣辉呈立心商标出品，请转咨核准，援照机制洋式货物例纳税等情，应检同货样商标，函请核办见复等因（中略）。经转知立兴厂遵照去后，兹据遵令声叙，开单声请转呈前来，经敝会核查无异，准函前由，相应检同开单，函请贵公署俯赐核转，以维实业，至纫公谊。

（《时事公报》1926 年 6 月 29 日）

总商会讨论公债案

佥以前借款本息未付……新公债殊难募集
公推俞会长晋省……向财厅要求收回成命

宁波总商会，于昨日下午三时开职员常会，到者陈南琴、袁端甫、俞佐庭、卓葆亭、蒋衡卿、陈卓人、陈孟璇、王信懋、周宸生、严美珍、金臻庠、朱旭昌、毛安卿（孟璇代）、陈传楚（信懋代）、俞佐宸等。由正会长俞佐庭主席，报告浙江省发行整理公债，将三、四两次定期借款收回，截至五月份止停付本息，换给整理债券，并另筹整理公债现金十万元。查三、四两次借款，前经呈奉省令核准，以鄞县统捐、宁波洋广、宁镇船货各捐收入抵还，按月由各该局解交本会发给本息。今若收回换给整理公债,不啻将前案取消,且延长偿还期,减少息金,两相比较,赢绌显然。业由本会于五月间,函请鄞县知事转呈财政厅,免予停付本息,未邀允准。各商民以官厅既失信用,对于另筹之十万元,颇怀观望,现应如何办理,请众讨论云云。公决推俞会长晋省,要求财政厅收回成命,免予停付本息,以维信用,议毕即行散会。

(《时事公报》1926年7月2日)

厅长会长昨日返甬

接洽公债一事尚无把握

宁波警察厅长林映清于本月一日因公晋省,又宁波总商会会长俞佐庭亦为省中发行整理公债,将三、四两次定期借款停付本息,换给整理公债,由商会公推赴省要求财政厅收回成命,以维信用。兹悉林、俞二氏到省后,即同赴财政厅晋见蔡厅长,面陈甬商意见,对于三、四两次定期借款,要求免予停付,仍由鄞县统捐、宁波洋广捐、宁镇船货捐按月抵债,则另筹之整理公债十万元,当可设法,否则各商均存观望,殊难募集之。经蔡厅长发表意见,双方接洽之下,尚无确切办法。林、俞二氏,以在省公毕,均于昨晨乘轮返甬矣。又函,宁波警察厅林厅长,本月一日向上峰请假因公晋省,于二日上午抵杭,借宿一宵,三日早即乘车抵沪转轮,于昨日早回厅视事云。

(《时事公报》1926年7月5日)

姚城复昌号倒闭之纠葛

宁波总商会昨据糖行街荣大和记糖行经理王信懋略称,为余姚县南城地方,有徐银福、徐厚仁兄弟二人,在该县南乡竹场跟地方,于上年开设复昌南货号,并在南城头甲地方,分设复昌箔酒铺。上年自敝行要求采办糖北各货,而敝行查该徐银福兄弟二人,家境殷实,故允其交易。讵本年阴历三月廿外,听人唆使,心顿不良,将店中大宗货物及银洋,席卷潜逃,图吞行款。敝行闻悉之下,当派收账友何昌年,至姚调查确情,并会同该县债权者衡济庄等七家,共同报警。

先将该二名剩余零星底货及酒作生财，实行拍卖，并请县署将该债务人住屋三间及店屋等，先行填价扣押，藉资共同追债。本无问题，讵据敝行收账友何昌年来行面称，未悉该债务人暗地具何神通，能使姚城衡济等债权者，承认以四折二为清款之数，闻之殊深骇异。查该债务人徐银福等兄弟二人，家道本极殷实，而事前听人之唆使，席卷私逃，意图害他人。因有行款，按诸法律人情，两难姑容，而衡济庄等债权者，不守前约，积极追办，反允以四折二为清款，对于情理殊有不合。除已派何账友至姚声明否认外，用特函请贵会查照，迅予转请姚县商会，将敝行应派得四折二之款，并前填价扣押公款，一并代为派收，暂存该商会，容敝行向县向偿余款及拘办后，再向该会具领，以惩诈欺，而维商款，不胜盼祷之至。总商会据情后，即致函姚商会云，据本埠荣大和记糖行略称云云等情。据此，查此案债务人复昌南货号东徐银福、厚仁兄弟二人，既有卷逃倒闭情事，余姚衡济庄等七家，已加入债权团，共同理追。乃事后未得荣大行之同意，遂以四折二清偿债务，无怪荣大心有未甘。兹据请求给领应偿四折二摊派现款，并前填价扣押费银，以便另案诉追之处。兹据前情，相应函请贵商会核办见复，至纫公谊。

（《时事公报》1926 年 7 月 17 日）

铁业行规须由商会议决

象山县铁业同行裘正泰等，具呈县公署略曰，维交易公平，童叟无欺，原为商民之要着。无奈世风不古，货不求真，价不求实，孜孜为利，□售自由。此种商行为，影响于同业者犹微，其损害于民间者实巨。同行等不忍出此，共同斟酌，拟订制造各货，务求其真，不许假冒，各货出售，预定价目，牌议通行。原料来价高低，闻知即须通告，凡逢公事委办，挨次轮值，切莫游移，且每店每年须纳公捐洋六元，行炉做工，只纳公捐洋两元，新店增设，须纳入行费八元，老店别顶，另纳入行费六元，其余外来诸物品，未曾纳入行捐，不许运售。所有收入款项，除邑庙神前演戏一部，伙友西归，酌量给恤，以及各项开支外，每年三月清算一次，结明登记，存放生息，以防不虞。拟订暂行办法缘由，是否有当，理合呈请鉴核，训谕施行等情。奉批，来呈所拟四种纳捐费办法，曾否取决铁业公意，是否允洽可行，以及所拟外来未经入行物品，不准运售，有无迹近垄断情弊，仰候令行,县警察所会同县商会实地调查,审慎考虑,妥议覆夺,来呈未贴印花,并着补贴,此批。闻此案已经县公署令行警察所,遵照会商议复矣。

(《时事公报》1926 年 7 月 18 日)

代付六月底省债之函复

宁波总商会昨接中国银行函云,径启者,前准贵会函附鄞县统捐局支票一纸,计洋六千零七十二元,嘱代付十五年六月底应付二次省债本息票,截票见复等因。即经照为代付,业已如数付齐,除将截留付讫本息票暂为摆存,免得辗转检交外,相应函达,请即日转知鄞县统捐局,请其备文送行抵解库款可也。

(《时事公报》1926 年 7 月 24 日)

力争人造靛青征税问题之经过

拟增附加税能否照办尚难决定

宁波总商会昨分函各县商会云,径启者,本年七月十五日案准浙江实业厅公函,案奉省长公署训令第一四九五号内开,案准农商部咨开,准咨,据实业厅呈准宁波总商会函开,报载北京关税会议以人造靛及颜料列入乙种奢侈品,为关税自主未实行前过渡期内征收附税之一。查人造靛为一般人民需用品,我国染工借此营生者计数千万人,而由我国用靛青染成布匹,运售出口,又岁达数百万金,其不得为奢侈品明甚,请转呈体恤核减等情。查人造靛一物,为染制布匹之用,似与奢侈品类有别,相应据情转咨,核办见复等因。查此案前据宁波总商会及各地商会先后来电,经本部一再咨行财政部税务处,并分函关税特别会议委员会核办。嗣准税务处复称,人造靛青,我国提议过渡征收办法,列入丁级货品,拟增以一二、五三附加税,与各国磋商将来能否照议,尚未决定。至奢侈品名称,现在业已取消,请查照转知等因,并准关税特别会议委员会函同等因到部。业经批示宁波总商会及各地商会在案,咨请前因,相应咨复查照等因。准此,查是案前据该厅呈请,即经转咨并指令在案,咨准前由,合行令仰该厅长查照,此令等因。奉此,查此案前准函达到厅,即经呈请省长公署转咨在案,兹奉前因，相应函请贵会查照，并希转行各县商会各染业知照为荷等因。准此，查此案前经敝会据情电请呈农商部力争在案，兹奉前因，相应函达贵商会查照，转知各染业接洽为荷。

（《时事公报》1926 年 7 月 25 日）

沈家门山客欠款函请催偿

宁波总商会昨为正大咸货行追欠沈家门丁测来、董小娘、周商阳、方阿槐、徐孝仁、丁阿生、李富贵、丁来友、俞振幅、邵阿甫、翁伯金、陈顺才等十二户债款事，函沈家门商会云，据本埠正大咸货行略称，敝行逐年所放沈家门山客丁测来等各户船本，多至三千余金。无如近来人心不古，款一到手，或货不装甬，或改营他业，或故意延宕，或有心图赖，长此拖延，有妨血本。即如丁测来一户，前曾略请转函沈家门商会，婉劝早日归垫，原约渔汛后归楚，乃逾期已久，仍置不理，殊有不合。事关拖欠行本，为此开具各户账略，请贵会察核，俯准转函沈家门商会，督令该山客丁测来等各户，早日归楚，俾清纠葛，实为公便等情。据此，查本埠各鲜咸货行，收买沈家门山客货物，例须贷放，钱款银根较巨。今据称该山客丁测来等十二户，种种伎俩，无异诈财，若不设法追债，将来辗转效尤，于鲜咸业营业殊受影响。兹据前情，为此黏单请贵商会查明，敬希鉴恤商艰，俯予设法催偿，并候见复。

（《时事公报》1926 年 7 月 25 日）

组设药业伙友同人会之查询

鄞县公署昨函宁波总商会云，径启者，案据药业伙同人代表王澄清等具呈，组织药业伙友同人会，附拟章程，请予立案给示等情到署。据查，该会组织，与药业有无妨碍，会员以旧宁属各县药业伙友为范围，是否可行，相应抄同原呈章程，函请贵会查照，代为查明见复实行，至纫公谊。

（《时事公报》1926 年 7 月 27 日）

甬糖业函请照章交割

上海总商会徇宁波总商会之请,致函糖业点春堂,谓据宁波糖业安澜公所函称,以向与上海点春堂交易,遵照该堂修正营业规则,交割期间,在夏历每月末日。此次卖出甬埠八月底期糖,未能依期交割,有失信用,请转函恳求照章办理,从速交割,俾维信用云云。相应函达,即希查照。

(《申报》上海版 1926 年 10 月 16 日)

拆屋让路函请展缓

宁波市政筹备处前本定阴历九月一日起建筑东西干路,同时通告沿路各店一律拆让。兹悉昨日宁波总商会函致市政筹备处,大致谓据东街各业代表陈富顺等函请,因年内拆屋让路,各业营业,损失颇巨,影响银根,更非浅鲜,故请展缓至十六年正月起,至六月止云云。

(《申报》上海版 1926 年 10 月 23 日)

总商会会议公债

宁波总商会,于昨日下午,召集各户,讨论三、四次省债掉换整理公债一案。到者有四明银行、明华银行,伦章、美华利及天益、元亨各钱庄代表共四十余人。由商会会长俞佐庭主席,首报告三、四次省债掉换整理公债办理经过情形,次付众讨论多时,结果一致主张掉换整理公债。

(《申报》上海版 1926 年 11 月 10 日)

总商会会议公债案纪

宁波总商会于昨日午后开职员会,到董事十余人。由会长俞佐庭主席首报告,略谓公债案,现奉省令,提前抽签,此次承填之债票领出在途,尚未到甬,恐中签号码已经发表，分配为难，应如何办理。议决俟整理公债领到，通知各债权到会，另行抽签，以昭公允。

（《申报》上海版 1926 年 11 月 18 日）

整理公债分配近讯

宁波总商会，于昨日奉到鄞县公署，由省转解整理公债十七万七千七百四十元。闻该会定本月二十一日抽签，分送各债户矣。

（《申报》上海版 1926 年 11 月 21 日）

各业反对礼券税

宁波总商会，前据浙江印花税处一函，略谓礼券照章一元以上，应贴印花一分，十元以上，应贴二分，查该境均未实行。兹自本年十二月一日起，务须责各商号一律遵贴。闻昨日总商会复函该处，大致谓甬地商惯，各铺户所出礼券，多为循环掉换新券，如果遵贴印花，损失颇巨，故各业纷纷反对，碍难照行。

（《申报》上海版 1926 年 11 月 27 日）

总商会函请收回票饬

买卖货物不能限制省界

宁波总商会，昨致鄞县公署函云，径启者，据本埠甬裕生海味行略称，窃本行于本月六日奉县公署票饬，内开案驻甬福建商船公会书称，窃闽商驻甬商船公会，为闽商各号内关运货来甬，向归甬商各号推销，不准外帮兜售，以免扰乱市价，已历一百余年，从无异议。前清光绪年间，有宁帮裕生号违章兜售闽货，业经福州帮乾丰等号，呈蒙闽招局呈请宁波府胡出示禁止在案。讵日久弊生，现有宁帮捷兴甬裕生等，仍旧于闽船到甬，即行登船兜售，经敝会禀蒙县长援案给示禁止在案。但海腌之船，将次可以进口，诚恐各该号违示仍旧兜售等情，为此据情呈请,俯赐派役谕知各该号遵照,不得再行登舟兜售,扰乱市价,以维商业等情。据此,查此案前据该公会具呈,经予布告,禁止在案。据称前情,除批示外,合行饬仰该役,传谕捷兴、甬裕生等号,并止禁令,不得登舟兜售,致起纠纷,毋违切切,此饬等因,曷胜骇绝。查敝行领帖买卖,名称既属海味,海腌亦海味之一,当然可以兜售。在福建商船公会之意旨,明曰闽货,归闽帮销售,故本埠买卖海腌者,甬商则有敝行与捷兴,闽商则有益兴与信源两家。而向县公署请求者,只指甬商敝行与捷兴,而不及闽商益兴、信源两家,显是闽货归闽商之私意。伏念先总理报天下为公之至意,我甬埠既高悬青天白日之旗帜,商业上尚有此不平等条约,诚属我甬埠之污点。幸我县长明烛彼奸,不受其欺,其要点在敝行与捷兴不得登船兜售,对于闽商益兴、信源,亦买卖海腌者,并不在禁止之例,是闽商优于甬商,绝对无此不平等之条约。伏乞贵商会俯怜商情,从详函请鄞县县长,收回成命,以维商业,而昭大公等情。据此,查设行领帖,对于买卖货物,似不能限制省界。据福建商船公会所称,闽货向归闽商销售,系指为未领帖商号而言,领帖行号,不能一概包括。据略前情,相应函请贵公署,收回禁止甬裕生海味行兜售票饬,以安营业,而杜垄断,至纫公谊。

(《宁波民国日报》1927 年 6 月 18 日)

晓导各商征收码头捐

总商会分函各业领袖

宁波总商会,昨为晓谕劝导各商征收码头捐事,特分函各业领袖函云,径启者,案准宁波市政府函开,本政府前以江北码头捐,按件征收,货有贵贱,捐无多寡,殊乖租税平均之原则,拟废止从前办法,改由各商于进出口货,除完纳正税外,按照正税银两数目,加收百分之二或三,作为宁波市码头捐,业经呈请省政府核准在案,经与总税务司暨英领事接洽,亦均诺解。惟改革之初,各商容有怀疑之处,请贵会广为晓导,俾利进行等因,并附条例到会,即经召集各业董讨论。因到会人数无多,议由本会抄录条例分函各商,晓谕劝导,以利进行。兹特随附征收码头捐条例,备函送请台端查照,转知同业是荷。征收条例已见昨日本报,不赘。

(《时事公报》1927 年 11 月 23 日)

援助渔商反对征税

开会结果推出请愿代表二人……一面拍电国民政府省政府迅予撤销

宁波总商会，昨为敦修公所等请求援助撤销渔税值百抽五加价事，特于昨日午后二时召集各会董讨论办法，到者有陆卓人、严美珍、张鹤年、苏炳泉、唐沛然、陆葆仙、叶松谦、周宏生、朱旭昌、李义本、洪宸笙、王信懋、郑运帆等。由陆副会长主席提议敦修公所等请求援助撤销渔税值百抽五加价事，请付讨论。次由上海方面代表张醉卿报告，谓现在渔民生计之困难以及江苏所设渔业局之种种勒捐苛罚情形，并宣布渔民再不能受此重税之理由，应请在位诸君为渔民计，应积极向政府反对此种渔税，以保护渔民固有之生计毕。经众详加讨论，当一致议决，由该会致电杭州省政府、南京中央政府，力争撤销渔业局。一面请公推代表，向宁波各官厅请愿，并声明在省政府未通过以前暂勿设局；并议定请愿代表二人，当推定副会长陆卓人、会董朱旭昌二人为请愿代表。议毕乃散会，当即拍电南京国民政府、浙江省政府，请即撤销渔业局，以裕民生，原电如下：

南京国民政府、浙江省政府均鉴：江浙渔业事务局，非法征收值百抽五之苛税，引起两省渔业团体及数百万渔民反抗，本日宁、台等处百余渔业团体在敝会集议，群情愤激异常，誓达取消目的，迫叩转呈中央政府，将江浙渔业事务所迅予撤销，以恤民困而顺舆情，不胜叩祷之至。宁波总商会叩。养。

（《时事公报》1927 年 11 月 23 日）

省政府致宁波总商会俭代电

为捐率酌加五成已属从轻，所请应毋庸议由

宁波总商会暨马日代电悉，查捐税定率，本以值百抽五为标准，照近来货价计算，比从前原定捐率本应加增数倍，现仅酌加五成，系本政府体念商情，特予从轻。该商会为商界领袖，素明大义，历年劝导各商输将踊跃，为本政府所嘉许。现值北伐尚未完成，军饷万分吃紧之际，更赖首先倡率，匡扶大局，实深厚

望，所请应勿庸议，仰即传知各商遵照，省政府俭印。

(《浙江省政府公报》第239号函电，1928年2月29日)

民国政府财政部令第一五九三号

令浙江印花税局局长徐朔

为令遵事，案据该省宁波总商会鱼代电，称自上年印花税改为投标，各商民购存未用旧票核计六千五百六十一元八角九分。业经敝会报告浙江印花税局并声明旧票暂存，俟掉换有期再行函送在案。兹据各商民声称，缴存旧票历时已久，未蒙掉换，盼望綦殷。夫同隶国民政府，同一国家发行机关，何来新旧之分，使商民以汗血金钱合法购得之印花完全搁置，此中损失为数不赀。昔则奉政府一纸明文，逾三日即应作废。今则经商民百般呼吁，越四月尚无办法，揆之情理，宁得谓平，应请贵会转呈，从速定期掉换，以纾商困，等情前来。窃以此案，当旧票缴存之时，由敝会给予收发，负责保护。今越时四月有余，未蒙核定掉换办法，各商民向敝会严词诘责，纷至沓来，应付俱穷，颇难忍受。此事关政府信用，于准销印花前途影响甚巨。据陈前情，合亟电恳大部从速核定办法，俾缴存旧票，早日掉换等情到部。据此，查此案前据该局造具清册并拟定办法数条，先后具呈到部，当经批饬将原发行机关所造清册并案赍部，以邀核办在案。兹查该商会来电所称缴存旧票数目，核具该局前造之数相符，应准查照前呈所拟办法第二条，先行掉换。至其他各处仍应遵照前令，将各原发行机关所造清册迅速呈赍，以凭核夺，合行令仰该局长即便遵照，此令。

中华民国十七年四月十三日

(《财政日刊》第123号令)

代电宁波总商会催速筹募续发二五库券款文

宁波总商会鉴：鄞县派募续发二五库券迄今尚未报解分文，查第一次二五库券，鄞邑共募券额五十五万余元，计至上年七月份起至本年三月份止，收回各期本息已达二十万元以上，除第二次认购九万余元外，尚余十万数千元。兹以收回之款移作续购之资，既非另增担负，尤属义不容辞，且省政府对于甬商军用垫款业已核定，另以债票抵还，体恤商情异常周至。各商家对于应购续发库券，亦当顾念大局，踊跃输将。务请贵会再行切实劝募，即以收回第一次之库券余款定为此次应募之额数，分类设法筹集，克日报解，以济要需，北伐进展，待款甚急，幸勿稍延，至所切盼，省政府财政厅江印。

（《浙江财政月刊》1928 年第 4 期，公文，1928 年 4 月）

国民政府财政部批第四九二号

批原具呈人浙江宁波总商会

呈一件为美球工厂出品确系机器仿制洋货，请令浙江邮包税局免征邮税，以维国货由。

呈悉，即据呈称，该工厂于部厅均有成案，只完关税一道，何以二五内地税照章缴纳，而于邮包税独持异议，殊不可解。惟并据声称，江苏邮包税局对于该厂出品仍不征税，是否属实？候令行该局查明具复核夺，仰即转行知照，此批。

中华民国十七年六月十三日

（《财政公报》1928 年第 11 期，文书）

浙江省政府建设财政厅公函第七七六号

函宁波总商会请协同市县政府筹募公路公债由

案查本省发行公路公债，前经省政府派定销额，分饬各县于本年九月底照额募解，旋据各县呈报筹募困难情形，以展缓或减免为请。又经核准给予变通，所有外县派销公债按照原缴额数分作两期募足，第一期仍以本年九月底为限，第二期以本年十二月底为限，各募全额二分之一，不得再有短数逾期。续于九月养日代电饬遵在案。现在第一期业已逾限，鄞县派额三十二万元，应募（款之）半数尚未募到。此项公债为筑路经费之来源，现路工正在积极进行，需款甚亟，断难任延。除分电严催外，素仰贵会热心公益，众望所归，甬郡又为商业繁盛之区,倘承鼎力赞助,必收美满效果。相应函达贵会,请为查照协同鄞县县政府及宁波市政府,将该县应募之公路公债按照派额切实筹募,以清要需,至纫公谊。此致

宁波总商会

财政厅厅长　陈其采

建设厅厅长　程振钧

(《浙江省政府公报》第444期,函电,1928年11月2日)

省借款改认廿五万

宁波商会本认借省款三十万,兹悉银、钱两业,昨又自行讨论,结果,决应借二十五万,银业仍认十万,钱业改为十五万,月息为一分五厘,杭、绍一律。闻商会已公函财厅,省方特派来甬接洽委员祝履中,亦定今日返杭复命。

(《申报》上海版1929年12月10日)

三、政治篇

初次会议浙路招股事

甬郡商务总会日前邀集各绅董，会议全浙铁路招股事宜，磋商良久，始散。此事当道自奉宪札后，即照会商会董事开议。因各商于此事未知办法，且招股实非易事，以今始开议，至如何办法，尚须续行会议云。

（《申报》上海版 1906 年 5 月 6 日）

短班闹事首犯正法

甬江众短班米司，前因加增工价闹事，已纪本报。兹悉当日众短班闹事时实系叶昌才为首。宁府暨鄞县亲莅弹压，叶乃率众与之为难，用石乱掷。府县急即避入万顺店内，旋由后门逸出，叶复手持木棍率众将城守刘都戎、甬东司丁巡检殴伤。事后由高令饬差将叶昌才等四人拘住。次日喻太守会同高大令提讯后即电禀浙抚核办。十二日宁府接奉抚宪批饬，将叶昌才即行正法。宁府当饬高大令会营押赴南门外行刑。其后叶之家属老幼群至老协兴米栈滋扰，栈主好言劝慰，各短班又复相率停工。各米栈乃邀集绅商赴商会会议劝谕开工，许将被押三人禀请府县保释。叶之家属已由各栈主捐集银洋若干给恤，各短班亦闻有每人每日捐钱一文为叶之家属养育费云。

（《申报》上海版 1906 年 6 月 7 日）

甬商认筹铁路股份

全浙创办铁路，前由上宪札委甬郡当道设法招股。当道奉札，当照会商会董邀集殷实绅商，会议招股事宜，开议多次，迄今始有头绪。闻鄞县各商认定股银十万两，奉化县各商认定股银五万两。现由当道就宁波商会内设立全浙铁路招股公司，以便各殷商就近交付股银。

（《申报》上海版 1906 年 7 月 26 日）

慈溪学商界恭祝立宪

慈溪城内学、商两界于八月二十二日就商会举行立宪祝典。是日莅会者为县主吴大令、警察长刘君，中城、藕田两小学校学生亦整队赴会。其秩序如下：(一)行祝贺礼；(二)恭读谕旨；(三)敬译谕旨；(四)来宾演说；(五)学界演说；(六)商界演说；(七)学生唱歌；(八)散会。

（《申报》上海版 1906 年 10 月 14 日）

慈城商学界开会认股

十二日，慈城商学界在中城两等学堂开会，集议拒款办法。商会总理任杏卿君首先认股三百元，于是众皆踊跃，共认银三千二百元，并拟通信各乡商学界劝其量力入股云。

（《申报》上海版 1907 年 11 月 26 日）

甬郡商会发起开会

甬郡商务总会各董发起，定于十二月初六日就明伦堂特开商办浙路甬上集股第一次大会，业已遍发传单，通告农、工、商、军、学各界届期齐集，讨论一切。

（《申报》上海版 1908 年 1 月 2 日）

各省筹办咨议局·宁波

鄞县同乡公鉴：咨议局议员选举调查事务所设于宁波商会内，现正派员在城乡各区调查。凡吾鄞同乡寄居外府、外省及外国有选举资格者，请速将姓名、年岁、住所及合何项资格详细开明，寄本邑事务所，以便入册。公权所在，幸勿放弃是祷。鄞县选举调查事务所启。

(《申报》上海版 1909 年 1 月 3 日)

商会挽留汤总理并请邮部废约之会议

郡城后市商务总会，因浙路汤总理以邮部款不发，约又不废，近将得力之工程师邵君善闻调充徐海清铁路工程师，竟使浙路无款无人，意存破坏。现汤总理决计晋京力争此事。兹商会总理费君冕卿于昨日午后开会，邀集绅商学界多人，语甚愤激。经众决议，挽留汤总理，以主持沪杭甬铁路事宜，并拟筹商对付邮部方法云。

(《四明日报》1910 年 7 月 19 日)

提法司李详宁波地方审判厅呈宁波商会违法照会侵害司法独立请据情转详文

为据情转详事，案宁波地方审判厅呈准宁波商会照会。据商人胡开桢略称，向在郡城灵桥门车桥下地方租赁市屋开设正和伞店，百有余年，继后老店自房主李姓管业以后，亦数十年。光绪二十五年间，因近邻有屋相合，议定搬移李姓。惟屋之虚闭挽中相商，另立年限，重立租契，内载明准租十五年，不能增减更易等字样，并房东、租户于限期内均不得退租。虽契由房东执存，而契底稿系房东自起，尚存商处，然则既有此铁据存在，彼此原无异言。不料有贴邻大茂糕团店之王明鸿，怂恿其股东，欲放其店面，前年百计向李姓房东租屋。其时李姓亦因商之租契明订十五年之期限未满，碍难另召，事遂中止。去年十一月三十日夜半,隔河德兴纸店起火,顷刻焰及商店,渐烧店铺一百余间。于大火之后,王明鸿首至李姓重价招租,现已成议,着地保来传,即速搬移。商谓契租早订年限,期限未满,绝不他徙。恐势孤力薄,未免被人夺租,生计难保。为此略陈贵会邀集房东,信守契约,照旧续租,以重市规而保商业等情。据此,查该商在车桥下地方开设正和伞店历有年所,自该店屋归李承涛管业后,另立租约,有十五年内不能更易增减字样,契稿尚存。今正和伞店无辜延烧,小本经营不堪亏累。该房主李承涛似应践守旧约,仍准据租开张,借以恢复,不得另租他人。兹据前情,相应照会贵商查照前案,秉公裁判等由。准此,伏查审判厅衙门之设立,系为司法独立,人民果有冤抑,应行控诉之事尽可查照管辖,民事赴厅具呈,刑事呈由检察厅核定起诉,听候审判官公判。不服则层递上诉,不论何项官厅会所,概不得干预。宁波商会以法人资格,辄以关系房产涉诉案件照会本厅裁判,姑无论其以何等地位自居,按之法律实为违背。倘各处纷纷效尤,司法前途必多窒碍。除由厅明白揭示外,抄录揭示呈请转详宪台札饬劝业道,分别知照各商会一律遵守等情到司。据此本司复核无异,理合照录揭示,据情转详仰祈宪台察核俯准,札饬劝业道分别知照各商会一律遵守,为此备由具册,呈乞照详施行。

计粘抄宁波地方审判厅揭示稿

本年正月十二日,本城商会照会本厅,据商人胡开桢略称,房东李姓信守契约,照旧续租,以重市规而保商业,请求本城商会照会本厅秉公裁判,令该房东不得另和他人等语,伏读宪法大纲"君上大权"一章,君上总揽司法权,委任审判衙门遵钦定法律行之,不以诏令随时更改,其注曰:司法之权操之君上,审判官本由君上委任代行司法云云。又"臣民权利义务"章曰:臣民可以请法官审判其呈诉之案件。又曰:臣民应专受法律所定审判衙门之审判。可见一切诉讼案件,人民当向法官呈诉,亦不可不由臣民径向法官呈诉,即人民除审判衙门外,凡属诉讼案件,无受其审判之义务,即除审判衙门外,不得干涉审判也。臣民也者,无论为商、为工、为农、为士,即为官吏,苟以私人之资格,皆臣民也。岂因其为商民而能享特别之权利?即就商会之资格而言,自国家之法律观之,不过一法人而已，即商会本身有钱债等关系，亦当受民庭之审判，即商会本身有犯罪等行为，亦当受刑庭之审判，其他商会董事等私人资格更无论已，未闻有不受国法统治之。现今国家虽弱，除国际法及条约所载，系由国家明文制限自己以外，未闻国内中对于何种人格而许与以享受治外法权者也。今商会不畏国法，不尊重宪法大纲，对于君上所委任之审判衙门，擅自照会本厅审判，干涉臣民之呈诉，则所谓臣民应专受法律所定审判衙门之审判之上谕将置之何地也？岂本审判衙门有受商会照会之义务耶？抑本审判衙门非法律所定之审判衙门耶？实属误谬已极。况商会既非本厅所委任之收状处，又非本厅所承认之代诉人，何得委用照会前来干涉审判。且自去年十二月，司法机关在杭州、温州、宁波各处既已成立，则凡地方诉讼事件，虽在审抚提法司尚不能违法收受，而商会仅属法人资格，并非国家之何等机关，安得妄收臣民状纸，越权代理，以侵蚀司法之领域？嗣后，商会凡闻臣民有所冤抑，固可向检察厅告发，再由检察厅检查确凿，实行起诉，然后乃可受理。若系钱债、田宅、器物、卖买等争论事件，必由臣民径自买法定状纸向本厅呈诉，即由本厅审理曲直，大开公判，商会亦可到厅旁听，倘有不公正在，当事之臣民自可按照法定期间向高等审判厅控诉，再不服，可向大理院上告。是法律之所以保护臣民者，既已周至详尽，断不容受国家法律之统治之一法人辄敢干涉君上所委任之审判也，特为明白揭示，俾各知之。

抚院增批：详悉，仰候据详并抄录示稿，札饬劝业道分别照知各商会一律遵照，此批，二月二十六日。

（《浙江官报》第3卷第16期，1911年）

余姚富家之野蛮举动

上海商会致余姚商会电：沪全泰美号倒欠庄款已越三载，各庄迭禀，沪道移请甬道札县关提，股东陈芝生延抗不到。本月各庄又禀道移提，并派友坐索。顷据来会声称，接去友两次急电，陈宅先于饭菜置毒，继竟纠合百余人，持械打逐，（致）行李被毁。同业大愤，即开公所集议，乞速维持等语。查沪庄赴姚索债曾禀沪道先期移追，而所派又皆庄友，乃竟置毒谋害，纠众械殴，出乎理法之外，殊非富绅所应为。本会与贵会同有保商之责，事关商务大局，恳速剀谕陈宅迅速了债,并查明电复,以便核办。沪商会。个。

余姚商会复电:个电悉,全泰美案遵即告知陈宅,据称陈芝生在沪具呈沪道,并电禀敝邑尊,经敝会遵电剀劝该家属。现允挽理,请致各庄派代表来姚,细情理后牒复。余姚商会。漾。

上海商会照复余姚商会文:查全泰美砖灰号股东陈芝生殴逐沪庄索债伙友一案,前准贵会电复(中略)等因。当经抄电转致去后,兹据钱业众商暨寿康恒德等庄先后复称,全泰美欠案,讼经三载,陈芝生系该号巨东、姚邑首富,人所共知,屡经沪道移请宁道宪札县饬传,并两次委员至姚关提,均未到案。乃忽于各庄友赴姚之际,不先不后,突自来沪投案,其谁信之。况姚会来电谓,据称已具呈沪道并电邑尊,而于聚众械逐之事不着一字,是该家属尚未知悔过,尤属显然。沪市钱业以宁绍帮为多,前次赴姚各友十七人,栈司五人,内宁苏伙友只六七人,余悉绍友,而余姚籍尤居多数。陈芝生彼时如果出理,早可了结。今以同乡人而作此野蛮举动,不特贻祸大局,且更贻笑外邦,以后钱业何能立足,现在事已在官,惟有听官办理,不能再派代表往受殴逐等语。查此事自各庄友被逐回沪,南北钱业大动公愤,业经一再集议,佥谓钱业以出放巨款流通商市为营业。若放款而不能索,则钱庄血本日处危险,金融机关全遭失败,大局何堪设想,业已公禀部院宪暨道府各宪吁请严追惩办矣。除由各庄友诣前面陈外,相应据情照复,为此照会贵会,烦请查照。

(《申报》上海版1911年7月7日)

宁波光复记

(上略)文汇报十六日宁波访函云,宁波于十五日下午为民军安然占领,民军初仅六人,由罗[①]君领队,先至电报局,继至各衙门,所至各处咸受欢迎。今日全城白旗飘扬,景色为之一变,大街各店铺闭门约一小时,既而开门照常交易,令人视之疑入梦境。数日前商会已将此事议定,即请官场切勿抗拒此事。民军见城上已竖白旗,即至大清银行收归新政府所存现洋四百余万元,悉数运至城

① 应为卢,即卢成章。

内。下午四时罗君往谒英领事。罗君为宁波人，新由英国回华，年三十有五，短小精悍，操英语极熟，父在汉口经商。闻今日已设司令处于道台衙门，全城已颁行军律，县官未更，仍任防卫之责。城中广贴告示，凡损害外人财产或掠抢放火者，即须斩首，镇海城及炮台今日均被占领，人民亦均悬旗欢迎云。

（《申报》上海版 1911 年 11 月 8 日）

宁波罢市续纪

宁波因统捐激成罢市已纪昨报，兹又悉慈溪各铺户商众每家各举一人于十九日（旧历二月初一日）晚潮特雇乌篷船十五只星夜上甬，到北门局请求撤销统捐局……

附宁波商会电：杭州都督蒋财政司长高钧鉴，统捐细则繁苛，稽征多处，将来留难需索更甚旧清厘金，商民惶惧。东日慈城罢市，今日北局聚集商船百余号，汹汹滋扰，已肇祸萌，万一激成巨变，何堪设想。请将统捐暂行停止，召集各商汇议另订妥章，以恤商艰，而弭后患。宁波商务总会。冬。

（《申报》上海版 1912 年 3 月 23 日）

商会请开庆祝会

宁波商务总会昨致鄞县署公函，略谓总统选举法修正公布后，北京商务总会联合各界于一月十日举行庆祝会，晚间兼行提灯。本会各议董暨众商民亦以大总统选举法告成，从此政治改良，基础巩固，商民可以安生乐业，且宁波系通商大埠，人民蕃庶，群情尤深欢跃。拟于二月二十六日联合各界在旧府署公园开会庆祝，并自二十六日起二十八日止晚间举行提灯，以纪盛典而申庆祝。除函请会稽道尹核准外，应请贵知事查照转知各自治学校于本月二十六日至二十八日夜间一律举行提灯，实纫公谊云。

（《申报》上海版 1915 年 2 月 24 日）

中日交涉汇闻

政商各界文电

长江巡阅使张勋对于中日交涉，前日又有第二次电陈总统，略称日本无理要求，万难稍予迁就。总统受清室之禅让，国民之拥戴，尤望坚忍拒绝，早定大计，勿失海内喁喁之望等语。总统阅电后，以张将军忠勇爱国，极堪嘉尚，特饬机要局发电告慰，并告以中日交涉现正推诚磋商，不难和平了结云云。

又宁波商会上总统政事堂、外交部、参政院等处，电云日人要求，据西报所传，条件严酷，绝无磋商余地，果如所言，国家存亡关系甚巨。凡有血气，同深愤恨，应请政府代表民意，坚持最后主义，严厉拒绝，并恳大总统将要求条件择要宣示，以释群疑而安人心，大局幸甚。浙江宁波商务总会暨众商民叩。

（《申报》上海版 1915 年 3 月 6 日）

宁波快信

此间日来谣言颇多，前昨两日现升每百元骤涨至十七八元有奇，四民无不忧形于色。而镇海城中尤形恐慌，道途纷传，谓为被拘之海军甘泉水艇不肯放还，中央有欲派海筹来攻镇海之说，因此城中殷富人家竟多纷纷迁居乡下者。

查甬埠商务总会确于前一星期接有驻沪海军行营处来电，嘱转告镇海官商迅将被拘之甘泉轮释放，以重港务，否则有饬舰请命害及无辜，有伤人道等语。次日，即由该商会照叙来电，分头函致甬镇军政警各官厅及镇海商会。闻旅司令长韩少梅、外海水警厅长王醉卿均以兹事未奉省督命令，未便擅主，昨特先后往省请示办法矣。

（《申报》上海版 1916 年 5 月 25 日）

再志甬埠商民之恐慌

旅沪宁波商家近接原籍各商号来电谓，甬埠到有北洋军舰三艘，商民疑虑，金融骤紧,请暂停止装货等情,已志二十三日本报。兹悉此事发生,原因系海军部上海总轮机处接到刘总长行营来电,以向驻象山军港之甘泉军舰近被浙军在镇海扣留,饬即索回防护象港等情。轮机处当即遣派军舰前往镇海要塞,向王、韩两司令索取。因浙督吕公望拒绝不允,甬地商民恐有战祸,遂大起恐慌,纷纷提款,牵动市面现象。镇海、宁波两商会已于昨日分电杭、沪两商会,请速转恳吕督俯顺舆情,准将甘泉舰放回象港,以平意见而安民生,未知浙督能允如所请否。

(《申报》上海版 1916 年 5 月 25 日)

甬埠人心安定

浙省宁波商民因海军总轮机处索取被扣军舰甘泉号,浙督吕公望拒绝不允,彼此相持,恐致决裂,特由宁波、镇海两商会陈请吕督,准将甘泉放回象山驻防军港,已志前报。兹得旅沪甬商处消息,吕督对于此事,其初颇持强硬态度,□因甬、镇两商会公电要求,而旅沪浙商及杭商会亦出面协请,故遂俯顺舆情,电饬镇海要塞王、韩两司令,已于二十三日晨将甘泉轮释放开回象港。当该轮起碇时,并由炮台鸣炮敬送。自此事解决后,甬地人心释然,故昨日汇水已跌至十二元矣。

(《申报》上海版 1916 年 5 月 26 日)

宁波独立之沪滨消息

宁波独立消息传至沪上,各界闻之莫不非常注意。盖以此事关系政局,殊匪浅鲜。而浙、沪两地犬牙相错,于军事上亦必有连带之关系。即以各项商业言之,其影响之大,亦自在意中。故昨日传说纷纷,人心颇为摇动。兹将各方面所得消息摘其大要分列于后。

杭沪军署之接洽(略)。

宁波商会之复电:宁波旅沪同乡会,昨闻甬江独立,当即发电询问,旋接宁波总商会来电照录如下:甬安,乞转告同乡。

甬闽商帮之电音:沪埠商界昨日迭接甬商私人来电,得悉自前日宣布独立后,水陆方面立时戒严,商业冷落,银根急迫,故沪商对于甬埠来往各货,咸有戒心。南市转口各米行,昨已报装招商局江天轮船之籼米杂粮等货四千余包,即行退关,暂时停运,以观其后。又得钱业来电云,甬埠独立后,汇水骤涨,已至九十五元。故本埠昨日银拆上午亦涨至四钱半,下午收盘回至三钱五分。又接福州来电谓,前晚省城忽然发布特别戒严命令,南台一带热闹之处,军队满布,晚间七时已阻断交通,大小商业顿起恐慌,以后有何变相再当电告,惟前办之货请暂停运,以避危险云云。

赴甬商轮之照常:(略)。

(《申报》上海版 1917 年 11 月 28 日)

浙甬事变经过之状况

……四时后,江北岸一带各处要巷均有兵士戎装实弹守住要口,如备巷战。前、中两街及车站、马路均断绝交通,各店铺齐落排门。五时有戎装兵士数十人守住四明银行,向该行商筹急饷,语尚委婉。当由该行会计交付现钞万元,遂即回去全数检交其上级军官某君散发。时蒋、周、叶、刘及各级军官均在呦呦番菜馆晚餐。当邀刘道尹、周厅长、王知事、商会总协理及商界要人齐到该处集议善后办法。蒋、周、叶、刘诸人以举事失败均深引歉,并谓下级军官及溃败兵士应如何设法给饷缴械遣散,以免后累,还希诸公筹策。当由刘道尹与商会总理费冕卿及商董徐铁生等担任筹资八万元,作为遣散军队之用。蒋、周、叶、刘及民党中人旋即移居中村旅馆,有见者谓周、叶、刘三人颇形懊丧。费、徐二君为筹款事彻宵未睡,疲于奔命。闻败兵开回之际,刘团长炳枢尚未上车,部下兵士均不肯行,有死则同死,回则同回之语。刘竟为之下泪。是夜各兵士巡守各街极为严密,一切举动亦尚文明,幸得无事,此二十九号日夜之情形也。昨晨本埠城厢内外居民闻有商会筹饷解散溃兵之耗,皆释然以为无事。不意至八时许,竟有不肖溃兵二十余人拥至东门街,先开放空枪一排,肆行抢劫……统计损失不下三四万金。一刹那间城厢内外江东、江北等处各店铺全行罢市,停止贸易,城门遂闭,旋即又开。各要处由县知事王君派出团防保守,交通遂又为断绝,施放空枪之声时有所闻。城内街衢河道随处有遗弃军服、徽章、子弹等物，一时居民异常惊惶，多纷纷携眷挟箧出城避难，轿船人夫无不利市三倍。其时各处街上除江北岸外，竟无一警察巡站，殊可怪矣。至十时许，因恐匪类混迹入城，遂将新老江桥均行开断，阻住往来，城中愈形慌张。午后二时，始仍接排照常通行。当十时后，商会即筹集现洋六万、钞票二万，解交旧提署团本部给发缴械遣散。兵士每名给五十元，军官每名给三百元。闻当场给发至七万余元，惟尚有第三营兵士若干名，因前日车辆已满未回，留在慈地，犹未给遣。先夜商会曾经赶办元色棉衣四百套，以备兵士卸去军衣后换着之用，后因团本部事在忽促，亦未来取。午后复闻有未缴枪械之兵士二十余人，齐到县署请给饷项。当由王知事按名给发，缴械遣散，并云尚有数十人犹未领到。此滋扰及遣散之情形也。又是日……夜间周厅长饬令各分署多派巡士分头巡逻。江东方面商界亦令皆安、保安等水龙会出防梭巡，以备不御。此昨日午后官绅一致维持治安之经过情形也……

（《申报》上海版1917年12月3日）

宁波事平后之沪滨消息（三）

宁波商会之报告

宁波总商会致旅沪同乡会函云，卅电计达，东电谅邀台阅。十五日五时溃兵回甬，人心恐慌，城内居民纷纷逃避，新招巡防又未成军，当由王知事派旧有巡防，分防东门、江夏等处。六时中国、四明二行，溃兵围借饷款，云由司令部来，扰攘四时之久，不得已由四明先给万元。斯时司令部已无威力，蒋、周、叶、刘均在江北岸呦呦旅馆作总机关，由吴镜清及绍冠前去接洽，索款八万。处万分危急之秋，稍纵即逝，不得已允许以缴械遣散溃兵为交换条件。时已急促，无现款可筹，向四明、中国各借四万元，允克日归还。本拟当晚遣散，因刘团长迟疑未决，至天明时尚未办妥，而沿途溃兵，无人约束，东门一带放枪抢劫，损失甚巨。直至十二时始行缴械遣散，新江桥被警厅开放，所有溃兵出西、南两门居多。本日十时，童师长前队抵甬，系伍团长文渊督率，约兵三连，师长暨全队约二时可到。惟经此大变之后，东门左近尚未一律开市。虽由警厅、商会通告，鉴于昨日之失,终觉疑信参半。此次事起仓猝,幸地方官极力维持,叨福良多。此次大局频危,稍有身家者,均闭门不出办事。诸君奔波于夜,涕泣号呼,(将)身家性命置之度外,无非(为)地方大局计,尚祈同乡诸公一念及之,此颂台安。宁波总商会。启。

(《申报》上海版 1917 年 12 月 4 日)

宁波事平后之沪滨消息(四)

甬杭市面之恢复

甬地市面现已逐渐平复,惟金融周转尚觉呆滞,是以甬商会极力维持,分向杭省、沪地等运现款以资接济。闻自昨日起换,现贴水亦复平落,即避难之人亦陆续返甬,市面得以恢复。

又闻杭省自宁波事变即经杨督军命令戒严,晚市于九时停止交易,金融颇受影响。现因甬地平静,省垣夜市于前日起仍令照常,故戏团等亦可演至十一点停锣。换现贴水每百元已降至一元三角,核与平时无异矣。

(《申报》上海版 1917 年 12 月 5 日)

浙潮平靖后之甬讯

宁波独立风潮已完全平定,刻当局正在办理善后事宜。兹得甬讯述近日情形如下:

军队之莅甬:(略)。

商市之状况:本埠城厢内外各商店,昨由鄞县王知事函知商会,略谓溃兵遣散,大局就安,省军业已到宁,秩序渐可回复。乞转告各业董速即照常开市,勿庸恐慌,以安人心。经商会传知各业后,多已开门贸易,惟东门街一带,因前日饱受惊恐,故仍未开市。至钱业,则已照常过账,现升仍十六元左右。(下略)

(《申报》上海版 1917 年 12 月 5 日)

甬客报告宁波现状

此次宁波自主风潮，未数日即已平静。乃前、昨两日本埠市上谣传宁地又告独立，致旅沪宁绍帮人互相出探确息后，经同乡会于昨日午后得有由宁来申之同乡报告，谓宁地平安，一切秩序亦已规复，所有资遣费虽经商会募集，现拟连同商号居民所遭损失，调查明确，禀请官厅酌核补偿。曹娥、百官两镇被灾商民及大舜庙旁侧民房曾被炮弹击毁者，连日亦在分别调查云云。该会据报后，当将宁绍平安确息遍告同乡，以释疑虑。

（《申报》上海版 1917 年 12 月 8 日）

宁波办理善后事宜之消息

旅沪绍兴同乡会昨得宁绍消息，谓此次宁波东门商店居民所受损失，经商会调查，禀请官厅核偿抚恤去后，业经省督允为补偿所有。曹娥、百官两镇亦由上虞王知事连日派委详查，一俟查竣，即当并呈杨督军核拨恤款云云。现宁波同乡会代表等见甬地善后事宜均已妥洽，故已返沪。

（《申报》上海版 1917 年 12 月 10 日）

电请止调超武轮

宁波总商会十四日电杭州督军，略称，据北号源润、南号仁和等三十四家声称，商船远涉重洋，设遇海盗，全恃超武兵轮保护。兹闻该轮拨归督署管辖，势必调遣他处，深虑海盗猖獗，营业前途益形危险，恳电呈督军收回成命，藉资保护等语，合亟电呈伏乞俯准，不胜迫切待命之至云。

（《申报》上海版 1918 年 5 月 18 日）

函请一致维持烟禁

宁波总商会昨接杭总商会函云：鸦片流毒尽人皆知，我浙人民陷溺其中，以致委靡不振，废时失业者不知凡几。自前清政府悬为厉禁以来，经地方官绅及商、学各界竭力劝导，始得次第肃清，讵一方面力自振拔，一方面欲以鸦片制药，陷我浙民。此举若确，流弊所及，设想何堪，除呈督军暨省长外，兹将呈稿录请贵会察照，敬祈一致进行，以维大局，全浙幸甚。（下略）

（《申报》上海版 1918 年 8 月 9 日）

甬商会请拒指销存土之呈稿

宁波总商会因指销存土流毒梓乡，特于本月八日开会集议，呈请浙省督军、省长转呈政府撤销前议，并将呈稿抄寄旅沪同乡会查照。原稿录左：呈为鸦片制药流毒无尽，吁恳转呈撤销，以维大局而重烟禁事。窃维鸦片流入中国百数十年，祸患之烈，甚于洪水猛兽。前清末造有鉴于此，爰与各国商妥，颁布禁烟章程，期以十年为限，务使洋药、土药同时并尽，对于禁种、禁卖、禁吸积极进行。而我浙省地方官绅、商学各界注意烟禁，尤各抱凌厉无前之概，故能上下一心，收效之速甲于他省，即温、台各属向种罂粟之区，不十年一力划除净尽。而浙省遂首告肃清，中外人民额手相庆，以为百数十年沉沦痼疾一旦扫除，幸福当无限量。不谓浙人民方深恶痛绝，协力防维，而政府竟有收买存土鸦片制药指销，苏、鄂、赣、浙四省设局专卖之事发生，报纸喧传无可掩饰。近且有无耻敛钱之徒，希揽是项营业，麇集沪上，四出运动。虽未见诸明文，其事断非无因。夫鸦片制药特巧立名词，为此掩耳盗铃之计耳。其实烟膏可以专卖，人民即可吸食，虽有法律制裁，为推广销路起见，而于查禁一事必成虚设，此禁一弛，吾恐已戒者复吸，将戒者不戒，未吸者亦因此渐入迷途，驱我浙省数十万人民尽陷绝地，弱国殃民，腾笑友邦。谁生厉阶，行此自杀政策，瞻望前途，不寒而栗。而此后四省人民废弃职务，荡灭生产，奸宄因之丛生，民气日以薄弱，穷流弊之所极，其隐患有不忍明言者。敝总会为保全大局起见，为此不揣冒昧，具呈请求，仰乞钧长俯赐鉴核，转呈政府撤销原案，履行禁烟条约，免致功亏一篑，以维烟禁而保大局，实深公感。

(《申报》上海版 1918 年 8 月 15 日)

关于拒土之函稿

会稽道尹张鼎铭致旅沪同乡会函云(略)。

又奉化县商会会长周董南、傅舜逊致杭总商会函云：径启者，近阅报载鸦片制药指销浙省，彼营私者，即出运动手段，多方谋办，置种种祸患于不顾。讵我浙前次烟禁森严，业经较各省早告肃清，焉可假制药为名，贻祸浙民，终使吾民再入黑籍，永永沉沦耶。兹闻贵总会函致长官，亟请拒绝。曾蒙军、民两长电部请免指销，仰见好恶同心，无任感颂。惟以部复不日到省，如已取消，固可不论。万一稍有含混，仍望贵总会始终坚持，必欲达此免销目的而后已。敝会同人亦浙民一分子，应当列名之处，惟听贵会长裁酌施行。

(《申报》上海版 1918 年 8 月 30 日)

旅京浙绅与甬商会之公函

宁波总商会日前接到旅京同乡会汪伯唐来函云：径启者，存土制药运销一案，前经夔琦、汉章向政府立言，已由内务部将办理情形电达杨督军、齐省长转致各界，顷复公同议会多数联名函达钱总长，请其将免销浙省一节切实声明，以释群疑。一面函请杨督军、齐省长制定规条，通饬所属实力严查，杜绝祸患。仍请贵总会设法拒止，免滋流毒，并转致各分会一体进行。遇有私运烟土之奸商，举发到官，从重惩罚，俾绝销运之路，而完同禁之功。不胜盼切，仍候复示。除函致杭州总商会外，专此奉布，祇颂公绥。甬商会费会长复函云：伯唐先生暨同乡诸公钧鉴，展诵大教，祇领一是，存土制药运销一案，迭荷诸公鼎立斡旋，并请钱总长切实声明，造福桑梓，百万人民同深铭感。查存土制药销浙流弊无穷。经敝总会暨杭商会提倡拒绝，并通告全浙各商会群策群力，积极进行，弗令毒药丝毫侵入浙境。今蒙诸公力障狂澜，定可达转圜目的，尚乞毅力维持，庶我浙人不至再罹烟祸，感沐鸿施宁有涯涘。肃此布复，敬颂钧安。

(《申报》上海版 1918 年 9 月 14 日)

杭州快信

宁波商会上年甬乱时解散叛兵垫用洋八万元，虽奉部令核准拨还，迄无切实办法。昨始由财部咨行到浙，分两年在国税项下摊偿，已转行该商会查照。

(《申报》上海版 1919 年 1 月 27 日)

商会垫款已准摊还

总商会于六年冬间垫付甬变时之遣散军队用费洋八万元，经浙中当道一再沥陈中央，请予拨还，以恤商艰。虽奉允准，迄无切实办法指示。近始由财政部咨行到浙，核定在国税项下分两年如数摊还。闻该商会已奉到是项饬知矣。

(《申报》上海版 1919 年 2 月 9 日)

总商会开会结果

宁波总商会十七日开会讨论提倡国货，各业商人共到二百余人，费会长未出席，由王叔云为临时主席，报告宗旨，略谓外交失败，祸患日迫，亟宜提倡国货，藉谋抵制，请诸公从详讨论云云。郑松馆起言，此事各界已一致进行，本会似可不必举动，且此种事行之无甚效果，何必多此一举。旋由冯梓美极力辩驳其说，卒以冯君议付表决通过。次由余子权代表糖业谓，某国货除洋布及各种洋货外，唯洋糖为进口大宗之一，现查糖业中向某洋行预定之货尚未运到者，约计十余万元，正拟设法解约，嗣后不再订货，以示决心。洋布业石运阜谓，本业关系甚巨，已经同业决议，准明日在洋货公所集商妥善办法，再行报告。嗣经到会同人议决，此事既由本会提倡，更应由各业自行设法劝勉，期达实行抵制之目的而后已。众皆赞成。散会时已五句钟矣。

(《申报》上海版 1919 年 5 月 21 日)

宁波罢市志

浙江宁波各界闻京汉学生因青岛问题集会演讲被军警逮捕，群情激昂。五日又闻上海罢市之耗，影响所及，已有商、学两界联络罢市之传说。晚间商会接旅沪同乡会来电云，沪埠罢市，吾甬速一致进行云云，众意乃决。六日午后一时半，各校学生陆续至江北岸新民鼓舞台门首聚会，共计到有千余人，商界中人亦不少，多执旗帜排队出发游行示威，秩序整齐。而所过城厢内外各店铺，不待劝告，遂争先纷纷闭门，无一踌躇观望者，可见人心之一致。时警厅长虽派有各警佐分头劝谕开门，无如各商店均以事属公义，多未之听。军警长官恐有不肖之徒乘间生事，早派军警多名分队游行防护。县知事亦派巡防队出哨梭巡，以维地方秩序。商会于午前恐有罢市之举，先有电致政府，请释放被捕学生，以安人心。不料午后已见实行，立即邀集各业商董及绅学各界开紧急会议，当时议决如左：一决议由本邑各机关电请政府释放被捕学生（电文录后）；一请官厅协力电恳释放被捕学生；一决议以当业、米业、鲜咸货行、蔬菜业均与小民生计有关，劝谕照常营业，免生意外；一请警厅长分令各管辖分署加派警察维持秩序。

其致北京电文云：大总统、国务院钧鉴，北京学生演讲被捕，群情愤激，全沪罢市，甬地影响，人心惶惶，不可终日，乞从速释放，以安人心，而弭隐患，迫切陈词，伏维垂鉴。浙江宁波总商会叩。午后续电云：北京大总统、国务院钧鉴，鱼前电计呈钧鉴，本日午后二时，宁波全埠竟一律罢市，人心浮动，祸在眉睫。商会极力劝谕无效，迫恳俯念地方治安，将被捕北京学生迅予释放，以维危局，不胜迫切待命之至。浙江宁波总商会叩。鱼。

又电杭州云：督军、省长钧鉴，甬地受上海影响，已于鱼日一律罢市，人心浮动，祸在眉睫，除由商会设法劝谕，并请地方官厅维持秩序外，迫恳迅电政府将被捕北京学生从速释放，以维大局。宁波总商会叩。又城厢自治会电略同。

（《申报》上海版 1919 年 6 月 9 日）

各地罢市消息

宁波商界六日罢市，七日午后商务总会得内务部来电（即否认北京捕虐学生之鱼电），官厅亦得督军、省长两电，大致皆劝导开市之词，并谓北京学生被捕之说，道路所传，未必尽符事实云云。又谓顷准教育部电，北京并无逮捕学生之事，学生各归本校，风潮渐平云云。王团长、张道尹即会衔布告，略谓罢市之举，原于学生之激动，殊甚骇异。甬地中等以上各校业已放假，安得有如许学生在外激动情事，是必为奸人煽惑。本埠大小商店遵照务即照常开市云云。随派出军警多名巡街，一面又各令属员到各街各商铺劝谕开市。有听劝遂开门者；有开后即又闭门者；有答以商业自由，吾商界为爱国起见，情愿牺牲私利，毋劳军警前来干涉者。至午后查东门街一带迄大池头止及小江桥等处，各大商店均仍坚闭，城内大有丰、大有恒二广货店，则禁闭前门，从后门出入。美华利钟表店门贴有韵语，谓本号营业自由，军警不必干涉，伙友不愿上柜，商民愿受损失。江北新生号元大亨，亦贴有奉店主谕，休息数天，营业自由，军警不得干涉等语。其他各街市则开者过半（按罢市时江北岸各商店首先闭门，东渡门钱行街、糖行街、大池头直街，江东后塘街、百丈街，新河头灰街各商店继之）。八日则城内自东门迄鼓楼前大商铺一律闭门，较前日更坚。灵桥门、江东、江北一带亦然。下午三时后，西六外商店自白石桥头起讫航船埠头止，亦均闭门。钱业本议自八日起，先将上海汇划收解，一律停止，本埠仍照常过账。迨至晚间，各庄职员开紧急会议，多数主张完全停止。报关各行决定自九日起，凡各埠进口、出口货物，一律停止报税矣。

七日下午二时，救国十人团团长金臻庠联合各救国团团员，至江北岸新民鼓舞台开会演说，到有四千余人，商界中人为多。八日又假府学明伦堂开国民救国大会，军警亦未干涉。

总商会正、副会长费冕卿、陈兰生于此次罢市风潮，备受学界之攻击，与官厅之诘责，该会于七日下午七时邀集各会董开紧急会议，两会长决计辞职云。

（《申报》上海版 1919 年 6 月 11 日）

各界请愿联合会开会

宁波筹备请愿会，由救国十人团联合会会长金臻庠君、小学联合会会长王吟雪君发起，会同该埠各团体于十二日在县学明伦堂开会，定十三日下午一时在鼓舞台开各界联合会。是日下午三时开会，到者各团体共约千余人。首由鄞县教育会长戴敦励君报告开会宗旨，随宣读他埠各团体所请愿事件五款。次由金臻庠君、王冰生君演说。次魏笠农君临时动议，请即讨论请愿办法，众赞成，当即公推总商会会长完全代表王叔云君为临时主席，宣布请愿办法二种：一拍电；一派代表，付众表决。魏笠农君请于拍电、派遣代表二者之外，更筹相当有效办法。韩廷策君主张先行请愿，如不达目的，再想别法，众赞成。次总商会议董余子权君登台报告，敝会曾于前夜邀集会董公共议决，已发电至京，遂将电稿宣读，闻者颇为不满，责难四起，当即公推毛君等四人邀请商会正会长费冕卿君□会，以便面质。适费君他出，由某君转致数语，不得要领，众以商会已于前日在县学明伦堂开会时承认列名发电，自不能更行脱离，决定由九团体拍发公电，推乌一蝶君为起草员，草毕，向众宣读一过，无异议。复讨论拍电后无效办法，决定由每团体公推二人为请愿代表，偕赴沪江与苏省各处代表会齐赴京请愿，并即由到会各团体团长或团友当场担任，准于三日内将推出代表姓名，通函报告。各团当场担任选派代表者，为总商会王叔云君，教育会戴敦励君，救国十人团联合会金臻庠君，小学联合会王吟雪君，商业公团王冰生、毛嫁生二君，青年会及各同志会胡咏麒君，学生联合会第四中学陈鹏程君，工业研究会会员无一人到场，决由八团体公函通知于三日内选派报告云。

（《申报》上海版 1919 年 9 月 17 日）

商会会议查货办法

宁波总商会于二十日午后二时召集各业开会，讨论调查日货存货办法。到者有学生团、十人团代表多人，及糖业、海味业、拆兑业、参业等代表。首由商会王叔云君报告宗旨，略谓各业所有日货曾由敝会通告，劝令限期仿照洋广货业公决各条办理。兹据海味业复到自二十三日起限三星期售罄，糖业自二十六日起限十五日内肃清。学生团、十人团代表对于海味业三星期限期表示不满意，旋由拆兑业余子权起谓，敝业准由鄙人即日传集同行调查存货，于十五日内一律肃清。参业徐少范起谓，敝业所有东洋参已完全拒绝，惟以高丽参为大宗，可否诸君格外通融云云。当由金臻庠君起谓，高丽与台湾同为日本属地，台货既已处置，则高丽参当然不能独异，众赞成。金君又谓参业中究有存货若干，应请徐君查明报告，以凭办理。当由徐君允于三十日下午四时送到。次由王叔云君代鲜咸货业报告，谓前由该业董事冯子枚口头报告，谓该业日货止有东洋鱼一种，现在绝无存货云云。金君谓，冯君谓为绝无日货，本极好之事，惟将来贩摊如有前项鱼类发现，应由冯君负责，并要求由商会函知，众赞成。后学生团、十人团均主张，此外普通各业由两团体会同商会登报声明，限十一月初十日止一律将所存日货肃清，逾期如仍有日货摆存店中，绝对干涉。一面缮印通告数万张，分发各店铺查照。

(《申报》上海版 1919 年 12 月 24 日)

又拨还甬商垫款

宁波总商会前于七年冬间垫给遣散溃兵费八万元，嗣经费会长以商款久垫为难，迭呈省宪转呈大部，准予分期拨还，业已两次领到银四万元在案。兹届第三次应拨还银二万元，已由财政部令饬清理浙江官产处，在官产收入项下如数拨交宁波总商会，以便分别转给矣。

(《时事公报》1920 年 7 月 13 日)

宁波总商会致北京司法部电

北京司法部钧鉴：浙江鄞县地方审判厅张厅长抵任五载，谨慎廉明，恪守厥职，审理各案，准情酌理，务得其平，商民极深感戴，实为民国以来司法界中不多得之员。兹闻调任，各商环恳电呈挽留，敢乞俯顺舆情，收回成命，免予更调，恳切陈词，伏希鉴纳。浙江宁波总商会会长费绍冠、副会长陈道域暨各会董公叩。佳。

(《时事公报》1920 年 11 月 2 日)

总商会函请归还垫款

系六年间资遣溃兵费

宁波总商会以民国六年资遣溃兵，所有该会借垫银八万元先后由省拨还五万元，其余三万元尚未领到，特于昨日函请黄道尹恳为转呈省长，仍照原定办法迅予归还。兹觅得原稿如下：径启者，民国六年，甬地资遣溃兵由会借垫现金八万元，业奉财政部核准，自八年起至九年止，分作四次筹还，所有八年份应领第一、第二次摊款四万元业经领到，其九年份上半年第三次两万于本年六月间奉财政部查照原案，仍在浙省官产处拨给。嗣因官产处存款无多，仅于七月间领回一万元，其余半数尚未领到。查是项垫款，自六年迄今，阅时四载，各商借垫日久，负担益重。甬市银根奇紧，时届旧历九年底，为各商号结束一大关键，盼款归垫，期望尤切，相应函恳贵道尹查照转呈省长，令行浙省官产处，将应领九年份上半年第三次垫款半数一万元从速拨给，以符原案。一面咨请财政部查照原案，仍在浙省官产处项下拨给九年份下半年第四次垫款银二万元，俾得归垫结束，至纫公谊云。

（《时事公报》1920 年 11 月 2 日）

请还垫款之函复

系六年冬资遣溃兵费　本年份尚应领三万元

宁波商会前以六年份溃兵垫款至本年份尚有应领之三万元未曾给发，呈由道尹请转省拨给，以资结束，已志二日本报。兹闻该商会昨接道署公函云，径启者，本年十一月十六日奉督军省长公署指令，本公署为转呈宁波总商会请拨还第四次甬商资遣溃兵款项并第三次欠发半数由内开，呈悉，已咨行财政部查照指款拨给，一面令催清理官产处速行筹齐解候转给矣，仰即转致知照等因。奉此，查此案前准来函即经转呈并函复在案，兹奉前因，相应函达查照云。

（《时事公报》1920 年 11 月 26 日）

商会又开省宪讨论会

(宁波)总商会,为讨论省宪进行事宜,于今日召集临时会议,日昨发有通启云,旧历六月初六日午后三时,召集临时会议,为前推各法团联合会代表毛安卿君,旋甬报告经过情形,并已举定为省宪起草员,敬祈驾临讨论进行,是所企盼。

(《四明日报》1921 年 7 月 10 日)

(浙江会稽道尹)复宁波总商会函

十年十月十三日

径复者,接准大函,以英商美勒等在甬创办金洋物券交易所,所以金洋为营业目的,或有骚乱金融、影响市面情事,请咨交涉署查明禁止等由。准此,查此案前准宁波交涉署咨请备案保护到道,诚恐关碍本埠金融,业经令行鄞县查复在案。兹准前由,除再令县并案查明复夺外,相应函复贵会查照,此致,并颂日祉。

(《浙江会稽道公报》,函,第 111 号,1921 年)

甬商会复学生总会电

学生总会接宁波总商会复电云:中华民国学生联合会总会公鉴,叠准贵会寝、陷两快电,备悉本埠学生会等抵制劣货,纯系爱国热忱,本会素所赞同。至此次调查肇祸被害者,已异送医治,并起诉法庭,应科何罪,律有专条,法官明察,当能依法惩治,借平公愤,专此奉复。宁波总商会。冬。

(《申报》上海版 1921 年 5 月 15 日)

汉口来电

宁波总商会鉴：胶济铁路赎回自办一案，敝会同人，已于文日发起赎路集金会，其进行方法，俟与武昌总商会开联席会议后，另函奉达，知注特闻。汉口总商会。

(《时事公报》1922 年 3 月 1 日)

宁 波 去 电

镇海水警厅来鉴：本埠元大木行杨宝源帆船，在海门洋面，触礁沉没，木货悉被盗劫，损失颇巨，电恳俯予维护，迅令该管王区长派舰跟追，设法缉获，盼切候复。宁波总商会。东。

(《时事公报》1922 年 3 月 2 日)

宁波去电一

山东田督军钧鉴：宁波船商南升、大乾一号等声称，胶州塔埠头及胶澳一带，水陆盗匪充斥，掳人掠货，运商视为畏途。转请迅派水陆军警，沿途寻缉，以安商业等情，理合电叩钧督，仰请维护商人生命财产，俯赐核准施行，无任感祷。浙江宁波总商会。

(《时事公报》1922 年 3 月 23 日)

宁波去电二

胶州总商会鉴：据宁波船商南升、大乾一号等声称，胶州塔埠头及胶澳一带，水陆盗匪充斥，掳人掠货，运商裹足，转请设法保护前来。除电呈山东督署外，用亟电达贵会，敬希转咨各该管官厅，分巡水陆，切实维护，以安商业，至深公感。浙江宁波总商会。

(《时事公报》1922 年 3 月 23 日)

宁波去电三

青岛总商会鉴：据宁波船商南升、大乾一号等声称，胶州塔埠头及胶澳一带，水陆盗匪充斥，掳人掠货，运商裹足。转请设法保护前来，用亟电达贵会，转咨中日官厅，会派军警，前往塔埠头及胶澳一带，切日保护，以安商业，无任公感。浙江宁波总商会。

(《时事公报》1922 年 3 月 23 日)

上海来电

宁波总商会鉴：昨日国是会议开会，决定至迟三月十五日开大会，盼代表速来，请先电复。全国商教联合会驻沪办事处书。东。

(《时事公报》1922 年 3 月 4 日)

乞留警备协仍驻穿山

宁波总商会，昨致第二区警备队常统领云，径启者，据镇海县柴桥镇商会请转详警备队统部，乞免调警队等由前来。查该商会以柴桥置穿山地方，驻有贵队二区第七营，在平时深资得力，今因上年频遭水灾，海盗峰起，且现值山茶上市，货款汇集，咸有戒心，尚属实情。所请免予他调，俾资镇摄之处，除具呈省长公署外，用亟耑函奉达贵统带查照。惟希维护地方安宁，俯如所请，实纫公谊云。又呈省长文云，窃商会据镇海县柴桥镇商会函请转呈免调警队前赴岱山等情前来。伏查该商会以镇海柴桥穿山地方驻有警备队二区第七营，在平时深资得力。今因上午频遭水灾，海盗峰起，且现值山茶上市，货款汇集，尤为可虑，尚属实情。所请免予他调俾资镇摄之处，理合具文呈乞钧长察核，仰祈维护地方安宁，俯准令行仍旧驻扎，俾重防务云。

(《时事公报》1922 年 4 月 26 日)

总商会今日开会

讨论组织赎路委员会及取缔彩票

宁波总商会，定本月廿八日，为讨论组织筹款赎路委员会，邀集教育会、银行公会代表开会一节，已志前报。兹悉该会，除致函教育会、银行代表邀请到会外，并致各职员函云，敬启者，夏历四月初二日午后二句钟，开职员临时会议，为邀同教育会、银行代表，讨论筹赎胶济铁路分组织委员会事，并讨论取缔彩票事，届时祗祈驾临，勿迟为荷。

（《时事公报》1922 年 4 月 28 日）

商会昨日之议案

为讨论筹赎胶济路办法

本埠总商会定昨日（廿八）开临时会议，为讨论筹赎胶济铁路组织委员会事，出席者教育会代表王思成，银行代表陈南琴，该会职员袁端甫、徐原祥、陈才宝、毛安卿、黄光普、余东泉诸君。由袁端甫主席报告开会主旨毕，由各列席人员从详讨论。议决如下：(一)定名曰浙江筹赎胶济铁路会宁波事务所。(二)公推教育会代表王思成起草组织大纲，一面由商会函致上海杭州两商会索取章程，俾资参考。(三)三团体各推定干事五人报告商会，以便召集成立会时分别函致，商会之干事，俟下届常会时公推，其他干事俟成立时公推。(四)预定召集成立会，日期旧历四月十一日下午二时，地址暂假商会云。

（《时事公报》1922 年 4 月 29 日）

筹款赎路会定期召集

宁波总商会、鄞县教育会及银行代表等为组织筹赎胶济铁路会，定夏历五月初九日召集各团体开会一节，曾志前报。兹悉该会筹备员费冕卿、屠鸿规、余润泉、陈南琴、王诗城、范莱生、丁忠茂、赵宇椿、朱旭昌、余东泉、冯中玺、周纬星、陈机等,拟致函甬地各团体函,径启者,鲁案问题以胶济路权为最要,救亡之策,舍筹款赎路无第二办法。今各省赞成斯举,俱已次第进行,宁为巨埠,讵容漠视。冕卿等承宁波总商会、鄞县教育会,公推为筹备干事,自维绵薄,兹事体大,亟应联合各界父老兄弟,集思广益,共策进行。兹订夏历五月初九日下午一时,特假旧府学明伦堂,特开宁波筹赎胶济铁路会议,届时务祈驾临为幸。

(《时事公报》1922 年 5 月 16 日)

函促国是会议代表赴沪

宁波总商会推定毛安卿、陈如馨为中华民国八团体国是会议代表一节,已志前报。兹闻八团体国是会议已足法定人数,定于本月廿五日(星期四下午二时)开第一次会议,并提议一切事件,昨日商会已接该会等来函,催该代表从速到会矣。

(《时事公报》1922 年 5 月 26 日)

欢迎美商来甬之所闻

本埠总商会接上海驻华美国商会来函,有美商十二人准于阴历五月初一日(即今日)来甬一节,已志本报。兹闻四明银行行长费冕卿君,亦接有上海宁绍公司经理袁履登来函,嘱为接洽招待,费君即会同商会长屠、袁二君,从事筹备。商会门首交叉国旗,内悬灯彩及万国旗,公推费冕卿、朱旭昌、余东泉、胡咏骐四人为代表,至埠欢迎。午间在会中设国菜三席款待,并邀请绅、商、报各界十余人作陪,其费用均各自分担。闻美商等此次来甬,除考察商务外,并将调查甬地各大工厂状况云。又闻昨日总商会又接上海美国商会来函,照录如下:径启者,本月廿四日,接美国商会函称,银团代表斯蒂文司,将于本月廿六日(星期五)偕同敝会会长,及执行部会员,拟乘新宁绍轮船赴甬,与该处商会会员晤谈,嘱为通知等情前来,相应备函奉达,即祈贵会查照,届时按例接待为荷。

(《时事公报》1922 年 5 月 27 日)

迎送美商之经过详情

参观各实业机关　史蒂芬、陶蒂议论之一斑

本埠总商会，前接上海美商会来函，有美商十余人来甬游历，并参观各工厂一节，已两志本报。兹闻昨晨新宁绍轮到埠时，本埠绅商费冕卿、余润泉、余东泉、陈筱葆、朱旭昌、张叔驯诸君，及镇守使陈参谋长，警厅杨督察长，一分署郭眉寿，均到埠迎迓。美商到者计商会副会长卫琛、银行团代表史蒂芬、万国丝业监察处主任陶蒂、调查关税专家挨拿尔、远东报记者莱鞋、电气公司麦克劳司干、友华银行副主任密次、美国钢铁公司经理钟穆修、美商会书记鲁惟思、美商汽车主任飞门、上海英美烟公司大班白荫铁等十一人。登岸后一一与欢迎者握手，即雇舆至商会会客室茶点。继至者有胡叔田、丁忠茂、陈南琴、屠鸿规、袁端甫、赵宇椿、毛稼生、黄光普、卢志青（代表蔡雨章）、陈才宝、樊正康、叶伯允、金臻庠诸君。茶点时由胡咏骐君致欢迎词，各美商即就欢迎人员中殷殷询问甬地银行业、工厂、侨民、轻质铜元及报界各状况。至九时四十分，即分别乘舆车赴华泰织绸厂参观，陪往者为胡咏骐、陈筱葆、袁端甫、赵宇椿诸君，既至厂，由厂经理曹君殷勤招待，并指导参观一切，由胡、陈二君翻译。继至美球袜厂参观，由赵君引导，分别参观。至十一时，始各返商会，盛称各该厂之优美，非常满意，移时即在商会设席宴饮。酒至数巡，首由屠鸿规代表宁波全体商界起立致词，略谓：今日蒙上海美国驻华商会长卫琛君、美参赞安立德君及诸君，并银行团代表史蒂芬君，联袂光甬。鄙人谨代表甬上工商各界，略备菲酌，为诸君洗尘，非所以云欢迎于诸君也。吾甬虽为五口通商之一，惟工商业，均不甚发达，有负诸子此来之盛意，殊为遗憾。但吾人很希望诸君此来，关于吾甬工商业上之缺点，有以纠正而匡助之，则诸君此来不仅为敦好睦谊，而于吾甬人之受益，尤属不少。敬举觞为诸君造福。次由四明、通商两行行长费冕卿代表宁波银行界致词，略谓：今日贵国诸君，惠临敝地，鄙人谨代表本埠银行界欢迎，并感谢盛意。敝国与贵国同为共和国民，曩华府大会承贵国提携，得公道和平之主张，敝国商民，尤与贵国人民接近。今日诸君来此，或为调查实业，或为调查关税，将来贵国与敝国益加亲睦，非仅吾甬商民之幸，实两国之幸，亦全球大同之幸也。此鄙

人欢迎感谢之诚意也。末由胡叔田代表绅、商、学界致词,略谓:今日为贵国驻沪商会诸君,及银行团代表史君来甬参观甬上各工商业状况,吾人很惭愧吾甬上工商业之幼稚,并招待不周之歉。诸君皆一时俊彦,此出必能指导其缺点,而同臻于盛况,斯不特吾人所感幸,而亦为诸君此来之抱负也。此席之设,聊表微意,不足以云欢迎,将来中美两国工商业之互助,及两国人民之情感,均以此会祝其无量,鄙人谨代表以谢云云。(以上发言)均由樊正康君操英语翻译,各西宾均鼓掌致谢。继由美商会副会长卫琛起立致谢词,略谓:余等此次来甬,承诸君竭诚优待,深为感幸。宁波为著名商埠,在千年以前,已载史册,而各国与华人通商最早者,亦厥惟宁波。余寓华已久,经历十有六省,均深信华人对于敝国之盛意,而其友爱热忱,更时时能表而出之。据余所经历者,惟广西省最困苦,尚忆昔夜熟睡于一斗室,迨睡觉时,见余身已卧在地上,而携带之物一无所有,注目四顾,惟见一豕摇尾,呶呶作声耳。今日在此,使余引起感触,无何,即甬地工商业之发达,及出品之优美,时时能深印于吾人之脑际云云。次银团代表史蒂芬演说,略谓:数月前余在京津一带,凡所交谈,不外政治二字,闻之已厌。自南下至沪而甬,所接触者,则为关于人生间最切要工商业,欣幸奚似。但主角皆优秀分子,除谋工商业之发达外,实更应有政治上思想。余之言非欲诸君作官也,不过应造成一种舆论,谋政治上之改革,不宜将全国政事,尽付于北京少数人耳(下略)。次调查关税专家挨拿尔演说,略谓:中美两国为姊妹共和国,因距离过遥之故,致彼此隔膜,而报上宣传两国之记载,又系恶劣方面居多,更足引起两方人民之怀疑。余当问一华童愿往美否,彼云不愿,问其故,则谓常闻美国人待华人不善。又尝闻美人愿来华否,亦答云不愿。盖贵国东乱西战,已深印于彼人脑中,若处处皆伏危机也。末复盛称所参观工厂成绩之优良,并希望甬人注意交通上之设施,盖交通关系于国家地方之商务甚巨云。末由丝业检查处主任陶蒂演说,略谓:余最喜研究丝茧,而甬地邻邑,又皆为产丝著名之区,昔年于上海设万国丝业检查处检查。丝属贵国出品,殊尚应加以研究改良之处。查上海丝商,常派人至宁绍内地收茧运杭,转运上海。缫丝之后售外国,获利甚厚,鄙意窃望诸君能注意此。创办丝厂,收本地所处之茧,缫丝既成,可运售敝国,不假于人,使敝国之金钱流入,以供发展工商业之用,岂不甚善。末谓诸番优待热忱,吾人虽去,而此心实能深感。均由樊君译作华语,颇能动听,众皆鼓掌。至十二时半席散，合摄一影，旋即赴镇使之署，由陈南琴、胡咏骐、樊正康、袁端甫等陪往。临行燃放爆竹，均一一握手而别。继至镇署，由镇守使袁交涉员及张叔驯译员，迎入会客室喧哗，即入席会餐。王使遂于席间致欢迎词，意不外吾甬工商业幼稚，请予以指教，由胡咏骐翻译，至一时余，即至江北参观青年会，略过一时，步行至火车站，巡视一周，遂即渡江至和丰纱厂参观。该厂备有茶点，招待颇周，并由经理引导至各机间参观毕，即出渡江登宁绍轮。欢送者十余人，警厅亦派警察廿名排队送行(下略)。

(《时事公报》1922 年 5 月 28 日)

北京来电

宁波总商会鉴：现徐总统倦勤退位，中国无人主持，形势万分危险，惟黎总统任仔肩，始能有济。敝会已专电敦请来京就总统职，务请贵总会一致迅电敦促，以奠中国，至为祷盼。京师总商会。鱼。

(《时事公报》1922 年 6 月 10 日)

昨日总商会之临时会

宁波总商会为本省废督事，于昨日下午召集临时会，会董到者有李松侯、郑松管、丁忠茂、陈季衡、洪兆燕、蔡酉生、王信懋、忻汰僧、赵宇椿、李义本、周廉清、翁仰青、徐原详、杨诵仁、陈竹生、毛稼生、王大黻、黄光普、叶德政暨屠、袁两会长等。由屠会长主席，略谓，今日为卢督军实行废督事，本会用否拍电，或挽留，或赞成，请讨论。陈季衡谓，挽留不成问题，电中措辞，不妨于恭维中带责成负治安之责。郑松管附议，并谓，只求商业上之安宁，不问其他。忻汰僧谓，此事关系全浙治安，最好邀集本地各法团，另开会议，以图集思广益。陈谓，此可不必。遂公推陈季衡主稿，经众通过，遂散会。(电见公电栏)

(《时事公报》1922 年 6 月 19 日)

杭州来电

宁波总商会鉴:巧电奉悉,永祥废督下野,实本素怀,兹以公团敦逼,留任军务善后督办,勉徇众情,已于号日就职。所有地方治安,自应力求妥辑,以副盛怀。至于善后事宜,利弊所在,尚乞随时匡教,曷胜企愿。卢永祥。号。

(《时事公报》1922 年 6 月 21 日)

资遣溃兵费之催偿

官产处果无余款可拨耶

宁波总商会,以民国六年,甬地资遣溃兵费八万元,除八年份领回四万元外,其九年份应领三、四两笔款四万元,前奉财政部核定,仍在浙省官产处拨给,嗣于九年七月暨十年一月,仅先后拨领洋一万五千元,余数二万五千元,因迄未准拨,曾于去年十二月,函准黄道尹转奉浙江督军省长公署指令,已令催清理官产处速行拨给各节,已志上年本报。兹时又逾半载,未见拨给,昨已由该会致函黄道尹云,查是项垫款,始于六年,阅时六载,各商借垫日久,屈计滋息,损失已多,加以上年宁属迭遭水灾,本年兼受沪甬交易所影响,金融愈形窘迫。今既已奉部令分年偿还,且指令浙省官产处拨付。乃逾限已久,结束无期,非惟国信攸关,在一般相率疑讶,即摊还既已宣布,在敝会尤难爽约。兹因借垫各商纷纷到会催偿,情词迫切,除婉劝静候呈催外,拟惟函达贵道尹,敬希保全商款,迅准转呈督军省长公署,令催省处,迅速遵令拨付。倘省处未能足数,并惟令饬宁属官产处,截留官产余款,每月终解由贵公署随时拨付,俾符国信,而资结束,至纫公谊。

(《时事公报》1922 年 7 月 29 日)

催偿资遣溃兵费之函复

宁波总商会昨接会稽道尹公署函云,径启者,本年八月十三日奉军务善后督办处省长公署指令，本署呈宁波总商会请催拨资遣溃兵垫款由（见七月三十日报）内开，呈悉，已令催清理官产处迅即拨解归垫矣，仰即转致知照等因。奉此，查此案前准贵会函催拨款过署，当经转呈在案，兹奉前因，相应函达贵会查照。

（《时事公报》1922年8月16日）

镇海来电

宁波总商会屠会长鉴：蒸日代电悉，已电温州永安巡舰追击，并电水巡二、三两队兜剿矣。浙江外海水上警察厅。

（《时事公报》1922年10月13日）

宁波去电一

杭州张省长鉴：阅报欣悉我公长浙，不胜雀跃。自清季迄今，旌旗临甬，地方事屡赖周全，久受爱戴。兹届吉座允升，新猷式焕，将来造福，奚有限量，幸隶帡幪，敬此道贺。盛省传、费冕卿、顾元琛、严康懋、徐镛笙、余润泉、郑松馆、费善本、赵占绶、林子鹤同叩。

（《时事公报》1922年11月3日）

宁波去电二

北京国务院转呈大总统钧鉴：我国文化实业渐露萌芽，端赖邮电机关推助宣导，便利交通，冀促进步。乃东日加费实行，全国震骇，舆论沸腾，佥以客邮撤销在即，殊系中外观听，且电费昂于各国，原无加价必要，邮费增加种类，轻重尤失持平，认为于全国商业文化之特殊影响，迭据本埠各业公团暨各县商会要求协争前来。商会碍难壅于上闻，理合迫呈钧座容鉴，仰祈俯顺舆情，准令交通部收回成命，停止进行，无任惶悚待命之至。浙江宁波总商会叩。圣。

（《时事公报》1922年11月3日）

宁波去电

浙江省张省长钧鉴:久隶帡幪,时深爱戴,顷闻长浙,欣忭曷胜,引领新猷,造福无量,谨先电贺,藉表欢迎。宁波总商会会长屠鸿规、副会长袁承纲暨会董、特别会董全体同叩。

(《时事公报》1922 年 11 月 4 日)

公　电

宁波盛省传先生转费冕卿、顾元琛、严康懋、徐镛笙、余润泉、郑松馆、费善本、赵占绶、林子鹤诸先生均鉴:庸材长浙,承贺祗谢。载阳冬印。

(《时事公报》1922 年 11 月 5 日)

杭州来电

宁波总商会屠会长、袁副会长转各会董鉴,江日代电悉,辱荷电贺,谨谢。张载扬虞印。

(《时事公报》1922 年 11 月 13 日)

三团体联席会议纪

为提拨赎路筹款

宁波总商会、学生会、十人团三团体,前次召集联席会议,决定将日货罚款项下公益金,提拨八百元充作赎路储金股款,早已议决在案。现因甬地对于赎路问题,非常冷淡,特由学生会召集三团体,于昨日下午一时,又在总商会开联席会议。到总商会代表左竹士,学生会代表蔡五昌、屠清规,十人团代表陈荇荪、郑光祖等。由蔡五昌主席,略谓前次议决,将日货罚款项下提拨八百元,充作赎路股款,但当时并未将款划出,现本会(指学生会)拟将此八百元之款另行划存，请讨论。经会议结果，将此款划存赎路公款户，定下星期一由三团体共至元亨庄划拨，另立存折，该路收股机关成立，即由三团体盖章过付云。议毕遂散会。

（《时事公报》1922 年 12 月 21 日）

各方对付北京政变之昨讯

甬商会主张组织国民大会

本埠总商会昨得宁波总商会复电，对于北方政变，表示主张如下：上海总商会鉴，军阀干政，贻患已久，今复野心图逞，总统被逼出亡，两院自由解体，吾国已陷于无政府地位。若任残缺不完之内阁，摄行大总统职权，依法决难承认；抑听依违两可之国会产生继任大总统，扪心尤难许可。际兹内政丛脞，外交棘手，总揽失枢，国亡无日，敝会百计筹维，苦无良策。拟惟大声疾呼，吁乞我各省总商会、商会暨各法团、全国父老伯叔兄弟奋发兴起，组织国民大会，公决各省适中地点，迅推代表与议，一本良心主张，贯彻共和要素，表决救亡办法，庶期戮力同心，共持危局。临电痛哭，不知所云，伏维公鉴，宁波总商会。宥。

（《申报》上海版 1923 年 6 月 29 日）

浙省民大会因雨延期

浙卢不以即施省宪为然

（上略）浙江军务善后卢督办，曾据范军务厅长而复各法团会议省自治情形，尚无表示。现宁波各法团亦电请实行省宪。当于昨日复电云：宁波总商会并转各法团鉴，艳电诵悉，保卫治安，职权所在，勉副盛嘱，并冀良规。至于尊崇民治，以维国本，循序进行，亦当期时日，诚以国劳民情，均宜慎重考虑也。卢永祥卅印。

（《申报》上海版 1923 年 7 月 2 日）

甬总商会电请争路权

宁波总商会，昨电北京院部云，临案发生，外人借口管理，久经宣传报纸，骇人听闻。今英国业已提出护路办法四种，将付外交团会议，向政府要求。夫铁路系国家命脉，一旦受制于人，即系国脉断绝，非特政治上无发展之希望，即国际间亦有莫大之耻辱。是路亡，不啻国亡也。祸在眉睫，杞忧曷已，为此迫叩钧院部鉴核。如果使团提议，务祈据理力争，严词拒绝。一面通令军警长官，竭诚保护，认真剿办，厘定专章，同持实践，庶使外人无所借口，主权赖以挽回，临电呼吁，无任企祷。

（《申报》上海版 1923 年 9 月 9 日）

和平会议之应声

上海总商会昨接宁波总商会来电，赞成何东君之和平会议。文云：上海总商会鉴，简电祗悉，承示何东君建议案，拟集合国中名流，南北当局，解决时机，一致提倡裁兵，回复和平，俱征硕划宏谋，关怀时局，良深钦佩，当于艳日提付职员会议，均一致赞同，惟对于延请列国公使陪席与议一节，拟请限制表决，俾杜外人干政之嫌。除具呈本省军民长官谆劝切实赞同外，用亟电复贵总商会查照为荷，宁波总商会。江。

（《申报》上海版 1923 年 10 月 5 日）

九团体联席会议

甬总商会于十日下午，召集各公团开会，讨论反对贿选问题。到者有县议会徐翥青，总商会林琴香、毛安卿，学生联合会王可权、朱恒黼，律师公会张振霄，鄞县城区西北公会屠时逊，教育会王思成，商业联合会徐光甫，工商友谊会史璧华，东部教育会陈伯器等，公推林万青主席，略谓，今贿选告成，诸君意见如何，请表示。王思成报告，教育会议决意见：（一）通电本省督办省长，不承认贿选总统及延长国会任期。(二)保境安民,维持和平公约,勿牵入漩涡。(三)实行省宪。次张振霄谓,律师公会对于以上三条意见,表示赞同,惟对于实行省宪督办个人是否明了,应用何种方法收效较速,请讨论。屠时逊谓,督办对于省宪,定能谅解,应由各公团催促进行。王可权谓,学生联合会均表示赞同。主席以教育会提出之三条付表决,通过。所有通电本省军民长官及旅沪同乡会各报馆等,当推徐翥青、王思成、张振霄、林琴香四人起草,议毕散会。兹将原电录下:杭州卢督办张省长钧鉴,国会非法延任,总统公然贿选,各公团决议一致否认,值此中枢多故,人心惶惶,务乞钧座宣布自治,立行省宪,保境安民,贯彻和平主张,浙民幸甚。

(《申报》上海版 1923 年 10 月 13 日)

总商会函请财厅拨还垫款

甬总商会为请发还六年垫借商款事,昨致财政厅函云:径启者,卷查六年甬地资遣溃兵,由敝会转向各商借垫现金八万元,案奉财政部核准,自八年起至九年止,分作四次筹还,并奉部令,指定在浙江省官产处拨给在案。兹查是案筹还借款,除截止十年一月止,先后案准浙省官产处拨给洋五万五千元外,余欠二万五千元,迭经呈奉浙江督办省长公署,指令饬催,迄以官产已罄,未准遵令续发。屈计部令拨还日期,逾限已及三年,姑无论商人利权子母滋息,损失已多,应予体恤,即案经奉部核准,确定拨还日期,尤难永远迟延,妨碍国信,且因筹备当时,俱系积零成总,债户繁多,敝会曾负担保责任。兹日据各商催索,纷至沓来,部令几等望梅,对付殊难圆满,用亟备述原案并困难情形,函达贵厅长查照,敬希俯准根据部令,迅于浙省捐税收入项下,设法拨款清偿,俾符国信而恤商艰,至纫公谊,并祈见复,以凭转知为荷。

(《申报》上海版 1923 年 10 月 26 日)

总商会请拨还垫款未准

甬总商会,前向财政厅请拨还六年溃兵费等情,已志本报。兹闻该会昨接财政厅函云,径启者,案准贵商会函称,拨还六年溃兵资遣费等因。准此。查此项资遣溃兵,各商垫款八万元,当时系经财政部核准,于八、九两年内,分作四次筹还,指令官产收入款内拨给。至本厅主管各项捐税,抵拨支款,均有预算规定,碍难挪用,仍应俟官产续有收入,再行拨还,函准前因,相应函复贵会查照。

(《申报》上海版 1923 年 11 月 2 日)

总商会呈请增警加械

总商会呈督办省长文云:窃商会职员临时会提议,嵊匪骚扰闾阎,奉化一县,被害较烈。其居民避难迁鄞者络绎不绝。讵近来鄞县东乡韩岭市及新丰堰两处,先后发见盗案,越货伤人,势殊猖獗,其盗伙俱操嵊音,足为嵊匪窜入鄞县之确据。事后报经宁波警察厅,虽已认真缉追捕获数盗,惟是项嵊匪人数众多,出没无常。该乡距城仅四十里,一苇可航,倘不幸乘隙侵入,鄞地华洋杂处商业辐辏,为患何堪设想。伏查宁波警察厅,编制本未足额,且枪械均系旧式,亦不适用。为地方治安计,亟应先时筹备,防患未然等语,理合具文呈叩钧座察核,仰祈俯赐维护,迅准令行鄞县知事会同宁波警察厅,酌量地方情形,扼要添设警额,增加新式枪械,俾寒匪胆而卫闾阎,实为公便。

(《申报》上海版 1923 年 11 月 14 日)

奉化商会筹办民团之渴望

奉化县商会昨(三日)致宁波总商会函云:径启者,敝邑苦盗久矣,掳人越货,无日无之,阖邑居民,夜不安枕,食不知味。同人等对于筹办民团之举,集会讨论,亦具坚决之心。乃者接准旅沪同乡会来函,据云时局之紧张,冬防之切要,业已函请贵会召集各县商会,商议筹办民团,以为防卫之计,并嘱敝会预选代表,冀可早观厥成。敝会接函之后,颇深欣幸。不料伫候数日,迄未接到贵会召集之通知,而所驻防之陆军,又奉令他调,防务空虚,人民益形恐慌……不得已惟有函恳贵会,按照沪同乡会来函,迅速召集各县商会,讨论办法,以期早日实行，不胜迫切待命之至。

(《申报》上海版 1924 年 1 月 6 日)

否认烟草借款之农部复电

甬总商会前为政府抵借某烟公司巨款一事，电请收回成命等情，曾志本报。兹悉该商会昨接农商部复示云，电呈均悉，查所称政府与某烟公司接洽借款一节，本部并无所闻，当属谣传，毋庸疑虑，合行批示知照。

(《申报》上海版 1924 年 4 月 4 日)

遣散溃兵费分期拨充建筑商会

甬总商会前以筹建会所，拟将六年遣散溃兵费二万五千元，移充商会建筑经费，由各业议决在案。兹因张财政厅长扫墓回里，三日晚由商会正、副会长宴请张氏，并邀士绅张让三、严康懋、张申之等作陪，席上谈及甬商所垫六年遣散溃兵费，尚有二万五千元，未经省中拨付，既由各业议决，移充商会会所建筑费，请速设法筹还等语。当蒙张氏允将此额分作三期拨还，第一、二两期各拨八千元，第三期九千元，每二月还付一期，以六个月还清云。列席者一致称谢，尽欢而散。

(《申报》上海版 1924 年 4 月 7 日)

甬商会拟购万国商团旧枪

(上略)大晚报云，本埠总商会因宁波商会代表之请托，已允代向工部局接洽，购买万国商团所存之旧枪，供该埠新组商团之用，宁波商会代表现方在沪云。

(《申报》上海版 1924 年 6 月 11 日)

商董建议请拒臧军

甬总商会昨接会董袁书霖、陈孟璇、边文卿等建议书云，顷阅报载，知福建臧致平军溃窜闽南，已抵屏关与浙省常山县属之草萍密迩。连日报纸宣传，有将入浙之耗，而金、衢、严、处代表谒询当局，虽有臧军不致入浙之答复。若万一入浙，吾浙当局，应取如何态度，并无严重之表示。浙江财政竭蹶，罗掘已空，借债度日，无可讳言。设再增数千就食之客军，而军需支出，无一非商民之负担，试问今日浙江之财政，堪应此重负否。此事关系全浙大局非小，将来受害之烈当不仅金、衢、严、处四处而已。我商会为浙东商业总汇之区，似不宜视同秦越，默不一言，贻将来无穷之害。为此建议查照，克日召集会议，致电当局，请速严拒，实为公便云云。

(《申报》上海版 1924 年 6 月 15 日)

五省弭兵会筹备之主张

俟各法团加入过半……分两步进行

本埠总商会自接到东南五省弭兵会通电及宣言书之后，尚待会议征求加入问题，但该会以筹备已及一星期，而复函加入者，只有十余处，大有迫不及待之势。故又分电催促，以期早日集会云。又闻该会闻五省各法团为组织分子，故现在筹备诸人并不居发起之列。一俟五省各法团加入过半，完全为团体结合之会议。其办法，以分省派员请愿为第一步，疏通为第二步，如以上二步均无效，则吾五省人民于战祸中应如何谋生命财产之保障，如何谋战地与战时之缩减，并谋如何可以不牵涉外交？闻该会预定之步骤如是，故现在未经召集大会之前，绝对不向官厅有所陈述云。

(《时事公报》1924 年 8 月 28 日)

国内专电二

甬江电，艳（二十九）晚闽军舰四艘泊沥港。甬商会、鄞县议会电请卢、张及王镇守使、张炮台司令，速严防守。（三十日下午七钟）

（《申报》上海版 1924 年 8 月 31 日）

国内专电

甬江电，甬商会、鄞县议会支日开会讨论驻绍六团专调甬防。（四日下午一钟）

（《申报》上海版 1924 年 9 月 6 日）

宁波军事消息

宁波总商会，因宁台镇守使拟招新兵六百，预算开办费八万元，因此事特于五日下午，与鄞县议会，邀集各界领袖，开紧急会议。到者有孔馥初、陈南琴、陈器伯、赵芝室、王思成、赵钵尼等多人。首由孔馥初主席，报告开会宗旨，并代述王镇使意见。次宣读旅沪同乡会请速办民团自卫之来函。经众讨论结果：（一）新招陆军经费，请镇署自行筹备，推张申之、孔馥初、赵钵尼三人，前往接洽。（二）民团事宜，根据前次在后乐园议决，及同乡会催办民团公函，主张从速进行，议毕散会。组织商团、民团，先决问题，即为军械，现该团等虽将就绪，惟旧有军械，不敷应用。昨特派赵宇椿、陈如馨二人赴沪，设法购办。又闻外海水警厅，昨奉省令，派委员赴省，领到七九枪弹一万五千颗，并俄枪子弹五千颗，以资应用。（六日）

（《申报》上海版 1924 年 9 月 8 日）

宁 波 快 信

甬总商会昨闻甬兴轮有停驶之说,分函同乡会与宁绍公司阻止。其致沪同乡会函云:闻江浙战云日逼,因南市地处扼要,宁绍轮拟移泊江天码头,甬兴轮有暂行停驶之说,具征宁绍公司慎重将事,无任钦佩。惟自战事发生以来,沪甬两埠往返人民,较昔日倍形拥挤,或虑电线损坏,交通稍阻,全恃两轮逐日行驶,借通消息。如周身血脉贯注,精神一振,百体始安。近来甬埠风声鹤唳,谣诼纷传,已呈寝住难安之象。若甬兴轮一经停驶,人心更形惶恐,虽有江天轮往返,人多不容搭载,益引起甬埠人民之注意。敝会经多数商人要求,以事关重要,除径函宁绍公司外,用敢专函布恳。务乞贵会转商该公司,并念两埠人民,处此流离颠沛之秋,将甬兴轮照常开驶,设法向各商轮公司码头之在租界者,商借停泊,并恳于星期日特开一班,以安人心云云。又致宁绍商轮公司函同从略。(下略)

(《申报》上海版 1924 年 9 月 13 日)

宁 波 快 信

宁波总商会为宁波民团事务所,函请筹办经费事,于十一日午后二时,召开职员临时会,结果,定本月十五日,召集各业董会,筹议该项经费。

鄞县商人刘恩沛等一百六十人,齐日致卢督办电云:敝邑梅墟,地滨大江,毗连镇海,交通便利,盗匪易入。现值时局紧张,萑苻不靖,为自卫计,于虞日召集各商号集议,维持治安方法。议决,组织商团招募团员五十名,公推叶寿坤为团长,以期保卫地方,而辅乡警之不逮。所需快枪子弹,拟恳钧处发给,备价具领,仰祈核准。(下略)

(《申报》上海版 1924 年 9 月 14 日)

宁 波 快 信

甬总商会为民团事务所函请筹募经费事，特于十五日下午二时，邀集各业董开会讨论。结果，以到会人数无多，请由出席诸君自向各业讨论再行答复。并照去年各业添募巡防捐册为标准，平均数目，分别劝募，及摘录前项捐户细目，函送各业董查照。惟函中应叙未入商会各业，由民团事务所另行设法筹募外，以一星期内答复之。次讨论王镇守使、黄道尹函邀各业董、绅富，设法筹募警察枪械五千元事。结果，以现时地方公益事宜，层出不穷，当此商业凋敝，以婉词函复之。继开职员常会，出席者孔馥初等十余人，共议案如下：(一)鄞县公署函募第四次省债八万元事，议决，应请县知事主持募集，本会当尽力协助；(二)发行金库兑换券事，以有兑换通用效力，无议决之必要；(三)林副会长辞职事，议决，由全体会董署名备函挽留。议毕散会，已五时矣。(下略)

(《申报》上海版 1924 年 9 月 18 日)

甬兴轮明日复航

宁绍公司之沪甬班轮甬兴号，自停班以来，现因徇同乡会及甬商会之请求，准定明日(二十号)起照旧复航沪甬线矣。

(《申报》上海版 1924 年 9 月 19 日)

宁 波 快 信

宁波总商会昨接浙江印花税处电开，现值军兴之际，饷需紧要，敝处奉令筹解，刻不容缓。查贵会八月份税款，未曾解到，合亟电催，务祈克日归解，以便汇转而应急需，至纫公谊。(下略)

(《申报》上海版 1924 年 9 月 20 日)

潘国纲抵甬情形

与各界有所接洽

浙军第一师长潘国纲于二十五日下午四时由五夫专车抵甬，到站迎迓者有镇署邵参谋长、朱副官长、戴参谋、应副官，鄞地审厅陈厅长、刘厅长、江知事、袁监督及宁波商会长孔馥初，红十字会任务主任杨槐堂，绅商界林子鹤、余润泉、沈崇如、袁端甫等。第一师刘参谋长、杨副官长、第一营吴营长，亦率兵到站迎候……是晚八时，潘召集陈季衡、张申之、胡叔田、袁监督、江知事等在司令部讨论维护治安办法。潘谓，闻此地谣言不一，人心惶惑，故特召集诸位老友来署商议，请为转知各界，千万镇定，并定明日(二十六)下午召集各公团来此开会，将余意见宣告大众，免有疑讶。陈、胡等均以为然，谈话至一时余，始辞出。甬商界以潘军远来，公议集资犒劳。闻其办法，除奉送猪、酒外，每兵各赠被一条、席一方，现正在筹办……(九月二十六日)

(《申报》上海版 1924 年 9 月 28 日)

总商会今日犒军

猪念头……酒念担……被席各千条

宁波总商会，前日以潘军远道而来，殊属劳顿，拟发起犒军一节，已志前报。兹悉该会昨已备办军士应用被席各千条，并肉猪念头、酒念担，定今日上午送往第一师所部犒军，内肉猪四头、酒四担，则送至镇署犒军云。

(《时事公报》1924 年 9 月 28 日)

最近浙局所闻

甬商会报告地方安谧

宁波旅沪同乡会，昨接宁波总商会来电云，(上略)田、陈两代表业由杭回甬，一切接洽妥善，请代转告诸同乡，宁波总商会。卅。

又下午续电云，潘师回防，甬安如常，请转告诸同乡毋为谣惑。

（《申报》上海版 1924 年 10 月 1 日）

甬人关怀桑梓

宁波旅沪同乡会，昨日下午四时，开紧急会议。到者虞洽卿、方椒伯、盛竹书、袁履登、洪雁宾、邬志豪、陈良玉、应季审、何梅轩等四十余人。由理事长李征五主席，首先报告连日各同乡来沪，报告甬地自潘军开到后情形毕，当公决致电宁波总商会，就近陈请军署，严行约束兵士，以维治安。原电云：宁波总商会鉴，卅电悉，惟近据来申同乡诸友报称，宁属各地，分驻军士，无故擅入民居，购物强勒钱价，或因言语隔阂，遇事生衅，时有所闻。所述情形，如果属实，廛市惊心，妇孺侧目，尚何望有安枕之日。宁波军队，既由贵会推田、陈代表接洽妥善，何以尚有发生上述情事。应请贵会向军署就近陈请，令各地带队军官，严行约束，毋恣骚扰，以免后患，而安人心。宁波旅沪同乡会。冬。

（《申报》上海版 1924 年 10 月 3 日）

甬总商会报告宁波近状

东南通信社云，宁波旅沪同乡会，昨接宁波总商会来电云，宁波旅沪同乡会鉴，江电悉，军队驻甬，秩序如常，地方尚称安谧，司令部亦随时派员到会，探询军队有无骚扰情形。如果有军民龃龉情事，即当转告各级军官，严行约束，免滋事端，敝会力之所及，向应极端维持，以尽职责。至由陈代表晋省接洽，系九月梗日夜八时宁、绍两属公民在后乐园公推，并非由敝会推举，合并奉闻，宁波总商会。支。

（《申报》上海版 1924 年 10 月 6 日）

孙传芳所接宁波塘沽来电

宁波总商会、县议会来电

孙巡帅、夏省长钧鉴:自治军诸领袖,均于本日离甬,地方秩序,由第一师会同镇慑,炮台司令及警察厅长、知事协力维持,地方安谧,谨此电闻,宁波总商会、县议会同叩。啸。

(《申报》上海版1924年10月21日)

甬事定后之各界状况

宁波通信。自自治撤销后,人心大定,种种善后事件现正积极进行。兹将各界最近状况,分志如次:

军界方面:(略)。

警察方面:据省方消息,宁波警察厅长一缺,夏省长已内定刘炳枢或杜伟二人中择一委任,不日即可发表。前厅长刘凤蔚二十一日到甬,后因不为就地绅商所欢迎,知无复任之希望,已于二十二日离甬乘车赴杭。兹录甬县议会、总商会、县议会致杭州夏省长电如下:简电计邀钧鉴,闻刘前警厅长凤蔚,有复任之说,无任惶骇。自治军未成立以前,该厅长既未能消患无形,复见好党人,优加款待,及潜逃以后,署内财政一空,各警员以薪饷无着顿起恐慌,警察纷纷索饷,几酿成全体罢岗风潮。不得已由敝会筹款借给,其措施乖张,事实彰彰,殊难掩饰,覆水无再收之理,弃职无复任可言。况伏莽未靖,警察责重事繁,尤非庸懦畏葸者所能胜任,务乞查照效电,将已蒙钧委之代理厅长刘炳枢,令其照常供职,一俟余肃清,警务整饬,应否更委,谨候钧裁,恳切陈词,伏维钧纳云云。

政界方面:浙海关监督兼交涉员袁思永,现以甬局平靖,已于二十二日由沪携眷返甬,入署视事矣。孙传芳代表孟襄城,亦于昨(二十三)日到甬,进谒周师长,有所接洽。顷据外间传说,孟氏此来,对于宁波情形,颇为注意,督署方面,亦有委任孟为会稽道尹之说,未知确否。

各团体方面：如宁波总商会、宁波旅沪同乡会、鄞县县议会等所组织之宁波地方善后办事处，业已成立，附设于总商会内，以便接洽。

学界方面：如甲商效实中工女师等校自受战事影响，次第停课。兹该校等以时局平靖，均定于二十七日一律开课矣。（二十三日）

（《申报》上海版 1924 年 10 月 25 日）

宁波军界消息

宁波总商会、鄞县议会暨地方士绅等，为镇署移驻台州事前曾迭次提议，电请督署主张。兹该商会等昨已接孙复电，略谓，俭日代电悉，宁、台同属海岸，宁波为商贾辐辏之地，防务尤重于台，所请将镇守使移驻海门一节，未便照准，特复，即希察照。督理孙传芳印。微。

第一师第二团团长姚味辛辞职后，即由省委刘炳枢接充。刘已于四日由杭乘车莅新，即于五日上午十时到慈溪，接任视事。该邑王知事及该团所属各军官率领兵警，到站迎迓。

（《申报》上海版 1924 年 11 月 9 日）

（宁波旅沪同乡会）致宁波总商会函

敬启者，据镇海庄市镇庄炳照、庄可法、庄兆熊、庄鲁卿、庄锦荣、庄祥麟、庄赓香、庄保衡、庄永年、庄木卿、庄蓉洲、庄瑞年、庄祖新、庄国球、庄耀庭、庄维涛、庄芝范、庄维福、庄璋生、包显章、沈度章等公函，称近自战局迁延镇邑，居民频惊风鹤，敝处庄市一带，地属偏隔，尚称安谧。九月三十日由甬拨派第一师兵一营驻扎，该师军纪修明，原不致发生意外，乃市虎杯蛇，群兴疑讶，乡氓无知奔走狂骇。窃以吾镇向务防海，实无驻兵之必要，为此咨恳贵会设法请求移驻相当地点，以安人心等语到会。相应据情函请贵会就近向师部商请，可否将庄市所驻之军移驻他处，以慰众望，即希台核为荷，此致宁波总商会。

（《宁波旅沪同乡会月刊》第 16 期，1924 年 11 月）

(宁波旅沪同乡会)致宁波总商会函

敬启者,宁波地方不宁,人心惶惑,商民纷纷迁地,十室九空,回顾梓乡,忧心如捣。敝会现正讨论善后,拟即推代表来甬会商一切,甬地日来情形如何,希台端随时示知,藉通消息,俾有措手,尤为企盼,此致宁波总商会。

(《宁波旅沪同乡会月刊》第16期,1924年11月)

(宁波总商会)复宁波旅沪同乡会函

宁波旅沪同乡会鉴:径启者,啸电谅邀察阅,昨奉大教,拟推代表来甬妥商善后事宜,感甚。十八日午前十一时自治军诸领袖离甬径赴江北,先登宁绍商轮,一时人心大起恐慌,出东门避难者如涛卷潮涌。当由第一师姚团长暨炮台张司令出示布告,负责保护地方秩序,一面嘱敝会备资解散非正式军队。经敝会调查,自治军已招未编之兵约有千余名,均与各该领袖妥商办理,分别缴械遣散给资回籍,不得逗留。其在余姚前敌者约有三四百名,闻警早已涣遣,挟械分窜。十九日早,崔衙前恒和衣庄有身穿制服之自治军十余名突入该庄,携去衣服数十件,尚无其他威赫举动。是日午后第二师周师长莅甬,随带保安队步兵下车,后在普天春夜宴,由孔会长暨各会董面陈情形。本日复推代表与周师长接洽种种善后事宜,蒙允照办。现已出示安民,商铺一律开市,人心大定,地方秩序恢复原状。此次事变幸浙军深明大义,爱护地方。当自治军离甬时,风鹤仓皇,千钧一发,深荷一师刘参谋长、姚团长、炮台张司令协力维持,江知事亦抱病奔驰。而敝会会长及会董力竭声嘶,焦头烂额,虽饱受虚惊,尚不至为湖州菱湖之续,此则差堪告慰于旅沪诸父老昆弟之前者也。知关廑念,专函布告,顺颂公绥。

(《宁波旅沪同乡会月刊》第16期,1924年11月)

(宁波旅沪同乡会)致宁波总商会电

宁波总商会:啸电悉,敝会推陈季衡、赵芝室、屠康侯、李征五、魏伯桢、费善本诸君来甬，请洽。宁波旅沪同乡会。胥。

（《宁波旅沪同乡会月刊》第16期，1924年11月）

浙人请免调一师两旅长

宁波总商会代表林端甫、绍兴总商会代表田时霖等，因浙江更委第一师一、二两旅旅长，引起该师下级军官反对，致谣言骤起，人民恐慌。前日特由甬到沪，与旅沪、宁绍两同乡会接洽后，即转车赴杭。向孙传芳请愿，暂缓更委，以免蹂躏地方。又据旅沪甬绅消息，新任浙江第一师师长陈毅（公侠），已于昨日（二十二）上午抵甬，一师下级军官均到车站欢迎。该军官等宣言对陈本人，不生问题，惟对于孙昌基、李宝章二人（即新任一、二两旅长），誓不共事。陈氏当面允转商孙传芳取回成命云。又宁波旅沪同乡会、绍兴旅沪同乡会，昨为此事，特联名致电孙传芳及新任第一师师长陈毅等，请其缓调。原电如下：

（一）杭州孙馨帅鉴：沪报载，第一师新任官长发表后，一师部属，有电拒到任之说。近来宁、绍两属，驻扎军队突增，上月宁波已有冲突。两属人民饱受虚惊。今闻此说，风声鹤唳，益深惶骇。设军原以卫民，倘因委任官佐，不相融洽，因而发生事故，地方民意，将谓公何。为此联恳迅予设法，俾臻妥洽，无任迫切。绍兴旅沪同乡会、宁波旅沪同乡会叩。养。

（二）杭州巡阅使署参谋处转陈公侠先生：闻公新任第一师长，桑梓方欣有托，乃阅报载知一、二两旅人选发表后，一师部署，有电拒到任之说。问题复杂，谣诼频闻。若因措置稍欠妥帖，以致发生事故，地方治安，何堪设想。执事谊关桑梓，对军队对地方，均负重责，务望审慎擘划，以消隐患。两属人民已苦惊扰，一切措置宜慎其始。临电无任迫切。绍兴旅沪同乡会、宁波旅沪同乡会叩。养。

（《申报》上海版1924年11月24日）

甬商会证明蒋尊簋未提公款

浙江自治政府领袖蒋百器等，前曾致函宁波总商会，声明在甬时并未提用公款,以免外界误会。昨得复函云:百器先生台鉴,昨奉大教,以沪上盛传宁波自治政府一役,先生得款甚巨,嘱详细开单见复等因,备聆一是。查本年九月间,先生暨屈吕诸公,在甬组织自治政府,不特未向敝会提取款项,即对于其他地方机关,亦未有上述情事。沪上所传,皆系捕风捉影之谈,谅各界不至轻信。兹承垂询,除将尊扎及敝会情形,在本埠各报宣布外,合亟函复,诸希亮鉴,并祈将此函披露沪报,以昭大信,顺颂公绥。宁波总商会谨启。

(《申报》上海版 1924 年 11 月 24 日)

杭州快信

宁波总商会副会长袁承纲,会董翁乔、袁汉云,前日由沪来杭,分谒督、省两长,有所陈商,闻为浙军一师问题。

(《申报》上海版 1924 年 11 月 28 日)

总商会函请提还借垫军饷

甬总商会昨致会稽道尹公署函云:径启者,本年九月份第一师饷款十四万元,前经敝会向甬埠各银行、钱庄、当铺借垫,嗣奉省令核准,在鄞、慈、镇、姚四县募到第四次定期借款内如数提还。现在鄞县应募八万元,已由敝会分别劝募,将届足额,其余六万元,各行庄当铺以为日久,急待归还。合亟函请贵道尹查照,迅令慈、镇、姚三县知事,从速筹募足数,以资归垫,至纫公谊。

(《申报》上海版 1924 年 11 月 30 日)

(宁波旅沪同乡会)致宁波总商会电

为宁波兵变事

宁波总商会鉴:删日甬事究如何,速电复。宁波旅沪同乡会。铣。

(《宁波旅沪同乡会月刊》第 17 期,1924 年 12 月)

(宁波总商会)致宁波旅沪同乡会函

(上略)谏电计达,十四日午后二时分驻佑圣观一师第三连兵士,因新任某连长检查枪弹,其部下兵士误会该连长别有作用,发生冲突,即鸣枪示威,携械分窜,由孝闻坊、水凫桥、虹桥巷过天宁寺绕道西出南门,呼啸而去,约一百余人,一路开放空枪。至西大街遇孟使部下巡查兵干涉,该溃兵实弹射击,当毙宪兵一人,伤二人,并击毙藤椅店伙一人。当枪声初起,镇使署(孟使现驻旧宁道署)特别戒严,两门置机关枪各一,其卫队均在大门严守,道前左近人民大起恐慌。其时一师兵士随第三连出南门者约有四连,当经司令部派员追回约有二连之余。事后孟使、周师长各派参谋互相接洽,孟使措辞极为谦和,善后事归周师长办理。删日早八时栎社店铺被劫,损失千余元,伤沈某一人,掳毕向翻石渡而去。又奉化萧王庙亦有溃兵,经该处士绅馈送六百金,始获无事。是日午后五时,城中风声益紧,谓是夜一师兵士有自由举动,探其消息所从来,大都出自内部,致人心益起惶惑,纷纷夤夜出城,江北东亚旅馆一时有人满之患。当谣言初起时,敝会会长赴一师司令部,适周师长得省中来电,知一师师长已委陈毅,不日可以抵任,即将是电传谕各兵士。谏日并由周师长亲莅各处施训,一面由敝会函请孟使、周师长会衔出示布告,军情始安,人心亦略定,然已扰扰攘攘经四十八小时之久矣。盖甬地自孟使到后,一师月饷仅发一半,且各报载有改编之说,是以猜疑益甚,杌楻难安,幸省中有师长已委之电随风转柁,或可从此庆安澜矣。知关廑念,专函布达,顺颂公绥。

(《宁波旅沪同乡会月刊》第17期,1924年12月)

宁波同乡会反对蹂躏宁波之宣言

宁波旅沪同乡会,因闻有人赴甬独立,恐蹂躏桑梓,前日深夜,特召集紧急会议,讨论办法,结果,先行发表宣言,同时并致电宁波总商会,请其一致主张。宣言如下:宁波僻处海隅,辛亥之役,兵不血刃,迄今一纪,如天之福,差称乐土。今秋军队误会,斗于都市,全城鼎沸,士民骇窜,狼狈情状,思之刿目怵心。当时筹备军糈,营谋善后,所縻已各逾十万,牵箩补屋,尚待弥缝。揆之桑梓,敬恭之义,应有民亦劳止之慨。合肥柄政,群情望治,浙事纵有未定,要可前席陈词,从容处理。倘有人因以为利,希冀叨窃时会,别有所图,则是惟恐甬局之安宁、甬民之苏息,而必欲摧残之以为快,苟非中风狂走,即系别具肺肠。本会为保护同乡机关,因此特开会议,佥以本会对于恩牛怨李之争,可置不问,而桑梓安危所系,谊无返顾。用特坚决宣言,誓于有众,凡欲蹂躏我甬江一片土,以徇其私利者,即系甬人公敌。本会虽不武,誓当集合数百万同乡,以与此辈周旋。谨此宣言。

(《申报》上海版 1924 年 12 月 19 日)

甬同乡会宣言之应声

甬商会报告同乡会函

宁波旅沪同乡会,因闻有人赴甬独立,深恐蹂躏桑梓,曾发表宣言,一致拒绝。昨接宁波总商会来函云,径启者,展诵大函,以报载甬地有不靖消息,特开理事会,公决宣言,具征贵会关怀桑梓,弭患无形,感铭无既。现甬地尚称安谧,报纸宣传,未堪尽信。除将宣言公布外,专此函复,即希查照为荷。

(《申报》上海版 1924 年 12 月 22 日)

宁波去电一

北京段执政钧鉴:报载政府通电各省区省城商会及京、津、沪、汉总商会会长,为善后会议专门委员,群治循化,咸始更新,剥复贞元,系于兹会。惟查宁波为五口通商巨埠,商业精华,不亚京、津、沪、汉,当设立商会之初,凡属商埠,皆定名曰总商会,因地制宜,具有深意。善后会议,为民国创举,海内贤豪,一堂济济,考核不唯详求,庶舆论得趋一致。今列入京、津、沪、汉,而独遗敝省之总商会,同一名称,显分轩轾,相形之下,未免向隅。敢乞另颁明令,加入省城商会外之各省总商会,俾得列席与议,组成真正民意基础,来昭我公开诚布公之心,冀收集思广益之效,悬切陈词,伏维鉴纳。宁波总商会叩。支。

(《时事公报》1925 年 2 月 5 日)

宁波去电二

北京探投王儒堂、李贤钊、虞洽卿诸公并诸乡老钧鉴：本日呈段执政一电，文曰段执政钧鉴（电词同前从略），伏维鉴纳等语，诸公望重梓乡，关怀国是，除电各总商会协力要求外，敢希面求执政，准予加入，另颁明令，不胜迫切叩祷之至。宁波总商会叩。支。

（《时事公报》1925 年 2 月 5 日）

宁波去电三

上海各报馆钧鉴：本日呈北京段执政一电文曰段执政钧鉴（同前从略），伏维鉴纳等语，敢希登入贵报，并祈各省区省城商会外之各总商会，协电要求，期达目的，不胜迫切之至。宁波总商会。支。

（《时事公报》1925 年 2 月 5 日）

宁波去电四

北京财政部李贤钊先生鉴：善后会议，加入各省商会，其他总商会仅有津、沪、汉三处，甬亦五口通商之一，何以不及与会，已电执政要求加入，请兄力争，函另详。陈时夏。支。

（《时事公报》1925 年 2 月 5 日）

昨日总商会谈话会

宁波总商会为加入国民会议事，于昨日下午三时，召集职员会，出席者孔、袁两会长，暨会董忻汰僧、施仰山、毛稼生、陈竹生等，旋因到会人数不足，改为谈话会。佥谓加入国民会议，认为与商业有切要关系，主张电致段执政力争，并分电旅京同乡协争（电另录），旋即散会。

（《时事公报》1925 年 2 月 5 日）

宁波总商会来电

申报馆鉴:本日呈北京段执政一电,文曰,段执政钧鉴,报载政府通电各省区省城商会及京、津、沪、汉总商会会长,为善后会议专门委员,群治循化,咸始更新,剥复贞元,系于兹会。惟查宁波为五口通商巨埠,商业精华,不亚京、津、沪、汉。当设立商会之初,凡属商埠,皆定名曰总商会,因地制宜,具有深意。善后会议,为民国创举,海内贤豪一堂济济,考核不厌详求,庶舆论得趋一致。今列入京、津、沪、汉,而独遗各省之总商会,同一名称,显分轩轾,相形之下,未免向隅。敢乞另颁明令,加入省城商会外之各省总商会,俾得列席与议,组成真正民意基础,聿昭我公开诚布公之心,冀收集思广益之效。恳切陈词,伏惟鉴纳等语,敢希登入贵报,并祈各省区省城商会外之各总商会,协电要求,期达目的,不胜盼切之至。宁波总商会。支。

(《申报》上海版 1925 年 2 月 6 日)

北 京 来 电

宁波总商会鉴:奉执政发交贵会支电,敬悉贵会意欲参加善后会议专门委员会,具见关心国事,赞助会务,无任敬佩。惟查本会条例第六条之详定专门委员会委员,须由执政聘请,始得与会。贵会未奉聘请,敝处未便接待,事关条例限制,敬希亮察是幸。许世英真叩。

(《时事公报》1925 年 2 月 13 日)

商会长应召北上

甬总商会于十二日下午二时,召集职员临时会议,到者有孔馥初、袁端甫等,因人数不足,改为谈话会,其提议案如下:孔会长因奉京电聘任为善后会议财政专门委员,亟待启行,声明告假,会务由袁副会长代理云云。旋即散会。又闻孔会长日昨接财政总长李赞侯氏电召,参加善后会议,拟于十四日乘轮赴沪,转车北上。

(《申报》上海版 1925 年 2 月 15 日)

总商会补推省自治法会议代表之函告

宁波总商会为省自治法会议代表候补当选递补事,昨致浙江省自治法会议函云,径启者,本年二月四日准敝会当选代表林润芬函开(已见前报)等由,查十三年七月三日准鄞县公署公函,转奉省长公署指令,本公署呈复,查明毛壅康计算票数,仍属次多数由内开,呈悉,既据查明计算票数,次多数仍属毛壅康,应认为候补当选人,仰即转函知照,此令等因在案。兹准当选代表林润芬提出书函,转请辞职前来,相应并叙原案,函达贵会查照,祈依法提议,准以候补当选人毛壅康递补,至纫公谊。

(《时事公报》1925 年 2 月 26 日)

总商会职员会纪事

宁波总商会昨日下午开职员会,到者有俞佐廷、袁端甫、丁忠茂、戴菊舲、董维扬等二十人。俞会长主席,议决各案如下:(一)各业提议以近时调查仇货,往往对于非仇货进口及土货出口,并非接济仇人者,无端搁置,各业殊有窒碍,请设法维持。议决,(甲)凡非仇货进口出口,一律不得阻止。(乙)本会公推审查员,倘有疑似各仇货,经审查员审查确定非英日货者,即时发还之。(丙)前项议决案,致各公团联合会转知调查委员会执行。(丁)各业各推定审查员二人,糖业王信懋、严美珍,洋布绸缎业张康年、蒋衡卿,洋广业陈富润、茅鲤庭,药业翁仰青、李三鸿,西药业黄光普、潘松龄,海味洋粉业洪兆燕、杨宝林,参业张吟勋、林芝年。(二)外交后援会、学生联合会函捐捐款济工事,并有学生会代表列席报告,拟请对各殷富筹捐及向各业伙友劝捐薪水。咸谓地方殷富,非本会范围,恐无效力,各业伙友薪水有限,力有未逮,惟有函劝各业董设法劝捐。(三)加推各公团联合会出席代表,议决推陈孟璇为出席该会代表。(四)外交后援会来函建议第二重金融经济绝交案,佥谓甬为商埠,此事关系甚重,殊难照行云。

(《时事公报》1925 年 2 月 16 日)

一师垫饷归还六千元

由镇海县呈解之第四次定期借款拨入

会稽道尹公署为函发第一师垫饷事,昨致宁波总商会函云,径启者,兹据镇海县呈解第四次定期借款洋六千元,请转发宁波总商会,作为归还所借十三年九月一师饷银十四万元内之款等情。据此,除指令外,所有解到洋六千元,相应备函转交,即希贵会查收归垫,并赐予临时收据备案云。

(《时事公报》1925年2月26日)

商会给资遣散退伍兵

浙军第一师第一旅退伍兵,于三号前后共到四百余名,共第一批二百八十五名,业于当日乘湖广轮船赴海门遣散回籍,已志昨日本报。惟该兵等船资,拟每名出资半票,嗣以轮船公司无是项章程,须购全票,方允启碇。乃由商会出面,以每名一元二角四分计算,共需费三百五十三元四角。闻该款已于昨日如数照解矣。

(《时事公报》1925年3月5日)

归填总商会一师饷款

甬总商会昨接会稽道尹公署函开,兹据镇海县呈解第四次定期借款洋七千元,请转发宁波总商会,作为归还十三年九月一师军饷银十四万元内之款等情。据此,除指令外,所有解到洋七千元,相应备函转交,即希贵会查收归填,并给予临时收据备案云。

(《申报》上海版1925年3月13日)

总商会今日又开临时会

宁波总商会,昨接学生联合会函云(上略),上海西捕枪杀同胞,惨无人道,凡属热血,谁不发指。敝会同人,特联合全埠市民定本月五日上午八时半,在小校场集会,举行大规模示威运动,以表我民心之不死。兹特函请贵会声致各商号,请于是日停业一天,参加运动,是为至祷。该会接函后,以通告恐无大效,特定今日下午二时,再行召集临时职员会集议云。

(《时事公报》1925 年 6 月 3 日)

总商会之临时会议

宁波总商会,昨(三日)上午十时,召集职员临时会,出席会董有陆卓人、朱旭昌、俞佐廷、史良臣、金臻庠、张康年、陈孟璇、卓葆亭、戴菊舲、周子材、邹定斋、张鹤年、陈传楚、庞晋甫等十四人。由俞会长主席,报告开会宗旨,略谓上海西捕惨杀华人,近复愈演愈烈,本会应如何主张,请众讨论。当经公决电请段执政外交部、农商部提出严重交涉,并电上海总商会、旅沪同乡会就近设法援救,随时示知(电录公电栏)。主席报告宁波学生会派代表来会,要求本会对上海西捕枪杀学生案,有所主张,并对沪罢工工人,予以经济援助等语。次由上海学生总会代表陈君报告此次西捕惨杀华人案经过情形,大略与本报逐日所载相同。陈君又谓,自上星期本案发生起迄昨日止,被西捕枪杀学生工商界,共计四十九人,伤二百数十人。被捕者旋捕旋释,不计其数,而余(陈君自称)亦曾被捕四次。至星期日吾学生界全体五六千人到总商会,要求该会以罢市相援助,当经该会赞同盖章,女界及工界加入演讲游行亦颇众,可见此事已激起全体人民之公愤。总之,吾学生是不怕死,是愿意死的精神来表示。此次总会议决,派代表赴各地宣传,请贵处有相当表示,并予以经济上之援助。南京学生界,已有六千人于二日上午到沪,北京亦将有二万学生可到,俾予团体上之援助。且此次吾人为援救日人虐待华工,而遭西捕之枪杀,应完全反对工捕局,及少数英日资本家之横暴,扩展势力,而有印刷附律及码头捐之提议。其余各国一般侨胞,均与吾人表示同情云云。次讨论经济援助办法,议决由本会登报,谆劝各商,量力捐助。次学生会代表吴文钦发表意见,要求商会通告各商号罢市一天,加入全甬市民大规模运动。经各会董讨论结果,以此次西捕惨杀华人,凡有血气,孰不痛愤,应由外交后援会或学生会定期举行大规模游行时,函至本会,转告各商号休息一天,加入运动。议毕,乃散会。

(《时事公报》1925 年 6 月 4 日)

昨日总商会之各业会议

宁波总商会,为今日小校场举行大游行,学生联合会函请通告各业休业一天,加入游行,该会定今日下午开各业会议一节,曾志昨报。兹悉昨日上午有各校学生二百余人,前往该会请愿,推出代表与俞会长接洽,继又有中等学校教职员、临时联合会代表亦与俞会长接洽。经俞会长表示意见(其谈话情形另录),代表认为满意而出。至下午二时,又有各校学生五百余人前往该会,派代表于开会时旁听。四时振铃开会,各业到者百余人,由俞会长主席,报告开会宗旨,略谓此次上海多数同胞横遭外人惨杀,举国震骇,连日据本埠各学校学生暨教职员并外交后援会,要求商界停业一天,表示爱国热忱,同伸哀悼,故请各业开会讨论。即经出席各业就俞会长报告宗旨,一致表决通过,通告各业休业一天,以志哀悼。惟当铺、米业、咸货业,因与一般人民生活有密切关系,自宜略事变通。至对外表示爱国热忱,务须严守秩序。次由上海学生会代表陈瑜清报告惨案经过情形,语极凄切,听者动容,旋即振铃散会。

(《时事公报》1925 年 6 月 4 日)

商会长与学生之谈话

本埠总商会昨日上午十时许,有男女学生二百余人来会请见会长。旋由俞会长出见,询问来意。该生等谓,昨日至贵会请求休业,贵会答系合议制,必须再行开会,惟贵会长个人态度如何?俞君答称,同胞被杀,凡属国民谁不愤激。爱国运动,鄙人当然赞同,但必须谨守秩序,对内既须一致,对外尤须文明。能如此做去,公理所在,必有胜利解决。学生深以为然,学生又谓,先生既热心赞助,可否签字表示?俞谓,此说鄙人不敢赞同,大凡爱国出自个人本心,若以书面签字,迹近要求,总之鄙人将量力做去,以副众意。学生视为满意而散。继有教职员代表李琯卿、董贞柯、王思成、施行晨、沈孟亚诸君亦到,询问会长今日开会，明日各业休业，能否通过。俞谓，顷与各商接洽，大意休业一天，为表示哀悼起见，可望通过。俞会长并一再请各教职员，于学生游行时，必须亲去维持秩序。各教员答以此自当尽责云云而散。

（《时事公报》1925 年 6 月 4 日）

宁波去电一

北京段执政外交部、农商部钧鉴：报载上海西捕惨杀我国学生、工商多人，近复武装登陆，肆虐不已，全国骇汗，众情激愤，用亟电叩钧座，俯顺舆情，迅即严重交涉，俾崇国体，而重民命，无任迫切。浙江宁波总商会叩。江。

（《时事公报》1925 年 6 月 4 日）

宁波去电二

上海总商会、宁波旅沪同乡会鉴：报载西捕惨杀我国多数同胞，近复武装登陆，肆虐不已，辱国丧权，全国鼎沸。敢乞贵会就近设法挽救，并祈随时示教，迫叩候复。宁波总商会电。江。

（《时事公报》1925 年 6 月 4 日）

江浙各界对沪惨案之援助・宁波

宁波学生联合会、国民党市党部、救国十人团等三团体，为上海西捕枪杀华人案，特于二日下午三时在后乐园召集各公团、各学校开紧急会议，到者有商会、县议会、教育会、青年会、市民公会及各学校等六十余团体代表一百六十余人。首推王思成主席。次由学生联合会代表吴文钦报告开会宗旨。次由周天僇、谢介眉报告在沪目击西捕枪毙学生市民之惨状。次即讨论对付方法，议决如下：（一）由今日到会各团体、各学校组织宁波外交后援会，即日宣告成立，并推定周天僇、汪子望、金臻庠、王思成、李琯卿、陈器伯等十一人为执行委员。（二）根据上海学生会提出办法十条，电请外交部提出抗议，并电上海交涉员严重交涉。(三)电慰死伤学生、工人家属。(四)电沪各公团继续奋斗。(五)警告上海领事团及本埠英领事,促其觉悟,承认我国提出条件,一面通告本埠各外侨主张公理,有所表示,务达承认我国提出条件之目的。(六)组织募捐团,与以沪工人罢工经济上之援助,指定收款机关,将募得捐款汇解旅沪同乡会转发,另组经济委员办理之。(七)通电各报馆,转全国各公团,一致声援。(八)定期举行大规模游行示威,并分组出发演讲,以唤醒一般国民。(九)通函宁属各县举行示威运动。(十)出版刊物,以资宣传。(十一)定今日(三日)下午一时,在后乐园开第一次执行委员会,讨论对内一切方法。

……又宁波总商会,亦于三日上午召开紧急大会,议决:(一)负担经济捐募责任。(二)电北京外交部提出抗议。(三)电旅沪同乡会及上海总商会,请继续坚持奋斗,誓为后盾……

(《申报》上海版 1925 年 6 月 5 日)

总商会议决募捐方法

宁波总商会于昨日下午二时,召集会董、业董,讨论经济援助沪上罢业工人事,到者三十余人。由俞会长主席,报告外交后援会函述经济援助募捐方法五种(已见昨报),请众讨论。王信懋起谓,此次五卅惨祸发生,各业对于经济援助无不热心赞同,自本会登报发起后,各业踊跃相助,将陆续存于本埠各银行,已集有成数,惟办法分歧,于各业恐有未便。鄙意不加限制,广劝各业尽力乐助,其办法:(一)由本会通告各商号乐助;(二)函送各会董暨各业董捐册,实力劝募。众均附议,一致通过,议毕散会。

(《时事公报》1925 年 6 月 9 日)

总商会对于经济绝交之进行

宁波总商会昨致未组织协助会各业领袖函云,径启者,上海公共租界发生残杀惨案,全国悲愤,一致声援,莫不实行经济绝交,矢为政府后盾。查宁波洋布、洋广、西药等业,均已先后组织同业协助会,拟订简章,推定职员。贵会对于仇货，有无关系，为此函达台端，务祈迅即查明函复。如有仇货关系，请即邀集同业组织成立，并于五日内将各号所有仇货存数，及未运订货数目，分别详细开单报告本会，幸勿迟误为荷。又致已组织协助会各业领袖函云，径启者，上海五卅惨案发生，全国愤激，一致主张经济绝交，为政府后盾，静待解决。现本埠各公团联合会，已经组织成立，而贵业热心救国，同业协助组成在先，为此函达台端，请于五日内迅将各号所有仇货存数，及未运订货数目，分别详晰开单报告本会，幸勿迟误为荷。

（《时事公报》1925 年 6 月 11 日）

甬商会汇款接济沪工人

上海总商会昨日（十一日）接宁波总商会汇来洋九千六百元，接济失业工人，当即转交总工会接领。

（《申报》上海版 1925 年 6 月 12 日）

排山倒海之救国御侮声

总商会劝告商号节筵助捐之恳切

宁波总商会为劝告各商号将端节筵资助捐救国事，昨分发传单云，上海五卅惨案发生，全国沸腾，视为大耻，现时沪埠一致罢商、罢工、罢学，矢为政府后盾，损失奚止什百千万，彼最可伤感者，上海多数罢工同胞，各本良心主张，血枕救国，到底坚持，不以冻馁为忧，不为露宿为苦，其心志之坚苦，殊令人可悲可泣。兹旧端节将届，屈计筵资一项，积零成万，厥为大宗。倘人人激发爱国天良，实行移助，在一方不过稍节口腹之欲，而他方实活多数救国之士，以视普通慈善，其功相去不啻霄壤。时局阽危，掬诚谨告，务祈各宝号俯予采纳，源源移助，无任乞祷。（收款处：本埠中国、四明、通商、明华四银行）

（《时事公报》1925 年 6 月 18 日）

总商会职员常会纪事

本埠总商会昨日下午二时，召集职员常会。到(者有)俞、袁两会长暨会董王信懋、金臻庠、张康年、邹定斋、张鹤年、陆卓人、陈南琴、周子材、陈孟璇、王绍周、黄紫绶、郑乐山、卓葆亭等。俞会长主席，略谓，经济绝交，本埠各业协助会虽据各业函告赶办，尚未告竣，应如何催促，以冀速办，请讨论。经众决议：(一)通告已组织协助会之各业，速将现存仇货及未到定货，于九日内开单报告。(二)通告未组织协助会之各业，迅即联合组织，限五日内报告成立，并将仇货现存及订购数目，开单报告。(三)俟各业报告存货定货完全后，再公推调查员精密调查之。次议外交后援会来函，为限制兑换仇国纸币，请本会通告事。议决因外交后援会现已登报通过，本会即将附来传单加函分送各业。次议各商号端午筵资助捐事。议决即日通告各商号，将端午筵资助捐，自行缴入银行。次报告杭州总商会复电(电录公电栏)，众以照杭埠经济绝交办法六条。其前三条，本会早已进行；第四条推举调查员一节，俟报告后再行议推；第五条各店门首贴不进仇货等字样，认为非必要；第六条已办。次报关行屠甡记等，为今日蚕豆装运上海，被学生会扣留上栈，然此物并非卖与仇人，略请转咨学生会放行案。议决知照屠甡记等，开送唛头，及上海受货商号，并检同余姚委托商号函件，由本会函送学生联合会证明，暂予放运。一面请径向上海受货商号调查，俾明真相，并公推金臻庠君向学生联合会疏解。议毕散会。

(《时事公报》1925 年 6 月 16 日)

排山倒海之救国御侮声

鸭蛋出口被扣后之呼唤

宁波总商会为公兴、成大两行装运鸭蛋被扣事，昨致宁波各公团调查委员会函云，径启者，据本埠公兴、成大两蛋行略称，向设江东灰街，专营新鲜鸭蛋，门庄买卖，历有年矣。销路一项，全仗申埠为散，兹因沪上惨案发生，凡属国民，莫不痛愤，幸我同胞一致对外，皆愿为国牺牲，对于英、日两国，仇不共天，谁不欲为经济绝交。然号等运申之鸭蛋，向由上海菜市街兴公、永泰、顺昌、荣大，暨小东门新大等蛋行、门庄销售，系我华人作饭菜之需，并未涉有洋庄嫌疑，况鸭蛋一种，素为外人所勿嗜。讵知昨日敝行等，托和记报关行运申鸭蛋，竟为学生联合会扣留，责令不能出口。敝行等闻报之下，着友前去再三向其分剖，彼终不理。现值天时和暖，暑气上蒸之际，新鲜货物，能可几日耽搁。而敝业新鲜鸭蛋，尤为摧残不起，一经虫蚊咬伤，完全腐坏，则敝行等受莫大损失，何堪设想。为此具恳贵会主持公道，转知学生联合会，请其放行，不胜感戴之至。为该会万一不信，尽请向申电询，以明真相等情。据此，查蛋类鸡蛋，间或装运外洋，而鸭蛋一项，完全供华人食品，为外人所不用。现时天气转热，久搁易于腐臭，于该行殊有损失。为此据情证明，函请贵会准予放行为荷。

（《时事公报》1925 年 6 月 18 日）

催报各业英日存货

宁波总商会昨致本埠各业领袖函云，径启者，本会根据各公团联合会议决案，迭经通告各业，限日报告存货及订货，乃近日依限报告者固多，而逾限未报者，亦属不少。兹各公团联合会调查委员会登报通告，限阴历五月初五日报告截止，其未报各订货，一律停止进口等语。为此函达台端，务祈特别注意，转知贵业各号，迅将英、日存货及订货分别详细造册，克日报告到会，俾凭转报，幸勿自误，是为切要。

（《时事公报》1925 年 6 月 22 日）

总商会汇解振工捐款之函复

宁波总商会昨致上海总商会代电云，养电悉，敝会经募之款，均由出资人送交宁波外交后援会，业经该会分作两批汇交旅沪同乡会转交贵会散给，准电前因，除函外交后援会外，兹将敝会同人发起演剧所得戏资约计二千数百元，拟俟二十六日沪上开市后，即行解交，先此电复，统希台洽。

（《时事公报》1925 年 6 月 25 日）

总商会职员临时会纪

宁波总商会昨日下午二时召集职员临时会,并邀同甬变善后各借款人,讨论摊还办法。出席会董、业董(有)梁廉夫、俞佐庭、周子材、袁端甫、周巽斋、陈南琴、林琴香等二十余人。由俞会长主席,宣开会宗旨毕,录其提议事项如下:(一)五卅惨案六月三十日各界游行案,经多数赞同商界自由加入。一面由本会通告各号下半旗,以表同情,并刊印八字警告,悬贴店门。(二)摊还上年甬变案内各业捐募善后费用案,由主席报告上年甬变,各业捐募善后费用三万二百余元,奉省长核准,如本年善后公债能募足十五万元,准还浙省四次省债,以资抵补,现在善后省债仅募九万元,应如何办理,请众讨论。经众讨论,佥以短少省债三万元,各业困难,无从再募,惟有将省中应还四次省债三万元,请会长设法照善后公债九折拍卖,即以所得现款购买善后公债,与前已募集之九万元合足十二万元缴省,俟公债票完全领到,提出票面三万二百四十六元,摊还上年甬变案内各捐户。多数赞成,议决通过,旋即散会。

(《时事公报》1925 年 6 月 30 日)

关于青糖及原料问题函复总商会

宁波各公团联合会调查委员会昨复总商会函云,准贵会十日函开,准上海总商会上海提倡国货会以泉州漳州建发、捷裕、聚德隆等糖行,在太古镇江轮船装运吕宋青糖,合计二万四千四百六十一包,先到宁波起货,现因罢工不能来申,请设法起卸,以恤商艰,并拟全船在甬起卸,交捷美行代领等情到会。经本会讨论结果,佥以糖虽美产,装在英商轮船,揆之对英日绝交之义,自未便准予起卸,前据贵会以捷美之糖,系五卅前所装,是以准予起岸,今兹之糖,系装运上海,所请起卸,未便予以通融,相应函复,即希查照转复上海总商会为荷。又贵会十一日函开,准奉化县商会函,以该邑汪家村公益袜厂所办英日进口原料,请照美球等厂例,通融办理等情到会。查本会前次对于各工厂原料进口通融办理案,为各工厂须将每月所需英日原料数量、品名、牌号、商标、出厂经理行家,与厂名、创办人经理、厂址、机器部数、工人人数等，一切详细项目开明，并此仇货限于无替代品者，及进口时须报告本会验明放行，以照慎重，且须立志愿书一纸，为此相应函复，即希查照，并转奉化县商会转知该工厂是荷。

（《时事公报》1925 年 7 月 14 日）

商会一再苦劝各业济助沪工

宁波总商会，昨函致各业云，径启者，准外交后援会学生联合会来函，请敝会劝告各业，继募捐款，接济沪埠罢业工人等因。查自沪案发生，失业工人颠沛困苦，深堪恻悯，虽经各界捐助，惟历时已久，势难为继，务恳台端转知贵业同人，踊跃捐助，径交外交后援会或交学生会募捐团源源接济，无任企祷，即请公绥。

（《时事公报》1925 年 7 月 28 日）

（上海）总商会致甬总商电

国闻通信社云，前有菲律宾华侨由英船运糖来沪，中途至甬，适遇海员罢工，不能运沪，曾由宁波总商会电上海总商会设法，俾得运出。总商会昨特复函云，径启者，接贵会八月一日、八月六日两次来函，祇悉一一。查上海检查出货委员会其职务以疏通本埠在五卅以前华商所存栈货为限，外埠事务非其职权所及，且该会一再声明，职务仅以栈货出栈为止。该会对于本埠栈货出口尚谓为非权力所及，而谓能顾及寄泊甬埠之菲律宾糖出口问题乎。故宁波各公团之以未得沪出货委员会答复为辞，于权限固不无误会。而贵会欲敝会径向沪出货委员会商酌，尤为绝不可能之事，此不能不剀切声明者也。总之吕宋青糖系属美货，无论若何情形，断无任其搁置英船，致令日久溶解，华商巨万血本尽归虚掷之理，能运回沪埠，上也。不得已而交由甬提美号代领，以便保存，次也。宁波各公团联合会如以为此两事均难办到，亦请将碍难办到之理由开示，使敝会有词以谢泉漳会馆。若仍欲取决于此间之出货委员会，则该会权限不属，徒延岁月，必无结果。该糖商坐受此无名损失，情何以堪。贵会同属商人，甘苦与共，此不妨为各公团联合会切实声明者也，尚祈查照迅赐办理是荷，此致宁波总商会。

(《申报》上海版 1925 年 8 月 10 日)

总商会职员会纪事

宁波总商会昨日下午开职员会，到者有俞佐庭、袁端甫、丁忠茂、戴菊舲、董维扬等二十人。俞会长主席，议决各案如下：(一)各业提议以近时调查仇货，往往对于非仇货进口及土货出口，并非接济仇人者，无端搁置，各业殊有窒碍，请设法维持。议决，(甲)凡非仇货进口出口，一律不得阻止。(乙)本会公推审查员若干人，倘有疑似各仇货，经审查员确定非英日货者，即时发还之。(丙)前项议决案，至各公团联合会转知调查委员会执行。(丁)各业各推定审查员二人，糖业王信懋、严美珍，洋布绸缎业张康年、蒋衡卿，洋广业陈富润、茅鲤庭，药业翁仰青、李三鸿，西药业黄光普、潘松龄，海味洋粉业兆燕、杨宝林，参业张吟勋、林芝年。(二)外交后援会、学生联合会函捐捐款济工事，并有学生会代表列席报告，拟请对各殷富筹捐及向各业伙友劝捐薪水。咸谓地方殷富，非本会范围，恐无效力。各业伙友薪水有限，有力未逮，惟有函劝各业董设法劝捐。(三)加推各公团联合会出席代表，议决推陈孟璇为出席该会代表。(四)外交后援会来函建议第二种金融经济绝交案，佥谓甬为商埠，此事关系甚重，殊难照行云。

(《时事公报》1925 年 8 月 16 日)

函请准予火车糖进口

但限于五卅前订货

宁波总商会，昨函致各公团联合会及调查委员会云，径启者，据宁波糖业沪案外交协助会函称，自沪上五卅案起，举国共愤，本埠各业，亦纷起抵制绝交之运动。敝业同人，分属国民，自应追随其后，为特组织协助会，以谋合作之进行，早经订立简章，并声明于五卅后决不再进仇货等函由请贵会转知各公团联合会等备查在案。惟查火车糖一物，均出自英、日两国，且作我国商业中之茶食铺及糖果铺等不二之原料，按诸劳动界之生计关系，事实上有万难抵制之势。然事关仇货，又不能不变通办理，但变通者而何，除由前业函催商号马玉山糖厂赶速招股开车外，对于该厂未出货以前，所有同业于五卅前，向洋商约定之货，照约提收，以济原材料之荒。况查照订货向例，届时自不出货者，而价银亦须按期照汇，诚此对于货银一节，势又不能拒绝。以上衷曲情形，早由敝会评议长王信懋君，为各公团联合会及调查委员会等出席时，一再口头声明，并函附定存日糖表三份之请求分别存转各等因在前。今时逾三月，订货延未提来，而价银迭遭催索，非同业号售未交之货数，在六千余包，亦被追迫，以致上下交困。若再延不清理，上须汇银，下难收价，不但固有之血本，备遭无故之损害，即商货转辗之保用，亦扫地无余矣。为此敝会开会一再讨论，决将各项订货，详作货表三份，函附贵总商会，分别转函各公团联合会及调查委员会等，照议会等前据，以五卅前之订货，及无替代之原料，准予通融之议案，查对确实，照案放任，以保固有之血本，而维劳动之生计等情。据此，查该业存货订货表，曾于六月二十五日由敝会转送贵会备查，其所列订货确为五月份前所定，有簿可稽，按照前议，似应予以通融进口，呈称订货逾期不提，沪行催款紧迫，尤具困难情形。为此检附详细订货表一份，函达贵会，敬希顾念商业，经济困难，付议公决，仍照前议通融运卸，至纫公谊。

（《时事公报》1925年8月15日）

总商会提出查货意见

宁波总商会昨致各公团联合会函，略云，闻贵会以旧订章程不适于用，拟加修改，俾臻妥善，敝会系组合一分子，谨就管见所及，陈述一二，幸垂察焉：（一）调查委员人数，当由各公团推举二人。（二）嗣后查出之货，除五卅以前所定无庸置议外，将原货勒令出口，以符实行抵制宗旨。（三）关于疑似各货，为调查会所不能辨别者，应由敝会推定之审查员认真审查，如非英日货，即行发还，以杜纠纷。（四）出口各货，概取放任主义，可不必干涉。

（《申报》上海版1925年8月20日）

火车糖订货应予通融

宁波各公团昨接总商会函云,准调查委员会函开,以糖业五卅以前所定之仇货,不准进口等因。即经转知该业去后,兹据续称,敝业所定之火车糖,早已付给定银。若拒绝进口,为彼方契约所束缚,势必将定银没收,发生诉讼问题,危险何堪设想。务恳续行函请,将订货准予通行等语。查该业所称订货为难,系属实在情形。如果拒绝进口,该业损失浩大,将外交无转机之望,商业已罹破产之灾,自杀政策,殊非所宜。沪埠振华堂有鉴于此,已与上海总商会议定办法,给予凭证,将订货准予通行。敝会员负保护商业责任,认此事关系重要,已向贵会陈述意见,将订货无庸置议。兹据前情,合再郑重声明,如果不蒙见谅,敝会实未敢与贵会取一致行动,忍使甬埠商业精华,陷于破产,相应函请贵会查照,并希示复为荷。

(《时事公报》1925 年 8 月 21 日)

通融五卅前订货之办法

先由商会学生会审查证据

宁波各公团联合会昨覆总商会函云,前准贵会函内开,各业五卅前所订之货,早经付给定银,若果拒绝进口,不予通融,势必致因彼方契约之束缚,将定银没收,且恐即此引起诉讼问题,危险何堪设想,应请准予通融进口,以维商业等语。即经提付第十二次大会讨论,佥谓五卅以前订货,应准通融进口,惟是否确系五卅以前所订,应由商会、学生会于三日内,各推出六人,先行会同审查证据,审查时日,以一星期为限。审查完毕,应再报告大会,以凭办理,庶于维护商业、经济绝交,得以双方兼顾等语。当经一致通过,相应奉复,请烦贵会查照办理,至纫公谊。又致调查委员会函云,本会八月二十日第十二次大会,议决各业五卅以前订货,因有定银契约等项关系,为维护商业,顾全信用起见,准予通融进口。惟各货是否确系五卅以前所订,应由商会、学生会于三日内各推人员会同审查,审查结果,确系五卅以前订货,应由调查委员会即予通融进口,不得多难等语。相应函达，请烦贵会查照办理为荷。又致学生联合会函，大意与致商会同，从略。

（《时事公报》1925年8月22日）

总商会开临时职员会

为推定五卅前仇货审查员

宁波总商会昨为推定审查员事，特于昨日下午召集临时职员会，到俞佐庭、袁端甫、施仰山、陈南琴、金臻庠等二十余人，由俞会长主席。首述该会对各公团联合会提议通销五卅以前所定仇货经过情形，并推定审查员六人以符议案。当经公推王信懋、施仰山、金臻庠、毛稼生、徐玉麟、周子材六人为审查员，其执行办法，概由所推出之审查员与学生会所推出审查员共同规定办理之。兹录其致各审查员函云，径启者，五卅以前所定仇货，经敝会向各公团联合会提议通过，准予通行。惟须经过审查员手续，方可确定，并议定商会、学生会各推六人为审查员，兹经敝会临时会公推先生为审查员。久仰执事热忱爱国，富有商业经验，务恳勉力担承，无任祈祷。除函请各公团联合会定期召集外，相应专函奉达。

（《时事公报》1925年8月22日）

糖业续请免扣五卅前订糖

宁波总商会，昨函各公团联合会云，径启者，据本埠糖业沪案外交协助会函称，迭阅报载，宁波各公团联合会调查委员会，以各公团联合会议组五卅前订货审查会，实无成立之必要，函致各公团联合会，请求开会复议取消。又阅学生会载称，致本埠总商会，谓日货无论如何进口，一律扣留各等因。敝会阅悉之余，不胜骇异。查本埠各团联合会，由各公团组合而成，而调查委员会，由各公团联合会所产生，各委员亦由各公团联合会所推出。查照各公团联合会议决章程及议事程序，则各公团联合会议决之案，而调查委员会应有绝对服从之义务。学生会为各公团联合会之一分子，当时代表出席，是否服从多数，承认通过。而敝会同业,对于五卅前之订货,有不能不提装到甬之困难情形,并详列总花各类。函请贵会转函宁波各公团联合会,准予通融去后。当业该会召集大会全体议决,转请总商会及学生会各推审查员六人,审查确实后,准予运装到甬通销,并由全体审查员开会议决,审查程序,登报通告各等因在案。基上事实,无论如何,各公团及委员会照例自不准有所违反。兹闻该两会前项登载各情,违章乱序,反复无常等无意识之行动,自无驳诘之价值。惟敝会同业,前由各公团联合会之议决,并得贵会之通告,为提早了结前货,俾便持久,抵制后进起见,当向结买本汇,一面去电提运。兹据回电,货已装出,约四日可到。一经到埠,难保该委员会无阻碍之行动,一经阻碍,难免受无故之损失。若各公团联合会不速予制止,一经有阻,该会应负完全责任。为此函请贵会转函严诘各公团联合会所议决之案是否有效,该委员会应否服从,限期答复,以维议案而清事限,至所盼祷等情。据此,查该会所陈事实,系属遵照贵会议决案办理。今据称该货日内特次运甬,关系较巨,尤属实在情形,相应函请贵会维持原案。一面并祈转知审查会,赶速审查,俾便进行,至纫公谊。

(《时事公报》1925 年 8 月 31 日)

公团联合会开会纪事

宁波各公团联合会于昨(十日)下午四时,在总商会开会。到者有陈南琴、袁端甫、陈季衡、陈孟璇、余东泉、胡叔田、毛稼生、王信懋、严美珍、王叔云、左竹士、张康年、陈荇荪、王冰生等多人。由总干事陈季衡主席,议决案如下:(一)张锡炜来函辞调查委员职,公决挽留,准予病假一星期。(二)讨论调查委员会查获仇货处置办法,议决凡误装仇货入境者,得令将原货退回,故装仇货入境者,除照前条办理外,得令酌助公益捐,或宣布其事实,以儆效尤。(三)复成厂函称,需用四十二支及六十支双股线仇货原料,每月约十件,三十二支细纱每月约二三件,并无替代品,请准予进口一案,公决调查委员会对各工厂案同一办理。(四)驻周巷葡商茂昌洋行函称,准予装运鸡蛋赴沪,绝不接济仇人事,公决由各公团联合会函致总商会转周巷商会调查,是否葡商并交调查委员会调查后再议。(五)糖业协助会代表王信懋提议凡五卅前各业订货在内地通行,须另给通行证事，公决，照上海振华堂办法，准发三联通行证交商会办理，由陈孟璇起草。（六）华丰布厂为原料日纱被扣事，公决由该厂向绸缎洋货同业协助会详细声明，经调查确实，至函调查委员会证明发还。（七）调查委员会提议，调查仇货不能限定地点案，经众议决，如遇必要时，则由调查委员负责随时随地调查仇货。（八）调查委员会提议，关于调查仇货及经济绝交事宜，认为必要时，得请求立时召集紧急会议，议决如有调查委员半数以上，或各业协助会之请求，得立时召集紧急会议。（九）调查委员会请拨给经费案，议决由该会提出每月预算，筹集拨给之。（十）调查委员会，报告查获永泰丰海味号私进仇货海咸事，议决货已售出，无从退回，令该号捐助公益费廿元，介入明华银行宁波公益户。议至此，已钟鸣六下，其余议案，延至下次讨论。

（《时事公报》1925 年 9 月 10 日）

各公团联合会开会纪

宁波各公团联合会，昨日下午三时在总商会开会，出席各团体代表十余人，公推金臻庠为临时主席，兹纪其议案如下：（一）主席报告总商会来函，为通利源榨油厂函称仇货机器附属品，无其他替代品，请为转知调查委员会，勿予扣留云云；次又报告和丰厂亦有同样函请，并据调查委员会函复，应由该厂详开花名，以便调查有无代替品等情，经众讨论结果，议决该二厂机器附属品，暂予通融进口，如有他国替代品，请改其用，并请详开机件花名，交由调查委员会，调查有无其他替代品。（二）善成号代表声称，被调查委员会查获通草木斗五件，系由台湾客人误装来甬，并将台湾客人来信证明，议决认为误进仇货入境，将原货退回。（三）糖业代表陈传楚报告扣留捷美喷嘞冰糖廿袋，拟将原货退回案，并由捷美代表左竹士证明，此货由上海裕孚总装，捷美不负责任。次由调查委员会提出上海总商会致甬学生会函，谓据泉漳会馆声称，此冰系新加坡华侨糖厂出产云云。经众议决，将该冰原货退申，致函糖业协助案。在未查明之前，不得进口，并由商会调查委员会调查是否仇货。（四）杨诵仁提议，对于调查委员会调查是否仇货，三星期内无人前来声称，将货变卖助入公益费，公决由本会登报通告。（五）调查委员会查获仇货请为审查处置案。议决嵊县转口翻袋车白十袋，致函宁绍公司,如来提取,请先知照本会。善成通草木斗五件、捷美喷嘞冰糖廿袋,已议决如前。汇祥鸡脚芜一件,交由海味业协助办理,久和鱼翅一件,交由海味业协助会审查。永耀瓦白铁五件,认为误进,原货退申。英白铁二件、失皮□一件、电光灯壳一件,均照前项议决案办理。泰记热水瓶芯子一件,付洋广业协助会审查。(六)调查委员会提议事项,(甲)限期装清五卅前订货案,议决俟审查终了再议。(乙)上海提倡国货会来函,为荷商飞利浦电泡案,付洋广业协助会审查。(丙)震和祥白铁两件,愿缴价取回案,俟下次常会,该号代表出席说明后再议。(七)调查委员会报告委员徐、洪二君,无故缺席三次,公决除名,请为推补案,俟下次常会推补之。(八)调查委员会报告账略,并提出预算表,请拨经费百元案,公决向明华银行借洋一百元拨给之,其洋由俞干事具函担保,以公益户存款作抵,另行筹集归偿之。(九)王叔云提议,对于出口货如何限制,应行规定案,公决由王君提出具体办法,于下届常会讨论。(十)胡叔田提议,调查委员会查获仇货,如系各业协助会范围者,移交各业协助会办理,已议决者交由各业协助会执行,众通过,并议决各业协助会,须将办理情形,报告本会,转知调查委员会。(十一)调查委员会陈荇荪提议,糖业协助会,对于益记翻袋车白五十袋,未照本会议决案执行,请为讨论案,议决知照糖业代表照案执行。(十二)海味业协助会代表报告,永泰丰私进海咸二另,已由本会议决处分。间洋四十元,对于前次常会议决案,捐助公益费廿元,应行更正。公决废弃前议,依照海味业议决办理。议毕已钟鸣七下,乃散会。又闻该会昨分函各团体云,径启者,本会常会期间,前经大会议决每逢星期一、四行之,除临时会另行通告外,此后每逢星期一、四,务希贵会推派代表一人至三人与议,届时不再另发通告。

(《时事公报》1925 年 9 月 15 日)

总商会电告运销订货办法

须查验通行证及关防

宁波总商会于寒日电各县商会云,甬埠为商业精华,五卅以前,所定仇货,为数甚巨,经宁波各公团联合会议决,五卅以前订货准予运销,并由该会组织订货审查委员会,分别实行审查在案。兹准联合会函称,各业订货照上海振华堂办法，由本会给予通行凭证，加盖关防，运销各地等语。业经照办，应请贵会查照，并希转知贵处各爱国团体查验凭证，准予通行，以免隔阂，而维商业，不胜企祷之至。

（《时事公报》1925 年 9 月 16 日）

各公团联合会开会纪

本埠各公团联合会，昨日下午三时，开第十八次常会。到各公团体代表二十余人，由总干事陈季衡主席。兹录其议案如下：（一）总商会函称，据周巷商会函复，该埠茂昌确为葡商分行，并有葡领电达交涉员，此项鸡蛋拟准其出口，但出口后是否接济仇人应函上海总商会调查。（二）总商会函据新昌商会函请放行该县协泰号五卅前定糖转一案，付糖业协助会调查后再议。（三）主席报告捷美行来函，前进喷嘞水廿包，遵议退回上海案。（四）教育局来函，为甬江离校女生毕业证书案，公决由本会具函教育厅，证明该校学生确为五卅案离校，推汪仲干起草。（五）主席报告善成号来函，为通草木斗展期退回案，公决准予展期。（六）永耀公司来函，声明瓦白铁并非英物案，公决重付审查，公推毛、陈、黄三君为审查员。（七）和丰纱厂函报机件货名，无其他替代品，请为调查案，付调查委员会调查。（八）锦华行来函，为遵照议决案，并具志愿书到会，公决与学生会来函，对于锦华行经理亚细亚火油，五卅后三个月之货准予进口案，提出异议。又调查委员会提议经理货不能作为定货，停止进口案，并案讨论。（九）学生会来函，声明退出本会案，公推毛稼生、陈孟璇、冯纯管、陈荇荪与该会疏通，仍请加入。（十）调查委员会提议案。（1）致函宁绍公司招商局经理，请转水手茶房，对于本会调查员查货，请勿妨碍案，众通过。（2）益源糖行五卅前订货案，由毛稼生君报告审查及调查经过，准予进口八百包。（3）五卅前订货，应以前经来会报告者为限一案，由李君提出洋广业订货，前经该会议决一律退回，且未经来会报告，不能认为有效。洋广业李富润等起谓，本业订货，当时议决退回，实为免除调查疑义起见。今糖业洋货业既经审查进口，本业亦应同一办理。经众讨论多时，以该业订货，既经审查，自应认为有效。如以该业订货证据未充足时，可另行提出复审查，即来货时亦可提出异议，多数表决通过。（4）经理货不能作为订货，停止进口案经胡叔田、陈南琴、毛稼生、徐玉书、陈荇荪等均有讨论。佥让经理货确与订货不同,将前议决锦华行经理亚细亚火油案,提交复议。并公决经理货以有无月定销数及有无损失为标准,付审查委员会于明日(即今日)上午九时重新审查,审查锦华行经理亚细亚火油及祥茂肥皂,以及永泰丰经理下内门洋绒。(5)限期装清五卅前订货案,公决糖业洋货业,限十日内装清,洋广业挨延十天,廿天为限。各业如有特前情形者,报告本会,提出讨论。(6)泰记热水瓶芯子一案。(7)蔡立茂飞利浦电泡案。(8)华升泰电泡一案,均系洋广业协助会审查。(9)学生委员缺席案,推毛、陈、冯、陈四君前往接洽。(10)查获黄刷子鲍鱼等复议案,公决以非营业,准予领回,并令助公益费洋二元,介入明华银行。议毕,乃散会。

(《时事公报》1925 年 9 月 22)

函请放运五卅前订货

宁波总商会昨接新昌县商会函云,径启者,兹据敝县协泰亨南货店主石省吾声称,窃小号曾于闰四月初一日向上海和兴糖栈订购六月底期糖二百包,嗣因五卅惨案发生,贵会组织商界救国后援会,议定检查仇货细则,对于各商号在五卅以前成交之英日货,无论现货、期货,均血本攸关,规定许各商号提出证据,报由后援会查验确实,准其运销。迩时小号即将发票呈验,已蒙验讫盖章在案。惟此项期糖,本于六月底运新,乃因沿途俱值严禁,以致在沪迄未装运。顷阅宁波《时事公报》登载宁波各公团联合会会议对于糖业在五卅以前订货,曾经报告该会有案者,准其通融进口。现在小号之糖亦拟向甬运归,恐经过宁波发生阻力,为此请求转函宁波总商会转咨各公团联合会证明放行,以维血本等情到会。据此,查协泰亨南货号所定六月底期糖二百包,曾经报告商界救国后援会有案,兹据前情,相应函请贵总商会查照,希即转咨贵处各公团联合会。如果对于五卅以前所定糖货,准其通融进口此议不虚,希将敝县协泰亨经过之糖,准予放行,实纫公谊云云。总商会准函后,即致各公团联合会函云,径启者,据新昌县商会函开(中略)等因,为此函达贵会,付议见复,俾凭转知办理为荷。

(《时事公报》1925 年 10 月 2 日)

宁波总商会对于沪案重查之宣言

五卅惨案早经政府特派员暨使团委员到沪详确查明，曲直早判，今后假司法名义重行调查，凡我商人誓不承认，特此宣言。

（《时事公报》1925 年 10 月 12 日）

宁波爱国募金会成立会纪

宁波总商会为组织爱国募金大会，昨日下午三时特召集各界，开会讨论，到二十余人，由俞佐庭（总商会会长）主席首宣开会词，后经众详细讨论，始议决如下：（一）定名，为中英爱国募金大会宁波后援会。（二）地点，附设于宁波市总商会内。（三）组织，队长一人，副队长二人，参谋一人，分队长、队员无定额。（四）目的，定五千三百元（一次缴足）。（五）收款，银行钱庄。（六）设经济管理员二人，以管理之，当场公推陈季衡为队长，副队长张锡炜、忻汰僧，参谋俞佐庭，分队长推陈南琴、胡叔田、林琴香等五十一人，经济管理员，银行推陈南琴，钱庄推陆卓人。继议定收款为中国、四明、通商、明华四银行及永源钱庄。

（《申报》上海版 1925 年 10 月 14 日）

宁波安谧如常

甬商会之复电

本埠前日盛传宁波方面有事，宁波旅沪同乡会特发三次急电至甬，询问确情。昨得甬总商会复电，实系误会。兹录该电于下：宁波同乡会鉴，艳日象港有英舰数艘游弋，商民讹传，稍起恐慌。现已证实，确系英舰，地方安谧如常，拉夫亦经停止，知念特复。宁波总商会。陷。

（《申报》上海版 1925 年 10 月 31 日）

总商会开会纪事

宁波总商会于昨日下午开会，到二十余人。由袁端甫主席首报告宁台守备司令部来函，英舰侵入象山港误会情事已严重交涉等情。次报告为前案呈督办省长电稿，大致谓英舰来港，事前并未通知，且不表旗帜，不答旗语及宁波商民因受此误会之损失情形，请饬交涉署力争，以保国体。次讨论江知事辞职问题，大众谓江知事自任事以来，地方感情颇为融洽，今日不知何故忽提出辞职，故本会自应挽留，议决通电督省二署留任，并转知各公团一致挽留。

(《申报》上海版 1925 年 11 月 4 日)

总商会讨论知事问题之结果

宁波总商会于昨日下午开职员会，到者有袁端甫、林琴香、徐镛笙、卓葆亭、郑定斋、林紫绶、陈季衡、丁忠茂、周宸生、张鹤年、俞佐庭、陈南琴、朱旭昌、陆卓人、陈孟璇、庞晋甫、严美珍等，讨论戴敦勋等代电，以新知事张兰，前在浦江、常山任内劣迹昭著，迭经省议员及两邑公民控告军民两长一案。议决据情电呈省长，并挽留江知事。录其原电如下：杭州孙督办、夏省长钧鉴，案据本籍省议员戴敦勋等电称，调署鄞县知事张兰违法舞弊，渎职殃民，历经省议会提出质问有案。除由戴议员提出质问外，特此电闻等语。敝会以张知事尚未莅任，政绩如何，虽未敢臆断，然鄞邑号称繁剧，自非声誉卓著之员，恐不克胜任。江知事恢阅，清廉干练，勤政爱民，颂声载道。际此大局未定，倚畀良多，尤未便遽易生手，叩请免予更调，以资熟手，而顺舆情。迫切陈词，伏惟鉴纳。宁波总商会叩。东。

(《时事公报》1925 年 12 月 2 日)

吁请警备队调回柴桥

宁波总商会昨电镇守使署云：宁波镇守使公署台鉴，顷准镇海县柴桥镇商会电称，以据该镇众商环称柴桥地近海滨，平时全赖警备队驻防震慑，嗣因江浙战云弥漫，奉调定海。现值冬防期内，盗氛险恶，防务空虚，殊觉岌岌可危，虽穿山方面驻有陆军，然相距较远，尤虑鞭长莫及。敢乞转达宁台镇守使公署俯准维持地方治安，令饬警备队第七营仍将第一哨调回柴桥原防，俾免恐慌等情。查柴桥滨海多盗，向恃警备队驻守，现值冬令防务空虚，民情惶迫，所请转恳调回原防之处，兹据前情，用亟电达贵公署查照，敬祈俯顺舆情，准予核办见复，俾凭转知，无任企祷。宁波总商会。世。

(《时事公报》1926 年 1 月 19 日)

总商会函送省颁奖额

宁波总商会为分送省颁匾额事，昨函前会长孔馥初，并连任副会长袁端甫，暨前届会董屠鸿规、徐镛笙、俞佐庭、翁仰青、陈南琴、王叔云、左竹士、余润泉、施仰山、陈子秀、周巽斋、袁书霖等云，径启者，案准鄞县公署函开，奉会稽道尹公署转奉前督办省长训令，浙省去年军兴多赖地方官绅保守秩序，自应汇案奖叙以资鼓励，合行抄同给奖清册，暨匾额十四方(题曰积卫宣劳)，转给承领等因。兹将送到匾额，备函送请察收是荷。

(《时事公报》1926 年 6 月 6 日)

卢总司令来甬声忙筹备

(前略)总商会议定欢迎办法：本埠总商会，除分函各法团届时欢迎外，于昨日下午特开临时会董会商议欢迎办法，到者有袁、俞二会长，及会董陈南琴、陈子秀、袁书霖、金臻祥、张康年、戴菊舲、陆卓人、陈孟璇、丁忠茂、严美珍等十余人，当经议决，于卢氏到甬时，通知全体会董至埠迎送，及通函各商号，悬挂国旗，并公推金臻庠为干事，专办欢迎手续，及欢迎词起词起草员，备公宴时宣读及表意。闻预定卢到第一日晚餐，由到会欢迎人员(不论官绅)作东，送日午餐由各法团作东，请地方官陪席，晚餐由官厅机关作东。第三日早赴镇检阅，午餐在镇宴会，当晚回甬，晚餐则由钱业会馆作东。第四日则卢氏须乘早专车返杭，或有变更，亦未可知。附录总商会分致各团体函云，启者，顷准司令部转知，浙江卢总司令定六月二十五日由省乘专车莅甬，届时务希贵会推举代表，齐集车站欢迎，并在普天春茶点，专函布达。

(《时事公报》1926 年 6 月 24 日)

总商会对万县案之电请

宁波总商会为四川万县案，今日电致北京外交部一文云：北京外交部钧鉴，英船炮击万县，生命财产损失不资，城市为墟，积尸盈野，闻者酸鼻，言之痛心，天下万国，宁有是理！乞钧部严重交涉，据约力争，国家幸甚。宁波总商会叩。冬。

(《申报》上海版 1926 年 10 月 4 日)

要　闻

浙江战事急转直下，孟昭月分三路迎击，孙传芳亲赴杭指挥，令甬商会筹饷十万元。

(《益世报》1927 年 1 月 5 日)

宁波快信

宁波总商会，以旧历新正，特柬请段旅长、各厅长、各局长及各机关上级军官，定于九日春宴。

(《申报》上海版 1927 年 2 月 9 日)

甬商会挽留段承泽

第三旅司令段承泽，自兼任浙东清乡司令后，地方赖以安宁。昨闻段司令有调防消息，总商会特致电宁孙挽留，请予免调，俾资镇摄。

(《申报》上海版 1927 年 2 月 12 日)

总商会献王司令银盾牌匾

宁波总商会，昨致陆卓人等六会董函云，启者，宁台温王防守司令，卸任在即，本会准备银盾牌匾，藉颂功德，以资纪念。兹定六月初二日午后二时，公推先生代表恭送，以昭郑重，届时希驾临本会，弗迟云。

（《宁波民国日报》1927 年 7 月 2 日）

总商会拥护关税自主

宁波总商会以裁厘加税关税自主实行之期不远，凡我商民，一致拥护。袁、周二会长拟定日内召集大会，表示庆祝，并请张海关监督报告办法，并演讲关税自主之问题，以资宣传。

（《申报》上海版 1927 年 8 月 15 日）

总商会一致挽留王司令

浙东警备司令王达天，奉委为潮梅警备司令一节业志昨报。兹悉总商会全体会董得讯后，以王司令政绩优良，且对于解决劳资纠纷，尤为尽力，特于昨日公同会议挽留办法，结果拍电奉化蒋总司令处，请求免予更调，未识能否收回成命也。

（《申报》上海版 1927 年 8 月 21 日）

欢迎蒋氏代表回甬

宁波总商会会长袁端甫，及青年会干事谢凤鸣，前经各团体推举为赴奉欢迎蒋总司令代表，于前晨趁轮前往。兹悉二代表到奉后，辗转乘舆前往，追到溪口雪窦寺，已届起更时候，由副官长及李生标君招待过宿。至次晨始蒙接见，由袁会长发言动问总司令起居后，声述代表宁波各界热烈欢迎，并请示来甬确期。

旋奉蒋总司令答称，此次返里，拟少休养数天，现因天气酷热，暂时不能来甬，此番承贵代表和民众此次盛情，请于回甬时代为道谢云云。嗣以谒见者众，遂与辞而出，顺道漫游各名胜地。至昨晨乘舆回至萧王庙，换乘商轮返甬。

（《申报》上海版 1927 年 8 月 22 日）

王警备司令离甬赴粤

宁波总商会董事及正、副会长，以浙东警备司令王达天氏，调任潮梅警备司令，特在该会于昨日午正设席饯别，并邀蒋司令、文参谋长、章总参议、陆关监督等作陪。今日由县长傅典藩假青年会西餐部，设宴饯行，到有商会会长袁端甫、周子材及各军政机关，莅席欢送，当日下午，乘甬兴轮赴沪转粤。

（《申报》上海版 1927 年 8 月 27 日）

总商会讨论筹饷案

王团长续函筹借二万元

第九军补充团王世和部，分驻宁属各地，维持宁绍治安，其所部官兵饷薪，已积欠三个月。业向总商会商借，发给八、九两月饷银，当由总商会拨与二万元。兹闻王团长以官兵旧饷，尚未发齐，为抚恤起见，又向总商会筹借二万元。总商会会长袁端甫，为此召集各会董、业董开会讨论。兹录其通函如下：启者，准王团长函开，敝团官兵薪饷，尚欠二万元，拟再筹借足数以应急需等因。兹□定旧历十月十二日下午二时开会讨论，届时务希惠临，弗迟为盼，此致。

（《时事公报》1927 年 11 月 5 日）

总商会职员常会纪

宁波总商会，昨日下午三时，开职员常会，到者有袁端甫、张申之、俞佐宸、陆卓人、赵宇椿、王信懋、林增寿、林紫綬、李三鸿、张鹤年、毛汉章、唐沛然、周巽斋、蒋衡卿等，由袁会长主席，议案如下：

(一)议美球厂来函,为工人自相争执,要求开除工人朱国忠等,今朱国忠等四十余人联书辞职,厂内停顿,请设扶救济事,议决函请市政府秉公办理,维护实业,以免厂方无故损失。(二)议本会建筑委员会来函,请捐助中山公园经费事,议决由本会定期召集各业,讨论募捐办法,议毕散会。

(《时事公报》1927年11月16日)

致总商会为年关甄别店员须格外慎重由

径启者:查本市商号向例每于年终甄别店员,虽经敝政府订定条例,依照向例办理。诚恐各商号经理值此阴历年关,或因店员平素办理工会事项,以致发生意见,借口缩小营业,借端开除,难免发生纠纷。查工人之有工会,如商人之有商会,自属正当团体,敝政府为未雨绸缪起见,相应函请贵会定期邀集各业董劝令各商号经理,对于年终甄别店员须格外慎重,尤须酌量现时状况,继续雇用,如有轨外行动及重大过失者,自应开除,庶几劳资两方有合作之精神。素稔贵会领袖商场,众望素孚,登高一呼,万山皆应,还希切实开导,免生事端,以维店员生计,至纫公谊。此致

宁波总商会

市长罗惠侨

一月五日

(《宁波市政月刊》第1卷第6号,1928年)

总商会电挽蒋总司令

(一)南京探报蒋总司令钧鉴:统一寰区,指日可待,闻公辞职,无任悚惶,际此燕直底定,天下景从,革故鼎新,万汇待理。我公以党国柱石之身,系霖雨苍生之望,乞任难巨,勉抑高怀,谋彻底之澄清,措国家于磐石,长治久安,惟公是赖,谨电攀留,伏希鉴纳。浙江宁波总商会。

(二)南京国民政府钧鉴:蒋总司令党国柱石,劳苦功高,遽闻言辞,感戴同深,际此声教所暨,罔间南朔,统一华夏,指日可待,长治久安,正资硕划,乞温语

慰留,俾仍旧职,措国家于磐石之安,以慰薄海喁喁之望,恳切电陈,伏维垂鉴。宁波总商会。

(《申报》上海版 1928 年 6 月 19 日)

商会须受党部指导

宁波市党务指导委员会,昨电省指委会,查旧商会为民众团体之一,当然须受就地党部之指导,原无疑义,但以沿革上旧商会处于军阀治下已久,只知有政府而不知有党部,凡有呈请事项,须先请就地党部之指导者,一律只呈请于政府。政府以平日与大商人接近之故,明知其不可而又不便径予批驳,于是遂不负责而转呈省政府。省政府距离较远,真相未易明了,因既据就地政府转呈,于是遂或准或转呈于国民政府。国府距离更远,真相愈不明了,于是决定办法,未必尽符事实,长此以往,将使旧商会所属之商人远离革命战线,急应予以更正,同上革命轨道。为此电请鉴核,准予转呈中央,转交国民政府,通令各省市政府,嗣后对于旧商会须一律与民众团体看待,以涤旧污。

(《申报》上海版 1928 年 9 月 23 日)

四、社会事业篇

库书罚洋充作学费

鄞县库书王沛然前经浙抚密饬宁府拿押县署，现由甬郡商会总董并绅商郑贤滋等一再具禀道署，请准罚洋三千元充作学堂经费。当奉喻庶三观察批示云：鄞县库书王沛然即全焱，前奉抚宪密札饬拿，业经发县看管在案。本应从严拟办，兹据该商等联名具禀，并经商会总董为之陈请，佥以该库书母年八旬，患病垂危，念子情笃，深堪悯恻，因劝其□援金作赎刑之议，筹缴洋三千元，藉充本郡学堂经费，恳予保释，以全孝养而令自新等语。惟案关访缉，能否准如所请，姑候据情禀请抚宪核示饬遵。

（《申报》上海版 1906 年 12 月 24 日）

禀请运米接济

甬郡定海厅属岱山地方，现在食米匮乏，价值奇昂。该处米铺震丰等日前来宁具禀道署，呈请采运米石，以资接济。当经喻庶三观察，邀请商会总董商议，以该处孤悬海外，民食维艰，允以采办食米一千担往接济，并由道台给发护照，以利遄行。

（《申报》上海版 1907 年 6 月 10 日）

柴捐未便改充学费

奉化柴捐一项前由当道拨充商务局经费在案。现邑绅江以中学堂经费异常竭蹶,因特具禀道署,请将该柴捐改拨中学堂经费。昨奉宁道喻庶三观察批示,查此项捐款前已拨商务会,现该绅等拟改拨中学堂中,须俟与商会董酌量妥议,未便遽行改拨。

(《申报》上海版 1907 年 6 月 10 日)

筹款开浚河道

甬郡城厢内外河道多有淤塞之处,现经商会总董吴君传基,拟于房捐内加抽若干,雇工开浚,业已禀由宁道喻观察批饬鄞县出示晓谕,一面将该项捐款归房捐委员随同正捐汇收,以昭核实。

(《申报》上海版 1907 年 8 月 9 日)

甬绅创设治疫会

甬郡自入秋以来,时疫盛行。现由商会绅董捐集款项,设立治疫会一所。现已聘请西医韩君子涛到局应诊,局所暂借万寿寺内。闻投局治症者颇见众多云。

(《申报》上海版 1907 年 10 月 8 日)

绅士议举巡防营帮带

甬郡巡防营由郡绅编成,阖营经费向由各店铺捐充,迄今多年,素称得力。现因该营费管带顿患目疾,不能办公,鄞县洪大令锡礽商诸各绅,拟另举一人接带。昨郡绅在商会集议,群以费管带自庚子年接带以来,颇见勤劳,此次改练洋操,亦系该管带逐日训练而成,今虽患目疾,一时不忍撤差,公议另举王怀芳暂行帮带。如果日久目疾患深，再行举人接办。各绅已会商鄞邑尊，照此办理。

（《申报》上海版 1908 年 6 月 21 日）

劝募灯台经费

宁波定海厅属之对峙山，又名列表嘴，为来往船只必经之处。该处形势险恶，暗沙横生，以致经过船只时常失事。现由宁波商会劝令各船商捐集款项，即在该山建造灯台一座，以便悬灯志险。惟常年经费不敷尚巨，闻已移由吴淞商会转禀沪道出示劝募矣。

（《申报》上海版 1909 年 9 月 23 日）

甬商退办湘米之为难

宁波前因食米缺乏，由米商设法向湘南办米十万担，已有成议。嗣因所办之米货价不合，而甬市米价又日渐跌减，米商等酌计亏损之数须洋元十万左右，意欲退办。迭经江知事及商会一再电呈蒋都督请为转电湘省退销，未蒙允许。米商等又由商会特请张申之君致函褚民政司设法补救。兹闻已得褚君答复，内称湘米确系为浙代购，迭电退销并饬接运委员在湘面商湘督。以款已代垫，坚拒不允。前次宁员接运中止，并未向浙政府及湘督声明，实属大误。现照情形退销万难办到，宁定之数惟望及早承运，免致司署为难。款项一节，顷已电告鄞署并商会，准照各署购领，平粜办法由省酌予贴亏，分期缴付，希台端再嘱其从速赴沪承运。至贴亏缴款应予通融之处，最好请台从拨冗莅杭，俾洽一切，临颖神驰云云。闻张君接此函后，当即转知商会，由商会开会议决。佥以省司贴亏体恤，甚为感激。惟此间尚有万分为难之处，一切苦衷必须由张君晋省面陈，一面电告省司，一面敦请张申之君于二十日由申赴杭接洽一切云。

（《申报》上海版 1912 年 7 月 22 日）

禁米出口

浙海关监督王君幼庭,访悉甬属各县有运米出口情事,特于日昨函致商会。略谓,宁属自前岁歉收,由商人自外埠购米接济,再由宁波分运所属各邑,以济民食,法至美,意至良也。乃近闻由宁波运往定海米石,每有私自转运台湾及日本等处销售,每石可得洋二十元左右,因而有获利甚厚者。查此项运往定海接济米石均凭贵会来函给照验放出口,现检存根核算自元年六月起至二年一月止,一共有二万七千余石之多。定海一区区岛屿,食米何必如此之巨,是私运台湾、日本之说恐非无因。似此诚于敝关名誉有碍,自应妥筹办法,以儆将来。况食为民天,民国成立,财困民穷,而米之贵贱关系生命甚巨。如年丰谷贱则地方安,岁歉米贵则地方乱。此中利害,无论富贵贫贱莫不影响及之。凡我国人具有天良,尚望公益是图,岂可忍心害理,转以谋利。自此以后,凡遇有由宁波运米往定海一带及沿海各处,务请尊处确查底细,加具盖印保单同送来关。倘再查有弊端,应由贵会负起责任,因责守所在,不得不认真从事也。

(《申报》上海版 1913 年 1 月 22 日)

宁波拆城之动议

宁波城门凡六,曰东渡、曰望京、曰长春、曰永丰、曰灵桥、曰和义,城门之外均置有郭一道。自前清洪杨之乱以来,未加修葺,大都荒凉剥蚀,而望京一门坍塌尤甚,几乎形迹磨灭,至东渡、灵桥两门号称繁盛,然瓮城之中,市廛林立,一遇火警消防无从救济。前有公民周淑旦、江明筠等筹谋商业之扩张,交通之便利,欲仿杭沪拆城之例,先去附城之郭。嗣因关系国防,该邑知事未敢擅专,遽尔中止。顷闻周、江诸君复请宁波商会提议此项问题,如虑工程经费,可将拆卸石料估价标卖,以资补助,大约即日须将议决情形详由巡按使查核矣。

(《申报》上海版 1914 年 6 月 22 日)

之江纪行(宁波)

社会教育团之发起

宁郡新发起之事,以此为最可喜悦。地方志士感于国耻,乃创为此举,团长为费冕卿,商会总理也,理事为陈谦夫、范均之、林瑞甫、施竹晨、林世钦诸人,讲演为林莲村、王东园、余润泉诸人,编辑为冯阶青、钱吟苇、陈屺怀、陈训恩诸人,皆一时之选。并闻有热心董事李霞城、赵芝宝、赵林士、蔡芹孙诸人创捐私资,以备添置图画、幻灯种种引起兴味之物。宁波社会之沉迷或因此而觉迷乎,跂予望之。

商业学校之复活

宁波人素善经商,全国人士所共知,故商业教育实为宁人第一之必需机关。况前此毕业诸人,颇为银行家所欢迎,为甬人将来生活计,不能不维持此校。然今日商人之目光能见到者极少,幸梁道尹颇具实业教育之热心,行文各县协济,而费冕卿校长及姚咏白、林瑞甫诸人亦肯尽力。本年下学期经费已筹定,将开办正科矣。

(《申报》上海版 1915 年 7 月 20 日)

宁波倒闭米行之影响

宁波某米行向派伙友鲍友铭在上海设庄采办籼米运甬销售,已历有年。本月初间,该米行突然亏倒,鲍友铭在沪亦于同日走避,南市转口米行之被欠货款者五家,共计三万余金。仁谷公所自据各债权户报告后,即经董事张乐君致电宁波商会,查询该行亏倒情形。旋得复电谓,该行在甬倒欠庄款不少,经理人现亦避匿等语。现张业董拟令该米行公举代表前往宁波,报请商会、官厅并案理追云。

(《申报》上海版 1916 年 11 月 13 日)

警厅买屋辟路

宁波为通商口岸，商贾云集，车马纵横，而糖行街尤为冲要，顾街道既非康衢，行路尤苦拥挤，每至新江桥堍转角之处，往往窒塞难行。警察厅长严君屡与商会总理磋商，拟将吴世埏之棉花行房屋收买拆让，筹有的款，函请商会商定价值。嗣据吴世埏禀请，系属祀产，兹为顾全公益起见，减售洋一千五百元，已由商会函复警厅，请予照给，从此交通可期便利矣。

(《申报》上海版 1918 年 6 月 3 日)

接济民食之筹议

组织接济公所　官绅协力进行

宁波食米恐慌，小民粒食维艰，各节迭志本报。悉廿九日下午四时，商会特为此事邀集就地盛省传、张让三诸君及商会各议董开会筹议，佥以民食恐慌关系治安，非从速接济不足以弭隐患，议决由上海旅沪同乡会及总商会组织接济公所，至六时半始散会。兹探当日议决办法录下以供众览。(一)接济公所，甬埠设宁波总商会内，沪埠设宁波旅沪同乡会内。(二)接济范围，限旧宁属六邑。(三)接济垫款，除向道尹拨借旧府仓存款二万元外，其余由甬商会、同乡会担任。(四)平价卖米事宜，属在城区归城自治担任，属在乡区者归县自治担任，由官厅督促进行。(1)先办五万石，再酌量情形。(2)监督正所长、副所长照简章规定，采办主任公推卓葆亭先生，副主任公推同乡会应季审先生，经售主任公推陈含章先生，坐办公推商会王叔云先生，董事公推商会会董盛省传、李松侯、梁廉夫、郁樨盦四君，会计主任公推徐镛笙先生。(五)定六月三十日开职员会，俾期迅速成立。(六)接济公所开支经费由宁波商会同乡会分筹。(七)平价米亏耗请官厅向殷富士绅捐募。附录宁波公所简章如下：(一)宗旨。向外省采运米粮接济民食，由宁波总商会、旅沪同乡会联合办理。(二)职员。监督一人，道尹担任之；所长一人，鄞县知事担任之；副所长一人，本埠以商会长二人担任之，沪埠以同乡会会长三人担任之。董事无定额，坐办一人由总商会公举之，知会同乡会采办主任一人,由总商会共推出外办米副主任一人,由同乡会职董公推驻沪接洽一切,经售主任一人,由总商会公举知会同乡会,以上均义务职,不支舆马薪水,文牍、庶务主任各一人,雇员一,经费津贴款由职员捐募。资本款,一拨借地方公款,二同乡会公款,三息债商款,以米粮售票栈单为抵押品。(三)采办起点,芜湖及其他产米各地(由职员会公议)。(四)会期,本埠常会每星期二、四、六下午二时,特别会由所长临时召集,同乡会之期请自定之。(五)期限,新谷登场米市平和之日终止。(六)地址,附设宁波总商会及宁波旅沪同乡会云。

(《时事公报》1920 年 6 月 30 日)

商会压平米价计划

宁波总商会诸君鉴于际此新谷虽已登场,而市上米价仍未见低落,殊于民食前途大有妨碍。闻该会已商同旅沪同乡会,拟派员赴湘购办大宗食米五六万石陆续运甬,设立食米半价局,分趸售、零售两种。趸售须有各邑团体函件照发,零售分一斗至一石,听人民自由备价购买,闻米价大约在七元左右。如此办理,想能压平市价,而一般贫民亦得实受其惠矣。

(《时事公报》1920 年 9 月 13 日)

请拨还接济食米垫款

共亏耗八千三百余元　黄道尹及同乡会平均担筹

宁波总商会前以甬地米价奇昂,与旅沪同乡会设立接济公所采办米石,两月以来,颇著成效。惟当时在道尹公署议决所有接济名下损失由黄道尹及同乡会平均负担筹募。现在接济公所案已截止,共计亏耗在八千数百元,除由同乡会担任半数外,其余均由商会筹垫。闻昨日商会已将收支造成清册,分函黄道尹、姜知事备案,并请拨还筹垫款项以资归垫。兹录其函文如下,径启者,本年五月间,甬埠食米缺乏,市价腾贵,际此青黄不接,去新谷登场尚需时日,由敝会会同旅沪宁波同乡会设立接济公所,推采办主任赴芜、沪两埠购办食米,源源接济,自旧历五月十八日成立至六月二十九日截止,共采办食米八千四百六十石,按照逐日市价，分拨鄞、慈、奉化平粜及海门、宁波等处赈济，综结实在亏耗暨接济公所零星杂支计银元八千三百五十一元五角九分一厘。当开办之时，在贵道尹公署议决接济米损失由贵道尹与旅沪同乡会双方筹募。现因接济停止，办理结束，是项损失除由同乡会担任半数，其余半数计银元四千一百七十五元七角九分五厘，均由敝会筹垫。理合将接济名下收支各项造具清册，备函送请贵道尹审核，应如何筹募拨还以资归垫之处，仍祈示复，至纫公谊云。

（《时事公报》1920 年 9 月 8 日）

平粜余款助台赈

此系续缴之款

宁波商会昨致会稽道尹函云，径启者，平粜余款移助台赈，业将第一批一千一百四十二元五角解送贵公署在案。前据余葆三等十八户陆续函称，愿以应领余款三百八十五元悉数移助台州赈款，拟合备函解缴贵道尹察收拨解，并恳分别填给收据，以便转给云。

（《时事公报》1920 年 11 月 21 日）

(宁波旅沪同乡会)致宁波商会电

宁波商会转宁地水灾急赈会，敝会办理急赈，日前开会约集三万余金，业经购米一千担，以五百担归奉化，由庄崧甫君放赈，以五百担归鄞江乡，由徐原详、应启霖君放赈，暂救眉急。惟此次宁属灾重，将来善后规划需费甚巨，查邮电铁路货物等项附加税，本人民负担指定赈灾而设，敝会已电浙督军省长咨部拨发贵会，请一致进行，至为祷盼。

（《宁波旅沪同乡会月刊》第 2 期，1921 年 11 月）

(浙江会稽道尹公署)
致绍兴宁波旅沪同乡会暨宁波总商会函

十年十二月十五日

径启者,查旧绍、宁属各县产米无多,本地民食向赖江、皖等省及温、黄、嘉、湖、台等县来米接济。本年夏秋之间,暴雨为灾,收成尤歉,而江、皖两省亦被重灾,来源断绝,台属之温、黄两县虽称丰稔,现由浙西各县纷往采办,恐无余米接济。若不预为设法,至来春青黄不接之际,势必惹起恐慌,况值灾祲之后,贫民粒食维艰,米价设再增涨,与地方治安关系尤为可虑。为特函达贵会,即希察酌,预为商定办法,或先筹集款项购存米谷,届时平价接济市面,以惠贫民而安地方。诸公情关桑梓,谅亦早经虑及,如议有办法,即请示复为荷。

(《浙江会稽道公报》第124号,公函,1921年)

浙江会稽道尹公署公函第五二号

复宁波总商会为米商陈杏桥被温岭县知事拘押请饬释放并缴护照函

径复者,准贵会函开,据本埠穗兴米行声称,温岭食米托由该县殷商陈杏桥代办,已运到一千五百石,续领护照二纸,运米一千石,分装两船,被县拘押判罚,请饬县释放等由,并缴十二三四号护照三纸、原电一纸过署。准此,除电令温岭县知事查明复夺,并将缴到护照三纸存候核销外,相应函复附电一并送还,即希查照。此致

中华民国十年十二月二十二日

(《浙江会稽道公报》第125期,公函,1921年)

组织商团之实行

象山城区暨各乡镇每于阴历年底,各户购办年物,及正、二两月,各社庙挨

次演剧赛会，商铺营业，颇为兴旺。因之来宁采办货物，装轮带回，然行轮至象，每于晚间可抵黄溪埠，由埠至城尚须十四五里之陆路，轮船抵埠卸货之后，即须开往宁海等处。故各店铺所带之货，均有人在埠检收，担至城中，恐遭抢掠，商民血本攸关，忧急异常。虽经商会长萧志鸿、副会长邵东初等，呈请外海水警厅拨有巡船两艘，驻泊高泥港，然陆路无以防卫之，尚属不济。日前由各商铺到会商榷，均以非先事筹备，难免或有意外之虞，遂议定组织商团，以资防卫。其费视各店铺营业之大小分任之，当拟就禀词呈县核准，价领枪械，业已部署安定，分定日期，在城厢轮埠等处，实行巡逻矣。

(《时事公报》1922 年 2 月 6 日)

函请筹办卫生事业

宁波总商会正、副会长，昨接中国卫生会筹备处筹备委员聂其杰、郭秉文、俞凤宾、郦富灼、朱胡彬、夏胡、宣明等函云，敬启者，比来有识之士，咸知吾国倡办卫生之必要，惟以事体重大，首倡乏人，是以迄今尚无全国合办之卫生机关，自是憾事。同人有鉴及此，特发起中国卫生会，意欲以国民自动之精神，促公众卫生之进步，爰于月前迭开会议，计划进行之事项有五：一曰博物院，陈列卫生图书、仪器等物，引起国人观感也。二曰调查部，调查国内卫生实用事项，谋所以改进之道也。三曰学校卫生团，灌输学子卫生教育而养成其习惯也。四曰卫生试办区，择定区域试办卫生行政也。五曰防疫队，辅助地方防疫也。凡此皆整顿地方强健国民之重要问题，夙仰先生领袖会社，冠冕群伦，对于此种事业，无不乐于赞成，热心扶助。爰将同人计划事件，以及经过情形，略呈台览，尚希时惠南针，藉匡不逮，至为感盼。

(《时事公报》1922 年 2 月 12 日)

科学演讲预志

本埠各商号，昨接总商会通告云，径启者，韩君铙湖，富有科学知识，曩年讲演单轨铁道，颇足扩充眼界，增进知识。兹接青年会函知，韩君发明空气学术，拟于旧历正月一日下午二时，携带各种仪器，假座本会，详晰讲演，届时务祈驾临为幸。

（《时事公报》1922年2月14日）

函请转领运未执照

定海县公署昨致宁波总商会函云，径启者，案准县商会函，据岱山东沙角仁丰米铺经理马养生帖称，窃吾县孤悬海岛，田少山多，食米向赖外运。今特措备资本赴甬购办食米一千石，陆续装运回岱，俾资接洽，理合具帖并送加贴印花承运切结三纸，仰请函由县知事转函宁波总商会，函请浙海关监督，填发护照一纸，计食米一千石，俾便执运，并乞即时验放等情到会。据此，当查该商帖称确系实情，除将切结留存一纸备案外，相应备函并切结两纸，一并仰祈察核，照转施行等由过县。准此，除将原送切结留存一纸备案外，相应函请贵商会查照。希即转函浙海关监督请予填发护照一纸，计食米一千石，俾便执运，以免留难，至纫公谊。

（《时事公报》1922年2月15日）

奉化商会副会长逝世

奉化商会副会长傅舜逊君，为人谦和有礼，自被推为副会长后，不遗余力，以故商界舆论咸景仰之。乃傅君于正月十六日沾染春瘟时疫（闻该邑大桥北街及城内染是疫而毙者已有三四十人），延医服药罔效，至廿一日竟溘然逝世。说者谓傅君之病与宋伟臣君之病，如出一辙，从此该邑又少热心公益者二人矣。

（《时事公报》1922年2月23日）

调查城会之清道费

宁波总商会，昨致鄞县城自治办公处函云，三月一日敝会召集职员常会，经会董提议，以商铺所纳清道捐款，向由贵办公处经收承办，今警察厅亦办理清道事宜，而旧有城自治之清道夫，转觉寥若晨星，此不可解者一。又清道事宜，两处兼办,而道路积浊如故,此不可解者二。应请调查是项清道捐款,每年收入共计若干,俾明底蕴等议。为此函达台端,敬希详查示复,至纫公谊。又商业联合会昨致城自治办公处函云,准三月一日敝会临时会议决案内开,咨询城自治办公处,关于清道项下,收支账目及事员复会备查等情。准此,查清道经费,系由商家供给,并由贵办事处捐收办理在案。又查宁波警察厅,按月支有常费一百元,另雇清道夫,以为襄助贵办公处清道之用。当此匪徒横行,劫案迭见之时,治安弭患,刻不容缓,业蒙林警厅长面允,将该项清道费,移作添设岗位调查户口之用。惟清道关系卫生,亦属市政要务,既经贵办公处执行,自无庸警厅兼理,望将贵办公处,关于清道项下收支账目及所属人数与办法等,详行复会备查,以维市政,而重卫生云。

(《时事公报》1922年3月4日)

商人整顿警务之呼吁

宁波总商会,昨致会稽道尹黄君函云,径启者,据本埠商业联合会函称,据东门欧亚药房等来函,近日城厢迭出抢案,有碍商业治安,请求开会讨论补救方法,敝会业于本月初一日召集临时会讨论。兹将议决案三项,附请集议一致主张,俾得汇同进行,以维商业,而保治安等由。敝会当于二月一日提出职员常会讨论,佥谓商业联合会,鉴于连日抢案迭出,商市恐慌,主张调查实在户口,严侦匪徒踪迹,添设岗位暗差,并调回各乡保安队,改编岗警等项,俱为切要之图,允宜转请分别办理等议。敝会窃以调查户口,严侦匪徒,俱属警察应有职责,其保安队人数,虽属无多,苟一律调回,改编岗警,城厢多一处岗位,即警察多一处策应,急不暇择,亦不无裨益。故祈贵道尹令行宁波警察厅,实力整顿,以重警务,而维商业。至添设岗位一节,当警察属于国税范围,本埠沿前清成例,征收商捐。就警务言,吾宁商人业已纳特种之警捐,而宁波商业繁盛,烟户众多,今因岗位不敷,致白昼抢案迭出,惊慌屡受。是吾宁商人,对于警察转未获通常之保护,无怪群情惶骇,舆论莫平。关于此点,应请贵道尹令行警察厅,查报应添岗位若干,岁需经费几何,准予转呈省长公署指拨款项,借维商埠,而顺商情,至纫公谊。

(《时事公报》1922年3月4日)

商会集议民食问题

宁波总商会，昨致各会董业董函云，径启者，准鄞县公署公函，奉会稽道尹公署训令，转请筹议集款采购米谷，以维民食一案。兹订旧历二月十八日午后二时，集议办法，民食问题关系重要，务祈届时驾临，幸勿迟却为荷。

（《时事公报》1922 年 3 月 15 日）

商会集议民食问题纪事

宁波总商会，定本月十六日召集会董业董开会，筹议民食问题一节，曾志本报。兹闻昨日下午到者有屠、袁两会长，暨会董、业董蔡芳卿、徐秀甫、夏述林、郑乐山、朱旭昌、余东泉、王信懋、毛安卿、陈才宝（代表）、左竹士、陈荇荪诸君，黄道尹（林厅长代表）、姜知事亦列席。二时振铃开会，因人数不足，改为讨论会。由屠、袁会长主席，宣开会词，略谓本会今日开会，奉县知事转奉黄道尹函，讨论筹款购米办法，以备青黄不接之需。次由毕君宣读县署来函，主席谓缴米须筹的款，然年来筹款频感困难，请诸君讨论。次姜知事请米业诸君报告办米情形。当由郑乐山君起谓，此际台、温等处，已无米可办，只有向香港及外洋暹罗、安南等处去办。至甬地存米，实属枯竭，非预购大批米石，不足以资接洽。郑君又谓，鄙意须采办食米五万担，筹募损耗十万元，作为存底，以济缓急，而平市价。又筹有的款，可直接向上海洋行定办。次蔡芳卿谓，此十万之款，实属难筹，道仓项下存款，未知尚有若干。道尹代表林厅长答谓，约有一万数千金。徐君谓，此一万数千金，仅可暂填，如十万元贴耗尚须筹募，万难募集。郑君谓，米价之高昂，盖因存米不足，人心恐慌之故，如有五万石存米，则可免米商故抬市价，米市自平。次徐秀甫君谓，平定米价，有违经济学原则，盖甬地米价若平，米商无意采办，来源竭蹶，反起恐慌。如果米价一高，米商有利可图，外米来源自旺，存米足而米价自平。朱旭昌君谓，筹款购米，既属困难，惟有请米商多办米石，以厚存积，免致青黄不接。次姜知事谓，道尹请为集议筹款购米，系为未雨绸缪之计，去岁敝署曾邀集各公团代表开会，因年底关系，筹款为难，致无结果。

今日开会，即根据去岁之宿案，但筹款购米，恐现非其时。因现时米价，尚在十元，人心未至恐慌，筹款自易。现在惟请商会劝令各米商顾全公益，多办米石，俾免缺乏。一面由知事暨商会函请旅沪宁波同乡会，谆劝殷实巨商，顾全桑梓，设法办米，以备不虞。屠鸿规君谓，请求道尹，如有产米之区，须设法制给护照，俾资采运。史钱函君谓，敝业螟蛹业昨曾会议，莫如组织公共同盟，采办食米。假定敝业需米二千石，来会预定，以便采办，其款如能填者，请由各业自填，无力填款者，由会代填，若是可免食米竭尽之患。徐君谓，预定之米价格颇有为难。郑君谓，本城销米有限，大批销胃则在姚绍等处，则是预定亦属为难耳。议毕遂散会，已四时余矣。

(《时事公报》1922 年 3 月 17 日)

运米免捐之筹商

宁波总商会昨致会稽道尹黄君函云，本年三月廿四日敝会职员临时会提议，以上年宁属两遭水灾，秋收歉薄，盖藏空虚，而本省温、台各属，复无余米足供接济，因是市价继长增高，人心惶惶不可终日。今就鄞县一邑而论，已属供不敷求，况渔汛在即，各属均须来鄞粜米，尤为可虑。兹查安徽芜湖产米饶富，足资源源采运，惟沿途税厘复杂，深虑价格过昂，贫民不堪负担。今为筹备民食起见，恳请道尹转呈省长咨商安徽省长暨税务处、财政部，对于甬商领照赴芜运米，准予豁免一切捐税以示体恤，一面俟核准后，填齐护照，交由敝会招商赴运等议。为此函达贵道尹敬希维护民食，保全治安，俯予核准施行，至纫公谊。

(《时事公报》1922 年 3 月 26 日)

遵缴钱江义渡公款

宁波总商会昨致鄞县公署函云，禀准贵公署公函，催缴十年份当业钱江义渡公款存息，并附息折一扣到会。准此，兹据当业司年缴送庄票一纸，计洋五百卅七元一角六分前来，相应检附存折庄票，函达贵知事查照，敬希掣给收据见复为荷。

(《时事公报》1922 年 3 月 28 日)

(浙江会稽道尹公署)呈省长督军

转呈宁波总商会请将附加一成赈捐留作宁属工赈用途文。

呈为转呈宁波总商会请将附加一成赈捐留作宁属工赈用途仰祈鉴核事,窃查本年三月二十三日奉钧长、督军、省长、钧督漾电开,浙省统捐附加一成赈捐,已由财政厅饬局继续征收。查鄞县等处本系灾区,将来所收此项附捐,自可留作本属救灾之用。仰该道尹妥为晓谕,勿生误会,即将遵办情形电复,等因。奉此,遵即布告,并函宁波总商会转知各商一体遵照,复于有日将议妥遵办情形,先行电呈在案。兹接宁波总商会函,称本年三月二十四日准贵署公函后,当于即日邀集商董切实劝导,已愿勉遵。惟据称上年浙省水灾,宁属独重,工赈需款浩繁,罗掘俱穷,应请将是项附加赈捐一成,于本年四月一日开始,由统捐局按月汇缴贵道尹存宁波四明银行,专供宁属灾区工赈之用,等语。准函前因,为此将劝导遵办暨呈请情形专函奉达查照,敬希维持宁属工赈,俯予核转等情。据此,除分呈外,理合备文转呈仰祈钧长督鉴核令遵,实为公便,谨呈。

中华民国十一年三月二十八日

(《浙江会稽道公报》第143期,专件,1922年)

请照赴皖购米之呈批

安徽亦系被灾省份　应俟查明再给护照

捐税一节难予豁免

宁波会稽道尹黄君日前具呈省长文云,案准宁波总商会函称,本年三月二十四日敝会开职员临时会议。以上年宁属两遭水灾,秋收歉薄,盖藏空虚,而本省温、台各属复无余米足供接济,因是市价继长增高,人心惶惶不可终日。今就鄞县一邑而论,已属供不敷求,况渔汛在即,各属均需来鄞采米,尤为可虑。兹查安徽芜湖产米丰富,足资源源采运,惟沿途税厘复杂,深虑价格过昂,贫民不堪负担。今为筹备民食起见,拟请道尹转呈省长咨商安徽省长暨税务处、财政部,对于甬商领照赴芜运米,准予豁免一切捐税,以示体恤。一面俟核准后填发护照,交由敝会招商赴运等议。为此函达贵道尹敬希维护民食,保全治安,俯予核转施行,至纫公谊等由。准此,道尹查甬地食米不敷,本省产米各县又无余米可以采运,该商会拟赴皖省采办,系为接济民食起见,除函复外,理合备文转呈仰祈钧长鉴核施行。当奉沈省长指令云,据呈系为接济民食起见,惟安徽系被灾省份,能否准外省商人采运出境,应先确切查明。如果购运无阻,自可随时请给通运护照,仍需将采米商号名称,暨所办米石种类数目起卸地点,及应用护照张数分别详列清单,函道转请填给。至豁免捐税一节,查内务部前次来咨,系以赈米为限,且现在早经期满,所请应毋庸议,仰即转行知照云。

(《时事公报》1922 年 4 月 11 日)

缴还米照

宁波会稽道尹,昨接宁波总商会函云:本期米业乾益号等呈函贵公署,转奉省长公署核给护照,前往平阳、乐清采运食米一案。兹据乾益缴到运讫护照一百七十一号、一百七十二号二纸,乾顺缴到一百七十九号、一百八十号二纸。计已运米三千石,缴销护照六纸到会。相应专函转送贵公署察收汇缴,至纫公谊。

(《时事公报》1922 年 4 月 14 日)

劝缴赈捐补助工赈

余姚周巷商会,前以续收附加赈捐,致电杭、甬两商会请为协争停收一节,已志前报。兹闻此事经杭州总商会转呈省长,请核示转知后,昨经沈省长指令该总商会云:查此次续收赈捐,在中央固出于万不得已,而本省灾侵之余赈粜所需,舍此亦无从筹措,前曾明白宣布收起之款,仍照上届办法,悉数截留补助本省工赈,不作别项用途,事关桑梓公益,自应勉力担任,共维善举。现在此项赈款,各属均已照填继续附征。该周巷、硖石商会等,岂能独持异议,仰仍分函各该商会,劝令各商遵照缴纳,借助工赈云。

(《时事公报》1922 年 4 月 20 日)

函请填发运米执照

定海县商会昨致宁波商会函云，案据岱山东沙角，李显兴米铺经理李大炳贴称，窃吾县孤悬海岛，田少山多，食米向赖外运。今特措备资本赴甬购办食米一千石，陆续装运回岱，俾资接济，理合具贴并送加贴印花，承运切结三纸。仰请函由县知事，转函宁波总商会，函请浙海关监督填发护照一纸，俾便执运，并乞即时验放等情到会。据此，当查该商贴称，确系实情。除将原送切结留存一纸备案外，相应备函并切结一纸，一并送请察核照转云。闻甬会接知后，已转函浙海关监督查照矣。

（《时事公报》1922 年 4 月 20 日）

商会会议附加赈捐案

定海县商会会长朱衍湘，前因附加赈捐延期一案，曾经函询宁波总商会，请示办法，旋经复称仍行照旧征收等情，已均志本报。兹悉定海各商人，尚未谅解，朱君特于夏正本月十一日，召集米、木、咸货各行铺四十二家，到会开议，并声明附征赈捐展限一案，由宁波总商会一再电呈邀免，现已奉令议定，留作本属灾赈之用，惟定海在常关五十里之外，所有定海关一再函催解缴赈款，今应作何主张，议决再函该关邀免以定从违云。

（《时事公报》1922 年 5 月 8 日）

函请取缔彩票店

本埠公民黄光普及商会、商业联合会、工商友谊会等，以彩票为害甚烈，拟请禁止各节，均已迭志本报。兹闻宁波总商会昨致会稽道尹黄君函云，径启者，据会董黄光普略称（见前报）等语，并据宁波商业联合会暨宁波工商友谊会先后函请转呈严禁到会。查现行新刑律第二百七十九条内载，发行彩票者，处四等以下有期徒刑或拘役，并科二千元以下罚金。立法本意，良以彩票之害，甚于赌博,故特设专条,悬为厉禁。今市间所售各省彩票,名称不一,几于更仆难数,且专售或寄售彩票之店铺,特炫其奇形怪状之标帜,蠢惑一般愚氓,尤为欺诈行为。今历查数月以来,青焰愈炽,是项店铺增设者迨已遍布街隘,并且沿门负包求售者,亦举目皆是,贻害社会,曷其有极。该会董暨该会等,痛陈利害,申请严禁,洵属切要之图。拟惟函请贵道尹,维持地方公共安宁,转令警察厅查明是项售票店铺,共有若干户,随时限制增设,先撤除其奇异标帜,并严禁滥门兜售,庶期稍靖人心,暂维现状。一面敢祈贵道尹核转省长公署,咨陈内务部尊重法律,维持社会,一律限日取消,俾绝祸源,而清流毒(下略)。

(《时事公报》1922 年 5 月 15 日)

发财梦中当头一棒

禁止沿门兜售彩票私禁的方法

宁波总商会昨呈会稽道尹公函云,敬启者,准本会董丁忠茂、黄光普宣称本会鉴于彩票盛行,贻害社会,曾已转呈省长咨部取缔,迄无效果。兹闻比月以来,此焰愈涨,业此者犹以铺售未能普及,复遣伙携票沿门求售,发财声浪聒噪耳鼓,致惹起一般妇女工贩,巷语街谈,如痴如梦,不惜典衣忍饥,为孤注之一掷。目击现象,星火燎原,危亟何极。董等检阅违警罚法,(以此举)应在妨害风俗之列。敢祈转达道尹,维持善良风俗,保全安宁程序,迅准令行警察厅通饬各署所严禁负包兜售彩票,违者依法问究,庶几急则治标,收效万一等语。到会复核所陈情形属实,沿门兜售彩票,殊碍善良风俗。所请通饬取缔之处,相应函达贵道尹敬祈核夺施行,并候见复,至纫公谊。

又闻本埠公民李继云、李永泉、王廷俊等函致总商会、商业联合会、工商友谊会云,径启者,慨自奖券发行以来,举国若狂,近且变本加厉,愈出愈多。川边河工、热河工赈,巧立名称,借慈善之名,行扩财之实。开彩之日,无日无之,吾甬不幸,头彩常临。于是阖邑人士,如陷狂热,上至商、学各界,下至贩夫走卒、牧童村妇,莫不出其辛苦血汗之资争先购买,以侥幸于数万分之一,舍正业而不由,惟购券之是务。皇皇甬城,几成彩票世界。据调查所得,吾甬每月输出之资,常在二十万元左右,一月如此,长年可知。若长此流毒明州,则数年后吾甬人民，皆将失业，思之实堪寒心，识者目为纸祸，非虚语也。贵会有鉴于斯，迭次开会，设法取缔，徒以禁阻无权，不能贯彻主张，良深浩叹。窃念各种奖券，均向部注册，公禁不能，私禁则未尝不可。鄙人等不揣冒昧，敢献其一得之愚，为贵会采择焉。私禁之法，宜首从商界入手，各业各经理联络一致，开会公决后，各店门前各揭一纸，上书拒绝彩票等字样，伙友如有私自购买，则停止其职业，或处以相当罚金。伙友头彩未得而先受停业或罚金之处分，则购者自少，未始非补救之一法也。是否可行，仰贵会开会讨论之。

（《时事公报》1922 年 6 月 13 日）

（浙江会稽道尹公署）致宁波总商会函

十一年六月二十四日

径启者，淫词小说最足败坏风化，陷害青年，曾经令饬厅县告诫书肆禁止发售，并给价搜买烧毁在案。惟恐日久玩生，或不免仍有图利私售情弊。比见报载上海书业公所警告同业广告，略云本所同人创立书业正心团，专行调查销毁一切足以危害人心风俗之淫词小说，以为正本清源之计，业已毁去淫书底版三十六付、淫书四万六千三百九十六本。此后更当积极进行，以免虎头蛇尾之诮。惟事关道德，必赖诸同业群策群力，各以公益为前提，方克有济。为再严重声明，今后如遇淫词小说，印局不得代印，钉作不得代钉，发行所不得代售，以绝根株。如有不听劝诫，仍代印、代钉、代售者，一经查实，本所即当呈请官厅处办等语。办法甚为妥善，扫除社会淫靡之毒，保全书贾高尚之名，胥于是乎在。用特函达贵会希即召集各书业人等会议，劝告仿照上海办法，分别担任切实调查，务将各种淫书底版及印钉成册者一并搜集销毁，并商订规约，此后各书坊永不再向上海贩运来甬销售，俾得永除毒害。一面仍由本署分饬厅县，重申严禁，嗣后如再私售淫书，查明不贷。事关地方风化及商业道德，贵会当必乐为赞成此举也，至应如何办理之处仍望察酌赐覆为荷。此颂，台绥。

（《浙江会稽道公报》，函，第 160 号，1922 年）

停给米商采米护照

宁波总商会昨接会稽道尹公署函云，查前准贵会迭函，以甬埠米粮缺乏，米价日涨，青黄不接，民食维艰，请核发甬商赴温岭、黄岩采办食米护照，以资执运接济等由。当经陆续掣发护照，并函复在案。兹宁属各县新谷业已登场，温、黄等县之米运到甬埠者为数亦已不少，甬埠粮食当无匮乏之虞。现浙西缺米各县，亦纷请省长护照前往温、黄等县采办，所有甬商求照赴温、黄办米者，自应暂停给照，以免温、黄等县供不应求，相应函达即希查照，并转知各米商为荷。

(《时事公报》1922 年 8 月 5 日)

新老浮桥改建与修理

总商会议复同乡会及挽留董事
严董事函催赶速修复

宁波总商会对于旅沪同乡会来函，为改建新老浮桥，请为就近勘度，及接老浮桥董事来函辞职两案，曾于四日提付职员会议，已志五日本报。兹探录其复同乡会函云，前接大函并附件，祗悉一是，当于本月四日召集职员会议，佥谓甬地两遭飓风，山洪暴发，新老浮桥，屡被冲毁，铁索失其效力，思患预防，苦无良策，今穆、应两君，创议改造。拟以水门汀为桥基，以铁为桥梁，中设敏活机关凭资启闭，具见热忱筹划，同深敬佩。惟勘度一节，同人等素少经验，即甬地亦难乎其选，事关桑梓公益，拟请贵会在沪物色优等工程师一人，先行赴甬察勘，绘其改建图样，说明工程如何，启闭如何，并实需建筑费若干，庶几事前较有把握，然后集合宁波各界，暨分函各省同乡设法募款，从事改建。是则穆、应两君，创议于先，而地方人士，及旅外诸同乡助成于后，造福实无涯矣。是否有当，用函奉复贵会，尚祈酌夺示复为荷。又复老浮桥诸董事函云，接展大札并清册，备悉一是，当于本月四日召集职员会议，一致公决挽留，窃维诸公董理桥务，历年来筹划维护，尽人皆知。今岁飓风暴发，灾害遍地，故不能委诸人事。观于第二次风灾后老浮桥失锚断链，巨石撼动，即其明证，而诸公之苦心孤诣，亦于是乎白。

至众口纷纷，莫衷一是，似可毋庸介意，准函前由，谨代表众商鞠诚挽留，并还清册，尚祈诸公顾念地方公益，勉为其难，勿萌退志，无任企祷。

（《时事公报》1922年9月7日）

请发运米护照未准

宁波总商会昨奉会稽道尹函云，径复者，案准贵会函开，本埠源和米行在乐清县购就食米五千石，请咨商瓯海道尹公署，准予给照验放等由。当经转咨瓯海道尹查核见复。兹准复开，查乐清、平阳两县，今年秋收虽好，只以接济浙西灾区，运出过多，又值处属水灾，米价高涨，是以前奉省署填发护照，迭据士绅呈请停运，乐清商会，请道发照亦未照准。甬商办米事同一律，碍难照办。兹准前因，相应复请贵道尹查照，希即转知为荷等由，准此相应函复，即希查照转知为荷。

（《时事公报》1922年9月20日）

劝节筵资赈济灾民

宁波总商会各会员，鉴于今秋各邑灾情过重，饥民嗷嗷，无所得食，旧历中秋节近，向例各店铺皆须设备酒筵，今虽遭此浩劫，何如省却此举，俾得将此款项补助灾区。昨由该会职员屠鸿规、袁端甫、严康懋、赵占绶、周巽斋、陈子秀、丁仰高等特印发传单，分发各店铺。略称：嗟我宁属，四被风灾，哀鸿遍野，惨不忍闻。中秋重阳，佳节迭届，庆商设筵，商场习惯。一念灾民，判若□□，珍馐罗陈，何忍下咽。敬劝宝号，大发恻隐，省一餐食，活多数命，家喻户晓，为数较巨，如荷赞同，款缴商会，集腋成裘，借充急赈，发起呼吁，无任祷企。并闻缴款处在宁波总商会云。

（《时事公报》1922年9月28日）

白日抢劫案发生后之总商会公函

本城东门天宝成银楼前日被匪徒白日抢劫金镯案发生后，该同业大起恐慌。除昨日在财神殿开会集议外，复举代表向商会恳请致函各官厅，要求设法实力保护，并于东门瓮城添设岗位两处、东门大街每公墙添设岗位一处，并遣派暗探随时巡逻，以资保护而安商业。昨日商会已据情分函镇道厅县，兹摘录如下：(致镇使函)径启者，据本埠银楼业天宝成、凤宝、方宝、金新、宝成、老凤祥、方九霞、行远、方聚元等号声称，窃商号等开设本邑东户大街及东门县城一带，今春东门街新宝银楼白日抢劫一案，蒙警察厅、侦探队、巡防局分别缉追，迄未破获。讵本月七日下午三时许，县城天宝成银楼，突来买主一人，口操甬语兼具沪音，年约三十，身材适中，着常青寿字华丝葛短袄、元色柳条丝布单裤，赤脚着元色布鞋，光头，长指甲，携香烟纸盒一只。因于二时半曾到店一次，由王伙静波招待，经兑金镯尚未成交，复于是时到店，由李伙庭芳招待，以重量三两三钱四分之金镯一副与观。该匪出人不意，猝将所携香烟盒揭开，满载石灰，向李伙面目掷去，遂乘间抢攫金镯，从日新街方面逃逸。店伙狂奔追赶，瓮城岗警视若罔闻，不予救助，追往报侦探队请缉，一再要求，始派探伙一名，沿同查寻，久已杳无踪迹。伏查东门一带，荟萃全埠精华，商业辐辏，为鄞县最繁盛之区，且银楼一业，卖金银首饰，所值尤巨，乃一载之中，竟发现白昼抢劫二次，非惟警察岗位不能实时保护，即固有岗警，亦复视若无睹，一任越货逃窜，目击现状，洵属骇人听闻，推测将来，何以保维秩序？为此迫不得已，声叩转达镇守使道尹暨警察厅鄞县公署保全治安，设法维护，严缉破获，一面迅请克日于东门瓮城添设岗位二处，东门大街每公墙一道，添设岗位一处，并添设暗探二人，不分昼夜，随时巡查，庶期惩前毖后，无虞危险，临颖呼吁，情殊迫切，幸垂鉴焉等情到会。据此，查宁波为通商大埠，军警林立，在戒严期内，而东门大街瓮城一带，又为商业繁盛之所，往来行人，日夕如织，乃该银楼业，于数月之中，竟现白昼劫物两次，尚未破获。而昨日天宝成又肇抢劫掷灰之事，殊属目无法纪，骇人听闻。兹据前陈，情殊迫切，用亟函达贵使查照，敬希维护商业安宁，保全地方治安，迅准出示告诫，设法巡缉，藉申军律，而寒匪胆，至纫公谊。致道尹函(上同从略)，敬希迅准令行警厅，严饬各分驻所及侦探队，限日破获；一面抽调保安队，克日添设巡警，派遣暗探，认真巡查，俾重警务，而崇法纪，饬侦探队，限日破获；一面督率防勇，不分昼夜，临时查缉，俾资守望，而弭后患。致警厅函（上同从略），敬希迅准严饬各分驻所及侦探队，勒限破获；一面克日抽调保安队于东门瓮城，改添岗警二位，东门大街每一公墙改添岗位一处，并遣派暗探二人，临时认真巡查，俾寒匪胆而防后患。

（《时事公报》1922 年 10 月 9 日）

关于天宝成银楼劫案之函牍

道尹厅长答复商会　警佐捐廉悬赏缉盗

本埠东门天宝成银楼于七日下午三时，发生掷灰抢镯案，由宁波总商会分别函请军警、道县各公署缉追保护，已志八日本报。兹闻该会昨接道尹公署复函云，径复者，接准贵会函开，以本城东门天宝成银楼于本月七日三时发生抢镯掷灰劫案，即希令行警察厅严饬所属限日破获等由。准此，除令饬该厅照办外，相应函复，即希查照。又接警厅复函云，顷准贵会公函（已见前报从略）等由。准此，查本月七日天宝成银楼匪人攫抢金镯一案，该处岗警盛宣，未能将匪人追获，是否放弃职务，业由敝厅送请检察厅讯办，并将该管警佐杨云鸿先记大过一次，降为代理，并着将是案匪犯上紧侦缉，务获解究，不得玩延，致干重惩。一面通饬各署队所，严行查缉各在案。至改添岗位，业于八日派保安队，于东门瓮城及东门附近各添一岗位，以资附助，并饬侦探队遴派侦探认真巡查。惟每一公墙改添岗位一处，本埠城厢地面辽阔，警额有限，实属不敷派遣，准函前由，相应函复，即请查照转知，实纫公谊。又该管分署警佐杨君，昨呈警厅文云，窃查职辖东渡门瓮城地方天宝成银楼，于本月七日白日被匪攫夺金镯一案，业将被攫情形呈报鉴核，一面并饬同长警上紧追缉在案。惟念甬江为通商大埠，轮帆交通至为便利，缉拿稍一迟延，深恐匪徒携赃远飏，破获无期。上负钧长求治之殷，下贻地方隐忧之切，神明内疚，抱愧无穷，转辗思维，惟有悬赏购缉，俾资迅速。警佐拟自捐廉五十元，专充赏款，如能将此案真贼正犯并获者，当令全数充赏，专款存储，决不食言。除通饬各长警一体知照协缉外，理合将悬赏购缉各缘由,备文呈请察核云。

(《时事公报》1922 年 10 月 13 日)

防救缺米恐慌之调济

宁波总商会,昨准鄞县公署函开,敬启者,本年十月二十一日,奉会稽道尹咢电内开,准上海华洋义赈会函开,浙灾问题,敝会为灾区粮食一项,因现时新谷登场,米价并未见落,恐后尚须昂贵,似宜预备,必先调查,共需粮食若干。经众议决,请由贵会,转恳会稽、瓯海两道署,分饬各县,详细调查,列表报告等语。兹特函请贵会,希即函商两道署,分饬各被灾区知事,速即查照办理,一俟此项表件送到,敬祈转交敝会,俾有数目,以便进行,不胜感荷等因,转函到道。除分电外,合行电仰该知事查照。自本年冬令起,至明年新熟止,共需粮食若干,除本年自有外,约少若干,限电到十日内,详细调查,列表具复,以凭核转勿延等因到县。奉此,查鄞地产米本属无多,且今年连遭风雨,收成更为减色,将来自须外米接济,方足以维民食。奉电前因,相应函请贵会希邀各米业董详细调查,尽一星期内列表函复,俾便酌核转呈,幸勿稽延,是为至盼。

(《时事公报》1922 年 10 月 24 日)

商会查复缺米之确数

计四十四万石

宁波总商会,前准鄞县公署函开,奉道尹令查本埠食米缺乏之数,即转知各米行业董详细查复一节,已志前月廿四日本报。兹闻该商会昨复县公署函云,径启者,准贵公署函开(已见前报从略)等因。兹据米业董事郁桂芳声复,以经米业各行调查,统计鄞邑销售及赴绍采办,日需食米二千石。自本年阴历十月起,迄来年六月正,共需米五十四万石,除现存十万石外,净需四十四万石等语前来。准函前因,相应据查函复贵知事查照核转,至纫公谊。

(《时事公报》1922 年 11 月 10 日)

总商会劝募消防费

宁波总商会以准警察厅函志劝募修复消防队瞭望台及修置水龙皮肠之经费前来，经于日昨分致各业董函云：径启者，本埠消防队创设有年，成绩颇优，凡遇火患，地方赖之。前因瞭望台被风吹倒，消防器年久失修，估计需费一千二三百元，前准警察厅函请劝募，时届冬令，消防预备，亟不容缓。为此函达贵业董，敬希维持地方公益，谆劝各号，量力捐款，早日缴会，俾凭汇解，至深公感。

（《时事公报》1922 年 11 月 21 日）

五团体发起赈品售卖会

宁波总商会、工商友谊会、青年会、群学社、妇女益智会五团体所发起之赈品售卖会，定于今日开筹备会。录其通函如下：谨启者，今秋风水为灾，损失殆难指数，转瞬冬令，前途益堪危虑。虽吾人所遭致损失，较之灾重区域，尚可差强人意，而彼穷途无告之灾黎，则殊令人恻然心动也。第以至短之时间，募集巨大之赈款，翘足以待，颇匪易事。本会等援照二年前中西协赈会办法，发起赈品售卖会，拟请各慈善家尽出所藏旧物，廉价出售，即以得值助赈，庶几一举两得，事半功倍，利莫大焉。兹定于本月四日下午四时，假座江北岸青年会开筹备会，商榷一切办法，事关赈济，谅荷赞同，届时务望莅临，从长计议，敬为七邑灾黎九顿首以谢。（下略）

（《时事公报》1922 年 11 月 4 日）

总商会解缴大批赈款

计大小钱业捐款银一千五百元

宁波总商会，前准会稽道尹公署函请劝募壬戌道属水灾赈款，经即分发捐启，函请各业董，遍向各商铺广为劝募去后。兹据大小钱业前后缴到捐款银一千五百元前来，除将捐款解入四明银行收账外，昨特函请道公署查照，略谓案准贵公署劝募壬戌道属水灾赈款，业经分送捐启在案。兹本埠大小钱业，共捐助洋一千五百元，业已解缴四明银行入册，为此检缴钱业捐启七份，函请查照云。

(《时事公报》1922 年 11 月 25 日)

没而可祭于社之费冕卿先生

宁波总商会前会长慈溪费冕卿先生于本年阴历九月二十三日逝世。经沪、甬等埠各团体发起，于本月二十四日在总商会开会追悼，详志如下：

先期由各团体推定职员，筹备就绪，东门城门及彩章弄口、二境庙弄口皆悬柏树扎成追悼会字样之匾额，会场门首高搭彩棚，遍悬花圈匾额，会场正中设灵座，四壁满挂诔挽，多至五百余件，布置极为整齐。至维持秩序则有巡防勇警察及青年会之童子军，分站头门，布满两街。到会之官厅、团体及各界来宾为王镇守使、黄道尹、林厅长、姜知事、陈参谋长、道厅县各科长、三五分署杨顾尔署员暨宁波旅沪同乡会、城自治办公处、鄞县农会、鄞县参事会、鄞县教育会、宁波青年会、宁波商业联合会、宁波工商友谊会、宁波《时事公报》社、宁波《四明日报》社、宁波四明公所、宁波四明孤儿院、慈溪云华孤儿院、宁波总商会(以上为发起团全体)、鄞县劝学所、宁波学生联合会、宁波佛教孤儿院、浙江自治协会、鄞县地方自治协进会、宁波市政公会、鄞县市民公会、鄞县东部教育会、青年童子军、甲种商业学校、崇敬学校(均学生全体)、工商友谊会义务学校(学生全体)、鲜咸货公所、鲜咸货同志会、连山会馆、甘溪女校、丙庆女校、毛氏乐育女校、毛氏乐群学校、四明孤儿院(学生全体)、宁波四明银行、宁波救国十人团、温州四明公所、奉化县商会、黄岩县商会、宁波红十字会分会、慈溪县商会、柴桥镇商会、北号安庆公所、米业敦业公所、参业公所、钱业公所、新北号永安公所、糖行安澜公所、米厂敦义会、洋粉公会、八闽会馆、螟蛸公所、酱园公所、典业公所、永安救火会、拆兑业公会、棉业交易所、棉业公会、宁波证券花纱交易所、猪行静澜公所、第四中学校、第四师范学校、中工学校、洋布公所、绸业公会、水果公所、点锡公会、渔业公所、信局公所、履业公会、铁行同业及各界来宾，约千有余人。三时奏乐开会，首由主席梁廉夫报告开会辞，次由张纯馥宣读行状，次为官厅、团体、学校分期致祭，行鞠躬礼，读祭文或唱追悼歌，其次序：(一)王镇守使、黄道尹率阖城文武官员；(二)总商会会长屠鸿规偕各团体代表；(三)甲种商业学校学生；(四)工商友谊会义务学校学生；(五)四明孤儿院院生；(六)崇敬学校学生。次为来宾演说：(一)陈桐轩略谓，费君生平，大有过人之处，无论办理何种事业，无不精神充足，于辛亥国是改革之际，及丙辰溃军回甬之役，斡旋大局，保全桑梓，精神尤为显著云。(二)董世桢略谓，莅会致祭者，官场而外，多为费君之亲友，或曾同费君办理公益及各种事业，若甲商、崇敬等校生及孤儿院生，且为费君所手自培植者也。第观诔挽之文句词意，可见人人同此哀悼。而某君诔词中有宽能容物等句，尤为切实。忆八年夏季，抵制劳怨，兼筹并顾，始终以和平为主旨。又某君诔词中有维善为宝等句，亦属信而有证。试阅沪甬各君乐善好施之事实以为材料，费君真不朽矣。(三)汪订筌略谓，"追悼"二字之解释，"追"者，追溯既往；"悼"者，不胜哀悼也。费君已矣，诚属不胜哀悼，所愿后死者追念费君生平之急公好义，急起直追，以竟费君未竟之志也。(四)胡咏骐略谓，费君接物办事，仁厚诚笃，确是社会上之明灯，一旦熄灭，亦令人思念其光明，吾人光力不及，则宜合千百小灯以成一明灯，以费君作模范，为社会服务云。次为家属代表费星奎致答谢词。末乃合摄一影，及至散会，已五时矣。

(《时事公报》1922 年 12 月 25 日)

筹募消防经费

宁波总商会，以准警察厅函请筹募兴修消防队瞭望台及水龙器具经费前来，除已将第一批募到捐款解厅核收外，日昨特致太古保险甬埠分公司函云，径启者，本邑消防队瞭望台，秋间为大风吹坏，亟待兴修。而水龙器具，亦需修整，需款二千余金。经敝会担认代筹一千元，尚少之数，若向各商号劝捐，奈因连年水灾，捐款应付已穷，万难再募。窃思消防事业，对于火险公司，有密切之关系，素仰贵公司为各保险行之领袖，分开多年，久执牛耳，务希慨允捐助，以为之倡，庶几其他各保险公司，亦当量为捐助也。按警察厅前已函请各保险公司捐募是项修理费，曾志本报矣。

(《时事公报》1922 年 12 月 27 日)

四明报编辑被逮

一月四日,警察厅拿获私土户贩王阿林,当场搜获烟土五百两,俟解送至厅后,所有烟土赃证忽变为黄糖。该犯以无确证亦得释放,于是外传有二千元运动费之说。当时宁波《四明日报》《时事公报》等皆有同样登载,惟《四明日报》于六日又有记载,较为详尽。是日上午十一时,警厅长林映清派行政科长萧达三、勤务督察长杨禄纯到该报馆,请编辑主任叶伯允赴厅。至下午二时许,由王科长升座讯问,认为侮辱官长。叶君不服,谓无论有罪无罪,当归法庭办理,警厅万无讯理之权。遂由厅派警察四名,押解至检察厅,由检察官传讯,并谓:"你们当主笔的很好,不吃官司不算好主笔。"叶谓:"官厅以欺诈手段逮捕,余提起反诉。"又谓:"凡讼事必有被害人,今被害人何不到庭。"检察官谓,汝由警厅送来,可不必定有被害人云云。旋发押看守所,至夜间十一时,始由中国银行行长陈南琴、南洋烟公司经理陈才宝赴厅要求取保,始行释出。现宁波总商会、农会、教育会、律师公会、商业联合会、工商友谊会等于八日下午二时,假明伦堂开会,讨论对付方法。

(《申报》上海版 1923 年 1 月 10 日)

四明报记者被逮之声援

昨宁波旅沪同乡会为《四明日报》记者叶伯允非法被逮事,特函会稽道尹,原函云:涵之先生道尹钧鉴,敬启者,阅甬报载《四明日报》记者叶伯允君,因登破获烟土案,被警厅送交法庭,同乡纷纷来会询问。(中略)此案始末究竟如何,惟既引起地方公愤,手续上当有不完备之处。叶君学行敦茂,同乡素所推重,此次受辱,殊出意外,应请钧尹维持舆论,主张公道,以顺人情,无任公企。又宁波总商会昨电宁波同乡会云:宁波旅沪同乡会鉴,齐电敬悉,四明报记者叶君被逮始末,叶君自述綦详。兹另函附奉印刷品一份,祇希察阅。至叶案发生以前,虽当时已由陈南琴、陈才宝二君力请保释,而律师公会暨地方各法团愤懑不平,连日纷纷会议,拟俟真日讨论解决,并以奉闻。宁波总商会。蒸。

(《申报》上海版 1923 年 1 月 12 日)

杭州快信

宁属定海瑞丰米行，柴桥源隆泰、永余各米行均拟赴皖芜采办大批米谷，已由宁波总商会及定海商会函请杭总商会核发省印护照，俾可执运，闻已照发。

（《申报》上海版 1923 年 4 月 14 日）

沪甬间水脚加增之呼吁

沪甬间轮船增加水脚一事，曾引起各报关行家之反响，各团体亦迭向招商、宁绍、太古等三公司呼吁，迄无和缓办法。昨该三公司又得宁波总商会来函云，敬启者，据本埠洋货认捐公所、洋广公所、闽广公所、米业敦业公所、药业连山会馆暨众商号等略称，敝业等接各报关行报告，招商、太古、宁绍三公司于本月九日实行增加水脚，长江外洋均加一成，商埠递加二成，良深骇异。窃以宁波自上年以来，迭遭水灾，商业异常凋敝，营业维艰，已达极点，且沪甬轮运仅隔一夜水程，在平日规定水脚亦未过贬，今独偏重甬轮，未能与各埠一律待遇，非特办理未臻持平，即商货价格比较增高，销路因之窒碍，于甬埠一般商业尤有绝大危险。敢陈困难情形，环恳转函疏通，俾昭公允等情。据此，查该业所陈上年水灾影响，商业元气未复，确非虚诞之谈，况沪杭甬火车交通，定海、海门等海轮通运，今昔情形不同。若此次增加轮船水脚，甬独偏重，运销愈形危殆，尤非过虑之词。兹据前情，为特函达贵公司，敬希顾全甬埠商业，鉴其现状，保其将来，务请从长计议，取消偏重之增价，则甬埠前途获福无量云。又宁波旅沪同乡会同时亦得该会来函，请顾全梓乡商业，一致力争，俾达取消偏重，至纫公谊云。

（《申报》上海版 1923 年 7 月 15 日）

总商会发起协济日灾义赈会

宁波总商会为赈济日本巨灾事于十一日下午四时特开董事会，出席者十余人。公推左竹士为临时主席报告开会宗旨。当由朱旭昌提议，宁波为通商口岸,筹款赈济,义不容辞。经众讨论,即在本会附设办赈机关,定名宁波协济日灾义赈会,随议决下列数事:(一)商议组织大纲。当由主席提出,公推干事,议决。(二)募捐办法。俟开干事会,再行讨论。(三)赈灾方法。俟下次开会再行讨论。次议决本月十六日下午一时再开干事会,商议进行,并由该会即日函询宁波旅沪同乡会,调查华侨被灾人数,及上海救济情形。经众讨论,表决施行,迨闭会已五时余矣。

(《申报》上海版 1923 年 9 月 15 日)

增警添械案之督批

甬总商会前因嵊匪窜入,拟请官厅增警添械,以维治安,禀呈卢督办、张省长请示一节,已志本报。二十日该总商会得卢督指令云,呈悉,事关添设警察,仰径呈省长公署听候核办可矣。

(《申报》上海版 1923 年 11 月 23 日)

甬同乡会筹办民团之复电

各公团一致赞成

宁波旅沪同乡会,前日派员赴甬与宁波总商会、城自治会、县议会各团体接洽,发起筹办民团。昨得宁波电讯,各属县议会联席会议及慈、镇、奉、象、定、南各县商会等,均以同乡会此议实为切要之图,一致赞成。宁波总商会,亦于本日(二十八)召集全体会员,开会讨论,业已通过云。

(《申报》上海版 1923 年 12 月 29 日)

杭州快信

钱江义渡添设轮帆案,宁波总商会现已开会,决刊启募捐列名者为全体会董及绅富,并推会长陈贤凯、林润芬为代表物色相当人才赴杭襄办一切。

(《申报》上海版 1924 年 3 月 11 日)

咨请预防渔汛米荒办法

甬总商会昨接定海县公署函开，径启者，定邑产米无多，平时民食，全恃外来接济。转瞬渔汛，渔船商贩，鳞屯麇集，人口猝增，数逾十万，米粮供不敷求，情形异常危险，惟有广谕来定渔船，自行多带食米，以免恐慌。除咨请贵县公署出示晓谕外，相应函达贵会，请烦迅速转行各渔业绅董，剀示各渔船一律照办，是为至要。

（《申报》上海版 1924 年 4 月 24 日）

商会领到俄快枪

甬总商会前为扩充巡防、筹办商团及警厅添设保安队事，经开会议决，向省备价，请领枪械二百四十支一案。兹悉省中以存枪不多，仅惟拨发一百四十支。此枪系俄国快枪，子弹具备，业于二十一日由该会领到。闻该会将此项枪械领到后，即分拨保安队六十支、巡防局三十六支、商团二十支，尚余二十四支另户拨开，其不足一百支，则拟向上海设法购办。

（《申报》上海版 1924 年 4 月 26 日）

续请拨给巡防枪械

甬总商会为请拨巡防局枪械事，昨致会稽道尹公署函云，准鄞县巡防局董事会函称（上略），兹因添招防勇，业已足额，函请给领枪械等由到会。准此，敝会复查无异，用亟函达贵道尹，敬希维护地方治安，迅赐令知宁波警察厅，核拨省购俄枪六十支，并子弹六千颗，克日派员舁送敝会，俾使转知巡防董事会具领应用，以资捍卫。

（《申报》上海版 1924 年 5 月 18 日）

甬兴轮决定停航

本埠宁绍轮船公司因码头在华界，华租两界自戒严以来，交通阻梗，新宁绍班次因与招商、新江天并不抵触，故得借泊该轮埠，以免货客上落之周折，甬兴因与新江天同班，无地可泊，是以于本日起停航。宁波总商会以沪甬交通全恃商轮行驶，在此紧急之秋，拟请该公司添加星期班，以利乡人之搭乘，同时并托本埠宁波同乡会要求该公司勿停。昨日该公司已答复商会等，声明甬兴轮决计入厂修理，停止航驶，以减少损失云。

(《申报》上海版 1924 年 9 月 14 日)

钱江渡轮已经造齐

旅客受惠不浅

宁波暨杭、绍各属商会，前发起添设钱江渡轮一案，业已分投募捐，置就帆船二十只、汽船四艘，以利行旅在案。现悉该渡所置之汽船，上年九月已造成两艘，轮名义中、义正，今年一月十六日，又成两艘，轮名义和、义平，下水试机，颇称坚固，一般旅客，莫不满意云。

(《时事公报》1925 年 2 月 6 日)

总商会又为箔业工人请命

宁波总商会为箔业公所箔业工人因箔税新章实行有碍生计，请收回成命，以示体恤一节，已迭志本报。兹悉该会昨呈税务处文云，总商会据宁波箔业公所略称(已见前报)，并据箔工甬兴会合纸司代表俞林关、陈恒卿，重兴会劈剪司代表吴正芳、高全能，连主堂纸花司代表毛纪常、汤谒根，和义会刷黄司代表翁得祺、钟春生，鼎新堂机器司代表周忠乔、陈金云，得胜会造箔铺代表吴茂策、马谒生，永年会造箔司代表章功友、邵规才，打箔作坊代表徐顺生、尤家运，砑纸铺代表屠谒宝、张谒三，锭子司代表王谒顺、林小芳，燥纸司代表陈锡茂，晒纸司代表郭炳源，暨鄞县城区、江东，镇海北乡、南乡岭岩，慈溪西乡男女工人九万余人，联名略称(亦见前报)各等情。先后据此，调查宁属所产锡箔纸，其制造方法，乃以奉化土制劣纸，磨研点锡一层于纸面，由箔庄运销南北各省，纯为加工制造，城乡男女赖以生活者，不下十余万人，而各邑多数纸工，亦赖以生存。至箔纸高次之别，则仅在含研锡质之轻重，其他并无区分。若锡箔出口变更混合征税，向章复按含锡轻重而加税，是何异对于复出口点铜而重征，且是项锡箔纸，既为加工制造者，手续又是简单，他省劳工亦能仿造，则是宁属箔业因加税之结果，势必购运无人，多数劳动生活行将尽绝。兹据箔庄箔工等联名陈述，情辞迫切，总商会为宁属劳工生活起见，理合据情呈叩钧处察核，仰祈俯鉴工人生活，迅准转行总税务司，仍旧混合征税，以示体恤，无任公感。

(《时事公报》1925 年 3 月 5 日)

函请催缴巡防月捐

尚有多数未经认加

鄞县公署昨致宁波总商会函云，据巡防队帮带王怀芳呈称，本队扩充巡勇六十名，经费不敷，曾蒙商会邀集各业董，公同议决，自上年旧历十二月起，按照原有巡防月捐，一律增加五成，藉资维持，并通函各商号知照各在案。但各业商号中有已经认加者，有未经认加者，仍虽一致实行，恐有竭蹶之虞。兹特开具未经认加各商号，呈请钧座察核，俯赐恩准，迅予转函商会，援照议案，分别函致各商号，一律增加五成，实行解收，以免竭蹶。再本队捐收过账，饷发现洋，两相比较，□捐甚巨，能否改收现洋之处，伏乞管带核准，邀集各业董，开会提议。倘蒙赞同，实多一层辅助，合并声明等情，据此相应转请贵总会查照原案，迅予分别函致各商号，一律照缴，以维防务，而安地方。附录各业未经认加之商号如下：(略)。

(《时事公报》1925 年 3 月 15 日)

函催认募钱江义渡捐款

宁波总商会昨接驻杭代表李霞城、李春枝二君函云,谨启者,昨日为钱江义渡评议会,在杭商会开评议会,鄙人等已代贵商会代表列席与议。昨日此会,本可开成立会。兹因讨论前拟章程,其中间有不妥之处尚须修改,故成立尚须延期。一俟省长批示后,再行另开成立会,所有前呈贵会认募是项捐款,未识现在已有若干募集,如已集有成数,还祈速解杭是荷。缘因该会添购新轮及拖船等,需款甚殷,除函致前会长陈南琴君外,用特具函奉陈,还祈贵会迅为鼎力劝募,不胜纫感之至。

(《时事公报》1925 年 6 月 20 日)

总商会办就大批食米

宁属户口稠密,产米无多,向恃外部接济,现在青黄不接,存米匮乏,米价日益昂贵(每石十三元),一般商民大起恐慌。甬总商会有鉴于此,昨特转知米业公所设法。兹闻该公所现已在香港办就食米二万石,不日可装运到甬,商民可无绝粮之忧矣。

(《申报》上海版 1925 年 8 月 3 日)

镇城各团体定期追悼朱彬绳

镇海旅沪塘工协会、县教育会、县农会、县商会、塘工局、城自治办公处、城区消防会、公善医院、仁济公所、庆安公所、公益织布厂等,为邑绅朱彬绳逝世,定于夏历八月初四日,假本城梓山公园,特开追悼会事,日昨下午致函各机关、各学校云:敬启者,吾乡先哲朱公彬绳先生,三十余年,对于地方公益暨各种慈善事业,殚精竭虑,无役不预,如葺祠修谱、设学恤族等,关于嘉惠一家一姓者不论外,其尤为显者,如组设商会、自治会、岁济会、消防会、贫民借钱局、公善医院、公益织布厂、仁济公所,及开浚前后大河、东门浦、绕城河、护塘河,督修万弓塘等诸大端,庶正并举,无告有资,千百亩农田,可免旱涝,数十里海塘,由以巩固，非独造福一方，且已垂泽百世矣。方谓仁人必寿，暮景长春，不意于本年夏正六月十四日子时，因病逝世，一瞑不起。溯德业以巍峨，碑传有口，痛老成之凋谢，人同此心。爰谨择于夏正八月初四日下午一时，假本城梓山公园，特开大会，追悼耆英。凡与先生有缟纻之欢、琴酒之雅者，务盼准时惠临，用表悲思，而励后起。专此通告，即祈查照云。又闻镇海西门外就近五里许虹桥村之微荫学校，为该邑耆绅朱彬绳所创办，该校长傅某以朱君于六月十四逝世，于昨日开灵，特率学生四十余人，造府追悼，以志哀感云。

（《时事公报》1925 年 9 月 20 日）

朱彬绳追悼会纪

镇海县商会等十四公团定于二十一日在梓山公园为朱彬绳君开追悼会，曾志本报。兹悉是日下午二时许开会，到者十四团体同人，而旅沪塘工协会代表盛竹书、洪雁宾二君远道来会，尤为专诚，他如地方官员盛知事、炮台张司令代表吕副官、水警来厅长代表朱科长、陆警许所长代表孔差遣暨各界来宾，不下四百余人。会场满挂挽联，布置颇合。先派军乐队迎朱君遗像到会，首由盛竹书宣开会词，次到会全体向遗像致敬，次静默五分钟，次邬坦夫宣读行述，次王子元、王公度、陆小琴、朱吟香分读唁词，次盛知事、董天览、王公度、洪雁宾演说，次洪雁宾代表家属致答谢词。礼成散会，已五时许矣。

（《时事公报》1925 年 9 月 23 日）

劝告工厂毋苛待工人

资本家亟应觉悟

宁波总商会，昨奉督办省长训令云，案奉执政电令，在工会条例未颁布以前，如有擅用工会、总工会名目者，应即立予解散等因。当经通饬遵照，近据省会警察厅呈报，顾予才等发起机织省工会。又据省垣丝织总工会呈送宣言书，均经饬属遵令分别查禁在案。良以我国工厂工业，甫在萌芽，官厅提倡实业，必先纳诸轨范，而后可期振兴。惟各工厂对于工人，先应有公允切当之办法。卷查农商部所颁暂行工厂通则，采集世界各工厂普通规程，条理周密，足资遵守，业经令行实业厅通行遵照。现在各工厂是否遵行，应由各该商会，随时就近调查，分别纠正。一面并按照商会法召集各工厂经理人，开一特别会议，对于待遇工人各节，各就当地情形，按照部颁通则，从长计议，力求改善。要之官厅保护商人，备极周章，各工厂资本家，亦应体念物价工资，及早觉悟，万不可有苛刻工人情事。倘工厂违反此项部令通则，致有工潮发生，本督办省长不能代负责任。除饬实业厅外，合行令仰该总商会分行设有工场之各该就地商会，一体传谕，切实遵办，勿稍漠视，切切。

(《时事公报》1925 年 9 月 24 日)

定海米商纷请来甬办米

庄森大等三家……由定县署函请总商会转请海关给照

宁波总商会昨接定海县公署函开，径启者，案准定海县署函送长涂庄森大米行请赴甬办米五百石切结二纸，并称确系接济民食等由。准此，除留结一纸备案外，相应检同原结，函送贵会查照，请烦转函浙海关给照验收。又该县东沙角顺和米行办米一千石、严永顺米行办米一千石，均由定海县函请总商会转函浙海关给照云。

(《时事公报》1925 年 10 月 2 日)

鄂议会飞函乞赈

宁波总商会昨接湖北省议会函云，敬启者，鄂省绾南北中枢，辛亥改革以来，天灾人祸，无岁无之，私家久乏盖藏，公家亦患穷匮。本年自春徂秋，雨泽衍期，田禾尽槁，大旱遍于六十九县，绝食及于数千万人，闾阎萧索，户绝炊烟，道路流离，室如悬盘，死者暴骨难收，生者忍饥待救。同人来自田间，深知疾苦，因切肌肤之痛，爰为庚癸之呼，夙仰仁心仁闻，遐迩交孚，己溺己饿，恫瘝在抱，谨录小启，伫盼宏施，并希广为劝募，解此倒悬，俾回黍谷之春，永感麦丹之惠。

(《时事公报》1925 年 10 月 2 日)

总商会函请严缉白日劫钞犯

宁波总商会昨为志和钱庄白日劫钞案，致警厅函云，径启者，据本埠志和钱庄略称（中略）等情。据此，查江北岸商业辐辏，地当冲要，发现白日劫款巨案，足证盗匪充斥，目无法纪。兹据前情，用亟函请贵厅严令该管警署及侦探队，限日破获，尽法惩治，一面并祈分饬警探，严密逡巡，俾弭后患，而安商旅，至纫公谊。

（《时事公报》1925 年 10 月 8 日）

函请调查华洋轮船不公平待遇

宁波总商会，昨据浙海关监督函，为全国商会联合会所称，华洋轮船，有不公平待遇，究竟有无其事，致函商轮公会调查。文云，径启者，案准浙海关监督公署函开（中略）等因。准此，相应函达贵公会，希即查明本埠各航商，于理船厅行使职务时，究竟有无不平等待遇情事，函复过会，俾凭转报为荷。

（《时事公报》1925 年 10 月 16 日）

渔民争占网地之凶剧

由商会调解了事

镇海虞家门前及林庙前一带，居民多以捕鱼为业。昨日有虞家门前人陈阿甫，及林庙前人周阿月，因争占放网地位，大起冲突，遂决战于海滨。其后两村渔民，越聚越众，致将周阿月打伤，头部流血不止，即抬往商会报告，由商会某君出面调停，以后该处双方不准放网，周阿月由陈某出医药费医治，由虞家门前渔人赔罪消气云。

（《时事公报》1925 年 10 月 17 日）

通行标记应由商会给发

宁波警察厅昨训令所属云，本月二十五日，奉宁台守备军司令部训令内开，案据宁波总商会函开，案查督办公署饬属招募民夫，以游勇、流氓、地棍为限，具征体恤商民之至意，惟一般士伙愚昧无知，仍复心怀惴惴，迭据各商纷纷声请前来。敝会为安慰众商起见，拟通告各商号、商厂，嗣后凡有工伙在途来往执业，拟嘱各佩白竹布标记，书明商号及工伙姓名，加盖图章，俾资识别，用亟函请贵司令部鉴恤商愚无知，俯如所请，分令接洽，并祈示复，至纫公谊等由。准此，除复函此等办法极为妥善，但该项标记，应独由贵会缮发，以昭一律，而免冒混等语外，合行令该厅长饬属一体知照等因。奉此，除分令外，合行令仰该署员，即便一体知照。

(《时事公报》1925 年 10 月 27 日)

米商请照采办食米

宁波总商会昨日致函鄞县公署云，案据晋昌、协丰源两米行略称，宁波非产米之区，而户口殷繁，居民稠密，向恃外埠采办接洽。本年自战争发生，大局尚未平定，湘、皖两省，来源告绝，甬地秋收歉薄，存米缺乏，而时届冬令，渔汛正旺，定海、沈家门、衢岱等处，又不能不随时接济，若不积极筹备，大有青黄不接之虞。兹查旧台属温岭、黄岩等处，收成大稔，农有余粟，晋昌拟备资前赴温岭县办大米五千石、黄岩县办米五千石，均由海门运甬接洽。为此备具切保各结，略请贵会函请鄞县公署，转呈会稽道尹核给护照，俾资执运等情。据此，查甬埠秋收歉薄，存米匮乏，而外埠来源又告断绝，该商等拟赴台属采办食米，系为接济民食起见，实为目今切要之图。今将送到切保各结备函送请贵知事查照，转呈会稽道尹核给护照，并恳令行海门海禁局查验放行，至纫公谊。

(《时事公报》1925 年 12 月 4 日)

昨日总商会之民食会议

本埠近来因外省来甬之食米甚缺，以致米价逐涨，各米行为预储食米，以维平价计，特请省道发给护照，向黄岩、温岭两县采办，而会稽道署又据黄、温两县绅商之请，以食米出口太多，以致米价腾贵等情。朱道尹为顾全两属民食计，特于昨日下午二时亲至宁波总商会，由该会召集各米行经理，询以本埠米食缺乏情形，允为不日晋省时，当向夏省长查明，已发黄、温运米护照，究有若干后，当酌再发照赴黄、温采运云。

（《时事公报》1925 年 12 月 18 日）

总商会食米会议记

宁波总商会，于十七日下午三时，为本埠食粮缺乏，特召集各董事暨各米商，在该会开会，到者有朱道尹等。众谓，本埠食米，向赖外埠接济，故请朱道尹发给护照，俾往台、温各处采办。而朱道尹谓，台、温各处正因食米出口太多，而请禁止，故双方均甚为难。结果，待朱道尹晋省时，再当设法，双方调济。

（《申报》上海版 1925 年 12 月 20 日）

运柩回籍请给护照

宁波总商会昨函浙海关监督公署云，径启者，据本埠新宁海商轮公司函称，据本埠日升街同源煤号函称，该号学生胡振樟之弟胡振德，年十六岁，在本埠华达公司学业，本月间因病身故，现据于阴历二月二十二日，即阳历三月六日，搬柩搭装姚北轮船，运回镇海县属穿山原籍安葬，中途如有弊混等情，愿甘负责，恳请代领护照，俾便运往等情前来。敝公司复查无异，理合具送保状一纸，敬请贵会查核，转送关监督备案填给护照，俾资执运，一面并祈转致税务司签字验放，至纫公谊。

（《时事公报》1926 年 3 月 4 日）

请给护照赴台运米

共须护照八十纸……计米四百石
以米业公共名义……每石纳捐三角七分

宁波总商会昨致会稽道尹函云,径启者,据本埠米栈业甬宁会略称,敝会由鄞县米栈同业所组合。鄞县宁波旧府郡,户口繁盛,需米较多,且各领邻邑皆仰给于鄞,是以非源源而采办不可。讵现时鄞邑存米空虚,来源梗阻,距离新谷登场,尚逾半载之远,若不亟求运途,设法采办,民食前途,岌岌可危。伏查台属临海、温岭、黄岩三县,上年秋收丰富,农有余粟,足资挹注,并蒙会稽道尹公署维持鄞邑民食,由贵总商会转知,准以米业公共名义,领护采运在案。为此由敝会同业筹集资本,拟赴台临、黄、温三县,合办食米二万石,经过海门,装轮运甬,并请援照省护运米成案,呈恳省长公署,核准每石纳捐银三角七分,以示体恤。兹谨具切结一纸,略叩贵总商会,转函会稽道尹公署,核给护照四十纸,每纸填米五百石,俾由敝会同业分配采运,以凭验放,而维民食等情。并据米行业敦业公所略称,查本埠米食存货告乏,若不向本省产米之区,运输接济,势必恐慌立现。兹敝公所同业拟向台属黄岩、太平、临海三县采购食米二万石,经过海门,装输运甬,接济民食,为此缮具切结,略叩贵总商会转函会稽道尹公署,填护照四十纸,每纸填米五百石,以便执运,藉维民食各等情前来。据此查该米栈业甬宁会,暨米行业敦业公所所称,鄞邑存米空虚,来源梗阻,洵属实在情形。兹据遵照本年一月二十五日,贵公署函知敝会转令米业协商分配采运办法,以该业公共名义,缮具切结二纸,拟赴台属采办食米共四万石,经过海门装输运甬,并请援例每石缴捐三角七分前来。事关接济民食,拟乞检同切结二纸,专函奉达贵公署查照,敬希俯准,分填护照八十纸,每纸填米五十石,俾资执运而凭验放,至纫公谊。

(《时事公报》1926 年 3 月 11 日)

米业将采办大批食米

宁波食米，向无大宗出产，兹因海禁局成立后，台温各处，粮米不易运出，故现宁波各米业，存货已空，市价日涨，颇呈恐慌。兹闻该处米业公会，为此特请总商会转呈省长公署，请准向台温各处，采购食米各二万石。闻省长已核准。

（《申报》上海版 1926 年 3 月 13 日）

总商会定期公宴段司令

宁波总商会会长俞佐庭、袁端甫及会董陈南琴、胡叔田、毛安卿等多人，定于夏正二月十八日（即明天）假座钱业会馆公宴段司令，作陪者有地方士绅多人云。

（《时事公报》1926 年 3 月 30 日）

游乞教养所筹备会纪

宁波七邑游民乞丐教养所，于昨日午后二时假座总商会开第三次筹备会，到者有俞佐宸、袁端甫、金臻庠、陈荇荪、孙表卿、林国蕃、徐寿青、张善述、洪宸笙、毛稼生、陈季衡等多人。由副主任袁端甫主席，首报告接洽钱业认募捐款事，略谓，鄙人于昨日上午，偕同林主任至钱业会馆，当场邀集钱业各领袖，商议募集办法，业蒙各界领袖同情，谓事关公益，自应极力募捐，当场认募者共三千金，热心公益，实堪钦佩云云。次由孙表卿、金臻庠提出筹备会细则草案，付讨论，经粗略修改通过，录后。次推定各股办事员，总务股正胡叔田，股员韩乐书、杨诵仁、史镜涵、陈荇荪、杨国藩，文事股正陈季衡，股员徐寿青、金臻庠、朱旭昌、毛稼生，经济股正张善述，股员张申之、陈子秀、俞佐宸、陈南琴、张莼馥、王才运。末决定第四次筹备会，定星期日下午召集，遂散会。

附录办事细则如下：（略）。

（《时事公报》1926 年 4 月 24 日）

请照赴台起运存米

隆泰等三行需照七张……运米三千五百石

宁波总商会昨致会稽道尹函云，径启者，本埠米业隆泰、益丰、源和等行略称，窃甬地产米无多，向恃台属源源接济。现值青黄不接之际，需要尤急。惟上年台属存米，因省垣采运过多，致令甬埠相率失望。兹商等于本年春间派遣伙友，实地调查，深悉台属尚有溢额，足资接济邻邑。当于阴历二月间隆泰向海门万茂米行，购就食米一千石，又向海门豫泰米行购就一千七百石，均存储该行待运。益丰向海门购就食米五百石、源和购就食米五百石、源和购就食米三百石，俱存储海门四明会馆，与临时请领护照，到地急切采办者情形迥别。且商等是项购存食米，共计三千五百石，非特已付价银，碍难退还。且现值初夏寒暖不齐，热气酝酿，米质犹易腐烂，若久搁不运，损失实属不赀。为此迫不得已，缮具切结保状，略叩转请会稽道尹公署，维持民食，鉴恤商困，俯准核给隆泰行护照计五百石四纸，三百石、四百石各一纸，并给益丰行五百石护照一纸，源和行三百石护照一纸，俾便陆续起运。再现时米价成本较巨，并叩转请准援上年杭省万泰成例，每石纳捐三角七分，以示体恤，实深公感等情前来。查据称该行等为接济甬埠民食起见，业向海门购存食米三千五百石，可以实地调查，与寻常采办者似有区别。且据称是项购就之米价银已付，久存恐遭霉烂，亦属实情，敬希俯予维护，分别给护执运，并准援例减缴米捐，以示体恤，至纫公谊。

(《时事公报》1926 年 6 月 5 日)

函征道路协会会费

宁波总商会昨接会稽道尹函云，径启者，顷准中华全国道路建设协会函并附到入会愿书，嘱转商同志征求会员等因到道。除分函各县外，素稔贵会热心公益，见义勇为，用特专函奉上愿书八份，希即代为征求，以维路政而利交通，同深感激，征齐即祈函交敝署，以便汇转云。

(《时事公报》1926 年 7 月 21 日)

函请商界照纳浚河捐

宁波总商会昨接会稽道尹函云，谨启者，本埠浚治城河，开辟水闸，实为阖城公共利益，除贫户外，均分等纳捐，业经宁波警察厅、鄞县知事呈准在案。司令部及本公署，均已一律缴捐，望贵会转告各同业，照例纳捐，勿稍观望，所济无多，所惠实大，现正收捐，迅为转告为荷。

（《时事公报》1926 年 7 月 22 日）

遵缴钱江义渡公款

宁波总商会昨致鄞县公署函云，禀准贵公署函，催缴十年份当业钱江义渡公款存息，并附息折一扣到会。准此，兹据当业司年缴送庄票一纸，计洋五百廿七元一角六分前来，相应检附存折庄票，函达贵知事查照，敬希掣给收据见复为荷。

（《时事公报》1926 年 7 月 28 日）

总商会讨论民食问题

宁波总商会昨日下午二时，召集各团体会议，讨论民食问题，到者有董维扬、卓葆亭、戴菊舲、周子材、俞佐宸、施仰山、周巽斋、王乔年、毛安卿、胡景庭、陈孟璇、郁樨龕、陆卓人、市政府代表马冠军（李超代）、抗英急进会代表陈荇荪、公安局代表李树滋、县公署代表姜伯喈等。由王叔云主席报告米业请求运米节略，次由抗英急进会代表陈荇荪报告，该会以事关民食，不在禁止之例。议决将抗英急进会议决案，函复米业云。

（《宁波民国日报》1927 年 6 月 4 日）

总商会为民食设法

函致在沪各商轮公司　核减米粮水脚

宁波总商会，昨致上海招商、太古、宁绍、三北各轮船公司函云，径启者，据本埠全体米业报称，上海招商局，宁绍、三北二公司，太古洋行，对于由沪运甬之杂粮米麦，增加水脚，每包加至一角八分。食为民天，值兹米价奇昂，水脚既增，成本必贵，似非体恤商民之意。兹经同业议决，杂粮稍为酌加，食米请从缓议，希贵会备函转租等情。查该局请缓加食米水脚，系为慎重民食起见，情辞热切，自应据情转达，相应函请查照，将杂粮水脚稍为酌加，食米暂定缓议，以示体恤，不胜祷切。

(《宁波民国日报》1927年6月18日)

中山公园筹备会纪

银行共认四千元　钱业共认一万元

宁波市总商会，昨日下午三时，开中山公园筹备会，到者除发起人王司令达天氏、财务科陈南琴、总务科陈如馨外，他如银行业、大小钱庄等亦各有代表数十人。由王司令主席宣开会词，张天超记录，次讨论各业认款问题，有主张大钱庄每家五百元，小钱庄每家二百元，银行每家一千元者。后经大多数经长时间之筹议，结果钱业(大小一概在内)最低限度共认一万元，银行业(共五家)最低限度四千元。议毕散会，已四时余矣。又闻钱业方面，定今日下午由司年召集各庄经理自行开会，讨论推认办法云。

(《宁波民国日报》1927年7月2日)

总商会两年来维持地方费收支报告

宁波总商会以十五年甬埠军事期内，维持地方收支各款，为数颇巨。昨特印款收支清册，分送各界，以丁卯八月初七日为止，计开收入项下，共廿七款，计洋一百一十四万六千四百三十九元一角一分三厘，支出项下共三十一款，计洋一百万零七千三百一十四元一角八分六厘，收支相抵揭存洋十三万九千一百廿九元九角二分。

(一)在天益庄借款户十三万一千九百零二元三角九分四厘；(二)存商会四百四十三元五角三分三厘；(三)存中央钞票六千七百七十九元。其附记云：

1. 倒借款念六万二千元，于本年四月二十二日，奉前浙江财政委员会核准，自二月份起至六月份止，在卷烟特税局每月拨借三万元，烟酒局每月拨借一万元，统捐局每月拨借四千四百元，洋广、船货两局每月各拨□万元，合足念六万二千元。现在除统捐、洋广、船货三局照案拨足外，特税局短解二万四千二百六十八元九角，烟酒局短解一万七千元，实收到念二万零七百三十一元一角。

2. 省借款四十七万三千元，于本年五月十日奉前浙江财政委员会核准，自十六年七月起，至十七年二月止，特税局每月拨还三万元，烟酒局每月拨还一万元，统捐、洋广、船货三局十七年一月止每月各还七千元，二月份各还二千元，合足四十七万二千元，加六月末日以前，及每月利随本减之息金四万零四百一十五元二角三分五厘，至十七年二月完全还清，可实收本息五十万三千四百一十五元二角三分五厘。现因特税改为公卖，准该局来函，奉总局指令停解云云。据与省中交涉，其余各局当无问题。

3. 二十万省借款(已加入四十七万案内)当时支配银、钱两业认十二万，外业认八万，嗣因外业未能缴足，由银、钱两业代垫一万九千七百五十元，银行方面中国五千元、四明二千五百元、通商二千元、明华二百五十元，钱业二万元，此项垫款已经还清，见上列第十二项支款。

4. 十七军第一批借款五万元，银行拨一万九千元，钱庄拨三万一千元，外业未拨，此项借款已还一万元(银行还三千八百元，钱庄还六千一百元)，见上列第十四项支款尚欠四万元，计银行一万五千二百元，钱庄二万四千八百元。

5. 十七军第二批借款七万元，银行拨一万六千元，钱庄拨二万六千元，代外业垫二万八千元(内银行垫一万一千元，钱庄垫一万七千元)，以上代垫款二万八千元，已经还清，见上列第十三项支款拨借款四万二千元未还。四月二十日议决与第四项所述之四万元，两共八万二千元，应尽先归还。

6. 第五项所述，四月二十日议决尽先归还之八万二千元，其支配分得数如下:(1)银行,三万一千二百元。(甲)中国一万六千元。(乙)四明八千元。(丙)通商九千四百元。(丁)明华九百元。(戊)厦门九百元。(2)钱业,五万零八百元。

7. 杜师长借款共数为一万元,银、钱两业摊六成,外业摊四成,银、钱两业六千元,见上列收款第九项,外业四千元,已纳入于收款第二项第二批各类借款之中。

(《时事公报》1927 年 9 月 10 日)

总商会为军款保管开会

宁波总商会,为军事借款保管委员报告账略及摊还办法,于昨日下午,召集各业董开会讨论。二时振铃入席,列席者为俞佐宸、邹怀开、周宏年、周巽斋、王信懋、戴菊舲、毛稼生、张莼馥、俞佐庭、关廷高、陆瑞康、陈南琴、袁端甫、费善本、徐镛笙、陆葆仙、胡景庭等二十余人。公推袁端甫主席,张茹香记录。议决案列后:(一)保管委员陈南琴报告借款收支账,及摊还银、钱两业款项,议决所有存天益庄余款,照前议发还。(二)公推审查委员四人,结果由戴菊舲、林琴香、王信懋、张莼馥担任。(三)对于二十万倒借款未还足事,各局款项,悉由本会函推代表晋省接洽。当推出陈南琴、俞佐庭二君,赴省接洽,其余尚有议决案多起,因事关军事案件,暂不发表云。

(《时事公报》1927 年 9 月 10 日)

商会召集六次建筑会

宁波市总商会,定本月十四日下午二时,假座中山公园筹备处,召集第六次委员会,讨论一切建筑进行事宜,并视察工程状况。

(《申报》上海版 1927 年 12 月 15 日)

总商会召集临委会

宁波总商会于昨日下午二时半在该会召集各委员，开临时会议，到者袁端甫、周子材、林琴香、唐沛然等二十余人。袁端甫主席，议决案：（一）甬埠兵力单薄，请上峰派兵驻防案，议决，电请蒋总司令，克日派兵来甬驻防。（二）市总工会来函，推销游艺募捐场券，议决，尽量推销。

（《申报》上海版 1928 年 1 月 5 日）

浙江省政府致宁波总商会齐电

为箔数加捐助赈由

宁波总商会览：东电悉，查前奉财政部令饬财政厅查复杭州箔类业全体电请免加赈捐一成一案到浙。当由财政厅函准浙江水灾筹赈委员会复称，查箔类本属消耗之品，助长迷信，无益于民，纵课重税，亦不为苛。本会前请带征一成赈捐，完全出诸买户，并非取之于箔商。在民众增加负担为数固属极微，且带征期限又仅定为半年，尤与他项加捐情形不同。该箔商前次对于税额骤加至七倍以上尚无异议，而独对于救济灾民之一成赈捐，期期以为不可，殊属不顾公益，饬词耸听。案关赈灾急需，未便因该箔商等来电反对，轻议变更。准函前由，应请迅赐电复财政部核准，定期起征，以资赈济等由，即经财政厅电复财政部察核在案。兹据前情，核与前案事同一律，为特明晰电复，仰即静候财政部批示可也。省政府齐印。

（《浙江省政府公报》第 482 期，函电，1928 年 12 月 18 日）

五、会务活动篇

兴办商会

甬郡商会总局已设定在后市观音庵内，系巨商王、汤二君经理其事。刻正筹议章程，一俟妥洽，即行开办。

（《申报》上海版 1905 年 9 月 16 日）

商会归入宁波

山会余上各县都同宁波相近，商矿局已议定，把绍兴各县商务分会，归入宁波商务总会，以便容易联络。

（《绍兴白话报》第 121 期，1905 年 12 月）

设立镇海商会

镇海商会由邑中王予堂、郑赞臣、徐坤久倡办，借城东地藏殿为会所，举郑为总理，陈晴川协理。

（《申报》上海版 1906 年 4 月 30 日）

不允禀退商会总理

甬郡商务总会上年设立时，由绅商公举吴君传基为总理。现吴君因事繁不能兼顾，具禀道署求退。当奉喻庶三观察批示云：查该绅操行公正，办事和平，向为绅商所推服。上年公举总理，已历年余，平讼息争，群情翕洽，未闻有间言也。此间为通商要区，交涉纷繁，惯生枝节，地方官正资臂助，岂可遽有退心，即筹资商议，口杂言庞，或形棘手。现奉准部批章程具在，不妨对众宣明，共期遵守。至须地方官维持之处，本道当随时督同府县与该绅等商议，决不漠视。幸顾全大局，勉为其难，是所厚望。

（《申报》上海版 1907 年 3 月 25 日）

四续农工商部丙午年纪事简明表

慈溪商务分会，宁波总会申报，六月初八批准，七月二十日札派任祖全为总理。

奉化商务分会，盛京将军咨报，六月十三日核准，札派顾友棠为总理。

镇海商务分会，宁波总会申报，七月初八批准，札派郑志祯为总理。

（《申报》上海版 1907 年 3 月 25 日）

商会总协理仍未举定

甬郡商务总会总理吴传基、协理陈贤滋现皆退职。日前合郡商界在商务局开会，公举新董，吴君得票仍占多数。吴君因于例不合，一再推辞。嗣举秦均韩为总理，亦谦不承认，仍未定夺，惟协理闻有举陈某之说，然亦尚未定议也。

（《申报》上海版 1908 年 1 月 25 日）

余姚商会总理易人

余姚各商业具禀杭州商会，略谓余姚商务分会上年集众筹资开办，公举张承绩为总理，兹已一年任满，分会预发举票邀齐会员，先于光绪三十三年十二月初六日开会续举，由入会各商用秘密投筒法，选举商听笙等为会董，商暄等改任为领袖议董。复由商等会同各业董集议办法选举总理，于本年正月初六日当众开筒，仍系张承绩得占多数，应留续任。惟张承绩上年奉札任事之初，预先布告，愿不支车马各费，力任义务一年，今被举续任，坚践前言，且以年老神衰为词，再三乞辞，绝不承认。伏思商会设立，全赖总会开诚布公，热心提倡，张总理既以年老病多未便担任，应以得票选之次多数同知衔蒋怀清继任总理。复经商等暨各业董并全体会员坚推，始克承认勉尽义务，不支车马各费。迄逾一月，各无异说，为此备具总理履历并商等会董衔名，伏乞贵总商会转呈农工商部钧夺，并乞札委以孚众望。

（《申报》上海版 1908 年 4 月 19 日）

（上海总商会）商事公断处议案

商事公断处已于三月二十二号开第一次职员会，录其议案如左：

互选职员：（略）。

研究办事细则：办事细则草案分布后，仅有苏筠尚、郁屏翰、张乐君三君各有意见交议，庞莱臣、胡棱芗两君来函赞成原稿，其余各位尚无答复。公议将原稿及各位意见请有法律学问者纂修，使无触背可行为准。傅筱庵君云，周总理曾言有张超委君愿尽义务。公议可以相请研究，再行定稿，虽照部呈请地方长官核定，切不可使其驳改，致损规定之权，所以宜慎重于始。宁波商会来函，部章第十八条评议员之判断必须两造同意，方发生效力，公断权力太小，应请修改。查上海西商和明商会办法，事经公断不能再行诉讼，如求两造同意，方生效力或可，诉讼殊非所宜。宁波商会所论甚是，本会赞同，可于办事细则内修改。

（《申报》上海版 1913 年 3 月 24 日）

批

浙江巡按使屈批宁波商务总会总理费绍冠、协理余承谊详为请为刘信懋为定海沈家门商会总理并送清折由。

据详定海县沈家门商务分会总理业经该会董公议，请仍以去年正式推选之刘信懋充任，应即照准。兹发去饬委一件，仰即转给收执可也。折存此，批缴。

中华民国三年六月一日

浙江巡按使屈批宁波商务总会总理费绍冠、协理余承谊详为请饬委遂昌县商务分会总理并送履历由。

据详请饬委遂昌县商务分会总理等情并送履历清册前来。查该分会总理林文彬，至本年八月一日业已连任三年。前行政公署奉农商部指令嵊县商务分会总理连任三次，应照章另选等因。该分会事同一律，所请加饬委任，碍难照准，仰即转饬该分会召集会董遵章另选，再行转详核办，清册随批发还，此批。

中华民国三年七月一日

浙江巡按使屈批宁波商务总会详为请委刘铭藻为温岭松门卫商会总理由。

据详温岭县松门卫商务分会总理，请以依法被选之刘铭藻充任，应即照准，发去饬委一件，仰即转给收执可也，该总理及会董履历各册并存，此批。

中华民国三年七月一日

（《浙江公报》第859期，批，1914年）

改组商会名称问题

浙省定海、奉化等处商会，已遵照商会法一律改组，由县转详核示，惟各县分商会即改称会长、副会长，省城商埠各总商会则仍称总理、协理，将来遇事行文究用何项名称为是，于法文未修正以前亟应定一相当办法，闻已电询农商部矣。

（《申报》上海版1915年1月23日）

各商会为请政府修改商会法致上海全国商会联合会总事务所各函

宁波事务所函　三年十二月十七日

敬启者，接贵总事务所公函，内开总事务所应否存在一案，京师商会不待各处解决，单独禀部，致遭取消，请即查照讨论，仍将主持理由早日见复等由。查联合会总事务所为全国主脑，存在则提纲挈领，足利推行，废弃则各自为谋，团体涣散，将来商情交通，商业发达，胥于此会卜之，事务既繁，责任綦重，非有全国集合地点，不足以资讨论。鄙所接到通函，即经召集汇议，全体主张联合会总事务所机关自应完全存在，藉资联络。相应函复贵总事务所查照，希即联衔禀部以期达到目的，至纫公谊。

（《中华全国商会联合会会报》第2卷第7期，1915年）

各商会为请政府修改商会法

宁波商务总会致上海商会公函

三年十二月十七日

敬启者，商会改组一案，前由联合会浙事务所，函请各省事务所，提出议案，取决多数，拟联衔禀请中央政府，俯察商情，将公布商会法，量予变通修改，俾各省总商会暂免改组在案。近准豫、赣两省总商会提出议案，关于商会改组问题诸多窒碍，研究讨论，至详且晰。查商会法，以"总会"字样取消，改组一般商会，一面另组省联合会，以代总商会地位，不知联合会之职务，只有商会法四十二、三条之规定，内容极形狭隘，而各处商会又限于阶级，为地方高下官厅，层层钳制，商情隔阂，无由上达，则商会几形同虚设。诚有如广州总商会所云，今日直接之取缔，即为他日间接之取消，瞻望前途，可胜浩叹。又查联合会组织，照章须由各地商会推举代表，分担经费，尤为窒碍难行。各地商会财力，就现在情形计之，因陋就简，十居八九，自顾不遑，安有余力负担省会经费，此节恐成画饼。我国商人智力薄弱，不有保护，何以自存，不有总会，难资联络。当此改章伊始，实为商会存废问题，商会之良窳，又为商命存亡所系。事关重要，凡我全国总会，亟应群策群力，协争要点。兹准杭州总商会函告，以商会改组往复讨论，恐稽时日，拟请贵总会挈衔主稿，参照赣、豫两商会讨论草案，发抒伟论，以全国总商会名义，经禀大总统俯察商情，将“总会”字样免于取消，并将商会法各条文发交参政院酌量修改，以利推行，而资遵守。敝会极表同情，除函复外，相应函请贵总会查照办理，至纫公谊。

（《中华全国商业联合会会报》第2卷第8期，1915年）

商务分会改选会董

定海沈家门商务分会，前奉宁波商务总会公函，转奉浙江民政厅饬以商会前已送有章程及发起人清册，并准先行备案，应即依据新商会法选举等因。该总理特于本月二十一日，依新商会法邀集会员投票选举会董二十人，是日到会投票者共计一百一十三人，即于次日开票，检查票数，刘云茂得一百零五票，王春生一百零一票，张晓耕九十六票，张月峰九十四票，王和生九十二票，王熙生九十一票，刘奇亭九十票，宋志臻八十三票，王守锷八十三票，郑本芗八十一票，周积善七十五票，陈咏藻四十八票，陈文荣四十七票，谢汝生四十四票，乐纯馨四十三票，刘永成四十一票当选为会董。并公推王德生、李珊美、杨笃春等三人为特别会董，计候补当选者为王守锐、吴文元等十人，并闻于二十五日由该会董互选正、副会长云。

（《申报》上海版1916年7月26日）

商务分会选定会长

定海沈家门商务分会依法改组，由会员选举会董二十人，曾志前报。二十五日又由会董分次投票互选正、副会长，先期由该会函请县知事派员监视。计是日到会者，委员傅勤舜及会董十九人，第一次投票选举正会长，张晓耕得十五票当选，第二次投票选举副会长，张月峰得十票当选。业已备具履历清折备文禀请县知事核转备案矣。

（《申报》上海版1916年7月29日）

商会改选会董

宁波总商会本届会长任满，照章应引改选，于旧历十一月二十七日召集全体会员选举会董，实到六百三十四人。是日午后一时各会员陆续到会，投票五句钟。截止二十八日早八时开票，当选会董为徐镛笙、董维扬、蔡芳卿、王叔云、屠鸿规、蒋衡卿、丁忠茂、孙轩蕉、费冕卿、戎逸亭、余芷津、冯子枚、何舒梅、梁廉夫、洪复斋、余子权、左竹士、徐祖彭、李毓卿、盛省传、余润泉、苏九韶、孔馥初、陆炳章、陈子秀、李书稔、毛稼生、郁樨盦、王介卿、江安澜、江槐堂、袁端甫、应道生、陈季衡、刘文照、陈含章、唐沛然、陈兰生、葛望云、顾元琛、朱莲生、楼鸿笙、唐颖士、孙虹笙、忻子湘、沈崇如、忻汰僧。

(《申报》上海版1919年1月5日)

请开送商董姓氏

预备改选会长会董

宁波总商会近因会长、会董又届一年期满，遵章应行改选。六日该会特发出通告云，启者，兹因本会会长、会董将届任满，照章应先调查会员，预备召集改选，为此函达台端，务希于二星期内，迅将贵业牌号、地址、经理人姓名并董事业董姓名详晰开送，以便入册而免舛误云。

(《时事公报》1920年10月10日)

催造商会改组令

宁波各县知事昨奉实业厅长训令云，奉省长令开，案查各县商会呈报选举职员，每有被驳后延不具报情事，于会务殊欠慎重，亟应由厅查明。各县商会如有是项情形，一律令催具报，其有尚未遵章改组之商会，亦应一并查催改组呈报。合行令仰该厅即便遵照办理，勿任藉延等因。奉此，查各县商会，呈报选举职员被驳未复者所在皆有，且未遵奉改组亦复不少。奉令前因，合亟令仰该知事即便查明具报核办，毋任再延云。

（《时事公报》1920年10月26日）

总商会选举之筹备

宁波总商会昨（廿一）日致各注册商号函云，启者，本会前因会长、会董将届任满期，调查会员，预备改选，曾已函达，当邀接洽。兹因为期已迫，为此续函奉催，迅祈查明贵业注册名号，详开号名、地址，暨经理姓名，所举董事、商董何人，克日示复，俾凭入册，幸勿延搁为荷云。又闻此次改选已组织就绪，内定严康懋、盛桐荪二君为正、副会长。传闻如是，未知果成事实否，姑志之以观其后。

（《时事公报》1920年11月22日）

经济问题之演讲

宁波总商会于廿三日上午请范子美先生讲《世界经济之潮流》，其言曰，在十九世纪时，世界各种物质日形发明，经济问题日渐扩张，国际贸易代国内贸易而兴。各国多仗兵力以发展商业，他国于是武装和平说兴，而吾国与他国通商亦由此始，虽明知利权外溢，而以武装故，无力拒之经济潮流之冲激，实吾国至可虑之事也。彼欧洲各国以欧战，故经济上遭莫大之打击，而日本独得坐收大利，故今日经济上遂大占优胜，而各国此后经济竞争之目的则在吾中国之大市场上，可以无疑，即远东问题也因此之故，美日必成无形中之恶感。二国抗衡之第一着即雇佣华工问题是也，吾观美之政策直欲使中国工人俱为彼工厂奴隶，吾国设不急起力图各业工人之能自立，则必尽溺于彼经济潮流中耳。至彼日人在吾国所设之工厂，劳动者皆己国之人，则吾国异日工人之地位亦至可虑也。虽然欲求经济之宽裕，必由善良政治造就之。吾国之官厅素无保护商业之专责，欲工商之发达，乌可得哉！不过今日吾国尚有一线之希望，即彼新银团之抗议，欲监督政府借款之用度，或可少免官僚中饱之弊端。新银团于吾国本无益处，惟其提议裁兵、发展实业等问题，使彼官僚不能自由借款，此则可欢迎也。吾国工商业或能因此而群起进行，以期补救乎。国内实业发达，富力充足，然后推至国外，但此问题今日尚在幼稚时代也。抵制日货，虽属美举，而国内百物昂贵，物质粗劣，则国人安能坚持到底。

今试与诸君研究发展经济之问题：(甲)当求交通之便利，交通不便，所有制品何能流通？比如舟车之制不良，运输事业亦不能有今日之现象。四川为吾国最大之省，富腴号为天府，而以交通不便不能畅达于各省，殊可恨也。英国铁路犹如蛛网，故商业得执世界之牛耳，西国于民间各业有力不逮者，国家从而补济之，所以民与国皆致富，而各人之生计亦裕矣。吾以为，吾国幅员广大，不必独恃铁路为交通之用，自己亦可设法建筑，如马路式样之道路，使之可行马车或人力车，则民间往还运货等事均甚便利矣，此予之希望也。倘能实行，可将裁兵充修路工役，以免他变，非一举两得乎？兵而外，囚犯亦可充之。此外，如无业游民及乞丐皆可借此以安插，宁非便事？顾吾尚有一主张者，即望吾人在自己之各村庄有康庄可行之道路耳。(乙)发展土货，窃思吾国土货充满地上，惜无人为之开发。今提出二议：(一)当从事调查，使各处货物不至埋没无用，调查后复用科学研究之，则功用显矣。(二)讲求实用品，吾以瓷器为比喻。国人莫不知江西瓷器之精良，而所造皆非应用品，尽属奢侈品，以致东货充满国中，民间饮食等器，莫不用东货。故造成应用实际之物品，实要策也。(三)利用小工业使家家户户有一小工或数小工各执一业，则土产愈形发展矣。观乎禾地之丝工，可以想见彼所以生计充如，无啼饥号塞者，盖赖小工业耳。设吾国人尽如彼禾地之人，则中国四百兆中可得四千万人之小工，国家自富矣。(四)重视劳动界。吾国人恒视劳动界者为低等，以文人学士为上级，而今则当反是。试思无劳动者，物何由成？故国中多一劳动者，国家即多一处之富源。奉劝诸君，无论学校卒业，均须注意劳动，则国家之所望在是矣。

(《时事公报》1920 年 11 月 25 日)

改革商会入会费之提议

宁波公民唐沛然、李梅卿、蔡嘉祥等日昨具呈总商会正、副会长，文云：窃本会创设于清光绪丙戌年间，各业纳费入会，以业务之大小定会费之多寡，会议事件即召集各业业董表决，概以业为本位。无论各业中行号多寡，每一业只有一权选举，会长亦然。民国五年商会法颁布，依法改组，以入会各业行号之经理人及其举出之董事为会员，由会员先选会董，再由会董互选会长。关乎商业上重要事宜，仍召集各业业董，会议表决。唯每届改选会董，则召集会员行之。新法旧例兼筹并顾，改组迄今，已阅五载，历经如此办理。本年三月为交易所废立问题，竟不召集业董，改为会员会议。经蔡君和锵等提出理由，面陈贵会长，请循照旧例，召集业董，未荷采办。以商会法只有职员会、会员会，而无各业业董会之规定。贵会长既根据商会法则，请以商会法解决会费问题。商会法第三十一条，事务所用费由会员负担之，而无大业费多、小业费少之阶级。本会会员总计八百人入册，各业大小悬殊，而每一业中行号又多寡不齐，其所纳会费则自六元、十元、数十元、数百元或数千元不等，多则如众钱庄五十七家纳费一千三百元、和丰厂纳费二百元、南号八家纳费一百念元、北号四家纳费一百六十元，少则如广货业六十二家纳费七十二元、鲜咸货店十家纳费四十元、鞋业九家纳费廿五元。权利与义务对待，以钱业、南北号与广货等业比较，纳费多寡相去既如此悬殊，而其所得选举权、表决权，广货等业反超过南北号等十余倍。有义务而无权利，揆之情理，讵得谓平。某等管见所及，拟将各业纳费数目，以会员名数为标准，例如本会全年经费四千八百元，以会员八百人平均分配，每一会员应负担六元，业大而会员少纳会费宜轻，业小而会员多纳费宜重。如此规定，权利义务得划其平，而于商会法亦无抵触。谨依本会章程第四条第三项备具意见书，请求贵会长召集会员特别会议，其未经会议以前，所有本年分各业会费暂缓缴纳，俾有相当解决，以昭平允，而免偏枯，谨呈。

（《时事公报》1921 年 4 月 11 日）

商会董事资格问题

宁波商会上月选出会董后，即开具各会董姓氏呈报省宪转咨大部备案。嗣经省长查核，各会董有未注商业行号杨诵仁等七人，令行该会查填具复一节，已志三月八日本报。兹闻此事，甬地一部分商民有拟呈请农商部指令重选，并向该会函诘，探录其稿如下：敬启者，贵会第三届改选，按照法定程序，将当选职员详具姓名、年岁、籍贯、住址、商业行号，呈由地方行政长官，咨请农商部备案。

嗣奉浙江省长指令，以呈报当选会董杨诵仁、忻壹、毛雍康等七名，核与商会法第六条资格不符，令饬填明确实商业行号，呈候核咨等因，不胜骇异。窃以商会法第六条会员资格：(一)公司本店或支店之职员为公司经理人者；(二)各业所举出之董事为各业之经理人者；(三)自己独立经营工商业或为工商业之经理人者，早经明白规定。立法本旨以会员为商会主体，而独于经理人再三注意，所以重根本而防流弊，至为审慎。今阅贵会刊布民国十年第三届职员名册，杨诵仁为洋广公所董事，忻壹为洋广公会董事，毛雍康为咸货业董事，均非商业行号之经理人。不第此也，赵自贞资格为衍源钱庄经理，衍源经理乃张瀛州，指鹿而称为马，桃子竟以李代，荒谬尤甚。贵会为法定机关，不知而为之，是曰不智，知而为之，是曰不法。改选大典出以草率，贸然呈请，贻我全体商人羞，虽欲为贵会曲讳而有不得者。就根本解决，以不合资格会员入册委员无效，以不合资格委员选举会董，其当选会董无效，以不合资格会董互选会长，其当选会长无效。会长、会董为各商代表，关系至重，今根本上既失效力，于第三届非法改选，应如何补救以符法令之处，用敢具函诘问，应请贵会审慎办理，明白宣布，商等幸甚云。

(《时事公报》1921 年 4 月 12 日)

商会开职员会纪事

宁波总商会定昨日下午开二月份职员常会一节，已志前报。兹闻昨日下午到者有副会长袁端甫(正会长屠鸿规因事下乡)及会董唐颖士、徐原详、王信懋、叶德政(代表吴庆瑞)、卓葆亭(代表左竹士)、朱旭昌、李松侯、毛安卿、丁忠茂、洪兆燕、周莲青等诸君。三时开会，由袁端甫主席报告提议事件：(一)中华全国商会联合会来函，为集金赎回胶济铁路案。由该会文牍毕敏齐朗读来函(已见本报)毕，众皆起谓，此案关系吾国全国利权，本会自当全体赞成。但其具体办法，究竟如何，须格外慎重，勿再蹈救国储金之覆辙。议决函询全国商会联合会，请示具体办法，如果确属民有，本会再行开会，妥筹认股方法。(二)议附加赈捐展限一年，转奉部令，详切开导案。经众议决，此项赈捐，大总统早有成命，端不延长，现欲延长似难遵照，最好先由本会致函上海总商会及各埠商会征求意见。如果他处已无异议，则吾宁波无须别出心裁，然吾宁为灾区之一，应将本省所得附加赈捐裁留,以本地赈款为本地赈济之用。(三)议裁厘加税研究利弊案。众谓,厘固当裁,以轻商民负担,税亦宜加,以增国家之府库。毛安卿谓,本席前在沪全国商会时,曾议及此事,盖裁厘加税有两大关系,一则国际税,中国运至外国货物,应如何征税,外国运至中国者亦可如其办法收税。二则外国人之在内地开设厂家,其出品货物亦可照中国落地税征收,如此则政府收入岂不较前为裕乎?至于吾辈商民之负担,于税则上虽较前为加重,然各处厘卡皆豁免矣。王信懋谓裁厘加税,固商民所赞成,但征求利弊之究竟,须俟各业从详讨论。议决以毛安卿所缴出之沪会议案,油印分给各业,以供研究,待各业议复,再由本会函复沪总会。(四)议会董穆月湖君辞职案。议决,缺席。(五)议县知事函询莲心牌香烟,有无影响花旗牌香烟情事。决议,致函丁忠茂、陈才宝二君,请其调查究竟,再行答复。议毕散会,已五时余矣。

(《时事公报》1922 年 2 月 16 日)

商会开临时职员会纪

宁波总商会,为调处朱之华与本埠恒记号寄款纠葛一案,定昨日(二十日)召集临时职员会议。是日下午二时,会董出席者有周莲青、洪兆燕、屠鸿规、王信懋、赵宇椿、袁端甫、徐原详诸君,及该案之当事人朱之华、陆丹书,关系人陈哲臣、陈焕文均到会。由屠会长报告开会宗旨,略谓,本案准玉环县商会来函,据朱之华称,谓有现洋二百元,致上海公升号,并有信一封,由陈哲臣、陈焕文二人转托本埠恒记号陆丹书寄交,并付寄费八角。嗣因恒记号以陈焕文为坎门顺和号之伙友,顺和对于恒记,有货款未清,焕文曾面约去年旧历十二月初旬寄交,因届期延误,恒记陆丹书即将是项寄洋抵收欠款,一面将朱之华之原函寄还陈焕文。今朱之华向恒记索还寄洋,而恒记陆丹书,则以该寄之洋,当时陈焕文有云,如陈顺和号货款届期延误,不妨将朱之寄洋相抵,而质之陈焕文,则矢口不认。经到会各会董,讨论长久,议决是项朱之华托寄之款,当时恒记既收其寄信,并收受寄费八角,今既延搁不寄,自应如数返还。至陈顺和所负恒记货款,自系另一问题,与朱之华寄款碍难牵混,应由恒记另行索偿。而陈焕文对于恒记配货约款,历历可考,当然为陈顺和之代表商伙,应责成陈焕文限日理偿。所有朱之华托记现洋二百元，并寄费小洋八角，经恒记陆丹书面限于本年阴历二月底缴由本会，转交朱之华具领，一面由恒记就本议决案加盖图章，俾照慎重。至坎门陈顺和所负恒记之货款，由恒记另具节略，由本会转函玉环商会理偿云。议毕乃散会矣。

(《时事公报》1922年2月21日)

商会今日开职员常会

宁波总商会昨致各职员函云，启者，三月一日即旧历一月初三日下午二句钟召集三月份上半期职员常会，届时务祈必到为幸，付议事项列下：(一)鄞县公署函转奉会稽道尹训令，请集议筹款购米办法。(二)余日章君由华府大会回国，拟订期来甬报告翔实情形，组织团体，开会欢迎事。

(《时事公报》1922年3月1日)

总商会昨日之议决案

宁波总商会于昨日午后四时开三月份第一次常会，到者有屠、袁二会长，及会董李松侯、周莲清、余东泉、赵宇椿、黄光普、毛安卿、徐原详、叶德政(代表吴君)、王信懋(左君代表)诸君。首由屠会长报告，略谓，一月十四日本会准县公署转奉道尹来函，以宁、绍属各县产米无多，向恃外来接济。去年夏秋，风雨为灾，江、皖等省亦遭灾侵，来源告竭。温、黄等县虽称丰稔，已有浙西各县纷往采办，米价日涨，未能多运出境。若不预算办法，民食堪虞，嘱本会邀集各团体开会讨论，筹办方法。而去年十二月间县公署亦曾开会，以年关筹款颇难，故今日邀集诸公讨论办法。黄光普谓，筹款是否属募捐性质？屠谓，筹款系办石，商向绅富筹垫款项，日后仍照数给偿。左竹士谓，照县署来函，系托本会邀集各机关代表、地方绅士，筹议集款方法。余东泉谓，今日可先召集大会方法。屠谓，恐开会时人数不多。余、左谓，不得不尽责一做。黄谓，今日系讨论会，再定由本会请各业领袖就地绅富及会董集议。左谓，民食关系地方治安，故绅商均应讨论。李松侯谓，甬地逐年募捐，民力有限奈何。余谓，此系官厅未雨绸缪，仍为吾鄞民食设法,殊亦不可厚非。又谓,去年县公署开会,据蔡芳卿谓明年再筹捐,实难做到。照鄙人主张,则可从百工加薪,各加俸入手,盖提高生活程度,实为根本之图。经详加讨论,准定阴历本月十八日邀集开会。屠君报告,余日章君由华府会议回国,定阴历本初十日来甬,报告华会经过情形,现由青年会致本会及教育会,会同发起欢迎会,并分函团体加入,明日下午为讨论欢迎手续云。青年会代表徐君谓,余代表此次赴会,系上海商、学两会公推之国民代表。此番回国报告,故商、学两会,均应欢迎。屠谓,可举代表与会。即公推屠、袁会长及赵宇椿、毛安卿、徐原详五君为代表。次议商会联合会为今日城区迭出抢案,曾开会议决办法三项(已详前报),嘱本会一致主张。黄光普谓,致商业联合会函,系敝号主张,警费既由公家担任,照现在观察保商之责,可谓未尽。如在大街商号,竟有白日被劫之事,如不急图挽救,何以安营业。言至此,遂报告商业联合会开会情形,并言本会为商业机关,对于商家之安全,自宜一致主张。经众讨论,对于商业联合会议案,一致赞成,准由本会径函警厅,设法调回保安队。至于城自治之清道收支,由二会分函诘查。次由屠会长报告巡防帮带王怀芳面称,近日派有巡防,以五六人为一组,分巡街衢。次左竹士临时动议,谓巡防完全商办,今县公署及监狱署,均派有巡防保护,亦应函请撤回,实行巡防,而巡丁之额,是否满足,巡丁之人,是否亦均应函请县知事,切实整顿,盖知事系管带,责有攸归也。众赞成通过。黄光普谓,对于婚丧二事,常作为迎送品,其所收入之费自否归公,抑系入私,如入私,应即整顿。袁端甫谓,巡丁生计艰难,此种小节,可不必提议。余东泉主张,现在巡丁老弱居多,不妨名额减少,将余饷加贴与现充之巡丁,而对于婚丧喜庆等事,须定有规费,一律归公,庶几两方兼顾。众然其说,惟兹事体大,俟下届开会时再行讨论。次主席报告会董孙虹笙、穆月湖二君来函辞职,众主先函挽留,无效,准其缺席。议毕遂散会。

(《时事公报》1922 年 3 月 2 日)

总商会临时职员会纪事

宁波总商会,于昨日下午召集临时职员会,到者屠、袁两会长,暨会董李义本、蔡酉生、卓葆亭、陈才宝、徐原详、夏逸林、杨诵仁、毛稼生、徐玉书、王信懋、毛安卿、洪兆燕诸君，姜知事亦列席。三时振铃开会，由屠会长主席，报告开会宗旨毕。一议巡防勇请求加薪案，由主席报告，本会接姜知事暨巡防局什长等来函，要求集议加薪，以维生计，请讨论。黄光谱谓，巡防勇加薪，须先加捐，但各业对于巡防加捐，实属困难。鄙意以为应向未纳巡防捐之各业及未入本会之各号，挨户劝缴，且巡防为商人自办，商人应有纳捐之义务。屠会长谓，刻有会董冯仲光来电，谓商业现值凋敝之际巡防加捐万难承认。姜知事谓，巡防要求加薪以维生计，鄙意以为先议设立巡防有否成效及是否必要，或可裁撤。现在什长防勇为生计日迫，来鄙人处要求加薪。鄙人实无法应付，鄙人愿将管带名义还之商会，由商人自办可也。毛安庆谓，欲巡防尽巡防之职务，应予加薪。李义本、洪兆燕谓，加薪应先讨论款项从何而出。黄光普谓，巡防是否存在应请讨论。鄙人以为前次溃兵之时，深资防务，主张存在。众谓，巡防既设立多年，往时亦深资保护，当然必须存在。陈才宝谓，既多数主张存在，则经费应函知各商，已认捐者请其增加，未认者请其缴纳，否则惟有裁减巡防名额，以资支持。次黄光普谓，城区地面辽阔，原有百余名巡防尚虑不足，何可裁减？杨诵仁谓，巡防局前之腐败尽人皆知。故各商缴纳捐款，颇有责言，现已实行整顿，每日巡防，各商亦稍有知觉。鄙意拟由县署出就布告，巡防捐每月向各商挨户劝缴。姜知事谓，巡防加薪，前据来函要求每各每月加薪一元，共年需三千元。此三千元之款，亦须预为筹定，可定增加标准数额。杨诵仁谓，俟挨户劝捐，如有成效，方可定增加若干。次左竹士谓，今日会议为整顿巡防，如果巡防之精神振作，老弱淘汰，于地方有益，则是劝令商人缴费自易。姜知事谓，巡防实为商团性质，如不办则已，办则应加整顿。敝意不如改为商团，至鄙人名虽管带，实属惭愧，愿还之商界诸公。姜知事又谓，迩时鄙人已点名发饷，老弱者已淘汰数名，即巡防之服装亦应更换，以壮威仪。洪兆燕谓，鄙意拟将巡防裁减至一百廿名。陈才宝谓，应公推募捐员向各商劝捐。左竹士谓，募捐员，因今日到会人数不多，待巡防局将未认捐各铺造册报告后，下届常会再推。讨论至此，议决议如下：(一)巡防勇有益地方，应予存在。(二)请知事布告商民，劝谕认捐。(三)由商会就职员中公推募捐员，亲往未纳捐各铺，分别劝认。(四)对于已入本会之各业，详述巡防必要存在理由，及薪饷微薄应加之故，函请业董劝导各行号，凡已认者酌予增加，未认者踊跃认捐。(五)本会备劝导之责任，其捐入款项，另立公户存储。(六)凡未认捐各铺,由巡防局调查造册报告。二议截留附加税一成留充宁属工赈案,经各会董纷纷讨论,议决统捐局附加赈捐一成,既归宁地灾赈之用,应予承认,但须截留,解由道尹指存四明银行,专供宁属工赈之用。议定于四月一日实行,以一年为限,并将议案函致道尹,转呈省长照准。三议办米请免捐税案。主席谓,甬地食米向来缺乏,兹查芜湖尚有存米,可资采办,惟成价颇昂,应函致道尹转呈省长,援照台属成案,请发护照,并免纳沿途一切捐税,以维民食。众赞成,无异议通过。四议信局全盛等十二家,要求保留十五年内展缓挂号案(原函容明续录),由主席报告来函毕。经杨诵仁、左竹士、黄光普诸君,均有讨论。议决先函询上海、杭州两商会,俟答复后再予核办。五议会董朱虹笙辞职案(辞职书从略),议决致函挽留。议毕散会,已五时矣。

(《时事公报》1922 年 3 月 25 日)

商会职员常会纪事

宁波总商会,于昨日下午召集职员常会,到者屠、袁两会长及会董唐颖士、王信懋、余东泉、徐原详、陈如馨、赵宇椿、毛安卿、黄光普等诸君。四时振铃开会,由屠会长主席宣开会词,略谓今日会议事项:(一)议上海筹赎胶济铁路委员会主任余日章来函,请本会联合各团体组织赎路机关案。当由毕君将来函读毕,复由左君起谓,仿照上海杭州组织办法,以教育会、银行公会、总商会三团体,组织是项赎买机关。次讨论如何召集组织之。王信懋谓,由本会致函教育会及银行公会联合组织,惟本埠无银行公会,应致函各银行经理。余东泉主张,即以本会召集此项团体定期开会组织。屠会长谓,由本会致函四明、中国两银行,请组银行公会推派代表与会,当议定于四月初二日开职员常会,召集教育会、银行公会开会会议组织办法。(二)议中华民国八团体国是会议来函,定五月七日开正式大会,请派代表与会。(由左君宣读来函)余东泉谓,本会容否推派代表,应先决定。黄光普、唐颖士诸君均谓,本会为商业团体,应推代表与会。赵宇椿即推毛安卿君,众赞成。次毛安卿起谓,去年商教联合会开会时候,忽发起庐山国是会议,以解决国是,因他为军阀所发起,有碍民权,是以由商教联合会各省代表,发起国是会议,鄙人亦发起人之一。现承诸君推为代表,鄙人实义不容辞,但川费因会中经费缺乏,鄙人愿负担半数。余东泉主张,如推陈如馨为代表,以陈君常驻沪上,可不须津贴川费。如果会议时期延长,毛君可即回甬,由陈君出席,且有代表二人,亦可共同磋商。众赞成,议决推毛、陈两君为代表。(三)议巡防加捐案。主席略谓,巡防既已加薪,巡防捐自应增加,惟由何而加,请讨论。黄光普谓,各业已认捐者,实难增加,未认者请派代表令其劝认。余东泉谓,现在宁波地方,颇不安靖,据闻江北岸刘家边地方,有一般无业流氓驻宿,宿资每夜铜元三枚。此种流氓,实于治安有关,且闻下月间尚有大批流氓来甬,吾人为地方计,应防患于未然,整顿巡防,势难再缓。鄙意主张由商界组织义务巡防加入巡防,实行整顿。黄光普谓,欲整顿巡防,应先加捐,前曾开会论及(由左君将前次议案宣读)由本会负劝导之责,先行通告未认捐之各商号,再由巡防局向挨户请其劝认。王信懋谓,城厢之各住户,巡防巡查所及,亦可请其认捐。无异议通过,迨散会已五时余矣。

(《时事公报》1922 年 4 月 18 日)

柴桥商会改选有期

镇海柴桥商会自民国六年六月间由众商发起,将民国元年成立之柴桥商务分会改组为柴桥商会,当特为镇海城商会争执区域。及至民国九年一月成立,正、副会长朱旭昌、胡祥村暨会董诸君办事认真,众商咸称便利。现届任满,照章改选,业于本月十六日开职员会议,到者沈殿章、沃鼎生、徐瑞庭、唐九如、胡祥村、李晋杨、朱旭昌、李日生、徐水樵、施允升、李国洲、何茂晏、张寿南等诸君。下午二时振铃开会。由会长朱旭昌宣开会词,略谓,今日开会为本会职员任期已满,照章定期改选。鄙人拟定阴历四月初九日为改选之期,以十五日之前(即三月廿四日)起,通告各商停止入会,以符部令,然改选手续甚繁,须临时组织干事部,以资筹备一切。众赞成通过,当公推沈殿章、李日生、李国洲、胡汝章四君为临时干事员,众举手通过,遂即散会云。

(《时事公报》1922 年 4 月 19 日)

昨日商会职员会纪事

宁波总商会，于昨日下午召集本月职员常会，到者屠、袁两会长，暨会董丁忠茂、余东泉、赵宇椿、陈如馨、黄光普、毛稼生、朱旭昌诸君，三时振铃开会。首由屠会长主席报告开会宗旨，略谓今日开会为会同教育会、银行公会组织筹赎胶济铁路会宁波事务所案。前次开会议定，各团推定干事五人，于夏正本月十一日开成立大会，请公推本会干事。当由到会诸君推定赵宇椿、余东泉、丁忠茂、屠鸿规、朱旭昌五君。次左君报告本埠无银行公会，银行代表应由本会推定，当推陈南琴、费冕卿、余润泉三君致函接洽。次议裁厘加税研究利弊呈候采择案，议定依照前议分函各业董，俟答复后汇呈。次议协争上海码头捐增加案，由左君报告上海总商会来函，以江海关码头捐向系每关税五两，抽捐一钱，拨充英、法两工部局经费。本年英工部局纳税人会议，改照关税抽收百分之三。是后每关税五两，抽捐一钱五分，转瞬裁厘加税，进口税值百抽十二有半，是一钱之码头捐，届时当增至三钱七分五厘。此项捐率，实系加重全国商民负担，请本会一致协争云云。当由主席付讨论，结果议决参考沪总商会电稿，呈部协争。次议禁铸皖省铜元由上海总商会来函请一致主张案。由左君宣读原函(已见前报)毕。毛稼生起谓，禁运不如禁铸，将铸铜元之原料铜斤，扣留运输，办法极是，本会应呈部督促进行。众通过。次议取缔彩票案，由主席报告，本会据会员黄光普暨商业联合会、工商友谊会等来函，彩票盛行，贻害无穷，请本会一致主张取缔，如何办法请讨论，并由黄光普君说明彩票之贻害社会，实非浅鲜，江苏福建省议会均有提议禁止等语。由余东泉、陈如馨、毛稼生各议董讨论，结果议决，致函黄道尹转呈省长咨部截止立案。次议增加巡防捐案，由屠会长报告黄道尹于上月廿九日为筹募巡防捐邀集就地绅商开会，以巡防现已加薪，每月捐款尚短二百余元，业有和丰纱厂愿认每月十元，此次已加十元，由徐庆云君致函公司再加十元，并将该公司所出之纱，每包抽佣一分，月计廿元，共加四十元(原认二百八十元)。中国、通商、四明三银行亦各加六元(原认各四元)，永耀电灯公司亦加五元(原认五元)，南洋公司加五元。除此之外，拟由商会每月担任四十元，尚有不足，再向各商号劝募，近月份暂由黄道尹筹填一月、本会筹填一月，所有拟由本会每月担任四十元,能否承认,请讨论。余、黄诸君,佥以本会会费取之于商民,商民既认巡防捐,本会似难再认,惟巡防捐既属缺之,除由本会筹填一月外,应负筹募之责。议毕遂散会矣。

(《时事公报》1922年5月4日)

商会会长呈报就职

象山县商会会长萧志鸿、林性全,昨致各商会函云,敝会会长、会董,均届任满,依法应行改选,兹经特开大会,由各会员,投票选举会董,即由会员互选志鸿为继任会长,性全为副会长,历辞不获,业于本年五月六日就职。除函请县公署转报,暨分别函知外,相应备函奉达,请烦查照。

(《时事公报》1922年5月16日)

商会会长又改选

奉化大桥商会会长,自改选邬志棠充任后,各界颇不谓然。现闻邬君本以对于商业上智识鲜少,未肯承认,经该会改选萧王庙镇商务分会长孙祥承充。闻孙君干练多才,克副其任,而萧镇分会长之职,亦由该会选任孙永蕉担任矣。

(《时事公报》1922年5月16日)

商会成立呈请备案

南田商会自去冬成立后,即由知事将该会所选会长、会董名册暨章程呈由省道各署备案,并经实业厅察核之后,呈部转饬再行修正各节,已迭志本报。兹闻实业厅云厅长昨呈省署文云,窃查南田县组设商会,前奉农商部核准备案,并饬修改章程,已发选举造册送核。又奉钧长转令前因到厅,奉经饬据该知事转据该商会,以先由会员选举会董后选会长、副会长,均即时就职,造具名册,尚有未合之处,且章程又未遵改送核,又经令饬分别更选去后。兹据该知事呈送修改章程,并另造妥册,请察核转呈等情前来。职厅复核无异,理合将章程名册备文转呈，仰祈钧长鉴核，俯赐转咨。再该商会钤记，迄今日久，未奉寄到，应请并案转催，合并声明谨呈。浙江宁波总商会叩。咸。

（《时事公报》1922 年 5 月 20 日）

总商会职员会纪事

宁波总商会昨日开五月份常会，到者屠鸿规、袁端甫、李松侯、朱旭昌、王信懋、陈如馨、赵宇椿诸君。由屠鸿规君主席，报告开会宗旨，一议上海工商友谊会代表刘国英君两次来函，为轻质铜元充斥于市，小民生计大受影响，请本会设法维持。由该会文牍左竹士君朗读来函毕。朱旭昌、王信懋二君提议，现在铜元充斥市面，致市价日涨，小民生计受其影响，实属不可胜言，欲谋补救之方，惟除各业之已翻洋块者外，其向之以钱为本位者，当随时随事酌量增加以资补助。议决由本会再行电请部署，督饬各省严行禁止铸造运用，一面函请就地官饬派调查，随事向口岸严密查缉私贩以止来源，一面通告各业，大略以各业之已翻洋块者，固无庸议，若而之以钱为本位而改给铜元者，应照原定价格随时随市价酌量增加，以资补助为措辞。至轻质铜元，是否在拒绝之律，俟下次常会时集召全体各业董从详讨论。众通过。二由会董赵宇椿君报告，余姚清丈局惨杀小民经过情形（详情已见本报），并闻姚县北乡全体人民，对于以后如有清丈发见，定以武力对付，再一经肇祸，吾甬侨商之在该处者，大受影响，本会自当设法。经众议决，须俟余姚商会来函后，再行核议。三议新加坡中华总会，函请协争侨务局新设华人出洋给资护照，并每人须出洋六元案。议决电请政府收回成命以苏民困。四议常会时间，准由一时改为一二时，按时开议，不得设限。议毕散会，已五时余矣。

（《时事公报》1922 年 6 月 2 日）

总商会职员会纪事

宁波总商会昨日下午三时半开职员会，到者有王信懋、毛安卿、余东泉、赵宇椿、丁忠茂、王大黻、李义本、黄光普、杨诵仁、陈如馨、屠鸿规、袁端甫诸君。

由屠鸿规主席，宣布宗旨。次书记毕敏斋朗读商民李永泉等函请禁止彩票。主席谓，道尹亦有公文，究竟如何入手，请诸君讨论。黄光普发言，如禁止彩票，最好先由各店经理于店门首贴“禁止彩票掮客入内，如违拘厅”等字样。陈如馨谓，不如由本会分给印刷品，以示一律。左竹士谓，道尹公文乃劝导而非禁止。毛安卿、杨诵仁、王信懋诸君俱有讨论，大约谓此事应由各领袖自动，不必由本会出面。陈如馨、黄光普谓，本会既接有商民来函及道尹公文，本会为商界先导，理应设法，遂议决办法四条：(一)通电贺黎大总统复位实行取消彩票；(二)快电各省总商会一致进行；(三)印发通告；(四)禁止兜售彩票人入内。次提议筹赎胶济铁路案，赵宇椿起谓，黎大总统现既复位，国事谅可整顿，至筹赎胶济铁路一案，自当迫不待缓，然筹款之法甚难。就鄙见最好将各业门售货物价格提涨一成，以一半拨作赎路之用，以一半备各伙友红利，然价格需归统一，倘有紊乱，由各该业董负责。杨诵仁、余东泉谓，法固至佳，但万万不能达到目的。又向主席谓，吾甬百业向推钱业为巨擘，故欲筹款非主席不可。屠鸿规答谓，此亦鄙人应尽之义务，然时际未至。当众议决函告各业董邀集同业，妥定储金赎路方法，集有成数，随时报告商会。议毕散会，已五时余矣。

(《时事公报》1922年6月16日)

昨日商会职员纪事

协记账款纠葛案……无从核算
调查商号推股之习惯　禁售淫词小说案

宁波总商会，于昨日下午二时开职员常会，到者有屠、袁两会长，暨会董毛安卿、李松侯、忻汰僧、毛稼生、周莲青、夏逸林、王信懋、朱旭昌、洪兆燕、赵宇椿、余东泉、陈才宝、李义本、陈富润、周巽斋等。由屠会长主席，一议毕渭富与黄多宝账款纠葛督同清算案，当事人黄及、关系人马阿堂均出席。由主席报告鄞地审厅来函毕，经众讨论，公推毛稼生、李义本、王信懋、夏逸林四君为审查员，审查该号协记账簿以资清算，俟审查报告再行核复。次议鄞地审厅函请调查商号推股习惯案，经各会董互相讨论，意见不一，并有旁听席余某(自称某报记者)肇乱秩序，此案暂搁。次议黄道尹函请集议禁售淫词小说办法案，经会议结果，函致本埠书业，调查所藏之淫词小说种类，限期答复，再行会议。议至此，主席遂宣告休息，逾时复开议，仍继续讨论商业推股习惯案。某君谓，法院来文，商号甲乙股东推召股份未登报未加记，是否合于习惯，本会应调查多数商号股东推股，是否如此习惯。王君谓，此案（即指余德泰南货号，该号初本刘某、闻某二人合资开设，继而刘某之股推与闻某，未加立记号，亦未登报声明，该号因亏款倒闭，债权人等以为刘某之推股，是私相授受，且见推人为该号伙友，债务上刘某仍不能卸责云云），与商业信用上，颇有关系，若不慎重调查习惯，于商业前途影响极大。李君谓，普通商号推股之习惯，多登报或加记号以资声明，即有不加记号因仅少数股东之推让，然亦须由同号股东，或外交（即交往之钱庄上行经理或放账等）家之见推，以醒耳目。因合资商号股东，有对外信用关系，故推照股份须登报或加记以分界限也。忻君谓，此案本会负调查习惯之责，不必有所会议。周洪诸君亦多有讨论，议决公推屠、袁两会长，调查本埠多数商号推股之习惯，俟报告到会，更行集议核复云。次据毛、李四君审查协记账簿之结果，谓该号各账，既未清结，且民国六年六月之存货簿存货亦未载明，无从核算云云。经众讨论，照审查报告，函复鄞审厅核办云。议毕遂振铃散会矣。

（《时事公报》1922 年 7 月 2 日）

商会职员会纪事

宁波总商会昨日下午开临时职员会，会董出席者余东泉、朱旭昌、赵宇椿、蔡西生、黄光普、屠鸿规、陈竹生、周莲青、洪兆燕、徐原详、袁端甫、邬锡光、林琴香、忻汰僧诸君。三时振铃开会，由屠会长主席，兹记其议案如下：（一）钱业司年余丰庄略请商号注册案，经众讨论结果，议决，先由本会拟定规则，再行邀集各业董开会讨论。（二）柴桥镇商会函询钱业经理人股份习惯案（原函另录），宁地钱业经理人所并股份向作恩股，凡遇倒闭，例由股东公摊，经理人不负按股偿还之责。该会所询各节，由本会函询钱业公所，俟答复后再行核转，以昭慎重。（三）农商部电令推定代表与议改订商约案，议决，公推会董胡叔田君为本会代表，一面由会先行电复。议毕散会，已四时余矣。

（《时事公报》1922 年 7 月 25 日）

商会今日开常会

宁波总商会,昨致各职员函云,旧历六月初九下午三句钟,召集八月份职员常会,届时务祈驾临,会议事项:(一)地审厅再托清算毕渭富、黄多宝账款纠葛案。(二)徐蓉舫与柯锦棠簿据纠葛。(三)报告钱业司年答复经理人持分一股案。

(《时事公报》1922 年 8 月 1 日)

纪商会之谈话会

宁波总商会,昨日下午三时,开职员常会,会董到者余东泉、毛稼生、黄光普、李义本、李松侯、周莲青、林琴香、屠鸿规等,因人数不足,改为谈话会。由屠会长报告议会事项,(一)审厅来函,黄多宝与毕渭富款纠葛请会核算案,经众讨论,以毕渭富与黄多宝清算案,虽据马阿堂补送簿据十六本到会,惟因管爱宝、冯志庭未到,无从清算。当由毕渭富、马阿堂声称,准于十二日午后二时,邀同管、冯二人到会,再行清算。(二)议徐蓉舫、柯锦棠清算案,由当事人李德生、柯锦棠请于明日(今日)起到会查对核算。(三)报告钱业司年余丰庄查复钱庄经理一股习惯案。原函云,查甬地习惯,各业合伙员、商店内经理搻合一股分子,对于外部所负债务,应由合伙员分任偿还。其原因经理人本无资历,不能负商业上之信用。各合伙员(即股东)与经理搻股时,明知经理人无资历履行债务,为奖励经理能效力店务起见,与其合股。是以甬地商店经理人之股份,系各股东所赐之恩股。其无资历不能偿还债务者,应由各股东分任偿还,此吾甬江数百年之习惯也,须至具复者。报告毕,议决备函答复柴桥商会。议毕散会,已五时矣。

(《时事公报》1922 年 8 月 2 日)

昨日商会职员会纪事

宁波总商会,昨日下午开职员常会,出席会董李义本、徐镛笙、周莲青、赵宇椿、卓葆亭、朱旭昌、屠鸿规、余东泉、袁端甫、毛安卿、陈竹生、黄光普、毛稼生诸君。三点半振铃开会，由屠会长主席。首议会员陈荇荪提议整顿老浮桥意见书，毕君宣读来函毕（函见前日本报），当由特别会董兼老江桥厂董事徐镛笙报告老浮桥沿革情形暨此次失事原因。略谓老浮桥厂董事，为梁廉甫、陈兰荪、秦珍孙、王叔云、严康懋、沈景荣、顾元琛、陈翰章、戴瑞卿诸君及鄙人十人，而秦君曾经辞职未补，其账目则由沈君负责。每年共有收入三千五百余元，适抵修理等费支出，尚有数百元可以余丈。惟如遭遇风潮，桥排冲坏，若去秋之失事，将九排改为七排，需费八千余元，又改造新厂计需二千余元，共计万余金，除固有收入及旧丈千余元外，复由各董事募集五千余元，现尚亏负三千余元，由各董事分垫。但董事会每年仅开会二次，且亦有未到者，此实为董事之不称职。至此次出事，因前用铁链向由温州买来，为链身不固现已改用德国货。此次实被风大水急将两岸链牙拔出，以致冲坏。本于前日可以修复，乃因二次飓风，大约明日（即今日）可以恢复。又桥上设立摊铺一节，因水夫十人，每人每月薪水仅一元，全以守望所摆设摊铺以资津贴。惟每次开排排费，年计五百余元，则归水夫。今本会既为公益集议此事，应请派员清查账目。余东泉谓，查账殊可不必，惟将桥上摆设摊铺，除四所守望所外，其余是否可以禁止？徐君谓，此可办到。卓葆亭谓，江桥上设摊，不但有碍交通，且铁链桥板易致损坏，应请禁止。左君谓，桥上摆摊，应绝端禁止，水夫宁可加予薪水。陈竹生谓，此次出事，全是江桥夫不能先事预防之故，应将江桥夫切实整顿。朱旭昌谓，厂中账略，可由该厂自行详细宣布，一面由本会致函该厂，严行整顿云。复经各会董详加讨论，当议决如下，该厂账目请由老江桥厂董事自行露布，并由本会函致老浮桥厂董事，整顿善后事宜，以维地方公益。次议上海总商会来电，促进政府实行裁厘案（原电见十日本报），经众议决，电致政府，实行裁厘，并致电总税务司及新银团，郑重声明，勿得轻予承受，将所加税收作为政府新债抵押品。次议王正廷来函，为筹赎胶济铁路股款，请为广为劝募，先自储备案。经各会董讨论结果，议决致函本埠筹赎胶济铁路委员会正副干事长，积极进行。次余东泉临时动议，商号实行登记案，应赶速将规则订就，以便早日实行。众赞成，由书记将规则订就后，于下届常会提出讨论，再行召集会员会议决实行。议毕遂散会。

（《时事公报》1922 年 8 月 16 日）

请派商会联合会代表赴会

会场在汉口举行 会期定阴历九月

宁波总商会,昨接全国商会联合会湖北省事务所漾日电云,查第四届全国商会联合会常会早应轮在汉口举行,只因频年时局不靖,延未召集。上年九月于上海开临时大会,复经公决,第四次常会,仍于今年在汉口举行。本年春间敝省照章先开全省商会联合会,筹备一切。议决定于十月二十日至十一月十八日(即夏历九月初一日至九月三十日)为全国商会联合会常会日期,并以本届常会如改良关税以及所得税、印花税等案,亟须集思广益,共策进行,应请各省事务所总商会先期通知本省各总商会、商会,并请各侨埠商会务必推举代表,于十月十日(即夏历八月二十日)以前携带各事务所或总商会、商会推举印函,齐赴汉口总商会报到,以便届期出席会议。并祈先将代表姓名示知,以凭列表而便招待。至开会经费应按照去年上海临时会成案,由敝省暨各省照数分担,即请各省推出之代表,于赴会时如数照缴,以均担负。除将上开各节,登载汉口各报,特行通告外,相应电请贵总商会希即转知各商会,迅期推定代表,届期赴会,至所企盼。

(《时事公报》1922 年 8 月 18 日)

商会临时职员会纪事

宁波总商会,为杭州总商会来函,请推关税研究会会员一案,特于昨日下午三时,召集临时职员会议,到者屠鸿规、卓葆亭、忻汰僧、陈竹生、毛安卿、袁端甫诸君,人数不足,改为谈话会。屠会长□时前离席,由袁副会长主席,讨论结果,佥以此案,本会前于七月十八日奉农商部鱼电,改订商约,组织临时研究会,迅推会员来京与议等由。曾已开会,公推特别会董胡叔田君为代表,业于七月三十日世代电呈报农商部在案,兹准杭会来函,是项农商财政部鱼电,本会虽未奉到,然核诸前奉农商部鱼电,系属一案。本会现已遵照推定报部在先,自无另行推举,或征求同意之必要,应即照录鱼、世两电(见前报)函复杭州总商会查阅,径推代表赴京，倘有磋商事宜，请与本会代表胡叔田君在京接洽可也云云。闻该会已将议决案并照录鱼、世两电，函复杭州总商会查照矣。

（《时事公报》1922 年 8 月 21 日）

柴桥商会开会纪事

镇海柴桥商会本月十九日十四句钟（即下午二点）开职员会，到者有沃鼎生、徐瑞庭、柯茂晏、胡祥郇、朱旭昌、沈殿章、王雨君、俞醉亭、钟尉章、周行方、胡汝章、李震侯、徐荣林、李日生暨各业领袖等多人。朱会长主席，报告议案三件：（一）六杏李仁成号铜元被穿山税关扣留一案，并朗读本镇世益、裕昌、世义、锦云四号来函证明，并非私运等语。沈殿章发言，六杏各商号向在本镇交易，历有年所，若该处收入铜元带往柴桥解付上行者，而穿山税关指为私运，扣留罚办，则将来本镇营业大受窒碍，应由本会据理函致穿山税关声明缘由，如数发还，以维市面，众赞成通过。（二）主席提议穿山税关来函，略谓附加一成赈捐，展限一年，前奉部处饬即通令各口税务员遵办，嗣据各口次第遵照认缴，惟穿山各商多有观望，嘱本会劝导各商遵缴云云。沃鼎生质问，究竟赈捐展限一年，宁波有否实行？主席答言，宁波常关在五十里以内，系税务员管辖，赈捐一成，确已截止。至穿山常关系在九十里以外，由监督所管辖，附加赈捐一成，因奉部令继续一年，恐难豁免，况嗣后赈捐在票上黏有赈捐印花（该印花与邮票同式），照数完纳，涓滴指充灾赈，在税关无从染指，自无疑义。鄙人前晤中行营业主任李君，谓袁监督因部令催促颇严，已有银洋二千元垫解赈处，可知官厅为难，以达极点，我商人似应谅解。徐瑞庭谓，五十里以外之常关，非只穿山一处，定海石浦有否实行，亦应注意。主席答言，由本会函询定海、石浦二商会，俟其复后，再行定夺，众举手通过。（三）牛骨捐案，主席将县公署来函（录后）朗读一遍，沃鼎生发言，忆九年十二月间接宁镇船货捐局函谓穿山新碶为镇邑南乡要港，外来轮船、帆船往往绕行该处，起卸货物，转运宁波内地，以及内地货物，亦由该处装运出口，因此欲在穿山设立分局，以免商人绕越情弊，并非抽收穿山就地发卖之货捐也。况去年一月间，准县公署奉道令撤销在案，是设局尚难承认而收捐讵甘隐忍，商人之一般心理大都如是。正在讨论间，忽有胡君等数人到会，声言商会系商人所组织,若任听苛捐病商,不速呈请打消,公等为众商推举,殊属违反商情,有亏职责等语。经职员一再讨论,佥以本案纠葛,虽由牛骨捐发端,然历时已久,众情愤激异常,认为于合镇商业将来有莫大之关系,在商会地位自应代达商情,俾期转圜,而免激成事变。遂议决除众商自由呈请外,本会亦准予据情上达云。散会时已钟鸣六下矣。附县署复函,略称案查祥兴行欠缴牛骨捐一案,昨接贵会公函,即经转函宁镇船货捐局在案。兹准宁镇船货捐局函以查柴桥、穿山征收毛猪牛骨捐,系照定章办理。民国六年间由钟前局长因免商人跋涉之劳,委任王者香驻地稽查,各行商纳捐之后,即由局中填给支票,历办多年,毫无异议。敝局长任事以来,循案仍委王者香办理。前、昨两年,凡有毛猪牛骨进口,亦各照章纳捐,并无纠葛。今祥兴行忽称越境收捐,显属故意违抗,请再饬警严追,以维捐务等由。准此,查王者香认办新碶、穿山等处牛骨捐,既准宁镇船货捐局查复,已历多年,该祥兴行对于应纳捐款,何得抗违不缴,用特函达执事,请烦劝令该行徐兆荣克日自赴清缴,毋得违抗,致干严追,是所至托。

(《时事公报》1922 年 8 月 22 日)

总商会今日开会

宁波总商会,昨致各职员函云,启者,旧历七月十三日(即今日)下午二句钟召集九月份上半期职员常会,务祈驾临,弗迟为幸。附录其提议各案如下:(一)讨论商业注册起草案;(二)老浮桥董事辞职案;(三)旅沪同乡会来函应鸣和君意见,拟发起改建新老浮桥案;(四)全国商会联合会在汉口举行第四届常会案;(五)上海总商会来函海关增加税款呈请政府改存本国银行请一致主张事;(六)中华全国商会联合会来函二件,一修改税则后增收税额抵补内地厘税请一致主张案,二为筹议安置裁兵计划,刊送筑路养兵管见一本,请一致赞同扶助。

(《时事公报》1922 年 9 月 3 日)

总商会临时会议纪

宁波总商会，为广润木行等，因益兴建号，贩卖板枋，禀由鄞县公署，转函该会查议见复，已迭志本报。兹悉该会特于昨日下午二时，召集临时职员会议，出席者屠、袁两会长，暨会董毛稼生、杨诵仁、余东泉、王信懋、周巽斋、陈竹生、毛安卿、黄光普、周廉斋、夏逸舲、赵宇椿（左竹士代表）。木业方面，业董郁樨龛、忻汰僧，暨木行代表广润徐玉书、同润姚梅亭、元太徐介甫、广和洪宸生、仁和俞振玉、元和董馥卿、祥泰王耀庭。建帮方面，业董朱仁政、董咏安，暨益兴林瑞榆等。由屠会长主席，报告开会宗旨，继由毕君将鄞县公署来函，当场宣读毕。木行代表徐玉书起谓，马揽船装运板枋来甬，始则不过几副，今则愈来愈多，削价贱售，于木业前途，大有影响，请讨论。次忻汰僧谓，甬地欲买多数板枋，试问向建号买，还是向木行买，各建号向来有无兼卖板枋之习惯，所卖有无限制，请注意。据益兴代表林瑞榆谓，前鄞县公署所出布告，不过是马揽船不得私带板枋，并未不准益兴号兼售板枋。今禀敝号故违禁令，殊有不合，决难承认。譬如北帮船运来油豆等货，亦未必完全投行，直接售卖者甚多。次杨诵仁、王信懋谓，甬地各建号，并非一家，试问别号有无兼卖板枋。次余东泉、毛稼生谓，木业方面，讲木业话，建帮方面，讲建帮话，两造各执一词，此争彼执，本会辩白殊有未便。次王信懋谓，本会依照鄞县公署函，查甬地各建号，向来是否可以兼售板枋，木行是否可以限制之。以经众讨论良久，结果以甬地习惯，各建号向不得兼售板枋，函复鄞县公署核办。议毕遂散会。

（《时事公报》1922 年 10 月 7 日）

总商会职员会纪事

宁波总商会，于昨日下午三时开职员会，到者有屠、袁两会长，暨会董陈才宝、赵宇椿、毛稼生、李义本、黄光普、周莲青、朱旭昌、赵占绶、洪兆燕、杨诵仁等，晋号代表李荣生亦列席，旁听者数十人。由屠会长主席，首议统捐局司事苏九韶违法骚查晋号绸货，由左君宣读晋号节略毕，并谓苏九韶来函展限二日开会云。忻汰僧起谓,展限须有理由,今既毫无理由而展限,吾人无此闲暇。次由晋号代表李荣生说明当时骚扰情形,并呼请各会董评判曲直,及明定限制调查办法,以安商业。次李义本说明统捐调查,向系仅在江北外滩马路一带,有稽查之权,其余如浮桥城内各处,即无此权。次杨诵仁、赵宇椿证明洋厂货绢亦同此办法,经众纷纷讨论,李代表要求苏九韶须负赔偿骚扰时所受之损失,众以赔偿损失问题,不在本会权限之内,至照李代表报告,如果属实,均认苏某荒谬违法,经众议决函致绸业董事详实查复,并妥议善后办法,通过。次议邮电加费案,由毕君宣读定海商会及宁波商业联合会请一致反对之来函毕,公决用快邮代电致府院协争。次议警厅来函,为募捐建筑瞭望台及添购水龙皮肠案。杨诵仁谓,今年商民捐款浩繁,力实未逮,但此事关系全城治安,除由本会商请各业董分投劝募资助外,并函请警厅转函城自治设法协募,众通过。次朱旭昌提议汉口全国商联会开会,本会应即派员出席,众认为必要,公推旅汉甬商陈文生、唐哀陆二君为代表,其会费二百元,由本会即日备函汇汉,一面敦请二代表出席,遂散会。

附录定海县商会为协争邮税加费案来电云,报载上海邮务局通告,将于本年十一月一日起,邮费实行增加,此事关系商业影响至巨,年来商界痛受时势恶潮,不减已觉困难,何堪再事加重。查我国邮务自开办以来,岁有盈余,为国有商业之冠,今不事宽治,反欲骤然增加,恐于邮务前途,定受反响,况在客邮裁撤之时,稍不加慎,损失国际信用,更非浅鲜。为特具函,仰祈贵会致电北京府院部,取消前议,并速转在汉联合会出席代表,迅即紧急筹议,俾轻人民负担,免碍商业进行,实为幸甚。

(《时事公报》1922 年 11 月 2 日)

总商会职员常会纪事

宁波总商会,于昨日下午二时开十一月份职员常会,出席者有屠、袁两会长,暨会董、业董余东泉、毛稼生、赵宇椿、周廉清、毛安卿、王信懋、朱旭昌、李松侯等。由屠会长主席报告开会宗旨。次左、毕二君将警厅县署各公团电函宣读毕,主席谓,杭总商会来电,浙省善后期间将满,请各抒所见。经众讨论,议决发电致杭会赞同延期。次议警厅函请筹募消防费，王信懋起谓，警厅既请本会筹募，若置之不闻，似非相宜，当若何筹划，请讨论。次左君谓，消防乃地方公益，本会应设法维持。次余东泉、王信懋谓，由本会致函各业董事分别筹募，众通过。当由赵宇椿当场认捐洋五十元，首先提倡。次议督办省长电请筹款购米接济民食。主席谓，可仿东阳县平粜办法。继由余东泉、朱旭昌、毛稼生谓，本县与东阳情形不同，宁属各县大半须来甬采运，需米较多，筹款维艰，只得函商各米商备资多方采运，以备不虞，免致青黄不接，骤增价格。并恳督办省长于米弛禁省份，随时多发护照，以便各米商领照采运，较为妥善。众通过。次议县署函请妥议改建老浮桥办法。经众讨论，佥以此事业有县议会、城自治协力进行。惟办法如何，本会当一致参考。次议全国商联会决定在北京开特别正式大会，请本会速推代表与会。由毛安卿起谓，此案本会前已派代表陈文生、唐哀陆二君莅会出席，并缴费二百元，汉会有无通过，不得而知。应先函知赴汉代表询问确实，俟答复后再行集议。次临时提议，本会前会长费君逝世，刻接青年会胡君函询开追悼会办法，本会应当发起，由余东泉、毛稼生起谓，由本会致函各团体征求同意，再开讨论会，决定地点，登报声明，众赞成。次议律师公会函请协争浙江省宪。主席谓，现据称国宪业已通过，省宪定制理宜根据国宪，乃浙江省虽已制成，将来未免抵触。次余东泉谓，今日在座均是商人，于法律上殊少经验，莫若由本会函询沪总商会答复，再行集议，众通过。次议改选职员期间，佥谓以前届会董选举日期为标准，议定以十二年一月六日（即旧历十一月一十日）为期，俟下届常会通过施行，定常会拟定旧历十月十五日举行。议毕散会已五时矣。

（《时事公报》1922年11月17日）

总商会昨开临时职员会

三案……一拿办傅筱庵案……

一费冕卿追悼会案……一浙赈征募会案

宁波总商会于昨日下午三时开临时职员会议，出席者为屠、袁两会长，暨会董卓葆亭、毛安卿、朱旭昌、余东泉、毛稼生、周莲青、黄光普、陈如馨、赵占绶等。

由屠会长主席，报告开会宗旨。次由左竹士将张让三、余润泉二人为政府拿办傅筱庵之来函(已见昨报)宣读毕，主席谓傅案既有张余二君函请本会主持公道，即请讨论。经众议决，由会致电大总统国务院请求宣示(电文另录)。次议费君冕卿开追悼会，推屠鸿规、袁端甫、毛稼生、余东泉、左竹士五君为筹备员，定明日下午二时邀集各团体开筹备会，拟定日期地点，举行追悼。次议浙赈征募大会分队筹款，佥谓其有未曾加入队员之会董，应请屠会长分头接洽，设法征求，以资协济。议毕，遂散会。

(《时事公报》1922 年 11 月 26 日)

商联会出席代表之复函

宁波总商会昨接全国商联会赴汉代表陈文生函云，敬复者，文前因东下滞留日久，直至本月十一日始行抵汉，嗣见台端本月四日所寄尊函，即行拆阅。此次中华全国商会联合会，在汉开第四届常会，承委为贵会代表，惟文自愧才庸，恐难膺此巨任。窃思事关桑梓公益，义不容辞，且闭幕之期已相去不远，不得不从权勉承，故随即亲往报到。本日恰值议事日期，已经前去出席。至本会议决情事，报端已刊其详细，可毋庸文之再告矣。承由中国银行汇来开会经费二百元，遵已携缴，兹将收条附呈，即希察存是荷。

(《时事公报》1922 年 11 月 29 日)

纪总商会昨日之职员会

宁波总商会于昨日下午二时开十二月份职员常会。出席者为会长屠鸿规(左竹士代表)、袁端甫暨会董李松侯、李义本、陈才宝(舒仁浩代表)、王信懋、杨诵仁、忻汰僧、毛稼生等。由袁副会长主席报告开会宗旨。次议改选职员问题，议决照前届职员会所议定于明年一月六日(即阴历十一月廿日)下午一时举行之。次议浙省各法团联合会议，为解决浙局问题，函请推定代表与会案。左君谓此事前届会议曾已通过。兹拟函请杭州总商会，于推举代表出席时，兼任本会代表，并一致主张，众赞成。次议地审厅来函委托清算毕渭富、黄多宝账款纠葛案。佥谓，薄据未齐，无从清算，应由毕渭富向马阿堂索齐簿据，于阴历二十日再行清算。次左君报告本会推赴四届商联会出席代表陈、唐二君建议，华洋商人互相贸易之契约单据，应并列华洋文字，以资双方遵守，请转呈外交、财政两部案并附来联会议事日程。次议华洋义赈分会劝募壬戌水灾赈款案，因到会人数不足，公决下届常会再议。及散会，已四时余矣。

附录：该会致杭州总商会函云，敬启者，准浙江各法团联合会函开，十二月十日下午一时，假省教育会公开大会，解决浙局，改选职员，请推代表到会等由。准此，兹经职员常会，以关于浙省善后意见前已电复在案。今各法团联合会开会，敝会距离较远，计惟函请贵会，于推代表出席时，敬恳兼任敝会代表，并祈与贵会一致主张，至纫公谊。

（《时事公报》1922 年 12 月 4 日）

推赴全国商联会出席代表之报告

宁波总商会，昨接推赴全国商联会之出席代表唐哀陆、陈文生二君来函云：此次第四届商联会，在汉口举行开会，自接委托书后，即行报到出席。会中情形大略已见沪上各报，无待详述。所报告者，文生、哀陆联名提出二案："华洋商人互相贸易之契约据，应并列华洋文字，以资两方遵守，请转咨外交、财政两部案""请各商会注重商业人才，赶办教育事业案"，均经大会多数通过。嗣汉上发现上海游民工厂基金债券，确系彩票性质，湖北亦拟仿办。由哀陆发紧急动议，即日提出"上海慈善救济会发行游民工厂基金债券，请质问农商部有无备案，应否禁止案"。当场议决，由本会呈国务院内务部、司法部、农商部，请其依法禁止，并函各事务所，请查有类似彩票出现，即呈官厅封禁。至招商局案，由汉商会代表秦禊卿单独提出（秦亦系甬人），即日通过照办。此外议案，有关于全国重要者，有偏于一部分者，将来能否实行，尚难预料。本月三日，行闭会式，会务已告终结，各省代表，当时又组织一评议会。是日开会，浙省暂由哀陆出席，该会以后移驻北京，请贵会选派一人以充评议，而重会务为幸。会中各案，因件数太多，邮寄不便，容觅便人带呈可也。

（《时事公报》1922 年 12 月 17 日）

总商会改选会董揭晓

宁波总商会于十三日开会员大会,改选会董,十四日上午八时开匭,共计五百九十七票,兹录当选会董四十五人姓氏如下(票数从略):陈南琴、丁忠茂、杨诵仁、左竹士、屠鸿规、毛安卿、徐原详、赵宇椿、袁端甫、余东泉、金臻庠、黄光普、余子权、朱旭昌、袁书霖、余润泉、徐吉铭、林芹香、边文卿、王信懋、孔馥初、周兰荪、陈子秀、陈孟璇、李义本、董维扬、郑家栋、郁桂芳、陈富润、梁廉甫、苏九韶、陈如馨、王怀明、叶歧琴、洪宸笙、董汶水、陈竹生、夏逸林、周巽斋、顾式明、郑云帆、毛冬荪、俞佐宸、施仰山、陈才宝。又次多数,施骏烈、应晋堂、周汝栋、何舒梅、胡叔田、蒋蘅卿、卓葆亭、毛稼生、严康懋、陈兰生、翁仰青、徐镛笙、姚月卿、钱冉珍、张康年、洪兆燕、徐玉书、龚凌渊、叶德政、赵占绶。闻该会定本月二十八日(阴历十二月十二日)互选正、副会长云。

(《申报》上海版 1923 年 1 月 17 日)

总商会明日开会

宁波总商会定六月一日(阴历四月十七)下午二时召集职员常会讨论各节,业以函致各会董知照矣。兹探录提议事项如下:(一)讨论本会议事规则及审查报告案;(二)讨论袁会董建议分科办事案;(三)会董辞职递补案;(四)讨论旅大交涉案,征集各业主张办法;(五)鄞县城区浚河董事会来函,为加收河棚捐二倍,请本会转商各业董劝令各铺照缴案。

(《时事公报》1923 年 5 月 31 日)

总商会定期开会

甬总商会,昨(二十八)致各职员函云,径启者,旧历八月二十日下午二句钟,召集职员临时会议,届时务祈必到,勿迟为荷。提议事项如下:(一)上海总商会快电香港何东君提议回复和平,提倡裁兵,通令全国商会协力进行事;

(二)审查本埠钱业公所,函复高等审判厅,调查甬埠过账之习惯;(三)浙江军务督办处、会稽道尹公署、全国实业联合会,劝募日灾赈济事;(四)安徽大通总商会快电查照约章,禁止装米出洋,以保民食事。

(《申报》上海版 1923 年 10 月 1 日)

总商会之职员会议

甬总商会于三十日下午四时开临时会,到会长陈南琴、会董李松侯等十余人。陈会长主席,首议上海总商会快邮代电,香港何东君提议回复和平、提倡裁兵案。议决,函复赞成,惟外人只许列席,而无表决权,免启外人干涉内政之渐,并公函督办省长一致进行。次议审查钱业会所复函杭高检厅调查甬地过账种种习惯案。议决,根据来函照复。次议劝募日灾赈捐案。议决,定夏历九月初五日,由会邀集各业董、会董前所组织日灾赈救会,讨论继续进行。次议安徽大通商会反对开弛米禁接济日灾案。议决,呈部严禁。次议奉化县商会提议组织省事务所案。议决,以组织全浙商会联合会为限,先函征求杭州总商会同意后,分头函致各县商会,征集意见,再筹进行。议毕散会。

(《申报》上海版 1923 年 10 月 3 日)

总商会职员常会纪

甬总商会于一日下午四时,开十一月份第一次常会,到者有陈、林两会长及会董忻汰僧、袁书霖等十余人。由陈会长主席,议决案如下:(一)会董徐原详病故缺席,照章由蒋蘅卿递补;(二)追悼徐原详案,议决由到会各会董,以个人名义发起,地点在商会,先准余东泉等四人为筹备员,日期另定;(三)警厅县署为派员调查市房捐事咨请本会通告各商家解释,以免误会案,议决准予通告;(四)财厅函复溃兵垫款,一时碍难发还案,议决由会定期邀集各业债权人开会报告。议毕散会,已五时余矣。

(《申报》上海版 1923 年 11 月 4 日)

总商会常会纪

甬总商会于十五日下午四时召集职员常会,出席者有陈如馨、施仰山等多人,由陈南琴主席:(一)讨论第四区卷烟特税分局,为取缔私贩烟担,函请本会协助事,议决由本会函知宁属各商会,转知各纸烟铺,请勿购买无印花卷烟。(二)讨论上海总商会函复取缔粤铸双毫辅币事,议决由本会函知各县商会,以后对于粤铸双毫辅币,仅可在内地通行,请勿输运出口或进口,以免受损。议毕散会。

(《申报》上海版 1923 年 11 月 18 日)

总商会职员会纪

宁波总商会于一日开职员会,议决案如次:(一)上海总商会函复取缔闽铸双毫银角案,议决一律禁止进口,并函关监督咨税务司预行布告各商,并由本会分发通告;(二)陈会长提钱江义渡案、添置汽轮埠筹备案,议决本会应共同协募开办经费,其捐启列名,除全体会董外,各耆董宜由会长函聘加入;(三)杭州总商会快电,请一致主张拒绝政府抵借某烟公司巨款案,议决应与杭商会一致反对。讨论已,旋开叙餐会,餐毕散会。

(《申报》上海版 1924 年 3 月 5 日)

总商会职员会纪

甬总商会于十六日下午开职员会,兹录其议决案如下:(一)巡防董事会函请建议筹设乡区巡缉队事,议决,筹设乡区巡缉队,确为当今之要举,惟岁需饷费颇巨,际兹商业疲敝,实属无从筹措,拟援照灾赈附捐成例,由本会函请财政厅顾全地方治安,令行鄞县统捐局,带征附捐一成,按月给发,俾资挹注。(二)上海、杭州总商会、复全国商会联合会,在济南选举会长案,议决,与上海、杭府两总商会一致主张。(三)临时提议:(甲)选举者自治代表案,议决五月十五日即选举日期，并公推胡叔田、林芹香等七人为筹备员。（乙）市政筹备处请公推代表案，议决推左竹士、忻汰僧二人为代表。（四）报告本会账略，议决未收各款，一概转清，至于维持本会经费一项，俟下届再议。（五）本会议案，应于二星期内，印送各会董。（六）凡未经商会注册各商号，有事呈请本会办理，须先入会注册，缴纳常年会费。全体通过。议毕散会，已七时余矣。

（《申报》上海版 1924 年 4 月 19 日）

总商会职员会开会记

甬总商会于二十二日午后召集临时会议，出席者陈南琴、林芹香等十余人。兹录议决案如左：（一）会稽道署函商乡区巡缉队事，议决举办，并定本月二十四日午后三时召集各业董及巡防董事会议开办经费；（二）定海县公署函请调查商业寄货习惯事，议决事关法律，非商业习惯，由会具函答复；（三）余姚商会函请禁运广东双毫，以杜扰乱金融，议决函请海关监督署，重申禁令。次临时提议，宁波旅沪同乡会来电，以宁波匪案迭出，请督促官厅，力图治安，以绝匪源事，议决将本会布置经过情形，函复之。议毕散会，已六时矣。

（《申报》上海版 1924 年 5 月 25 日）

总商会职员会纪

甬总商会于十五日下午三时开职员会，出席者有林芹香等十余人。兹录议案如下：（一）本会陈会长来函辞职案，议决以书面挽留，通过；（二）会董袁书霖等建议为臧军溃窜，电请当道严拒入浙案。议决电请军、民两长，严拒臧军入浙，当推陈季衡等三人，拟稿拍电（电文从略）；（三）农商部训令，为举行实业代表会议案，议决，函咨杭州总商会，实业代表应如何推选，是否限于会董一部，俟杭会答复后，再行办理；（四）会稽道尹公署函复江北岸工程局码头捐案，议决照旧捐例，每件征收三文者，加征一文，其余凡征收在三文以上，或三文以下者，仍照旧例征收，以维原案，按码头捐系公益性质，与关税迥别，碍难估价征收。议毕散会。

（《申报》上海版 1924 年 6 月 18 日）

奉化商会函告否认会董领照

总商会接奉化县商会来函，反对部定会长、会董之照费，略谓，前奉部令，会长、会董，各须纳费四元或二元等因。敝会本届举行复选会选举会长，当时出席会董，议及纳费情事，一致否认，故新选出之各职员，径行由会分报，不归县署转呈，除会长就任后，另行分报外，相应将议决办法备函通告，即希贵会查照是荷。

(《申报》上海版 1924 年 6 月 29 日)

总商会开职员会纪

甬总商会于七月一日下午，召集各职员开会，出席者十余人，由林副会长主席，讨论议案四件：(一)陈会长辞职案，以无可挽留，议决另选。(二)鄞地审厅函请调查店伙习惯事，议决候函请钱业公所查复再办。(三)杭商会为奉省令组织钱江义渡评议会，函请推派代表案，议决先函绍商会候复到再推。(四)浙实业厅函请推派赴京实业代表案，议决由本会函致棉业公所、洋货公所、和丰纱厂推举之。议毕遂散会。

(《申报》上海版 1924 年 7 月 4 日)

递补总商会会董

宁波总商会为递补会董一事，昨特致函陈兰荪、徐席生二君。今将原函录下：径启者，本会会董梁廉夫、左竹士二君，声明辞职，查第四届改选案内，先生当选次多数(陈君九十一票、徐君八十四票)，经职员会议后，照章依次递补，为此函达台端，即希指日就职，共策进行，无任企祷。

(《申报》上海版 1924 年 7 月 10 日)

商会长补充问题之复电

甬总商会，为会长中途补充事，日前电请农商部解释。兹悉该商会昨接农商部复电云，铣、祃两电均悉，会长中途补充，应由会董另行投票互选。农部俭印。

（《申报》上海版 1924 年 8 月 1 日）

总商会职员会纪

甬总商会，于八月一日下午三时开职员会，出席者十余人。公推袁端甫主席，宣开会宗旨后，即讨论各议案如下：（一）农商部对解释会长中途补充案，复电已到，议决本会决定夏历七月十六日为补选正会长日期。（二）对面业公会董事唐君来函，为诘问江北岸工程局码头捐加征案，议决，将本会经过二次会议，并讨论情形，婉词函复。（三）省长公署、财政厅、鄞县公署令函为银毫折合价值划一流通案，议决函致钱业公所议复，再行核办。（四）宁台镇守使、会稽道尹，函为邀集各业董、绅富劝募捐款购办缺额枪械事，议决，俟正会长选出后，再行召集开会核议。（五）宁波警察厅函为扣留永宁轮船水手连广东、福建双毫银币八千角案，议决，查照海关办法，函复警厅核议施行。（六）宁波七邑游民教养所筹备处来函，为七月初三日召集筹备大会，假本会为会场事，议准予借用。议毕散会，已六时矣。

（《申报》上海版 1924 年 8 月 4 日）

总商会职员会纪

甬总商会于十五日下午三时，召开职员常会，到者十余人，公推袁端甫为临时主席。首议杭州总商会来函，镇海义渡评议会，假定评议员十五人案，议决函复杭商会，已与所推评议员李霞城、陈南琴等四人接洽，一面分别函知。次临时提议为补充会长案，议决：（一）依据商会法第二十八条，更正七月十五日常会议案,到会会董,以过半数为足法定人数,以投票过半数为当选。(二)推定屠鸿规、朱旭昌、陈竹生、王信懋四人为投票管理,毛稼生、边文卿、洪宸笙、袁端甫四人为开票管理。(三)因本会正会长辞职,副会长赴杭,推定袁端甫为本会临时主任,主持选举及其他一切紧要事务。(四)如十六日补选不足法定人数,则另定召集选举日期。(五)自临时主任推定后,所有本会公牍稿件,均须逐一察阅签押。次议水果业陈竹生提议,为江东常关违章重查海关进口水果,有碍营业,请设法维持案。议决,由水果业略陈情形,由本会函致浙海关监督核办。议毕散会。

(《申报》上海版 1924 年 8 月 18 日)

总商会会长选出

宁波总商会于十六日下午三时,召集会董开会投票,改选会长。会稽道尹公署派科长黄望滨到会监视,会董到者有孔馥初、边文卿等二十六人。首由临时主任袁端甫主席,宣开会宗旨。次由众提议,谓为慎重起见,按照商会法第二十二条规定,会董出席,限于会董实到人数投票,其代表及信,均属无效。次投票选举会长,请黄科长及管理员、监视员开匦。结果,孔馥初得二十五票,当选为正会长,徐镛笙得一票。选毕散会,已五时余。

(《申报》上海版 1924 年 8 月 20 日)

商会长定期就职

甬总商会于十六日召集会董,改选会长,孔馥初以二十五票当选一节,业志本报。兹闻该商会已函请孔君就职。孔君复函云,径启者,展诵大函,备聆一是,馥初猥以樗材,忝荷诸会董公举,汲深绠短,陨越堪虞,既蒙不弃,自当勉效驰驱,肩兹巨任。兹定本月二十一日下午一时就职,用特专函具闻云云。

(《申报》上海版 1924 年 8 月 22 日)

总商会职员会纪事

甬总商会于二十五日下午二时，召集职员临时会议，至者十余人。由孔会长主席，报告宗旨毕，即行讨论。其议决案如下：(一)宁台镇守使、会稽道尹召集各业董及地方官绅，筹给枪械，以维治安案。议决，由本会定期函请各业董讨论。(二)新大成经理何星甫略称，遣伙赴姚收账，携带二毫角洋二千九百三十三角回甬，被厅扣留，请厅发还案。议决，据情函复警厅，既非贩运，请即发还，以恤商艰。(三)上海总商会快电，政府议决举办邮电路航附加关税，请一致力争案。议决电部力争外，函复上海总商会。(四)宁波平民教育促进会续办平民学校，请继续捐办，以宏造就案。议决，续交四十元，以维教育。(五)杭州总商会快电，烟酒事务署与英美烟公司协议，取消各省现办卷烟特税，增加纸烟地方营业税百分之五，请一致力争。议决，与杭商会一致主张。(六)海关监督函请查明商民因俄乱损失生命财产及俄钞跌价各事实，列表送署，如无亦希见复。议决，登时事、四明两报，限二十日内将俄乱损失事实，函送本会。(七)浙江实业厅公函，从速推定实业代表，如期集会，共策进行。议决，俟纱业、棉业代表选出后，再行推定之。(八)宁波警察厅来函，派员购运巡防队手枪，川资水脚请解缴归垫。议决，转函巡防董事会核办。(九)临时动议，为追悼张让三先生事。议决，本会发起，函请各团体派代表一人到会，汇议追悼事宜，本会推左竹士、袁端甫等十人为筹备员。议毕散会，已六时矣。

(《申报》上海版 1924 年 8 月 28 日)

总商会职员会纪事

议决案九起

宁波总商会于昨日下午二时召集职员临时会议，出席会董俞佐宸、毛基荪、边文锦、余东泉、王信懋、毛安卿、苏九韶、周巽斋、孔馥初、袁端甫、毛稼生、李义本、陈孟璇(毛安卿代)、丁忠茂、忻汰僧、施仰山、徐修甫等十余人，由孔会长主席，报告开会宗旨毕。兹录会议议决案如下：(一)宁台镇守使会稽道尹请召集各业董及地方富绅，筹给枪械，以维治安案，议决由本会定期函请各业董讨论。(二)新大成经理何星甫略称，遣伙至姚收帐，携带二毫角洋二千九百三十三角回甬，既非贩运，请即发还，以恤商艰。(三)上海总商会快电，政府议决举办邮电路航附加关税，请一致力争案，议决除电部力争外，函复上海总商会。(四)宁波平民教育促进会续办贫民学校，请继续捐款，以宏造就案，议决续继四十元以维教育。(五)杭州总商会快电，於酒事务署对英美烟公司协议取消各省现办卷烟特税，增加纸烟地方营业税百分之五，请一致力争，议决与杭总商会一致主张。(六)海关监督函请查明商民因俄乱损失生命财产，及俄钞□价各事实，列表送署，如无亦希见复，议决登时事、四明两报，限二十日内将俄乱损失事实，函送本会。(七)浙江实业厅公函，从速推定实业代表，如期集会，共策进行，议决俟纱业、棉业代表选出后，再行推定之。(八)宁波警察厅来函，派员购运巡防队手枪，川费水脚请解缴归案，议决转函巡防董事会核办。(九)临时动议，为追悼张让三先生事，议决由本会发起，函请各团体派代表一人到会，汇议准备追悼事宜，本会推定王叔云、左竹士、毛稼生、袁端甫、王信懋、忻汰僧、边文锦、苏九韶、余东泉、毛安卿十人。议毕散会，已六时矣。

(《时事公报》1924年9月28日)

总商会定期补选副会长

甬总商会昨(三日)为副会长林芹香辞职问题，召开临时会。结果，准林辞职，定十月八日下午二时召集会董投票补选。

(《申报》上海版1924年10月7日)

甬总商会补选副会长揭晓

宁波总商会，于八日下午二时开董事会补选副会长，出席者共二十四人。推选结果，袁端甫以二十三票当选为副会长，即日由该会函请就职矣。

(《申报》上海版1924年10月11日)

总商会职员会纪

甬总商会于三十一日下午三时开职员常会，出席者有孔、袁两会长暨会董十余人。由孔会长报告开会宗旨并宣布经过情形及账略毕，即退席。嗣由副会长袁端甫主席，即提出孔会长辞职书，当场宣读毕。经到会会董，全体表决，将孔会长辞职书璧还，但孔会长辞意甚坚。次议整顿商会会员注册问题，议决分别进行。次议浙省金库兑换券问题，佥谓甬埠无分行，兑换颇属为难。议决，由会函请鄞县公署转详省宪在甬分设兑换机关。议毕散会，已五时余矣。

（《申报》上海版 1924 年 11 月 3 日）

总商职员会纪

甬总商会于三日下午三时，召集临时职员会。出席者袁端甫等十七人，议案如下：(一)主席报告挽留孔会长情形，略谓，孔会长辞意已决，愿担任结束本会一切事宜，现孔会长因事赴沪，约一星期返甬。(二)讨论变更会费办法，议决，依照前次议决案，注册以商号为单位，并限定会费每家五元以上，推定干事朱旭昌等九人，办理会员注册事宜。(三)议定第五届改选日期，议决，俟会员注册干事会办理就绪后，于本月十五日职员常会议决之。(四)报告金库税兑换券，市面应一律通用案。议定，由本会迅即致函县知事及周师长，电省指定甬埠银行为兑换机关，以资流通。议毕散会。

该会昨为金库税兑换券在甬埠通行事，发出通告云，浙省财政厅发行金库兑换券，系为调济金融起见，基金充足，信用昭著，与钞票无异，全省通用，无论一元、五元、十元各券，解付本埠钱庄，一律收受。合亟通告各业，凡遇军民人等持券购物及解款，须与现洋同等通用，并不得有明扣减水。是为至要，特此通告。

（《申报》上海版 1924 年 11 月 6 日）

总商会开会纪

甬总商会于一日下午三时召开职员会。到者有徐镛笙、袁端甫等十五人，首由袁端甫主席报告与袁书霖、翁仰青赴杭经过情形。次周巽斋提议，阴历十二月大小建事，公决俟各省多数解决后，应通告各业，俾免歧异。次议决对于段芝老执行政事，李赞老为财政总长，应拍电致贺(电文略)。次议决本会亦宜加入国民会议，并派代表与会，以表一致进行。次议周师长旋省事，公决由本会转知经过地点各店铺，悬旗欢送。议毕散会，已五时矣。

(《申报》上海版 1924 年 12 月 4 日)

总商会职员常会纪

甬总商会于十五日下午四时，召集职员常会。出席会董十三人，由孔会长主席。其议案如下:(一)丁忠茂、毛安卿二人动议，谓灵桥门失慎店铺，警厅禁止搭盖篷棚，于商业颇有窒碍。陈孟璇代表市政筹备处报告，该处议决拆卸耳城，系函致警厅暂缓建筑，并非禁止搭盖云。(二)会员注册事。(甲)当业每一家虽有数字号，但仅能推代表一人为会员，应将入会书转知司年当铺，与各典接洽。(乙)注册截止。前议阴历十一月二十日，兹因入会书尚未完备，再展限十日，并函催各业速填送会，一面登报通告。(丙)入会书应由所推干事九人审查后，始能确定，本会办事人，不得擅自发选举书函。(三)时局现已回复原状，王信懋建议，请将十月十四日紧急会议，所议第一、第六两项取消。通过散会。

(《申报》上海版 1924 年 12 月 19 日)

总商会临时职员会纪

甬总商会于二十一日下午三时召开职员临时会议，出席者十七人，由孔会长主席，其议决案如下:(一)律师公会来函为请一致函请官厅严禁放借印子钱事，决议转请警厅注意，重申禁令;(二)灵桥门瓮城众商铺，为□□地基，市政筹备处请暂停建筑，宁波警察厅令停止搭盖，商业大受影响，函请主张公道事，议决暂停建筑问题，事关产权，应由各业主自行解决，至搭盖部分，于商业有利害关系，本会应函请警厅解决，取消前令，以示体恤。议毕散会。

（《申报》上海版 1924 年 12 月 24 日）

总商会定期举行五届选举

甬总商会定一月十三日举行第五届选举大会，昨致函通知各会员云，径启者，本会第四届职员，二年任满，兹定一月十三日（即旧历十二月十九日）下午一时，举行第五届选举，召集会员到会投票改选会董，为此专函通知，届时敬祈贵会员检携原函，暨入场券，驾会投票，务请早降，勿迟为荷云云。

（《申报》上海版 1925 年 1 月 8 日）

总商会职员会纪事

宁波总商会于昨日下午四时补开一月份职员常会出席会董十四人。由孔会长主席，提议事项如下：（一）报告善后费项下，中国银行尚未应付，本会代填颇巨，应若何办理事，议决中国银行应按照派定数目办理，劝其给付洋一千四百元，公推周巽斋挽同俞佐廷前往谆劝，并由袁副会长往邀俞君。（二）阴历十二月十九日第五届改选，请公推职员事，当推定签到发票员为陈竹生、毛稼生、边文卿、毛安卿四人，投票监视员为屠鸿规、陈子秀、忻汰僧、王信懋四人，开票检票员为俞佐宸、毛安卿、施仰山、周巽斋、边文卿、卓葆亭、毛稼生、翁仰青、陈孟璇、陈竹生十人（以上推定各员以书面函请）。（三）互选正会长日期事，以阴历年关迫促，于通知当选函内，述明理由，定阴历十二月二十四日下午一时互选正、副会长。议毕散会，时已六钟矣。

（《时事公报》1925 年 1 月 11 日）

总商会职员会纪事

甬总商会于十一日下午补开一月份职员常会，出席者十四人，由孔会长主席，提议事项如下：(一)报告善后费项下，中国银行尚未应付，本会代垫颇巨，应若何办理事，议决中国银行，应按照派定数目办理，劝其给付洋一千四百元。公推俞佐庭、周巽斋前往谆劝。(二)阴历十二月十九日第五届改选，请公推职员事，当推定签到发票员为陈竹生等四人，投票监视员为屠鸿规、陈子秀等四人，开票检票员为俞佐庭、毛安卿等十人。(三)定阴历十二月二十四日下午一时，为互选正、副会长日期，通函各会员。议毕散会。

(《申报》上海版 1925 年 1 月 14 日)

甬总商会改选揭晓

甬总商会于十三日下午一时为该会第五届改选职员之期，道尹公署派王科长莅会监视，预先推定签发管理员均各到场，投票会员到三百九十余人，五时投票毕，由王科长当场将票匭固封，至十四下午九时，仍由道尹公署王科长会同验封开匭。兹将当选会董录下(以票数之多少为次序)：袁端甫、陈子秀、翁仰青、屠鸿规、毛汉章、徐镛笙、丁忠茂、俞佐宸、徐吉铭、董维扬、徐玉书、卓葆亭、毛安卿、王怀明、严美珍、王信懋、施宸荫、郑云帆、俞佐庭、陈南琴、施仰山、陈竹笙、张鹤年、余润泉、胡叔田、林芹香、庞晋甫、胡晋庭、邹定齐、蒋衡卿、龚菱洲、陆卓人、洪宸笙、张康年、王绍周、李高才、戴菊舲、全文涛、沈丕烈、周子材、陈孟璇、朱仁政、周巽斋、林紫绶、郑乐山等四十五人，当选会董，揭晓毕已夜十二时矣。现定旧历本月二十四日改选正、副会长。

(《申报》上海版 1925 年 1 月 17 日)

总商会互选会长未成

宁波总商会本定昨日(十八)下午一时召集新任会董互选正、副会长，已志本报。兹闻昨日因到会人数不足，致互选未成，闻定阴历新正，再行召集互选云。

（《时事公报》1925 年 1 月 19 日）

总商会董事会纪

甬总商会十八日下午召集第五届当选会董开会，出席者有蒋衡卿、袁端甫、俞佐庭等二十余人，推袁端甫为临时主席，略谓第五届会董产出已有多日，嗣因孔前会长以改选手续电部解释，致正、副会长，迄未选出，于会务进行，殊有阻碍，应请诸君讨论云云。俞佐庭起谓，拟先电部解释，议决电请农商部解释示复，俾资遵依。其致农商部电云，北京农商部钧鉴，本会第五届改选，均依法办理，新会董完全产出，惟前发会员选举通知，曾在十五日以前，当缘会员众多，送达时日，虽间有迟早，似于根本大法毫不违背，且是日到会投票会员已过法定人数，从事吹求，原属无谓。兹为选举慎重起见，特电请求解释，俾便遵办。宁波为浙东商埠，会务纷繁，值此时局多故，未便停顿，且互选会长在即，尤关重要，因噎废食，殊非所宜，急盼电复，无任翘企。

（《申报》上海版 1925 年 2 月 21 日）

总商会有重选会董消息

农商部有批令另行改选说

宁波总商会因会长问题牵入法律问题，由孔会长及当选新会董先后电致农商部请求解释各节，迭志本报。兹据私人方面消息，接京友函，农商部对于该会此次选举，因发信未按商会法在十五日以前，故已有前选无效另行改选之主张。惟该会尚无接到是项公文，识者谓孔会长前次快邮代电，亦以违法自向引咎，则部令改选，亦想当然之事，然又非两越月不能产出新会长矣。

（《时事公报》1925 年 3 月 3 日）

宁波总商会选举无效之部批

宁波总商会本届选举,农商部有认为无效之说,已志昨报。昨日该会果奉到部批,照录如下,为改选法定期间不符,是否有效,抑或另选由,代电已悉,所称会员纷纷质问,究有人数若干,各该会员是否大多数均系通知延缓不及到会,加入票选之人无从揣悉。惟法定先期十五日以前通知,而竟最早只有期前十日,甚至迟者仅有四五日,且复陆续不齐,不得仅以失当引咎,及诿过于办事员之延误。应即另定日期,重行依法选举,合行批示遵照。

(《时事公报》1925 年 3 月 4 日)

总商会定期会议改选案

甬总商会昨接部批第五届选举无效,须依法改选一节,已志本报。兹悉该会为改选事宜,昨致各商会董函云,径启者,奉农商部批令,为本会第五届改选日期案,事属重要,兹定旧历二月十二日下午二时邀请新、旧会董,联席会议,届时务祈驾莅勿迟为荷。

(《申报》上海版 1925 年 3 月 7 日)

总商会奉令重选后之集议

今日再行召集旧会董会

本埠商会第五届选举,奉农商部批令重选,该会特于昨日下午召集新旧会董开谈话会,到者二十余人。有主张即日筹办改选手续者,有主张再电农商部抗议者,讨论良久,均以今日之会,新会董似无与议必要,而旧会董调阅农部批令,竟注有原具呈人宁波商会字样,均以前次代电,全系孔会长个人行动,副会长及旧会董,不能承认,大为愤慨,多主张先电农部否认此电。卒以昨日之会,系新旧会董联席谈话会,决定今日重行召集旧会董解决云。

(《时事公报》1925 年 3 月 7 日)

总商会旧职员会议之结果

定四月二日开会改选

宁波总商会为第五届会董改选事，于昨日下午二时召集旧职员会议，出席会董十四人，由袁副会长主席。兹录其议案如下：(一)遵部批重行依法改选。(二)定四月二日开会改选，于十五日以前发通知书。(三)登报通告各会员，如资格有变更，应即于五日内函报本会更正。(四)自三月十四日起至四月二日止，办理改选期内，暂停会员注册。(五)三月十二日下午二时召集职员会，审查会员资格。议毕散会。

(《时事公报》1925 年 3 月 9 日)

总商会筹备改选职员会纪事

宁波总商会定四月二日(即阴历三月初十日)改选职员会，先于昨日开会筹备改选职员会，到者袁端甫、金臻庠、王信懋、陈子秀、陈孟璇、屠鸿规等十余人，由会长主席。(一)审查注册会员，计旧会员六百四十人，业由该会登报通告，五天期满，应即确定，本年新注册会员计七家，陈美利钟表号经理陈孟璇、中兴卷烟公司经理戚在耀、敦大被绸公司经理陈敦大、同顺和毛竹行经理邱鼎兴、文进染坊经理邵子祥、公一染坊经理车仁扬、华章染坊经理车鉴堂，经审查无误。(二)推定投票监视员四人：陈子秀、施仰山、余东泉、王信懋。(三)推定签到监视员兼开票管理员八人：俞佐宸、金臻庠、毛安卿、毛稼生、陈孟璇、陈竹生、周巽斋、张康年。(四)依法于开改选职员会前十五日发函通知各会员，到会投票选举，并函请行政长官派员莅会云。

(《时事公报》1925 年 3 月 13 日)

总商会昨开谈话会

宁波总商会于昨日下午召集职员临时会议，出席者丁忠茂、毛安卿、俞佐宸、袁端甫、陈孟璇等。因人数不足,改为谈话会。(一)追悼孙总理事,由会长主持函复教育会加入。(二)商联会公推代表事,保留。旋即散会。

(《时事公报》1925 年 4 月 1 日)

总商会函请派员监选

宁波总商会为四月二日改选会董,请依法派员莅会监视事,昨致会稽道尹公署函云,敬启者,敝会第四届职员任满,兹定四月二日(阴历三月初十日)下午一时遵照农商部指令,召集会员投票,改选会董,届时敬祈贵公署依法派员莅视,至纫公谊。

(《时事公报》1925 年 4 月 3 日)

总商会昨日改选会董

到会投票者计四百四十五票　定今日上午八时开票

宁波总商会于昨日下午一时,在该会会所举行改选董事,会稽道尹公署派王委员希曾莅场监视,并有前推之签到监视员及开票管理员等多人(姓名详志前报),秩序井然,至下午五时,始宣告停止投票,即由王委员会同各管理员封箱。闻到场投票者共四百四十五票,定于今日上午八时当众开票云。

(《时事公报》1925 年 4 月 3 日)

总商会第五届当选会董揭晓

宁波总商会于四月二日在该会改选会董,经投票选举毕,于次日开票。兹录其当选会董之姓名如下:毛安卿、陈竹生、俞佐宸、周巽斋、董惟扬、王信懋、俞佐庭、严美珍、袁端甫、胡叔田、林琴香、余润泉、卓葆亭、张康年、陈子秀、郑乐山、全文涛、洪宸笙、徐玉书、符衡卿、胡景庭、李高才、金臻庠、张鹤年、施仰山、周子材、王怀明、翁仰青、戴菊舲、朱仁政、林紫绶、邹定斋、屠鸿规、陈南琴、王乔年、丁忠茂、陆卓人、郑惟康、庞晋甫、洪子臧、陈传楚、王绍周、徐镛笙、秦鱼介、毛汉章等四十五人云。

（《申报》上海版1925年4月6日）

总商会昨日之临时会

推举孔馥初为出席全国商联会代表　补救双毫禁运之办法

宁波总商会昨日为推举全国商会联合会出席代表事特开临时会董会，到袁端甫、周巽斋、施仰山、屠鸿规、王怀明、金臻庠、丁忠茂、陈孟璇、张康年、余润泉、余东泉（金代）、翁仰青（施代）、俞佐庭、陈子秀（周代）等。由袁会长主席宣布推举代表事，当经众公推现在留北京之孔馥初君为代表，以免往返，其旅费亦请孔君担任义务，业已快函发出。次由周巽斋君提议，以市上所通行闽双毫，届时曾函请海关禁止进口，查出镕毁，迄今照办，惟当时尚有浙江、湖南、广东等成色较好之老角，故可分别禁运。乃现今情形不同，老角早经消灭不见，且并无其他辅币可以代用，则海关法令，与市面实况，不相符合，商铺受累不少，应请讨论。经众详细研究，佥以此种情形，实应设法补救，当决议除函致关监督，请转知税务司，将现在已扣留之双毫，暂缓镕毁外，一面函请上海总商会对于此事，开会讨论办法，或应将现市之双毫，再行区别，转请行禁（如现市双毫有七八九十一年份及旗角之别），以便一致主张，庶于金融商业，两相兼顾，遂通过，散会。

（《时事公报》1925年4月7日）

函请留京孔馥初就近出席

宁波总商会因前接京师总商会梗电，定四月二十日在京师开会选举全国商联会会长，并讨论进行事宜，嘱即推派代表赴京与议等情。该会业已公推孔馥初前往出席。昨致京师总商会快邮代电云，接贵总商会梗电内开（从略）等因，准此，敝会公推敝会长孔昭钊（字馥初）代表出席，敬祈台洽为荷。又致孔会长函云，前接京师总商会梗电内开（从略）等因。兹经职员临时会，公推先生代表出席，夙念台从热心会务，敢祈就近担任。惟本会现时经费支绌，乞尽义务，尤所感盼。除函致京师总商会外，专函布达，顺颂台安。

(《时事公报》1925 年 4 月 8 日)

总商会职员会纪

宁波总商会于昨日下午二时，召集职员临时会，出席者有袁端甫、洪宸笙、王信懋、陈孟璇、毛安卿、苏九韵、胡叔田、徐玉书、王怀明等十余人。由袁端甫主席，兹录其议决案如下：(一)老同泰烛箔号请理处公益顺记纸店债务事，议决公益顺记改组手续，不合商业习惯，仍应由旧有股东丁慎卿等，每股负偿还之责。(二)商联会代表孔馥初君来电辞职，请另行摊派事。议决，孔会长既已因事辞职，应由袁副会长继续赴京出席。嗣因袁君以孔君在京未回，会中各务乏人主持，又以三月底将届，商业上事务纷繁，乃改推在京甬商余铭铨就近出席。(三)鄞县公署函，为英美烟公司请封葆昌颐兴记房产，对于华商各债权，请本会调查函复，俾爰平均分摊事，议决由本会登报通告各债权人，限十日内到会报告被欠债额，以便函致鄞县署办理。

(《时事公报》1925 年 4 月 15 日)

总商会定期互选会长

甬总商会以第五届会董，业已产出，理宜依法互选会长。兹悉该会特定阳历四月二十四日下午二时为互选正、副会长之期，除函知会董外，一面已函请会稽道尹公署，届时派员莅会监视，以昭慎重。

(《申报》上海版 1925 年 4 月 23 日)

总商会职员临时会纪

宁波总商会于昨日下午二时开职员临时会，出席者有袁端甫、王信懋、毛安卿等十四人。由袁端甫会长主席首议虞洽卿、谢蘅窗两君自京师来电，请加推姚咏白君出席商联会，应即分电事，议决本届出席代表除公推孔会长暨余铭铨君外，并加推袁副会长及姚咏白君代表出席，分电（电文见公电栏）商联会姚君接洽。次议协元钱庄略称，被同顺昌铜店负欠长期洋一千元，其经理已逃避，指为顺昌薛瑞生图赖口头担保责任请为调处事，议决本案经公推代表王信懋，偕同协元庄邵运源，调阅簿据，此项长期欠款所注保人字样，未尽完全，不能确定为薛瑞生担保，仍由两造在外自行交涉。

（《时事公报》1925 年 4 月 24 日）

两商会会长选出

甬总商会于二十四日下午三时选举会董，互选会长，并公推特别会董，出席者有俞佐庭、袁端甫、董维扬、陆卓人、周子材等三十七人，公推陈南琴为临时主席，俞佐庭、王信懋为投票监视员，金臻庠、毛安卿为开匦检票员。推毕，即行选举，结果，俞佐庭当选为正会长，袁端甫当选为副会长。选毕，又公推盛省传、袁书霖、陈季衡、陈兰荪、周巽斋、王信懋、毛亦卿、朱旭昌、梁廉夫等九人为特别会董。

又甬属镇海柴桥商会于二十三日下午二时开会选举会董，到者有县知事代表警佐叶湘舟，警备队哨官俞明德，海晏乡自治委员胡尔安，绅商胡月堂、沈殿章等及泰海郭三乡会员二百二十五人，开票结果，胡祥村、朱旭昌、戴绩三等二十七人当选为会董，胡瑞葶、陆方仁、李国湘、虞伦九等八人当选为候补，旋于即日晚九时，新会董胡祥村等一体就职，并互选正、副会长，结果，胡祥村当选为正会长，沃鼎生当选为副会长。

（《申报》上海版 1925 年 4 月 27 日）

总商会今日开会

讨论正副会长辞职问题

宁波总商会自本届会董集会，互选正副会长，当场选定正会长俞佐庭、副会长袁端甫，已由该会函请就任，俞会长忽提出辞职等情，已历志本报。兹悉该会昨已接到俞、袁两会长辞职书，并志如下：（一）俞会长称函，径启者，接展大函，猥以非材，谬承公选为本届会长，桑梓义务，极应勉随诸君子后，藉资效劳，惟是佐廷才识疏庸,无补艰巨,职务丛繁,势难兼顾。会长一职,责重任劳,自维樗材,万难担承,与其将来贻误,何若及早退避,务请另举贤能,接替斯职,以专责成,而重会务,掬诚奉告,诸希鉴原为幸。(二)袁副会长辞函,会董诸公钧鉴,纲猥以樗材,辱荷诸公下采葑菲,为本会副会长。展诵之余,莫名惶悚,惟念纲自上年十月改选,受命于戎马仓皇之际,汲深绠短,时懔冰渊,赖诸公竭力匡扶,暨孔前会长表率有方,勉力支持,已逾半载,兹承不弃,被选续任。自维识浅才,难膺重任,务乞诸公另举贤能,俾安愚拙,敢希亮察。闻该会接函后,定今日下午集会讨论,附录致各会董函如下,径启者,顷接本届当选会长俞佐庭君、当选副会长袁端甫君,先后来函辞职,于会务进行,殊有密切关系。兹定于旧历四月初五日(即今日)下午二时集会讨论,届时务祈必到,勿迟为荷。

(《时事公报》1925 年 4 月 27 日)

电请加推代表

宁波总商会昨接驻京甬绅虞和德、谢天赐二君自北京中央饭店来电云,全国商联会出席代表,前以孔君馥初急需南返,故由会改推余君遂莘充任。本届大会,修改章程,甚关重要。甬为通商巨埠,实有密切关系,沪会已推五人,甬会似以三人为宜,除已商准孔君偕同余君主席外,应请再推姚君传驹为甬会代表出席与议。姚君商情法理,均极谙练,藉资借重,请速分电商联会及姚君为荷,盼电复云云。闻甬商会昨为此案,特发通告各职员,定今日(二十三日)下午三时召集职员临时会,以资讨论。

(《申报》上海版 1925 年 4 月 27 日)

商会长辞职后之挽留

派代表竭诚劝驾退还辞函

宁波总商会为讨论正、副会长辞职事,昨日下午二时召集本届会董集会与议,到有丁忠茂、王怀明、金臻庠、陈南琴、朱仁政、张鹤年、余润泉、胡景庭、卓葆亭、林紫绶、王乔年、庞晋甫、王信懋、郑乐山、李高才、周巽斋、陈竹生、王绍周、邹定斋、张康年、周子材、戴菊舲、陆卓人等二十三人。公推陈南琴为临时主席，报告开会宗旨，并宣读俞、袁两会长辞职函毕。经众议决，公推代表陈南琴、卓葆亭、林紫绶、王怀明四人将原函璧还，竭诚劝驾。一面再由到会会董全体具名，专函挽留，议毕散会。

附录致两会长函如下：佐庭、端甫二位会长先生大鉴，敬启者，四月二十七日本会特开临时会，提出台从暨（俞）（袁）君辞职书二件，具征谦柳为怀，无任钦佩。兹经出席会董全体表决，佥以夙念先生热心公益，乡望卓著，本届一致投票公举，完全出自一般信仰，为商场谋幸福。且职属义务，绝难推辞，用特专函挽留，并推代表璧还辞函，竭诚劝驾。务祈关怀商埠，俯顺众意，勉任其难，指日就任，共策进行，无任企祷。

（《时事公报》1925 年 4 月 28 日）

总商会讨论会长辞职问题

甬总商会于日前选举董事并互选俞佐庭为正会长，袁端甫为副会长一节，已志本报。兹悉该正副会长俞、袁二君，自接该会通知就职书后，皆以识浅才疏，难膺重任为辞，向提出辞职。该会接俞、袁二君辞职书后，以事关重要，急待解决，昨分函各会员，定旧历四月初五日下午二时，集会讨论，以资解决。

（《申报》上海版 1925 年 4 月 29 日）

函请递补会董就职

宁波总商会昨致递补会董史良臣、陈孟璇、施骏烈、林鲁泩诸君函云，敬启者，本届当选会董周巽斋、毛安卿、陈竹生、王信懋四君，业经连任二次。兹已经过互选期间，自应照章由次多数递补。查先生本届当选次多数（史一七二票）（陈一七〇票）（施一六六票）（林一六二票）应即依次递补，以符员额，为此专函奉达，敬祈查照为荷。

（《时事公报》1925 年 4 月 30 日）

商会会董一致挽留会长

甬总商会长俞佐庭、副会长袁端甫，自被选后，均提出辞职一节，已志本报。兹悉该商会自接俞、袁二君辞职书后，即于次日(二十七日)召集会董陈南琴等二十三人开会讨论挽留办法，经众议决，除用全体会董名义专函挽留外，并推陈南琴等四人为代表将二君原书璧还，前往劝驾。议毕散会。

(《申报》上海版 1925 年 4 月 30 日)

昨日商会新职员就职志盛

宁波总商会第五届当选新职员，于昨日上午十时行就职，到者有会长俞佐庭，副会长袁端甫，会董胡叔田、丁忠茂、董维扬、严美珍、张康年、陈子秀、郑乐山、全文涛、洪宸笙、徐玉书、胡景庭、金臻庠、张鹤年、戴菊舲、林紫绶、邹定斋、陈南琴、王乔年、陆卓人、郑维康、庞景甫、陈传楚、王绍周、徐镛笙、屠鸿规、秦鱼介、史良臣、陈孟璇、林鲁泩、李高才、施仰山；特别会董周巽斋，及来宾王丹泉、余东泉、张性初、张善述等三十余人。入席后，全体会董起立向新会长致贺一鞠躬，俞、袁两会长答谢如仪。次俞会长致就职词，略谓佐庭才力庸陋，蒙诸会董谬举为本会会长，实非力所能胜，复承诸公恳切挽留，佐庭以桑梓义务，不得不勉力担承。诸会董才识过我，幸祈不吝赐教，以免陨越，是所盼祷云云。次袁副会长致词，大意以前次承乏此职，毫无成绩。今复续任，更虞陨越，所望诸公随时匡助，共襄会务云云。次公推金会董臻庠致颂词，略谓今日系本会新职员就职，会长与会董，在名义上虽异，而于责任则一。会长为会董所举，会董议决之，会长执行之。今日仪式中有致颂一项，新会长当选，有何可颂，惟因新会长得人，于本会前途有密切关系，将来俞、袁两会长展其抱负，诸会董协力赞助，为本会谋幸福，斯则有可颂者耳。此外鄙人尚有希望者，即本会新会所，将于本届观成之，此尤非会长会董努力合作不可云云。次散会合影。

(《时事公报》1925 年 5 月 4 日)

总商会职员会纪事

宁波总商会昨(七日)于下午一时召集职员临时会,出席会董共十四人,会长俞佐庭主席宣开会词。次讨论巡缉队问题,佥以现时地方平靖,无继续设置之必要,议决一年期满再继续。次由陈孟璇临时提议,会董席次应行抽定。朱旭昌为照章另设会董特别席次,众通过,旋乃散会。

(《时事公报》1925 年 5 月 9 日)

总商会职员常会纪事

宁波总商会于昨日下午二时召集职员常会。到者有俞、袁两会长,暨会董卓葆亭、陆卓人、陈孟璇、林紫绶、王乔年、史良臣、王绍周、陈传楚、朱仁政、张康年、全文涛、林鲁泩,特别会董毛安卿、朱旭昌等十六人。由俞会长主席,提议事项如下:(一)报告孔前会长经付甲子自治军各款账略,因有二千一百元付空白,未经注明用途,兹值前后结束之际,应作何解决,嗣询据王叔云分别报告用途,照实记载,无异议通过。(二)地审厅函查商店送交航船带货习惯事,经职员审查各业向航船取回货物,普通习惯,以凭相熟伙友为多数,其盖有本店图章之凭条,亦属有效。(三)抽定会董特别会董席次,朱旭昌意见,请留一、二两签与正、副会长,俾得就近出席发言,遂由主席分别抽定。议毕散会。

(《时事公报》1925 年 5 月 16 日)

出席全国商联会代表北上

宁波总商会副会长袁端甫,定今日下午乘新宁绍轮船出沪,转车赴北京全国商联会代表出席,约有两星期勾留云。

(《时事公报》1925 年 5 月 16 日)

总商会职员常会纪事

宁波总商会于昨日下午二时开职员常会,出席者袁端甫、卓葆亭、陈孟璇、周巽斋、陆卓人、严美珍、朱旭昌、陈南琴、戴菊舲、董维扬、史良臣、王介周、周子材、李高才、张康年、施仰山、周宏生等十七人。由袁端甫主席,其议决案为:(一)德信钱庄汪仁泰号,为余大庄串诈现洋,请予审核案,先据德信庄汪仁泰号代表陈述节略,次据余大庄代表呈送簿据,请求审核。经各会董审查簿据,结果佥以驳账手续,甬埠钱业曾有此习惯,至有无串诈行为,非本会所能核议。(二)志和庄略请通缉劫掠钞票案,议决据情转请警察厅严缉。(三)北京全国商会联合会,于十月二十日开会,上海全国商联会,定十月十二日开会,推举代表建议关税会议案,议决:(一)登报征求各业,关于关税会议意见,于三日内具书送会。(二)定本月八日邀集各业董及会董,特开联席会议,从长讨论。(三)出席代表,俟本日开会时推选。(四)全国商联会催缴大会费常会费案,查明应征数目,八日再议。(五)全国商联会,为请政府厘定票据法案,议决刊送各会董、业董,下届再议。(六)余姚县公署函询米业口头担保习惯案,佥谓口头担保,确为甬地习惯,函覆余姚县公署知照。(七)城自治办公处,函询大道头渡船,请增渡资铜元一枚,商业有无窒碍,会议答复案,议以此事关系全埠,应俟开业董会董联席会议时,再行核议。议毕散会,已五时矣。

(《时事公报》1925 年 10 月 2 日)

总商会会董业董联席会纪

宁波总商会于昨日下午二时开会董、业董联席会议,出席者共二十四人,由会长俞佐庭主席,议决案如下:(一)征求关税会议意见事,议决随时征求函寄赴京代表。(二)公推京师全国商联会关税会议代表事,当场推定正副会长,及驻京同乡童今吾为出席代表。(三)京师全国商联会为票据法事,议决将前拟浙省各处票据式样,详加审查,函送商联会一份,俾资参考。(四)城自治办公处来函,为大道头请增加渡资案,议决为兼顾贫民经济起见,拟定酌加铜元半枚,惟嗣后须注意船夫年龄，凡在二十岁以下六十岁以上，不得充任，渡客来往，须仍照旧章派有专员，尽扶持之责。议毕遂散会。

（《时事公报》1925 年 10 月 9 日）

总商会常会纪事

宁波总商会，于昨日下午二时开职员常会，到者袁端甫、陈季衡、卓葆亭、周子材、陆卓人、张康年、陈孟璇、王怀明、胡叔田、俞佐庭等十余人。由袁副会长主席，议决案为：（一）市政筹备处请推代表一人出席，审查账目案，议决公推周子材代表出席审查。（二）警察厅函为防务吃紧，请拨还前给俄枪七十四支案，议决公推陈季衡、陆卓人、周子材、陈南琴四人出席巡防董事会，调查案卷，再行办理。议毕遂散会。

（《时事公报》1925 年 10 月 16 日）

总商会推定常驻委员

本埠总商会前日临时会，推选常驻委员一节，兹悉当时公推徐镛笙、俞佐庭、袁端甫、陈南琴、陈子秀、周巽斋、翁仰青、袁书霖、胡叔田、王信懋、陈竹生、张康年、金臻庠、毛稼生、边文卿、陈孟璇、朱旭昌、陆卓人等十八人，并由会函请戒严司令发给特别通行证，以资出入无阻，便于办公。至假款一万元，亦经开会议决允假，络续拨用，由江知事负责，以地丁作抵。惟闻象息平靖，此款或可不用云。又闻商会正副会长暨各委员为接洽便利起见，颇为忙碌云。兹录该会致各委员函云：径启者，现因时局不靖，本会为商业重要机关，地方安危所关至巨。于本月二十九日临时会决议，公推先生为委员，常川办事，风雨飘摇，同舟共济。务乞勉力承担，藉资臂助，无任企祷。

（《时事公报》1925 年 10 月 31 日）

商会职员纪事

宁波总商会，昨日下午二时，开职员常会，出席会董共十五人。由俞会长主席，讨论鄞地审厅公函，为德信钱庄庄主张聘君声请宣告破产，委托审查清算案，公推周巽斋、周宏生诸君为审查员，定本月十日下午二时在会审查，通知张聘君到会向审查员陈述一切云。

（《时事公报》1926 年 3 月 2 日）

孔馥初控诉商会长

为拍卖公债事　控俞会长以侵占罪

宁波总商会前依据会董及债权人议决案，以九折拍卖四次公债一案，早经该会将详细账目宣布。乃近间有江东商民孔馥初（即前任商会会长）疑此事为会长俞佐庭有舞弊行为，故日来遍向各友人处指摘俞君种种错误，声言欲出首举发，且曾面加诘问。俞君以根据议决案执行拍卖，不认有错失之处，且存心坦白，事实俱在，故屡置不问，遂触孔之怒，于前日延聘某律师，缮状向检厅提起刑诉，已于昨日进状。闻所控系侵占公款、以多报少之罪，究竟如何，容探续志。

（《时事公报》1926 年 3 月 18 日）

俞会长被控消息续志

控文之主要点　各会董之不平鸣　已定今日开会

宁波总商会俞会长为拍卖公债事，被江东商民孔馥初控以侵占之罪一节，曾志昨报。兹据调查，孔之所控，其主要点谓俞会长假借议决案及登报限期拍卖之手段，早经自行买入，或化名收买，以为实施侵占之地步云云。并闻自本报揭载俞会长被控消息后，本埠各业及该会会董多人均已拍卖公债，确是依照议决案执行，至详细账目亦经明白宣布，并无不实。故深以孔之此举为毫无理由，而俞会长因公受谤，尤为义愤不平，将有纷纷反动之消息，不知作何了结也。又讯该会会董林鲁泩、陆卓人、董维扬、陈子秀、周巽斋、俞佐宸、秦鱼介、俞佐庭等昨日致总商会函云，敬启者，顷阅报载孔馥初为本会拍卖公债事向法院控诉俞会长舞弊等情，阅悉之下，曷胜骇异。查此项公债之拍卖，曾经会董公同决议，当时并无异议，何以至今忽生控案。事关本会名誉，自应彻底根查，以明实在。为此公函恳请贵会克日邀集紧急会议，以明真相，而昭公道，不胜盼切之至。闻该会即日发出通告，定今日下午四时开重要会议，讨论此案办法云。

（《时事公报》1926 年 3 月 19 日）

昨日总商会之重要会议

宁波总商会为俞会长因拍卖公债，被孔馥初控告事，旋由会董林鲁泩、董维扬等，会董张康年、金臻庠等，会员源泰煤号等，先后来函要求开会，以明真相。（各函录后）该会于昨日下午四时开紧急会议，到会董陈子秀、袁端甫、丁忠茂、金臻庠、毛安卿、陈孟璇、俞佐宸、施俊烈、陆卓人、周宏生、庞晋甫、王怀明、林紫绶、王信懋、周巽斋、董维扬、严美珍、王乔年、张康年、秦鱼介、全文涛、林鲁泩、戴菊舲、邹定斋、朱旭昌、朱仁政等。袁副会长主席，略谓本日为孔馥初控诉俞会长拍卖公债一案，经会董林君鲁泩等十人及会员源泰煤号等来函，请开重要会议，即由金臻庠主张四点：①应查阅俞会长拍卖省债案，是否经过会董议决。②九折拍卖省债标准是否根据议决案。③应宣布议决案日期及出席会董人数。④应宣布账略及推员审查。经主席嘱王叔云君，查照十四年六月二十九日，及本年二月一日议决录，又拍卖债票账略，并拍卖经过情形，逐项报告毕，并公推周巽斋、张康年当场审查账略，并无错误，并即由二君签字交会保存。此时各会董均以俞会长对于此案，并无错误，孔馥初竟敢捏词控以刑罪，实无异控诉会董，群情颇为激愤。有主张以全体会董名义提起诬告者，有主张清算孔任会长期间之账目者。结果议决，由本日出席会董署名，将前两次议决案，及当时出席会董姓名并账略，除登报宣布俾释群疑外，一面并用公函转报检厅察核，以作参考，并推定金臻庠、董维扬二君起草。兹附录各函如下：（金函）径启者，报载孔君馥初捏讦俞会长，其主要点在俞会长拍卖公债，系假借议决案云，究竟本会拍卖公债，曾否开会，开会结果是否议决，鄙人因当时未曾临席，无从悬猜。若果诸会董,任令会长越权擅专,毫未察觉,放弃责任,亦何以对全体会员耶?鄙人视此事关系俞会长者事小,而影响本会前途者事大,为此驰函恳即召集紧急会议,宣布当日真相,以释疑窦。(张函)阅今日报载孔馥初君诉商会会长一案,不胜骇异。查拍卖公债,系根据本会议决案执行,今控为侵占公款,以多报少,事关本会名誉,应请即日召集会董紧急会议,共商办法,是否均希酌夺。(源泰煤号函)昨阅《时事公报》载称,本会会长俞佐庭君为拍卖公债事,被孔馥初君控诉侵占。查上年军事用款,赖会长一再设法,始得归还,当时筹募善后公债,亦颇费苦心,此次以九折拍卖四次公债,如果系根据议决案,只求受买有人,不问买者为谁。若系假借议决案,脱卖虽属善意,而擅专之咎难辞。此事真相若何,并请贵会据实宣布,以释疑虑。敝号等谨以会员资格,提出质问,至希宣示,以明是非。

(《时事公报》1926 年 3 月 20 日)

总商会拍卖四次公债之经过情形

宁波总商会报告承募善后公债,及拍卖四次公债,经过事实如下:案查十三年甬变,其收军事善后捐款四万五千三百元,除各项未能开报外,当时报省数目,计三万二百四十六元,迭次呈请核还,未奉核准。十四年二月筹募善后公债,本会以甬变军事费用,尚未发还,不能再向各商劝募,如能核准,或可勉力筹集。曾由林厅长、江前知事,将此情形电省,于十四年五月间,准财政厅皓电,该县军事垫款,应俟善后公债募足十五万后,准以四次省债票面拨还,并得在十五万内扣除,依次计算,必需募足善后公债十一万九千七百五十五元,军事垫款方有着落。不意至七月间,仅募集九万余元,尚少三万元,若不补足此数,军事费用,仍归无着,殊觉可惜。于六月二十九日(即阴历五月初九日)召集职员临时会,并邀请军事垫款各捐户开会讨论,由主席报告上述情形,并谓现在善后公债,仅募到九万余元,尚少六万,除应扣还三万,实短三万元,应如何办理。经众讨论,当场议决短少善后债款三万元,各业困难,无从再募,惟有将省中应还四次公债三万另,请会长设法,照善后公债例九折拍卖,即以所得现款,购买善后公债,与前已募集之九万元,合足十二万元缴省,俟债票领到,提出三万另,摊还各捐户，经众通过。当时善后公债，列届截止，款仍未足，于七月间登载四明时事两报，招人承买。今有四次公债，照票面以九折出售，二十日止，来会接洽云云。不意登报以后，仍无人承买，而公债截止期迫，江知事迭次函催，急待结束，通盘核算，实短二万四千五百四十五元(因开会以后又续募四千余元)，不得已由会长设法筹垫现金二万二千零九十元零五角(合票面二万四千五百四十五元)解省，领到善后债票，除分给原募各户外，计存二万四千五百四十五元。嗣于八月间由省拨还第一批四次公债，票面二万四千三百元(除截去七期本息票面实计票本二万零四十七元五角，由本会补缴现金四十七元五角，应以二万元计算)。十月间省还第二批四次公债一万三千二百元(除截去九期本息票实计票本一万零二百三十元)。两共票面三万七千五百元，实计票本三万零二百三十元。此后迭经本会招人承买，终无受主，不得已将到期本息，照票面按月领回入册。至十四年阴历年关将届，垫款未能久延，而四次公债收齐，又尚须两年之久，设有错误，负责太重，于十一月间由陈会董接洽介绍，照议案九折出卖。除八、九、十、十一四期已经收归本息外，当时订定计实在票本二万七千一百八十七元五角，以九折计算，应得票价二万四千四百六十八元七角五分，分期缴来(另有清单簿册备查)，除将大略账目及详细收付数目，先后宣布外，特述经过情形如右，希诸公鉴。

(《时事公报》1926年3月20日)

总商会重要会议纪事

宁波总商会于昨日下午召集会董，暨各业债权人开会，讨论摊还善后公债票办法，到者袁端甫、洪宸笙、胡景庭、张康年、俞佐宸、陈子秀、董维扬、施仰山、金臻庠、王信懋、史良臣、王乔年、周巽斋、周宏生、丁忠茂、邹定斋、郑乐山、毛安卿、庞晋甫、顾美珍、陆卓人、陈孟璇、郑维康、胡叔田、李棣辉、洪子藏、胡次良、李高才等。由袁副会长主席，宣读本年二月间典业司年中国银行与大小北号三函，主张暂缓分配。又本年三月间洋货公所一函，主张不能扣留，移作建筑费，究竟是项公债票，应否分派，请从详讨论。经全体起立表决，应摊分派。次主席宣布账略，略谓查十三年军事善后捐款，除旅沪宁波同乡会已给还外，共收四万四千三百元,除收付揭存过洋八千八百七十三元五角七分二厘,债票二万一千五百三十五元。依此计算,应拨还过洋(二〇〇三)合计八千八百七十三元二角九分,债票(四八六一)合计二万一千五百三十五元。除将现洋摊还外,其所有债票,均系整数,不能分割摊还,由本会保管发给证书,每年中签得洋若干,由本会平均摊还,凭所给证书支领。债票由本会会长保管,定阴历二月二十日为摊还现款及填给证书日期云云。继又开职员临时会,讨论孔馥初状诉本会俞会长一案,出席者共二十四人,仍由袁副会长主席宣读检厅来函毕,经众公决,推周巽斋、张康年、王信懋、金臻庠、董维扬、施仰山、洪宸笙等七人为审查员,即日开始审查,俟审查终了,报告到会,函复检厅。

(《时事公报》1926 年 3 月 22 日)

商会长拍卖公债案审查之结果

宁波总商会为检察厅函请查覆孔馥初控案账略审查员报告审查情形,于昨日下午二时召集职员临时会,出席者施仰山、袁端甫、张康年、周巽斋、王信懋、陈季衡、张鹤年、陈孟璇、李高才、董维扬、王怀明、史良臣、俞佐宸、周宏生、洪宸生、毛安卿、金臻庠、周子材、王绍周、朱旭昌等。由袁副会长主席,当众报告审查员报告书毕,众无异议,并议决按照审查员报告,函复检查厅核办。录其原函如下:径启者,本年三月二十日准贵厅公函内开,案据孔馥初诉称(中略),以凭核办等因,计送词状一本到会。查是案前据敝会会董林鲁泩等来函,阅报载孔馥初诉本会俞会长拍卖公债一案,请召集紧急会议,以明真相。当于三月十九日开会议决,公推周会董巽齐、张会董康年审查账目,业将经过情形及详细账目,登报宣布。嗣准贵厅来函,敝会为慎重办理起见,复于二十一日重行召集,当场加推会董施仰山、董维扬、金臻庠、王信懋、洪宸笙五人,合前推周、张两会董共计七人,即于是日开始精密审查。兹据各审查员备具报告书,并附清折清单等件到会,合将送到书件,备函送请贵厅查照,以凭核办,至纫公谊。(附审查报告书)本年三月二十日准地方检查厅公函内开(中略)等因。经本会于二十一日召集临时职员会讨论,公举仰山等七人为审查员,即于是日检齐卷宗簿册清单,开始审查。俞会长依照十四年八月二十九日议决案,将四次公债以九折拍卖，登报招寻买主，无人承受。因善后公债截止期迫，向天益钱庄借垫现金，购募善后债票，并于上年八月、十月间，由省分批拨还四次公债。嗣以年关将届，垫款未能久延，始将四次债票以九折出卖，造具大略账目，召集各捐款人报告结果，议决接成摊还，此拍卖四次公债之大略情形也。兹查存会卷宗簿册，及天益庄清单暨各种函件，详细核算，所有收支账目日期及息金现升，均属相符，并无错误。告诉人所指各节，纯系理想上之言，与当时事实不符，故计算亦因之而异。兹将其计算数点，逐一申说。其第一点，盖谓善后公债不足款为二万四千五百四十五元，何必以三万另尽数卖出。不知垫缴善后债款在十四年七月十八日，先后时间不同，何能两相抵消？况六月二十九日议案，因载明省还四次公债三万呈以九折拍卖，于当日议案并无违背。其第二点，盖谓四次公债于领到时，即应卖出。不知当时委系无人承买，何能以此相强？第三点，盖谓第十二期本息，应归卖方？不知买卖接洽时间在旧历十一月间，其十二期本息尚未领到，况经介绍人与买方订定，言明十二期本息，为买方所得，非此不能成交。以上种种，按之当时事实，固为相合，即证之各项函件，亦属相符。除将收支账目及办理经过详细情形，另控开呈外，合将审查结果，缮具报告书，录成公鉴。

（《时事公报》1926 年 3 月 26 日）

总商会昨日开会

宁波总商会，于昨日下午开会，仍讨论俞会长被控案，到陈季衡等二十余人。由袁副会长主席，后由审查员董维扬等七人，报告审查结果，略谓俞会长依照十四年元月二十九日议决案，将四次公债九折拍卖，即登报招寻买主，无人承受，因善后公债截止期迫，向天益钱庄借垫现金，购募善后债票，并于上年八月、十月间，由省分批拨还四次公债，嗣以年关将届，垫款未能久延，始将四次债票，以九折出卖，造具账略，召集各捐款人，报告结束，议决按成摊还。至一切账目，亦曾详细审查无误，故该会即将审查员之报告书，函复检厅矣。

（《申报》上海版 1926 年 3 月 28 日）

总商会职员会纪

议决事项三起

宁波总商会于昨日下午二时开职员常会，到者董维扬、翁衡卿、王信懋、袁端甫、周子材、朱旭昌、郑乐山、卓葆亭、张康年、周宏生、陈孟璇、陆卓人等。由袁副会长主席，议决事项如下：(一)报告本会征求美国费城赛会出品，已转送鄞县公署汇解陈列。除木器由本会代垫半价，草席垫付全价外，其余文明席、脱夫绸等，系各工厂自愿陈列云云，众无异议。(二)全国商会联合会召集常会，推举代表出席事，佥谓时期尚远，俟下届常会再议。(三)董维扬提议各业移助本会建筑费之公债票，现经陆续收入现款，约一万零数百元，拟请进行建筑事宜，公决建筑进行，认为成立，应即先觅相当地点，报由下届常会再议。议毕遂散会。

(《时事公报》1926 年 4 月 2 日)

总商会常会纪事

宁波总商会于昨日下午二时开职员常会，出席者王信懋、周子材、俞佐庭、朱仁政、张鹤年、卓葆亭、郑乐山、毛安卿、陆卓人、陈孟璇、邹定斋、朱旭昌、张康年、周巽斋、陈子秀等。卓葆亭提议以钱业现时所开洋拆过重，各业负担不支，影响较巨，请从长讨论。议决详述各业困难情形，函请钱业会馆设法维持，并函请金融评议会秉公核议，救济市面。议毕散会。

(《时事公报》1926 年 4 月 16 日)

总商会临时会纪

宁波总商会，昨日下午召集临时职员会，到者副会长袁端甫，会董邹定斋、陆卓人、王乔年、周宏生、毛安卿、陈孟璇、王信懋、张康年、俞佐宸、朱旭昌、郑乐山、林鲁泩、张鹤年等。二时半振铃开会，由袁副会长主席，报告开会宗旨，略谓今日开临时会，为据钱业□泰等庄略称，谓大成绸庄负欠债款，股东逃遁无踪，按照商业习惯，先将该号生财存货出盘，请公推公证人到场监视估值等语，经众公推会董邹定斋为公证人。次议成美油行等略称，为老益大新记号亏欠债款，先将各该号盘价援照债额摊派。因各别摊派与混合摊派，持为两说，又该新号所新记之款，是否发生债权问题，请开会集议等由。经主席宣读原文毕，付众讨论。经俞佐宸、王信懋等均有发言，以此事于商业上有重大关系，应将各该号簿据送会，并由经理人到会陈述合伙情形，再行决定，旋乃散会。

（《时事公报》1926 年 4 月 25 日）

总商会职员常会纪

宁波总商会，昨日下午开职员常会，到者俞佐庭、袁端甫、董维扬、陈孟璇、陈子秀、王怀明、洪宸笙、翁仰青、张康年、林鲁泩、蒋衡卿、秦鱼介、丁忠茂、陆卓人、袁书霖等。二时半振铃开会，由俞会长主席，议决案如下：（一）上海总商会来函，为鄂省与外商协定纸烟捐，有丧国权，请为力争案。主席宣读原函毕，付讨论，董维扬起谓，际此全国国民力争关税自主之时，岂可再与外商协定纸烟捐，应一致力争，以维国权。众赞成，公决致电鄂省总商会，转鄂当道力争。（二）成美油行等为老益大新记、老益大新号亏欠债款，因摊派盘价，有混合摊派与各别摊派之两说，请为讨论案。由袁书霖起谓，商业习惯以货物为无形之担保品，既老益大新记与老益大新号，与钱庄上行往来，各立门户，自应将盘价各别摊派。各会董均有讨论，老益大新记经理钱同华亦有陈述。主席付表决，以两号债务，应各自处理，全体起立通过。次又讨论老益大新号该老益大新记洋二千余元，是否发生债权问题，经众议决，老益大新记亦应加入老益大新号债权，惟摊派收入之款，须另行公存，不能归老益大新记债权所独有云，议毕振铃散会。

（《时事公报》1926 年 5 月 15 日）

总商会临时会议纪事

宁波总商会于昨日下午开职员临时会，到者袁端甫、金臻庠、陆卓人、卓葆亭、林紫绶、胡景庭、周宏生、李高才、邹定斋、王乔年、陈孟璇、俞佐庭、张康年、王信懋等。议决事项如下：(一)议交涉员公署函达司法调查委员来甬事，会董金臻庠起谓，司法调查来甬，于商业上有绝大关系，各埠重要团体，均经加入，本会理宜一致加入欢迎，并拟就欢迎宣言一通，请酌夺。公决一致加入欢迎，公推袁端甫、金臻庠、朱旭昌、陆卓人四人为欢迎代表。俟司法调查员到甬日，由本会通告各商号，一律悬挂国旗，以表欢迎。应备徽章及英文名片，请金君代办，欢迎宣言请朱君托人代译。(二)李高才提议营口汇票飞涨，商业影响颇巨，请本会电致奉天营口各官厅及总商会，设法挽救。公决由本会通电(电文见公电栏)要求挽救。(三)浙省发行整理省债抵换三、四次省债案，公决函请财政厅转呈总司令省长，免予掉换，以维信用。(四)会董王绍周、郑乐山二君，特别会董梁廉夫君出缺案，公决照章以次多数递补，并公推严康懋为特别会董。议毕遂散会。

(《时事公报》1926 年 5 月 29 日)

总商会谈话会纪

宁波总商会于昨日下午三时开常会，到者卓葆亭、邹定斋、俞佐宸、陆卓人、袁端甫、戴菊舲、周子材、袁书云、史良臣、毛安卿等。因不足法定人数，改开谈话会，议决事项：(一)鄞县公署函复整理浙江公债事，议决俟俞会长返甬后，再定期召集业董会董，开联席会议。(二)广生烟公司与南洋公司黄梅牌画眉牌香烟商标纠葛事，议决该案业经涉讼，应候司法解决。

(《时事公报》1926 年 6 月 18 日)

俞商会长销假视事

本埠总商会会长俞佐庭君，因天津垦业银行开幕，俞君系遥领总理之职，请假赴津三星期。兹悉俞君公毕，业于日前由津搭新铭轮转沪，昨于晨抵甬，照常到会视事矣。

（《时事公报》1926年6月24日）

总商会出借议场之诘问

钱业公会安澜公所提出……不许久借与公团联合会

宁波总商会昨接会员钱业公会、安澜公所函云，径启者，各公团联合会借本会议场议事，历时已久，查本会为商业集合机关，向来虽有各团体借用，均是临时性质，此次久假，曾否得诸会董等同意，且查各公团联合会章程第十一条，本会会所暂设鄞县县议会内，当时移至本会究是何人允许，为此提出诘问，务乞贵会长向各公团联合会声明，将借用议场克日收回，无任企祷。

（《时事公报》1926年6月25日）

总商会讨论公债案开会纪

宁波总商会，昨日下午三时为讨论整理公债案特召集职员会，到陈南琴、袁端甫等多人。由正会长俞佐庭主席宣布，略谓，本省发行整理公债，将三、四两次定期借款收回，截止五月份止，停付本息，换给整理债券，并另筹整理公债十万元。查此项三、四两次借款，前经呈奉省令核准，以鄞县统捐、洋广捐等收入抵还，按月发给本息。今若收回，换给整理公债，是不啻将前案取消，且延长偿期，减少息金，两相比较太远。业由本会于五月间函请鄞县知事转呈财政厅，免予停付本息，未准。各商民以官厅既失信用，对于另筹之十万元，颇怀观望云云。经众公决，推俞会长赴省，要求财政厅收回成命，免予停付本息，以维信用。议毕散会。

（《申报》上海版1926年7月4日）

总商会开会纪

宁波总商会于昨日下午开会,议案如下:(一)会董郑乐山出缺,照章由周兰生递补。(二)各业声请,谓本埠认购省债,为数较巨,应即推保管董基金委员二人,会同保管,以照慎重。当场公推陈南琴、俞佐庭二人为保管基金委员,一面函报财政厅备案。议毕散会。

(《申报》上海版 1926 年 8 月 4 日)

总商会开会纪

宁波总商会于昨日下午二时开职员会,到施仰山、毛安卿等七人,由副会长袁端甫主席,议决:(一)电贺陈公侠履任浙江省长。(二)电致北京外交部,请废除比约。(三)一百五十一团兵士不日将来甬,议决由全体会董欢迎。(四)清算王槐卿款项案,公推王乔年、陈传初二君清算,惟王槐卿须亲自到案,以便询问。议毕散会。

(《申报》上海版 1926 年 11 月 4 日)

商会将公奠朱葆三

宁波总商会,因鉴旅沪巨公朱葆三灵柩将于阴历十月初二日由新江天轮运回宁波,故该会特定初三日上午八时在江北岸招商局设筵迎迓。昨日该会并致函各会董,略谓届时请一律到场公奠,借申哀悼。

(《申报》上海版 1926 年 11 月 6 日)

商会临时干事会纪

宁波总商会临时干事会于昨日下午开会,出席临时干事三十七人。朱道尹、徐厅长、张知事及沪同乡会代表励建候等亦均列席后,公推俞佐庭主席,首报告与赵钵尼偕至绍兴一师司令部情形，略谓石（铎）、余（宪文）二旅长及徐（培根）团长，均在该处，俱谓浙人当为浙自谋云云。次订定临时干事会简章。次公推商会正、副会长，俞佐庭、袁端甫为正、副主任，费善本、林琴香等为总务股，胡叔田、陈季衡等为文书股，毛安卿、陈南琴等为交际股，朱酒仙、余润泉等为调查股。

（《申报》上海版 1926 年 12 月 31 日）

商会长定期改选

宁波总商会前次当选正、副会长，均坚辞不就。该会职员因于七月二日召集临时会议，决定于九日下午二时重行改选云。

（《申报》上海版 1927 年 7 月 9 日）

总商会正副会长选出

宁波总商会前日下午二时，召集全体职员互选正副会长，会董出席者有俞佐庭、王乔年、周子材、林紫绶、周巽斋等三十一人，公推俞佐庭为临时主席，投票结果，选出正会长袁端甫、副会长周子材，议毕散会。

（《申报》上海版 1927 年 7 月 13 日）

总商会职员常会纪

宁波总商会，昨日下午二时召集职员常会，到者俞佐庭、周子材、张申之、王信懋等十余人，由周子材主席，议决案如下：（一）巡防局移归市政府案，议决，由巡防董事会致函商会，准将巡防移交市政府，并附去防勇名册及各商号捐册等件，商会接函后，由会长与市政府接洽移交一切手续；（二）王帮带请发还巡防勇存饷案，议决，以是项存饷无案可稽打消。闻是日尚有议案多起，因有未便发表者从略。

（《申报》上海版 1927 年 8 月 4 日）

总商会常会纪

宁波总商会，昨日(十五)下午三时，召集职员常会，到陈南琴、洪宸笙、袁端甫等二十余人，袁会长主席，(一)报告商会与商协会并存案；(二)报告三节账单，用印花从缓实行案；(三)讨论中山公园划定本会场所案，议决，准以中山公园划定旧宁、绍、台道署东官厅废旧址，为本会场所，即以此次议决案，提出业董事会征其同意；(四)周副会长辞职案，据挽留代表周宏生报告，周副会长辞意坚决，无挽回余地，经众讨论，佥以副会长一席，关系重大，未便久悬，议决定一星期内改选。

(《申报》上海版1927年9月18日)

商会定期改选副会长

宁波总商会为改选副会长问题昨致各会董函，略云，旧历八月二十八日召集各会董，改选副会长，因不足法定人数，议决改期，至旧历九月初四日下午二时再行召集各会董选举，届时务希惠临云云。

(《申报》上海版1927年9月29日)

商会副会长就职

宁波总商会，昨日(二日)午后三时召集会董，举行新选副会长就职典礼。到者除袁会长外，(另有)新选副会长陆卓人暨周巽斋等二十余人，由袁会长主席，首由副会长陆卓人表示歉忱后，遂即依式行就职礼。次袁会长报告市政府来函借款案，均作长时期之讨论，以内容秘密，无从探悉，迨散会已五时矣。

(《申报》上海版1927年10月5日)

总商会执委宣誓

宁波总商会于本月二十八日举行新执监委员宣誓礼，礼成，又选举常务委员。当场选出袁端甫、周子材、卓葆亭、王信懋、林琴香、徐镛笙、金臻庠七人为常务委员。

（《申报》上海版 1929 年 1 月 1 日）

宁波市政府致宁波总商会函请从速改组由

径启者，案奉浙江省政府齐电内开，查各总商会、商会前经通令查照商会改组大纲妥为改组，并迭电令催各在案，迄今数月呈报改组者仍属寥寥。现在工商统计亟待完成，合再电仰转催迅速改组具报毋延等因。奉此相应函达贵会，请即查照商会改组大纲，从速改组并希将改组情形函复过府，俾便具报，至纫公谊。

此致

宁波总商会

市长罗惠侨

十二月十四日

（《宁波市政月刊》第 2 卷第 3 号，1929 年）

宁波市政府呈省政府为呈报宁波总商会改组情形由

呈为呈报事，窃职府前奉钧府谦代电，内开前据上海各省商联会总事务所呈请转饬各商会，依照国民政府工商部核准商会改组大纲改组，经通令各市县政府转饬所属商会照办在案。现查各商会具报改组者尚属寥寥，合再代电，仰该市长即便转饬所属各商会依照前令，迅速改组并取具改组章程委员姓名表各二份，转呈到府，以凭分别存转备案。至各商会人数及常年经费收支确数，并仰详查具报备查等因。奉此，遵即转函宁波总商会去后，兹准复称，敝会于十七年十二月十二日遵照商会改组大纲拟订章程,改组委员制,选举执监常务主席各委员,均于十八年一月三十日就职,准函前因,相应检送改组章程、委员姓名表各三份,函请贵政府转呈浙江省政府备案并转行政院工商部备案为荷。至会员人数、常年经费、收支确数、会员名册,印就后再行备报,合并声明等由。准此,理合检呈宁波总商会暂行章程草案、委员名册各二份,备文呈请钧府察核存转,实为公便,请谨呈

浙江省政府

并呈送宁波总商会暂行章程草案、委员名册各二份。

宁波市市长罗惠侨

二月二十日

(《宁波市政月刊》第 2 卷第 5 号,1929 年)

附录一　宁波商会碑记

[民国]张原炜

有清末叶，朝廷厉行新政，奖励农商，各行省诸大都会以次设商务会，蕲上下相更始。首起者上海，而吾甬继之。上海始曰商务公所，寻改今名。吾甬则称商务总会，已而曰总商会，而冠以郡名。郡道制废，它郡率易称，独吾宁波犹袭旧名者，以其地通海，夙中外人士熟于口也。宁波之有商会，事在清光绪三十一季，于时王君月亭澄、汤君仲盘嗣新及吴君葭窗传基，以吾甬故以商著称，非设会无以资棣通，于郡城东旧茶场庙侧赁民房若干楹为会所。方事之朔，规制草创，诸所设施，未遑云备。及世会嬗移，人事益繁，赜隶会籍者日加，旧所设会所，地小不足以容，又偏局不适中，佥弗之便，谋所以辟新之。今主席陈君南琴贤凯，持尤力顾，迄不果行。先是东南诸省，拥重兵者，互为长雄，一旦据其地，则檄下商会，供军乏，名曰军事借款，实无所取偿。十六年春，国军莅吾浙，主省帑者有所属，陈君曰，此其时矣，即持券诣省争之，亟得白金三万余版以归，继又疏募诸会众，得三万版。赀用既集，众议更新，度地庀工，次第具举。会郡人士有事于中山公园，乃与主者谋，割园地余羡，得六亩有奇，用营缮为会所。会中设议事厅二、会员休憩室二、会客室一、膳室一，自会长以下诸执事于会者，乃至徼巡及诸夫役，皆各有室。厅之外，辟为园，长廊曲槛，邃如洞如，园卉蓊翳，四时而有。盖吾浙七十有五县，县各置商会，论其规制，未有若斯之完饬者也。张原炜曰："凡事之成有机，机至矣，无人以持之，无当也。吾甬号殷庶，列肆千万，顾自军兴以来，先之以供亿，重之以征敛，商力亦殚矣。赖总理之灵，诸丑殄除，党国底定，晌所逋于民者，积十余季之久，一旦乃还诸吾民，斯机不易遭者也。顾非有陈君之奔走尽瘁，及诸会众之乐输其后，安望能底于成耶？"会制主者，先曰总理,继曰会长。委员制行,乃称主席。自设会迄今二十有八年,自吴君葭窗首立会务,其后若郑君锷笙、余君芷津、费君冕卿、屠君鸿规、袁君端甫、俞君佐庭、陈君南琴、孔君馥初,先后得若干人。是役也,经始于十六年十二月,越明年六月讫工,为时凡七阅月,用白金六万版有奇。旧所集不足,则由钱肆及诸商肆奏其成。监工者自主席陈君外,陈君如馨兰、林君琴香润芬皆有劳,例得附书。共和纪元廿有一年一月张原炜撰。沙文若书丹。赵时棡篆额。鄞县李良栋刻石。

(民国《鄞县通志·政教志》)

附录二　宁波商会五十年述略

吕瑞棠

宁波通商，源远流长。清咸同以降，商市更加旺盛。那时，国际因初辟商埠，交通频繁，国内则因太平军起义，各省梗塞，惟吾甬巍然独存，与沪渎交通不绝。故经营商业者，舟楫所至，北达燕鲁，南抵闽粤，西迤四川，鄂皖赣诸省的特产也由吾甬集散，海运陆转，万商云集，成为浙东唯一的吐纳口岸。

至光绪末季，朝廷厉行新政，奖励农商，各省大都市均设商务会以主商政，首起者上海。吾甬既以商著称，且与上海唇齿相连，自非设商会不可。乃由绅商王月亭、吴葭窗、汤仲盘等发起组织，于光绪三十一年(1905)正式成立"商务总会"，而冠以郡名"宁波"，推吴葭窗为总理，聘童焕伯任坐办，就在鄞城东后市茶场庙侧(即今苍水街)赁民房若干楹为会所。由于王月亭诸人各捐官衔，由商而绅，因此，商会大门挂起一对虎头牌："商务重地，闲人莫入"，俨如衙署。他们官轿提灯，后面跟班，道府县衙，直进直出，时人给以诙谐的称号，曰"黄鱼汤"①。

① 王月亭，名澄，其父王磬泉，经营颜料起家，系鄞城著名殷富，与大资本家秦均安、叶澄衷等合开许多行号，大有丰洋广货兼营颜料，尤为闻名，俗称"大有丰王家"是也。月亭读书不第，仗着财势，捐了监生加道衔，常与官绅交际，有特殊势力。吴葭窗名传基，干丰钱庄经理，老成持重，声誉卓著，在同业中有领导地位，常参与地方事务，人称"仁厚长者"。本埠遗老盛炳炜(盛系进士出身，授翰林院编修，曾提督四川、江西两省学政；致仕还乡，官府多尊敬之)深契其才，因此通过盛老的关系，吴葭窗上通官府，下达群商。汤仲盘名嗣新，其父汤仰高，先在上海开设增泰洋货号及官商合办纺织新局，继在宁波创设汤森泰洋布棉纱号、通久源纱厂、通久远面粉厂、通利轧花局、通利源榨油厂，系甬地独一无二的实业家。仰高有二子：长嗣衔，举人；次即嗣新，出身秀才，捐了候选道官衔，有财有势，成为本城著名的绅商。以上三个筹组商会总会，时人以其姓的谐音简称之曰"黄鱼汤"。当时因吴任钱庄经理，系在职商人，并以钱庄为百业领袖，也有相当资望，所以一致拥他为商务总会的总理。

当时入会者一般为大业大户，而由公行先生[①]代理出席者，则不乏其人。因此，商会会董属于半绅半商的人物居多，特别会董更是地方大资本家或绅矜莫属。会务由坐办童焕伯[②]掌理。不久，宁波府属慈溪、镇海、奉化、象山、定海各县，以及柴桥、石浦、岱山、沈家门等镇，依宁波例，先后组织了商务会。与吾甬虽没有统属关系，但在实际工作中，莫不仰赖“宁波商务总会”为上司机构。

辛亥光复，国体变更。民国元年(1912)府制废，他郡都改称，独吾宁波犹袭旧名。三年(1914)全国商会开联合会于上海，宁波商务总会领导旧府属各县、镇商务会，参加为会员。接着全省商会联合会组织成立，亦一并参加。从此，商会有了上下一贯的组织背景。五年(1916)奉部令，全国商会统一名称，于是改“宁波商务总会”为“宁波总商会”，“总理”亦改称“会长”。各县、各镇商会，也相继改正了名称，仍唯甬会马首是瞻。那时商会设施粗具规模，亟须征求会员，扩展组织。凡入会注册者，按户给以搪瓷牌一方，蓝底白字，上书“宁波总商会注册”字样，钉在店门上端，以资识别。

自1905年宁波商会成立以来，商会人事变动较为频繁，现就我所知，将1905—1927年的历任商会总理(会长)记述如次。第一任总理吴葭窗之后，继之者为郑谔笙[③]、余芷津(慎丰钱庄经理)。至民国五年(1916)改正名称后，第一任

---

① 公行先生是宁波商业的特殊制度。在封建时代，商贾为竞利垄断，组织同行，俾有利则均沾，有害则共御。而商贾一般与官吏较难接近，所以往往聘请一二绅矜为背景，依为代达衷情，讲通声气，此一二绅矜便是“公行先生”。

② 鄞城醋务桥童氏，在前清时代，官势之盛，无与伦比。童槐以进士授工部主事，旋改户部，由广东司主事升郎中，历任陕西道监察御史，甘肃兰州道、山东衮沂曹济道，升江西按察使，改通政司副使。其子童恩以荫用内职改外，历官直隶延庆州、开州等知州，奉天府治中，湖南道州、茶陵州等知州，浏阳县知县。次子童华，以进士授翰林院庶吉士，官至吏部左、右侍郎，上书房行走，国史馆副总裁，都察院左都御史。四子童章，贡生，官上虞训导。孙儿童祥熊，以进士授考翰院编修，援例以道员分发安徽，署按察使补劝业道。童氏官势既如此，无怪地方官不论道、府、县，对待童氏族人，莫不尊而敬之，养成他们骄傲自大，目中无人，横行里闾，为所欲为的习性。特别是童华之子童玉庭，以荫生身份，成为本城大绅士，接受南号等业公行先生，神通广大，碰着事情，只要他一顶官轿，抬到县衙，虽县官正在坐堂理案之际，一闻童爷光临，马上退堂，开门欢迎，其威风可知。玉庭死后，继之者为童焕伯，仗着先人的恶势与余威，周旋于官府和绅商之间，处事机警，手腕灵活，初则担任南号等业公行先生，继则协同筹组商会，等到商务总会正式成立，他受聘任坐办，大权在握，参赞擘划，会务多所依赖，对外威望极高。

③ 郑谔笙，出身猪行，他与镇海炮台司令吴吉人结为换帖弟兄，具有特殊势力。因此，转入纸行业，被推为领袖。猪行、螟蛹行等业，多聘其为公行先生，在江东方面有相当威望。

会长为费绍冠①，继之者依次为屠鸿规（巨康钱庄经理），副袁端甫（当业代表）；俞佐庭（天益钱庄总经理），副袁端甫；孔馥初（升大北号经理），副林芹香（当业代表）；袁端甫，副陆卓人（仁和钱庄经理）；陈南琴（中国银行经理），副林芹香；林芹香；俞佐宸（元益钱庄经理）等。坐办童焕伯死后，姚次继，不久姚辞，又聘王叔云②担任。

根据上面情况，已可看出商会的主要职位完全操纵在大业大户之手，而且银钱业更占着领袖地位。因此，商会经常费用，没有预算限制，随时由钱庄垫付，然后酌情分担，而钱庄业常占总数的70%。

在陈南琴主持商会工作期间，由于赜隶会籍者日益增多，旧设会所，地位狭小，且偏僻不适中，工商业者咸感不便，屡次建议新建会所。但因经费无着，难以实施。适值十六年（1927）夏，国军莅吾浙，省财政机关又需征募新借款，陈南琴乘机持旧借券到省，索得兑银3万元，继又向会众募银3万元，遂郑重议建新会所。其时，地方人士亦在筹建中山公园，正苦募费为难，于是商得筹委会的同意，由商会拨助公园建筑经费3万元，中山公园则划拨旧道署东官厅全部房屋连基地2.7亩零，给商会登记管业，建筑新会所。自民国十六年（1927）12月开工，至次年6月竣工。会所系中式洋房，前后四进，东有小议事厅和花园，长廊曲槛，亭榭假山，园卉争妍，四季长春。西有洋台与公园毗连，登高眺望，景色宜人。周围布置，富丽堂皇。大礼堂上面挂起三方金字匾额，署名者中为蒋中正，左为王正廷，右为宋子文。

北伐胜利，宁波设市后，商会隶属于宁波市政府，称为“宁波市商会”。依照定章，改为委员制。第一届委员会主席为俞佐宸，另选陈南琴、孙性之（瑞丰钱庄经理）、陈如馨（如生罐头厂经理）、毛稼生（棉业交易所常务理事）等为常务委员。坐办也改称秘书，仍由王叔云担任。在国民党宁波市党部指导之下，商会尚能适应新的形势，进行工作。讵知本市有似商非商的严肃、苏鸿、俞康龄等

---

① 费绍冠，字冕卿，初任源丰顺银号经理，后任四明银行经理，本系慈溪秀才，久寓甬北，热心地方公益事业。性镇静，为人排解纠纷，不动声色。遇公私利害，能力争之。辛亥革命时，曾参加保安会，宁波光复后，遂以声望被推为宁波总商会会长。平时与耆绅张让三（即张美翊，晚年任上海宁波旅沪同乡会坐办）友善，赞助颇多。

② 王叔云，名贤瑞，出身秀才，曾任宁波警务长公所课长。性机警，嗜鸦片，擅长公牍，有王师爷之称。担任商会坐办职务，官势虽不及童焕伯，然而参赞擘划，足智多谋，获得会长和各会董的信任。

辈,拉拢一批小商民,组织了“宁波市商民协会”,满想通过宁波市商民协会的合法地位,与宁波市商会合并,改为宁波市商民协会,但始终不能得到整个工商界的同情。双方对立,纠纷时起。党政领导为免除无谓隔阂,召集双方开会研讨,决定合并组织,变更名称为“宁波市商人统一委员会”(简称“商统会”),推袁端甫、陆卓人担任委员会正、副主席委员。市党部执委林建中乘此时机,踏入商统会,担任指导科主任,并安插其兄林雍敏充指导科干事。这是国民党政府官员涉足商会内部事务的开端。

1930年,宁波废市,商会隶属鄞县县政府管辖。依照会章,既以鄞县区域为区域,自应改正名称为“鄞县县商会”。商会接到县政府通知,立即召开紧急会议,佥以商会名称,总商会也好,市商会也好,无论如何,总须保持“宁波”两字。盖以宁波商会历史悠久,中外闻名,对外只知有宁波,根本不了解鄞县,一旦骤易名称,势必失却联系,而碍及会务的进展。一致决议,据理力争,分呈党政领导核转外,并电请浙江省政府和中央,申叙沿革,说明利弊,提出坚决的要求。结果,奉到批复,准予保持“宁波”两字,称为“宁波商会”(这个名称一直沿用到解放)。同时,国民党宁波市党部撤销后,人民团体改由鄞县县党部领导。于是,党部执委斯旺,同样踏进商会,继任指导科主任。至1932年,遵照新颁商会法,订好宁波商会章程,呈奉实业部核准备案。

从此,小行小业和手工业户,多有机会组织同业公会,以公会会员资格,加入商会。未组同业公会者,由各户直接参加,称为商店会员。由于基层组织扩大,成员复杂,意见难期统一,小业代表屡欲挤入执监队伍,却屡遭大业代表的把持和排挤,所以,商会内部派系立起:一派是新派,由祁云贵(药行业代表)、金光强(交通银行行长)带头,捧袁端甫为领袖;一派是老派(实力派),则多由大业代表组成,他们利用金臻庠(《时事公报》社总经理,钱庄业的公行先生)做挡箭牌。在新会所落成后的第一次选举大会中,双方竞选剧烈,选举第一天,意见严重对立,以至动武,会场哗变,一哄而散;第二天,继续选举,又不成;第三天通过调和总算完成选举任务,金克强得任常委,祁云贵也任了执行委员。这可证明商会内部已潜伏着分化迹象了。

商会由于内部执监起了分化,而秘书王叔云逝世后,继之者为钱玉麒(字增龄),虽出身秀才,熟于处理公牍,但对内对外,既无应付之才,又乏掌握能力。

因此,老派的领袖们,不得不开动脑筋,欲借外力以谋定,终因时势突变而未成。1937年,七七事变爆发,全国抗日战争开始,老派的领袖们亟欲照料自己业务,安顿筹码,保全财产,并且感到非常时期,商人处处受敌,商会工作,更加难搞,必须抓一个强有力的人物来做幌子,才能挡住来自各方的矛头,自己情愿退避在幕后策划,即使牺牲金钱,亦在所不惜。那时,适有奉化人王文翰,从宁、绍、台、温四属剿匪指挥官卸任后,拥资巨万,建筑了新式的高楼大厦,创办了宁穿长途汽车公司,由军阀一变而成大老板。他以宁穿汽车公司总经理身份参加商会,过去既有渊源,至此更臻密切,老派的领袖们愿属意于他。而王文翰雄心勃勃,兴趣异常。协议既成,即以商会主席相畀,并配备专职常委四人相辅,行使副主席职权,即中国银行行长阮葭仙、瑞丰钱庄经理孙性之、锦华洋行总经理朱旭昌、轮船业主委周大烈(周由王文翰引进的)。阮、孙二人负责经济,朱负责内部总务,周对外联系,明确分工。如此,王文翰得以高高在上,指手画脚,做一个稳稳当当的工商界的领袖。

1938年冬,王文翰接任浙江省公路局局长。临行,通过商会执监委员会的决议,推荐周大烈继任主席。周系象山人,保定军校毕业,曾任江北警察署署长及江北义警队队长,挂了宁波防守司令部参议的头衔,以宁象轮船公司经理资格,进入轮船业同业公会,攫得主席委员职权,再通过王文翰的关系,引进商会任常务委员。王文翰一走,又跃居商会主席的职位。我正是在这时,通过执委会决议,补了一个商务科干事,后升为主任。

在抗战进入高潮时期,常有敌机侵袭,风声鹤唳,形势非常紧张。商会一度搬到战船街钱业会馆办公,继又迁至西郊白云庵附近,与鄞县救济院合在一起工作(当时周大烈兼任救济院院长)。日寇在镇海登陆消息,时有传来,商会应该怎样打算?如何准备?周大烈置之不问,一味同金廷荪(金为空袭,暂住救济院)和一批趋炎附势分子,夜以继日,吃酒聚赌,尽其享乐腐化,真所谓"商女不知亡国恨"。迨至沦陷前日,便匆匆逃跑了事,临行之前,根本不与工作人员打招呼。秘书钱增龄,又胆小如鼠,成天躲在家里,不理会务,是故商会所有历年档案文卷、账册,俱遭焚毁。

1941年4月,宁波沦陷。大汉奸袁端甫、郭逸民、刘镇泰组织了"鄞县乡镇联合会"。而郭逸民更加疯狂,乘机请得"宁波特务机关"(日寇最高行政机构)

的同意,筹组宁波商会,遂即拉拢一帮流氓商人,在中山东路裘卫生堂药店原址开会,推选郭逸民、王礼嘉、包正芳、曹国香、张保康、范正权、洪中民等七人为筹备委员,以郭逸民为筹备主任,王礼嘉担任组织。班子底定,立即涌入旧商会公所,在特务机关经济科的指使下,开始办公。一方面勒迫旧商会移交,一方面派员深入各行各业,组织同业公会,推派出席商会代表。一个月后,基层组织勉强完成,于是郭逸民等呈准特务机关,定期召开选举大会,并预先安排好候选人名单,内定郭逸民为主委,王礼嘉为副,其余常委、执、监委,排得舒舒齐齐。全部名单通过经济科长日人前鹿川许可,向各行各业进行联系。郭逸民满心欢喜,认为商会会长一席,可以稳稳到手。谁知特务机关别有用心,表面上由经济科长随时到会指导,而实际上了解到郭逸民等都是非正式商人,领导整个工商业,声望不孚。所以一面敷衍郭逸民等,一面找到了旧商会委员名册,按册密访,知道前商会委员尚留在城市的,如毛稼生等几个资望比较高,过去亦有领导地位,一心要抓住毛稼生来担任商会主席。于是日本特务机关长泉铁翁备好丰盛酒席,派了下级军官,开驶汽车,到西郊新河塘周家,强邀毛稼生到特务机关。泉铁翁待以上宾,亲自敬酒,席间提出要求目的。毛被软化,当面答允照办。在选举大会前夕,经济科长前鹿川即与毛稼生协商:根据前商会名册中,留甬委员,不论执、监,一律作为新任委员,这次大会新选的,一律作为候补委员。等次日大会选举,开票完毕,突由经济科翻译张嘉祥登台宣布全部新任委员名单。在会人等闻之失色,郭逸民用尽心机,结果仅名列候补第一,恼丧万分,悻悻而去。

接着,执委会根据预定名单,推选毛稼生为主席委员,范笑斋、李贤钊为副主席委员。同时,让我担任秘书职务。此后,特务机关派军官陪同新任正副主席,分别拜访日寇军政主要首脑,以资联络。其中,李贤钊在选举前,并没允诺,系强迫与会,故随员拜客后,溜之大吉。几个月后,副主席范笑斋因兼任永耀电力公司经理,为了特务机关停拨用煤,垄断柴爿,市上燃料一时告绝,家家户户大起恐慌。复以电费逐步提高,灯光越来越暗,形成怨声载道,人人唾骂。范笑斋看到情势不妙,就此隐退。毛稼生感到帮办乏人,办事棘手,遂拉拢当时"宪兵司令部"红牌翻译程明,任了商会常务委员,借资臂助,并以对付日本通。任凭毛稼生交际手段怎样高明,但始终挡不住来自各方的矛头。至 1943 年秋,毛稼生被形势所迫而萌退志,乃使金蝉脱壳计,先属意郭逸民作替代,旋因袁端甫出而竞选，主席被夺，郭逸民只得任了常委。当时袁端甫醉翁之意不在酒，在于活动做县长，奔走沪杭，无暇顾及商会，于是郭逸民大权在握，又复活跃起来。郭逸民死后，商会通过执、监联席会议决定，推举沈曼卿（西药业）、洪芙馥（糖北业）、余顺安（钱庄业）、顾守中（《时事公报》社经理）四人为常务委员，负责处理对内对外日常会务。后来，袁端甫任了鄞县县长，仍然兼了商会的挂名主席，一直到抗战胜利，会务停止。

1945年9月，抗战胜利，河山重光。俞济民先遣部队朱桂棠、洪一飞、范孟伦等入城，以城区区署名义，指派张延龄（绰号张买办）、黄荣管等控制了商会。先组织“欢迎我军筹备委员会”，向工商界勒索经费和物资（物资以布匹比重为最大）；继则组织“应变委员会”，筹募应变费，供应俞济民部队。隔了几天，张延龄授意工商界，列队到江东张斌桥去欢迎周大烈复员。周大烈接事之初，带来了“鄞县参议会”，占住商会的花园内房屋作办公室，大礼堂充议场，参议会秘书斯旺兼任商会秘书（斯旺原系国民党鄞县党部执委、总工会主席、前商会指导科主任），我复任商务科主任。周大烈想到“应变”二字，觉得对外太露骨，立即运用手腕，变更组织，称为“宁波复兴公益事业委员会”，拉拢鄞县县长徐志道为主委，自己以副主委名义，总揽大权，换汤不换药，依然采取压榨手段，献媚反动军警，把汗血资财供私人挥霍。

周大烈工作特点可以归纳为：勾结官厅，拉拢豪绅，择肥而噬大业，非法压榨小商。平时以老头子自居，门下多新发户，开口叫“先生”。那时候，绸布业朱维官，发了抗战财，一变而为纱厂大老板（朱在沦陷期间，买通日寇，开设长丰纱厂于镇海，后迁宁波）。周大烈对这一个门下士，特别垂青，有意提拔他，先把他安插为商会执委，旋又升为常委，后竟授意执委会，推他为商会主席，大权独揽，任其摆布，引起各业物议纷纷。孰不知周大烈别有企图，盖因非常时期，必须换一个陌生面孔，避免正面冲突，才能从容措置。这是外人所不能了解的。

朱维官于1947年3月间上台，由于平地一声雷，好像小狗捧上墙头，倒行逆施，无所不用其极，引起贪官注意。高三分院首席检察官季赓扬，指定朱维官是镇海三纱厂汉奸案中的主要人，非严厉审办不可。中间经过许多波折，调和也无效，朱维官被迫于同年10月就此下台。周大烈为了适应形势，不得已商请老会长俞佐宸出山（这一届主席任期尚有三个月，俞答允暂代三个月，任期满后，仍还于周），借资缓冲，自己仍在幕后坐镇商会，以常务委员名义，实干主席职务。秘书斯旺周旋于两位主席之间，颇为卖力。

那时，国民党中央颁布工商划分组织的新办法，浙江省已经组设了"浙江工业协会"，在罗霞天主委领导下，经过鄞县县党部执委沈明才来商会指导进行改组事宜。结果，将原有工厂全部划出，组织成立"浙江工业协会鄞县办事处"，推郭东明（大昌布厂经理）为主任委员，各大厂经理担任了委员，会址仍在商会内部，由鄞县县党部及商会各指派一人兼任干事，经费暂由各大厂垫付，这种组织，表面上虽然划分，实际上并未开展工作，徒具形式而已。

1948 年，由于传来各处解放的消息，本地党政当局胆战心惊，欲谋应付环境，而苦无适当策略，情况非常窘迫。适值周大烈在宁波商会所组织的"宁波复兴公益事业委员会"以粥少僧多，无法满足反动军警的欲望，筹款与供应，处处感到棘手。党政首脑分子看到这一情况，遂乘机控制周大烈，利用过去党政军警法联席会议的组织成例为依据，将宁波复兴公益事业委员会扩大组织，由党、政、军、警、法各机关和人民团体的代表以及地方人士参加组织，于 1948 年 3 月成立"鄞县自卫救济委员会"[①]。这样一来，商人集团一变而为政治中心机构，一切措施，不论经费的筹集，军需的供应，难民的救济，必须通过自卫救济委员会的决议，然后由商会去执行。所以，外界只知有商会，而不知另有这个政治背景。直至解放为止，商会工作，完全结束。

1962 年 10 月

作者：吕瑞棠，宁波市人。曾在宁波商会工作，中华人民共和国成立后在宁波市工商联工作。已故。

（《宁波文史资料 第 15 辑》）

---

① 鄞县自卫救济委员会的成员：主任委员陈佑华（鄞县县长）；副主任委员汪奂伯（国民党鄞县县党部常委）、周大烈（商会主席、参议会议长）。下设四处：秘书处处长沈友梅（国民党鄞县县党部执委）、副处长胡起涛（农会主委）；自卫处处长王文翰（参议员，永耀电力公司经理）、副处长卢时宪（公安局长）；救济处处长陈如馨（参议员，商会常委、西郊镇镇长）；财务处处长俞佐宸（参议员，商会常委。当时，他已离开了宁波，由单方面推定，以周大烈兼代之）。委员有：冯莼馆（参议员，鄞西同道乡负责人）兼鄞西自卫团主任，斯旺（前总工会主委，参议会秘书，商会委员）兼秘书，徐信章（总工会主委）、沈贻芗（妇女会主委）、金臻庠、洪宸笙、朱维官（俱参议员），此外尚有法院院长及首席检察官参加。

附录三　主要征引报刊资料目录

1.《申报》上海版

2.《时事公报》

3.《四明日报》

4.《浙江会稽道公报》

5.《宁波旅沪同乡会月报》

6.《宁波民国日报》

7.《宁波市政月刊》

8.《浙江公报》

9.《浙江省政府公报》

10.《财政公报》

11.《绍兴白话报》

12.《农商公报》

附录四　未刊资料篇目索引

1.法令类乙:劝业道董照会宁波商务总会查填官银号资本纸票及准备金实数文,《浙江官报》1909 年,第 22 期。

2.省令:令各县公署、杭州商务总会、宁波商务总会:令知准工商部咨蒙文铅字确出心裁准予专利并禁仿造着一体知照由,《浙江公报》1913 年,第 540 期。

3.省令:令各县知事,杭州商务总会、宁波商务总会:准工商部咨整理商会办法转饬遵办由,《浙江公报》1913 年,第 560 期。

4.省令:令各县知事、杭州、宁波商务总会:准部咨丁选贤所制特别钟表机器给与专卖禁止防造由,《浙江公报》1913 年,第 562 期。

5.省令:令各县知事,杭州商总会、宁波商总会令准工商部咨请转饬商会征集爪哇三宝垄赛会出品并附事务简章由(简章见后),《浙江公报》1913 年,第 568 期。

6.省令:令各县知事,杭州、宁波两商会:准工商部咨送公断处章程令发查照遵办由(章程见后),《浙江公报》1913 年,第 580 期。

7.省令:令杭州总商会总理、宁波总商会总理:令杭甬总商会准工商部咨改外国博览会中国出品简章各条请饬遵照由,《浙江公报》1913 年,第 676 期。

8.省令:令杭州商务总会总理协理、宁波商务总会总理协理:杭甬商务总会招集赴日实业观光团由,《浙江公报》1914 年,第 691 期。

9.省令:令出品协会总理、各县公署知事、杭甬商会总理等:奉农商部通告巴拿马博览会派员来华劝导出品由,《浙江公报》1914 年,第 731 期。

10.省令:令浙省出品协会总理、杭州宁波商务总会、各县知事:准事务局咨请遴选牲畜出品并名目单由,《浙江公报》1914 年,第 735 期。

11. 浙江巡按使公署饬:饬杭甬商会、各县知事遵照部咨无论华洋各商一律贴用印花由,《浙江公报》1914 年,第 853 期。

12. 浙江民政厅公函:函杭州、宁波总商会请依法选举造册并补送章程钤记费等由,《浙江公报》1916 年,第 1591 期。

13. 浙江省长公署训令:第一千〇十二号(中华民国五年十月二十六日):令宁波总商会会长奉绍冠、副会长永谊:准部咨复宁波总商臂章程名册准备案附发关防由,《浙江公报》1916 年,第 1662 期。

14. 浙江省省长公署训令:令杭州、宁波总商会准部咨请开示省内农工商各公司状况并对于实业上各项之需要由,《浙江公报》1916 年,第 1676 期。

15. 浙江省长公署训令:第五百九十四号(中华民国六年二月二十一日):令各县知事、省农会、杭州宁波两总商会:准农商部咨请转饬各地方官并农商各会劝导畜牧事业由,《浙江公报》1917 年,第 1777 期。

16. 浙江省长公署训令:令杭州、宁波总商会:令杭州、宁波总商会据中华国货维持会函送国货调查表式请通饬各商会详细填入由,《浙江公报》1917 年,第 1815 期。

17. 浙江省长公署训令:令四道道尹,杭州、宁波两总商会:函送经济调查会章程并发寄各省由海外各商会电文由,《浙江公报》1917 年,第 1980 期。

18. 令杭州总商会、实业厅、宁波总商会准棉业整理筹备处咨送筹备整理棉业计划由,《浙江公报》1917 年,第 2710 期。

19. 公函:天津、烟台、青岛、营日、安东、南京、上海、苏州、九江、重庆、汉口、杭州、宁波、广州、汕头各总商会函:据中义商会函称现设中国商品陈列所希检寄货样以凭转送由(九年十二月廿四日),《劝业丛报》1921 年第 1 卷第 4 期。

20. 公牍:赋税:咨税务处据浙江宁波商会呈查验长江贸易船只一案种种困难另拟办法三条据情咨请查核办理文(八月二十日),《财政月刊》1921 年第 8 卷第 93 期。

21. 农商部:原具呈人宁波总商会:呈一件为振华工厂仿造洋式丝光带呈请转咨准予免征捐税由,《政府公报》1921 年,第 1972 期。

22. 复宁波总商会发给台州公所请往温黄两县采食米护照函,《浙江会稽道公报》1921 年,第 118 期。

23.致宁波、绍兴旅沪同乡会暨宁波总商会函,《浙江会稽道公报》1921年,第124期。

24.复宁波总商会为米商陈杏桥被温岭县知事拘押请饬释放并缴护照函,《浙江会稽道公报》1922年,第125期。

25.复宁波总商会函请将陈杏桥运米案饬县验照放行函,《浙江会稽道公报》1922年,第128期。

26.致宁波总商会催缴穗兴等米行运米护照函,《浙江会稽道公报》1922年,第138期。

27.复宁波总商会缴到乾益等米行运米护照函,《浙江会稽道公报》1922年,第146期。

28.复宁波总商会函送源和米栈运米护照六纸函,《浙江会稽道公报》1922年,第151期。

29.江苏督军、省长公署批:原具呈人浙江宁波总商会会长陈贤凯等呈为此次吴淞水警获盗九名请尽法惩办,《江苏省公报》1923年,第3540期。

30.为闽铸双毫向未通行事致宁波总商会,《上海总商会月报》1924年第4卷第3期。

31.公函:总商会函覆解决当业提庄估衣三业营业由(九月二日),《宁波市政月刊》1927年,第1卷第2期。

32.中华民国国民政府批:宁波总商会:电据华商烟厂南洋兄弟烟草公司节略转请在洋厂缴税办法未定以前对于华厂统税暂缓征收以维营业由,《国民政府公报(南京1927)》,1927年第2期。

33.公函:总商会函覆解决当业提庄估衣三业营业由(九月二日),《宁波市政月刊》1927年,第1卷第2期。

34.代电宁波总商会催速筹募二五库券款文,《浙江财政月刊》1928年,第4期。

35.函复宁波总商会为余欠借款准由捐局继续划拨文,《浙江财政月刊》1928年,第4期。

36.浙江省财政厅公函:函杭州、宁波总商会请劝募国货银行股款由,《浙江省政府公报》1928年,第404期。

37.浙江省政府财政厅、建设厅公函:函宁波总商会请协同市县政府劝募公路公债由,《浙江省政府公报》1928年,第444期。

38. 宁波总商会:和丰纺织有限公司之调查,《国货月刊(上海1928)》,1928年第1卷第2期。

39. 公函:致总商会为转送江苏省过境米粮查验条例由(一月四日),《宁波市政月刊》1928年,第1卷第6期。

40. 公函:致宁波总商会函请征集出品汇送国货陈列馆由(十一月十三日),《宁波市政月刊》1928年,第2卷第2期。

41. 财政部批:批宁波总商会:呈一件为钱业月揭清单贴用印花请缓实行由,《财政公报》1929年,第28期。

42. 浙江省政府训令:令各县、市政府,杭州、宁波总商会:劝募关税库券由,《浙江省政府公报》1929年,第634期。

43. 公函:致宁波总商会函送银行注册章程由,《宁波市政月刊》1929年,第2卷第5期。

44. 公函:致总商会函为奉令地方银行不得发行钞票由,《宁波市政月刊》1929年,第2卷第5期。

45. 公函:致宁波总商会为准函送拟减特别码头捐捐率除卷烟外准予照办由(三月十九日),《宁波市政月刊》1929年,第2卷第6期。

46. 公函:致宁波总商会函为各公司每届结账须造具营业簿册呈送工商部查核登载工商公报由(四月二十日),《宁波市政月刊》1929年,第2卷第7期。

47. 电文:电覆国府文官处湘省谷米因灾禁运请转饬宁波市政府暨总商会采购食米改由产米省分购办文(九月二十七日),《湖南省财政厅财政汇刊》1929年10月。

48. 训令:令总商会为奉省府电知认定建设借款四十万元三四五六四个月每月缴款四分之一等因仰会同银钱两业代表分别支配按用解库由(中华民国十九年三月念二日),《宁波市政月刊》1930年,第3卷第2期。

49. 函:交通部公函:第五二号(中华民国十九年一月二十日):致行政院秘书处:为浙江宁波总商会呈请民业信局转饬暂缓取缔一案(先后已令饬邮局核议除俟该局呈复再行核办外复请查照转陈由)。《交通公报》1930年,第116期。

50. 令宁波总商会令发浙江省当帖捐执章程及各县等别表仰遵照由,《鄞县县政半月刊》1930年,第19—20期。

后　记

宁波总商会是清末民初宁波一地最重要的社会团体，但相关档案荡然无存。本人在查阅当时宁波本地报刊时，发现有这一团体的许多记载与报道，同时《申报》上海版等报刊也有不少记载。故数年前，本人即有将这些报道与记载加以汇编成册的想法，以便为了解与研究这一重要团体及其相关历史提供史料。为此，2015 年我们即以“宁波总商会史料整理研究”为题申报宁波大学民国文化研究基地课题，并成功立项。好事多磨，如今，《宁波总商会史料辑录(1905—1929)》终于付梓出版了。

本书在资料搜集与出版方面得到了诸多机构与友人的关心与支持。特别是宁波市档案馆，为本人搜集相关资料提供了很大的方便。同事周莉萍与我的学生宗发旺、马玉婵等在资料整理方面花费了不少精力。以传承与弘扬浙江商业文化为己任的浙江工商大学出版社则为本书的出版提供了宝贵的帮助与支持。宁波大学“一带一路”研究院也为本书的出版提供了支持。在此，均表示衷心的感谢。

由于本人水平有限，加之时间与精力的限制以及所依据的宁波本地报刊严重残缺，本书还存在着诸多的不足与缺陷，敬请读者批评指正。

孙善根

于宁波大学宁波帮研究中心

2020 年 1 月